テクノソーシャリズムの世紀

格差、AI、気候変動がもたらす新世界の秩序

ブレット・キング＋リチャード・ペティ＝著　鈴木正範＝監訳　上野 博＝訳

東洋経済新報社

私が必要とするときに
いつもそばにいてくれる偉大な友人、
クレイトン・フィッツと
スティーブン・フィリップス
（別名：リビング・レジェンド）へ。
――ブレット・キング

JLAのために。
――リチャード・ペティ

Original Title:
THE RISE OF TECHNOSOCIALISM
How Inequality, AI and Climate will Usher in a New World

The Japanese translation rights arranged with Marshall Cavendish International (Asia) Pte Ltd. through Japan UNI Agency, Inc.,Tokyo

監訳者まえがき

株式会社ＮＴＴデータ　取締役常務執行役員　鈴木　正範

この度、ブレット・キング氏、リチャード・ペティ博士共著の『テクノソーシャリズムの世紀』をお届けできる運びとなりましたことを心より喜んでおります。

本書は、私たちが直面する問題について、テクノロジー論、未来学、経済学、哲学、文明論といった幅広い側面からみて全体像を把握し、解決の方向性に向けた議論のたたき台を提示することを試みたものと言えます。粗削りかもしれませんが、語り口は平易で、強い読後感をもたらすものです。

キング氏は、フューチャリストとしてテクノロジーを活用したイノベーションと、それによるビジネス、産業、社会の変革に造詣が深いだけでなく、起業家として金融分野でネオバンクである「Moven」を自ら立ち上げられたという顔もお持ちであり、講演、ソーシャルメディア、ご自身のラジオ番組等を通じて活発に発信を続けられてきています。

2016年の著作『Augmented（邦題『拡張の世紀』）』は、テクノロジーが私たちの身体や生活／医療／企業活動／交通・輸送／都市／教育といったあらゆるもののあり方を大きく変貌させていくシナリオを浮き彫りにした快作でした。2018年の『Bank 4.0 未来の銀行』は、そのタイトルの通りバンキングのバージョンアップ、すなわち機能の提供方法がテクノロジー主導で全く新しいものとなり、サービスが組込み型／パーソナル型／予測型へと急速に変貌していく中で、従来型の銀行は「適応か死か」という厳しい問いかけに答えを出していくことになると論じています。

本作『テクノソーシャリズムの世紀』では、キング氏は視座をさらに高めて、経済学者のペティ博士と共に、産業革命以降のテクノロジーの開発と活用による西欧社会の発展を経済面から支えた資本主義と、社会・政治面からそれを運営してきた西欧型、特にアングロサクソンの民主主義が、イノベーションのジレンマに陥っていることを説きます。併せて、世界金融危機が分断を露わにし、パンデミックがそれを先鋭化させて深刻化が加速する一方で、気候変動によって、「21世紀半ばまでに、3・6億～10億人の気候難民が生まれる可能性」があることを示し、厳しい時限性の中で、超国家レベルの対応が必要であると明示しています。

議題解決のカギはテクノロジーであり、そのユニバーサル性（普遍性）とユビキタス性（遍在性）を力として、資源／富／権力の偏在をベースとした現在のシステムを変えることが可能だと主張します。CHAPTER 10では、宇宙船地球号を火星植民地になぞらえて究極的に単純化した思考実験を提示し、そこでは生存が目的となるがゆえに、「私たちには新しい原理が必要となるだろう。利益とリターンではなく、持続可能な繁栄である」として、そこで実現される新しいシステムを「テクノソーシャリズム」と名付けています。

そして、気候変動の影響、アジアの台頭、テクノロジーの進歩等の主要なイベントをタイムライン上に並べ、イベントの発生時点での人類の選択によって分岐するシナリオの行き着く先を、テクノソーシャリズムを含む4つの世界に分けて示しています。そして、先にあるのは「生存か死か」ではなく「適応か種の絶滅か」だとすれば、適応を選び、最良の結果をもたらすテクノソーシャリズムのシナリオ実現に速やかに向かうべきであり、「まず必要なのは、皆が同じ考えを持つようになることだ」と語り掛けます。

2015年9月25日の国連総会で採択された『持続可能な開発のための2030アジェンダ』に沿って国際連合が「SDGs」を呼びかけ、世界経済フォーラムで政治やビジネス世界のリーダーが対応の必要性と喫緊性を訴えて以降、企業レベルでもそうした動きが始まり、強まっています。折しも、2022年の元旦の『日本経済新聞』の1面トップ記事のタイトルは

「資本主義、創り直す」でした。資本主義の枠組みの中で企業が自らの価値を持続させながら、それを超えるテクノソーシャリズムのような新たな枠組みへの対応を進めていくためには、既存企業がイノベーションのジレンマを克服するための「両利きの経営」が不可欠となるでしょう。

経営環境の長期的な変化をみる際に、「PEST」というフレームワークがあります。Politics（政治）／Economy（経済）／Society（社会）／Technology（テクノロジー）の4つの変化をみていくものです。現在はもう1つのEであるEnvironment（環境）も加える必要があるでしょう。しかし、この中でテクノロジーだけが、デジタルテクノロジーの発達によって急加速するとともにその影響度合いと範囲を大幅に拡大し、他の「P」「E×2」「S」に変化を強いる時代となっています。テクノロジーに関わる地球市民の1人として、弊社もよいシナリオに向かうための動きを強め、加速し、貢献していく所存です。

現在の社会、経済、政治、国家、そして地球が抱える問題の大きさ、複雑さを整理して眺め、解決の方向性について考えるきっかけとなる意味で、できるだけ多くの方々に本書に目を通していただきたいと思っています。

はじめに

21世紀は、人類がこれまで生き長らえてきた中で、最も破壊的な進化と、最も激しい議論が起こる時代となりそうだ。そこでは、私たちがこの上なく神聖視してきた政治、経済そして社会構成概念に関する価値体系が問われる。人類は、想像さえしたことのないやり方での適応を迫られるのだ。

非常に楽観的な見方も多くあるが、人類に求められるのは、私たち全体の目標と目的に関して団結することだ。人工知能（ＡＩ）の登場を得て、私たちはおそらく、森羅万象の最大の謎を解き明かそうとしている。しかしＡＩはまた、社会の自動化を進め、計り知れないほどの豊富さと繁栄をもたらしてくれる。近いうちに私たちは、寿命を延ばし、複数惑星に居住する種となり、地上のあらゆる人や子供の基本的ニーズを満たすテクノロジーを手にすることになるだろう。

10年か20年のうちに、世界のエネルギーシステムのほとんどは完全な再生可能方式に転換され、私たちは、教育、医療、住宅、消費、食料そして農業を21世紀型に作り替える長い道程を始めることになる。

本書に記したのは、起こりうる結果を説明するための最良の方法と私たちが考えるものだ。それは、テクノロジー駆動型で集団的な社会的意識と目的の台頭だ。読者がこの用語から想起するのが、伝統的右派の保守的な目に映る社会主義や、ベネズエラの経済崩壊に関する論争や、カール・マルクスの著作であるなら、それはここで止めていただこう。私たちは全くそんなことを主張してはいない。

私たちがまさに目にしているのは、数々の危機が地球に影響を与え続ける中で、複数のトレンド、重なり合う力、そして迫りくる社会的課題によって、民主主義、資本主義、西洋の政治的理想を正しいとする伝統的な見方に対して、世界中が異議を唱えているという事実だ。もっとうまく表現するなら、一体性と政策に関する大きな変革を余儀なくさせるようなグローバルな社会的ムーブメントと言える。

地政学と経済の状況の進展をもっとうまく表現する用語が見つかるなら、私たちはそれを採用する。新資本主義はどうだろうか？　否。資本主義は意図せざる結果として社会的分断をつくり出した主要な推進力だ。21世紀型民主主義ではどうか？　否。ソーシャルメディア、人工知能、テクノロジーが政治に対して及ぼしてきた、そして今後も及ぼし続けるであろう影響力を言い表すには、これでは不十分だ。ではポピュリズムは？　これも否。それはシステムがうまく回っていないことの兆候であり、グローバリゼーションに対する広義の反応に過ぎないもので、政治的、社会的分断への解決策ではない。

20世紀中に私たちが目にしてきた、政治の左派〜右派の広がりを考えてみよう。米国では民主党は中間派と急進左派の間に位置するとみられることが多かったが、世界史の観点からみれば、その実態は共産主義というよりは中道派だ。それは米国憲法が集団よりも個人の権利に重きを置くことからの論理的帰結だ。歴史的にみて、国民皆保険、教育の無償化、手厚い社会保障といったものが政権を極左へと向かわせるのではない。実際のところ、そうした基礎的サービスを提供する多くの民主主義国家は中道右派と言えるだろう。

長く続いてきた政治的な左右の広がりを21世紀中に変えうる力は、いくつかある。

第1に、自動化が高水準に達すると、「大き

図0-1 ● 過去200年間の歴史に見る政治的スペクトラム

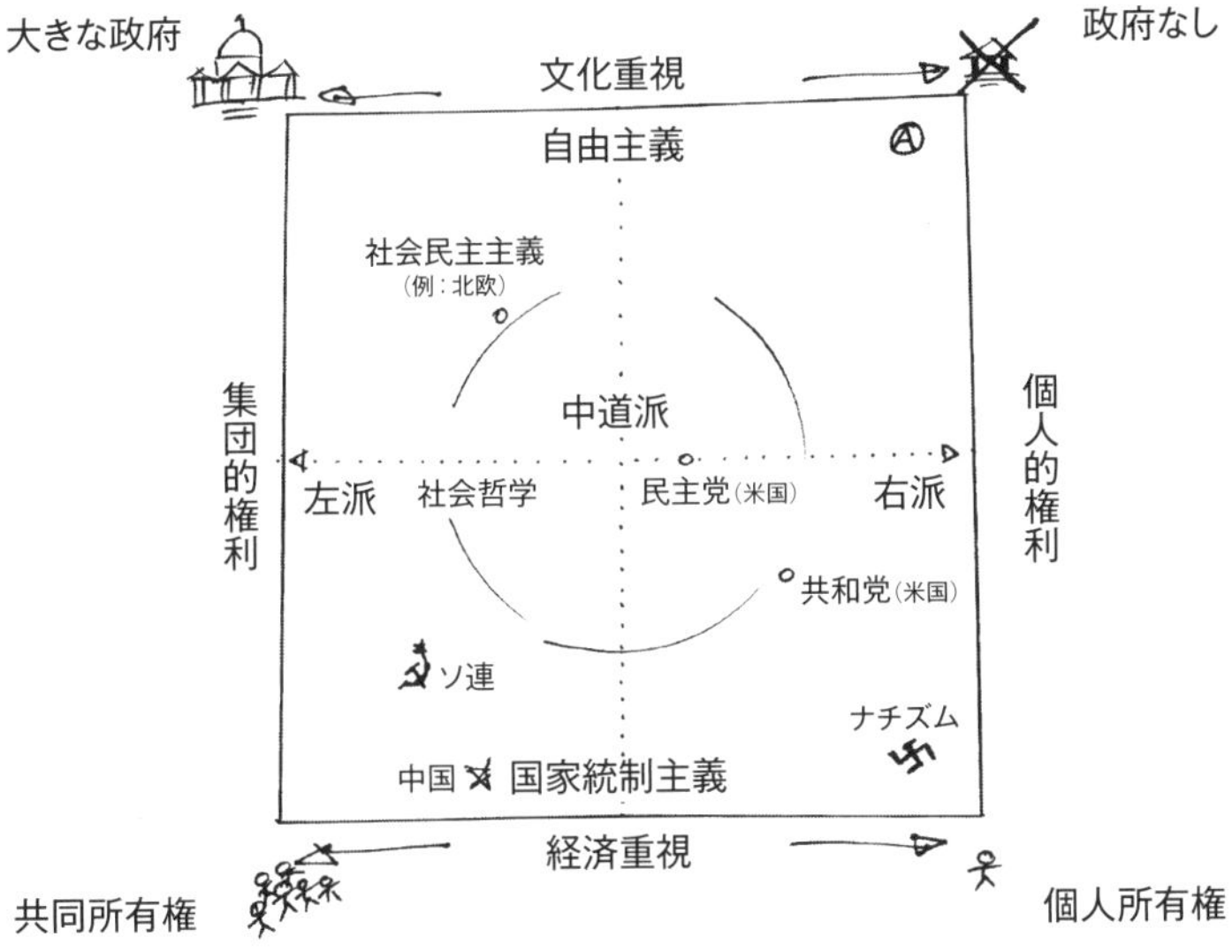

出典：著者

な政府」カルチャーは中道派へと転じるだろう。テクノロジーによって、近代政府に私たちが期待するサービスの提供が可能になるが、それに要する費用や労力は、20世紀の間に私たちが当たり前に経験してきたもののほんの一部になるからだ。

第2に、気候変動、進行中のパンデミック、不公平性の拡大などの影響で、世界の統治はより広範な集団的権利や行動に目を向けざるを得なくなるだろう。

最後に、価値システムの変化によってコミュニティの優先順位が変わり、伝統的な資本主義から、より持続可能で包摂的な選択肢へと向かうようになるだろう。これについての詳細は、最初の数章に記している。

気候変動や繰り返し襲来するパンデミックと闘うためには、世界の政府が協力することで、より協働的な統治方法が生み出されなければならない。こうした未来の協調体制は、高水準の自動化による人間の労働の崩壊を緩和することを余儀なくされるだろう。そこでの戦略は、社会的な取り組みと環境面での責任に重点を置いたものになる。そうでなければ、政府の存在意義はおしまいだ。

経済面では、私たちは不確実性が爆発的に拡大する時代に入っている。この40年間で、これまでになく富を集め、利益を上げる個人や企業群が登場してきた。しかし変化が加速するにつれ、社会の大きな集団が取り残されるようになっている。地理的な区切りでみた富裕層の人数や企業収益はもはや、未来のマクロ経済面での成功を広範にとらえる指標として、十分に有効だとは考えられなくなっているのだ。
テクノロジーによって経済の需要と供給が変容すると、資本市場がそれに合わせて変わり、労働参加のあり方も変化する。国として、国民を十分に教育し、再訓練するとともに、次世代インフラストラクチャーに投資して正しい種類の投資を喚起し、21世紀の競争力に焦点を当てなければ、変化の影響は厳しいものになるだろう。テクノロジーによって従来の職が隅に追いやられるということもある。しかしながら、国民の大多数にとって経済的未来がなく、社会に真に価値のある役割がなく、他の人が享受できる成功の分け前が受け取れない状況になるなら、それはより哲学的なイシューだ。こうしたことが起こる一方で、新興で高収益力の産業は、適切な計画の欠如、教育へのアクセスの欠如と的外れの移民政策のために、厳しい労働不足に悩むことになる。

テクノソーシャリズムは全く新しいものではないが、それは人々によって人々のために推進される価値体系であり、テクノロジーの驚異的な進歩によって力を付与され、現状への挑戦を続けることで強化されるものだ。政治とテクノロジーの双方は、コミュニティ全体の集合的、基本的ニーズを満たすために協働する必要があり、それが不確実性と変動性に対するより大きな社会の結束と改良された取り組みを強調する。社会主義が集団のニーズを特徴とするものであり、テクノロジーによってははるかに低い政治的、経済的コストでそれが提供されるなら、論理的に言って政府と世界の公益は、はるかにより効率的で経済的に実現される。

本書では起こりうる結果を幅広く考察するが、私たちが未来学者、起業家、学者として最も気にかかるのは、我々の社会的、政治的、経済的モデルが、急速に迫りつつある未来に対して適合性があるかどうかだ。

歴史が教えているのは、未来は必然なのに、私たちは総じて情けないほど不用意なままでいることだ。なぜだろうか？　それは、私たちがこれまで200年かけて、不確実性と不公平性を生み出す機械とシステムを生み出し、それに力を付与し、その推進を奨励してきたからだ。GDP、失業率、四半期業績、選挙サイクルといった私たちの短期志向が、数年間よりも長い計画をきちんと立てる能力を萎えさせ、問題を繰り返し先送りばかりすることにつながっている。集団としての私たちがこの新しい現実に適応しないでいれば、この近視眼的な短期志向は悪化する一方であり、機能不全はさらに拡大するだろう。種として生存するために人類は、より長期的な計画を立案し、より広範に経済参加する方向へと転換しなければならない。

本書は、過酷な現実に直面する我々の未来に関するものだ。現在目にしている社会的な動きとその今後の展開を理解し、リスク緩和に向けた現実的で成熟した政治的対話を行って、安定と自由と健全な未来につなげようとするものだ。また私たちは、現在の欠陥だらけで壊れたシステムの存続に賭けた場合に起こりうる結果についても概観する。

私たちは、本書『テクノソーシャリズムの世紀』を、読者が自分自身の未来、家族の未来、そして自分が属するコミュニティの未来について考える契機としてもらいたいと思う。楽観主義者として私たちは、こうした変化が必ずしも私たちを分断させるものではなく、全ての人にとって繁栄的で包摂的な未来を築くものであることを願っている。
しかしまず必要なのは、皆が同じ考えを持つようになることだ。

ブレット・キング「未来学者」
リチャード・ペティ「経済学者」

謝辞

ブレット・キング（BK）

いつものことだが、この種の書籍の執筆は何年もの取り組みとなるものであり、それにはサポートとデリバリーの点から仲間が必要となる。

特にマーシャル・キャヴェンディシュとタイムズ・パブリッシング・グループのチーム、および熱意と楽しさを持って私たちの本を今回も後援してくれた世界の出版社には特に感謝したい。とりわけ、メルヴィン・ネオ、ジャニーン・ガミラ、ノルジャン・フセインとマイケル・スピリング。いつものように、ムーブン（Moven）とプロヴォーク（Provoke）に感謝しなければ、それは怠慢というものだ。彼らからは素晴らしいサポートと理解をもらった。というのもCOVID－19の影響のために書籍が書き直しとなって、何週間かのはずの破壊的な期間が何ヶ月にもなってしまったからだ。特に、リチャード・ラダイス、ブライアン・クラゲット、JP・ニコルズ、ジェイソン・ヘンリクス、カッシー・ルブラン、ケヴィン・ハーショーン、リーズベス・セヴリンズ、カルロ・ナバーロ、エレーナ・リマンとマレク・フォリシアク。ジェイ・ケンプとターニャ・マーコヴィック、私のスケジュール運営能力、売上獲得、精神的・肉体的健康の同時管理に関する君たちの能力には心を動かされた。君たちがチームにいてくれて私はいつも恵まれている。

リチャード・ペティには、パンデミックで世界が混乱してプロジェクトが混沌に陥った時もプロジェクトから離れずにいてくれたこと、そして私たちが世界を変えられると信じてくれたことに感謝する。

あらためて、本書執筆を可能にしてくれたコーヒーショップにも感謝したい。名前を挙げれば、ニューヨークのアルゴンキン・ホテルのロビーラウンジ、イーストビレッジのラドロー・ホテル、バンコクのスターバックス・リザーブ（アイコン・サイアム）とコーヒークラブ（リバーサイド・プラザ）。そのＷｉ－Ｆｉとカプチーノは私が書き続ける燃料だった。

しかし、最大の感謝は私の家族に捧げられる。ケイティ（ミス・メタバース）、チャーリズ（チャーリー）、そしてトーマス（Mr T）は特に、私を集中させてくれる重力となってくれた。マットとハナは私を頑張らせてくれた。そして私の父は、私の最大のファンでＰＲエージェントだった。私の日々の取り組みと分別を維持してくれた人たちはもっともっとたくさんいて、皆それが自分のことだと分かるはずだ。みんなが大好きだし、私の人生にいてくれることで、私は自分を高められる。

リチャード・ペティ

書籍の執筆は、最もよい状況の中でも難しいものだ。パンデミック期間中の執筆は、その間にテクノロジー、経済、環境問題、政治、そして社会的相互作用が過去にない速さで変わっていくため、例のないチャレンジだった。『テクノソーシャリズムの世紀』の執筆は長い旅路となったが、その価値は十分にあった。

数年前にニューヨークでコーヒーを飲みながら議論したアイデアとして始まったものが、いくつかの異なる国で続けた議論の中で形をなしていった。ブレットと私は、重要なイシューについて差しで議論し論争し、考えを紙の上に形にする時間をとろうと努力した。ブレットと私は何十年もの間友人で、『テクノソーシャリズムの世紀』のようなプロジェクトを共同で行うことを折々考えていた。彼が『テクノソーシャリズムの世紀』のアイデアを思いついて、一緒にやるべきだと強く求めてくれたことをとても嬉しく思う。

私たちは、マーシャル・キャヴェンディシュとタイムズ・パブリッシング・グループのチーム、そして世界の出版社から十分なサポートを受けた。特に、メルヴィン・ネオ、ジャニーン・ガミラ、ノルジャン・フセインそしてマイケル・スピリングには感謝している。

調子のよい時も悪い時も私の傍にいてくれた家族と友人に感謝する。ワーカホリックでストレスの多い時期の私の引きこもり癖——その期間は健全な時よりも頻繁で長いのだが——は、私が君たちの存在を当たり前に思っているという誤った印象を与えたかもしれない。そんなことは決してないと断言する。私の妹には特に感謝する。才能ある書き手で、思いやりと強さを同等に併せ持ち、持ち前の善良さがお手本のような人だ。

私を奮い立たせてくれた人たちへ：過去と現在の学生たちは私に傾聴することを教えてくれ、

CHAPTER 4

テクノソーシャリズムの世紀 ◉ 目次

教師たちは批判的になるのではなく批判的に考えるよう私を励ましてくれた。そして科学する人たちは、現在よりもはるかに名を知られ、認められるべきだ（あなた方の時代は必ず来る。なぜなら、あなた方なしでは何も存在しえないからだ）。

CHAPTER 5

人類の最適化

CHAPTER

7 革命リスクの緩和

CHAPTER 8

CHAPTER 1

不確実性の爆発的拡大

Explosive Uncertainty

「政府の目的とは、国民が安全で幸福な生活を送れるようにすることである。政府は統治される人々の利害のために存在するのであり、統治するもののために存在するのではない」
――トーマス・ジェファーソン

世界最大の国家が屈服するまでに要したのは、わずか21日だった。2020年1月20日にシアトルで最初のCOVID-19（注1）患者の陽性が判明して以降、2月11日には、米国株式市場最大の相場下落が始まった。下落が止まった時には、市場価値の3分の1以上が消滅していた。それをもたらしたのは、直径0・125ミクロンまたは125ナノメートルのウイルスだ。このSARS-CoV-2という「見えない敵」は、人間の髪の毛1本の400分の1の大きさなのだ。

2020年5月末までに、米国人の4人に1人が失業保険を申請し、失業者総数は4000万人に達した。コロナウイルス前の米国で、わずか1週間で100万件もの失業保険申請を記録したことは1度もなかった。しかし2020年の大統領選挙までの6ヶ月間は、毎週平均1

00万人が新たに失業者の列に加わった（ピークは5月の最終週の前の週で、200万人を超えた）。国際労働機関（ILO）は、第二四半期終了時点で、世界で1億9500万人分の職とともに、総労働時間の6・7％が消え失せたと推計している。だがこうした悪化は全ての経済階層に等しく起こったものではなかった。

英国の国家統計局によれば、最貧困地域におけるCOVID−19の犠牲者は、最も裕福な近隣地域の2倍を超えた。米国FRB議長のジェローム・パウエルは5月のスピーチで、2020年3月だけで、年間所得4万ドル未満の家庭の40％が職を失ったと述べている。

アスペン研究所経済安定プログラムとCOVID−19立ち退き防止プロジェクトは、職と賃金の喪失予測に基づいた調査の中で、1900〜2300万人の賃借者が2020年末までに立ち退きのリスクに晒されると結論づけており、これは全賃借者の21％にあたる。同様に、不動産投資企業のアムハースト・キャピタルの推計では、2020年6月時点で2800万世帯（6400万人）がCOVID−19のために立ち退きのリスクに直面している。より最近の2020年11月には、ニューヨーク市のレストランの88％が前月の家賃支払いができなかった。ワクチン接種が開始された後も、こうした経済的影響は長く尾を引くだろう。

ニューヨーク市保健局は、危機の期間中にウイルスで死亡したアフリカ系米国人やラテン系の人々は、市に在住する白人の2倍以上と見られると発表した。これは遺伝的特徴に基づくものではなく、社会の最貧層とより富裕な層との間にある医療へのアクセスと所得の格差によるものだ。

パンデミックが明らかにした市場の失敗

COVID－19による危機は、医学の失敗というよりも、自由市場と統治機能の失敗と言える。全ての条件が同じだとしても、米国は差し迫るパンデミックに対して十分な酸素吸入器、抗ウイルス剤やその他の薬剤を相応に備蓄しておく余地は十分あった。しかし、そうはしなかった。突如現れた病気に対して、自由市場の反応速度は十分でなく、医療市場は実質的に機能するまでに何週間もかかった。米国の医療システムは自由市場モデルの例であるが、COVID－19が示したのは、市場は公正でも公平でもなかったということだ。病気は相手の銀行残高を確かめてから感染するわけではないのだ。

また自由市場が公益や社会的利益を測る指標を本来的に持っていないことも明らかになった。1日の死亡者数が9・11のそれと同等になり、10万を超える企業が休業し、3000万の人々が失業保険申請を行っている間に、株式市場は跳ね上がっていたのだ。

パンデミックの可能性は20年間も警告されてきたのだから、パンデミックが想像力の失敗だったとは言い難い。米国保健福祉省と米国疾病予防管理センター（Centers for Disease Control and Prevention：CDC）は2005年、インフルエンザ・パンデミック対応計画（注2）を策定して、COVID－19で見られたのと同じタイプのパンデミック・シナリオを正確に予想していた。C

OVID－19だとは分からなくても、パンデミックがやってくることは知っていたのだ。

「もちろん、『生物兵器防衛の世界で最も怖いのは？』と尋ねられたら『もちろんインフルエンザの大流行だ』と答える。この部屋にいる誰もがおそらくその懸念を持っているだろう」

――保健福祉省長官　アレックス・アザール（国家生物兵器防衛サミットにて、2018年4月17日）（注3）

WHOもまた少なくとも2004年から（「WHOパンデミック準備」参照）（注4）、スペイン風邪型のインフルエンザ・パンデミック対応計画を練っていた。しかし危機が突然やってくると、プランの実行は国際政治、科学的論争、コミュニケーション不全などの影響により、都市、州、連邦組織、国家、国民国家と多国間組織で錯綜した。準備が整っていて即時に断固とした対応をとった国々も、ウイルスの影響と経済的悪影響のいずれからも逃れられなかった。これは政治的声明として述べているわけではない。現実に、前回の大規模パンデミックから100年が経過して、それだけの準備期間があったにもかかわらず、この病気は私たちを世界的なカオス状態へと放り込んだのだ。本書の出版時点でも、私たちがCOVID－19の広範な影響を理解して必要な社会的変革を行い、ノーマルと感じられる状態に戻るのが、まだ何年も先のことなのは明らかだ。

ビル・ゲイツは2015年にTEDで行った有名なスピーチで、2020年のコロナウイルスのようなパンデミック発生の可能性について述べ、それが起こるのは時間の問題なので、世界的な対応力の実現に向けて皆が協力するべきだと促した。COVID－19が発生すると、人々は彼の予言があまりに正確だったと考えた。それで陰謀論者は、彼が自分の正しさを示すためにウイルスをつくり出してワクチン製造で儲けようとしているのだという説を流布した。

自分がビル&メリンダ・ゲイツだと考えてみればいい。世界の貧困を減らそうと何十億ドルも注ぎ込み、ポリオの撲滅に向けた活動で顕著な実績を上げたというのに、そうした行いの全てが、COVID－19ワクチンの中にマイクロチップを仕込んで、人々の脳をコントロールしようとしているのだと糾弾されたらどうだろうか？　現実には、ゲイツに予知能力があるわけではなかった。彼が知っていたのは、パンデミックの襲来は単に時間の問題だということであり、同じことを世界中の免疫学者と伝染病学者も知っていた。

ロックダウンの有効性、スウェーデンがとった非一般的なアプローチ、アジア諸国で米国のような国々よりもはるかに事情が好転した理由等について、論争が白熱した。世界中でロックダウンの解除を求めたデモが行われた。大都市の医療従事者はもはや途方に暮れており、肉体的にも精神的にも限界まで追いやられた。2020～2021年の冬が米国を襲うと、症例の急増はパンデミックの初期段階に見られた最悪の日々を上回った。

コロナウイルスが示したのは、私たちの政治、社会、経済システムの失敗の可能性であり、それは本書の中核的前提につながるものだ。

パンデミックに対する各国の初期の対応

いくつかの国がとった行動は、パンデミック初期におけるコロナウイルスの影響を減速させるのに明らかな効果を示した。ただしこうした戦略は、他の国々では拒絶されることが多かった。台湾では、ヒトからヒトへの伝染が確実となる前の段階でも、武漢からの入国者が健康診断の対象となった。2020年2月1日には、香港、台湾、シンガポールのいずれもが、中国からの全旅行客の入国制限をいち早く導入した。それはWHOが「そうした制限は不要だ」と当初（誤って）主張していた時期だった。

2003年のSARS以降、台湾は伝染病の中央司令部を設置した。同司令部は、2020年1月20日までに国としてのコロナウイルス対応についての調整を行い、124項目の「アクション・アイテム」をまとめた。それには、出入国管理、学校・職場の対処方針、公衆コミュニケーションと病院リソースの評価が含まれていた（注5）。1月20日、台湾CDCは手術用マスク4400万枚、N95マスク1900万枚の在庫と1100室の負圧隔離室を管理下に置いたことを公表した。

台湾の副総統は高名な疫学者でもあった。彼は定期的にブリーフィングを行い、マスクをいつ着けるべきかについてや、手洗いの重要性、マスク買い占めによって前線で働く医療従事者が必要装備品を入手できなくなる危険性を説明した。今ではそれはシンプルで単純なアプローチに見えるが、当初は目新しいものだった。2021年前半の台湾の死者数はわずか187人だった。

シンガポールでは、インフルエンザや風邪に類似した症状、あるいは発熱の症状が出た者には全て、即座にコロナウイルスの検査が行われた。政府は地元紙に全面広告を打ち、テレビやラジオのコマーシャルでは人々に体調が悪ければステイホームするよう促した。遡ること2003年、シンガポールはSARSの結果を受けて、複数の政府機関をまたがるタスクフォースを設置し、将来のパンデミック発生時の政府介入とメッセージ発信の調整を行った。タスクフォースは、2009年のH1N1パンデミック（豚インフルエンザ）が実地テストとなり、2016年のジカ熱流行で再び経験を積んだ。

そして2020年1月、タスクフォースはSARS-CoV-2のために再結成された。2月半ばまでにシンガポールがその都市国家全体にわたって設置した検査可能な診療所は1000ヶ所を超えた。ニューヨーク市のマンハッタン島は、その面積がシンガポールの10分の1ではあるが、2020年6月時点で検査会場はわずか100ヶ所であり、4月半ばには9ヶ所しかなかった。

香港は2003年のSARSの流行で甚大な影響を被った。著者である私たちはいずれもSARS期間中に香港に住んでおり、その変化をじかに体験した。棄てられたゴミであふれていた狭く暗い路地は掃除された。市民は皆、外出時にマスクを着用した。あらゆる港、銀行、ショッピングモール、そしてビルに赤外線探知装置と体温センサーが備え付けられた。熱がある者は自宅か病院に送られた。帰宅すると、家の外で靴を脱いだ。家に入ると、中のものに触る前に手を洗った。服を着替えて、脱いだものは洗濯した。

その香港政府は2020年、1月28日に外出禁止令を発令した。ニューヨークがそうしたのは3月20日になってからであり、英国は3月23日だった。

コロナウイルスへの対応におけるこうしたレベルの規律とその遵守は、一般的に西洋では見られない。イタリアでは、感染が進んだ都市の市長が、卒業パーティーを開く家庭に対してパーティーをお開きにするよう火炎放射器で脅さなければならなかった。米国では、カンザス、ミシガン、ノースカロライナ、オハイオ、フロリダの諸州で外出禁止令に対する街頭抗議が発生し、多くの人が外出禁止を拒否し、マスク着用も拒否した。マイアミビーチ、カンクン、ニューオーリンズでは、パーティー好きたちが大学の春休みとマルディグラを祝っていた。ブレイディ・スルーダーというオハイオ州ミルフォードから来た22歳の学生は、「コロナにかかったらその時はその時だね……。結局、パーティーに行くのを止めるつもりはないよ。僕もみんなも春休みのひと時をマイアミで過ごすのを待っていたんだから。旅行の計画に2ヶ月くらいはかけた。2、3ヶ月かな。だからここに来て楽しむんだ」(注6)。

春休みの2週間にそうしたイベントに参加した国中の何百人もの学生が、コロナウイルスに感染した。その1週間後、死に至った者の数は12人を超えた。ルイジアナ州の自治体は感染リスクを低く見積もっていたが、マルディグラの1ヶ月後には、オーリンズ郡だけでも6000

人の感染者が確認され、400人近くが死亡した。トランプはパンデミックの期間中を通じて政治集会の開催を続けたが、集会だけで3万人の感染と700人の死亡の原因となった可能性がある（注7）。

ロンドン大学衛生熱帯医学大学院は、世界中のスーパースプレッダーのケースをまとめた中から、世界中で20％の感染者が80％のコロナウイルス症例の原因となっていることを発見した。それはソーシャルディスタンシングやマスク着用が無視されていたためだ。現在でも、マスクに効果はなく、経済活動の停止は権利の侵害だとか違法とまで主張する米国人は多い。パンデミック初期にはＣＤＣが首尾一貫しないメッセージを発してはいたが、医療用個人防護具の不足から、何の役にも立たなかった。

２０２０年12月、世界人口のわずか4％である米国が、世界のＣＯＶＩＤ－19症例数の25％超を占めていた（注8）。この数字はどうにも信じられなく思える。世界で最も進んだ国でなぜこうまで間違った対応が起こりえたのだろうか？

欧州の現行法では、シンガポールのTraceTogetherのようなアプリは違法となる。西洋では長い間、個人の自由が社会の集団的ニーズよりも重視されてきた。そしてコロナウイルスが私たちを襲ったことで、自ら仲間である人々の利害に反する行動をする自由というものが、まさに試練に直面したのだ。マスクを着けるという行動が分かりやすいテストになった。あなたの個人的権利（マスク装着を拒否する権利）は、あなたの周囲の（あなたが感染させる可能性がある）人の権利よりも重要だろうか？

『MITテクノロジーレビュー』編集長のギデオン・リッチフィールドはそれをこう表現している。「私たちはお互いが非常に緊密につながっているため、ウイルスは私たちの誰にでも取りつくことができるが、一方で私たちは非常に偏狭であるため、ある場所で起こったことが他の場所でも繰り返し起こるということに思い至らない」。危機に対して他よりもうまく対応している国々があるという明確な証拠が示されても、たいていの場合それは、しがらみに囲まれた人々によって棄却されてしまう結果に終わるのだ。

ロックダウンの意図せざる副次的影響として、人類が現在直面している他の全体システム問題が注意を引いている。

複数の世界的大都市が実質ロックダウン下にあったわずか2～3週間のうちに、大気汚染レベルが急低下したのだ。ミラノ、ローマ、バル

図1－1 ● コロナウイルス封じ込め期間中の欧州の二酸化窒素濃度レベル

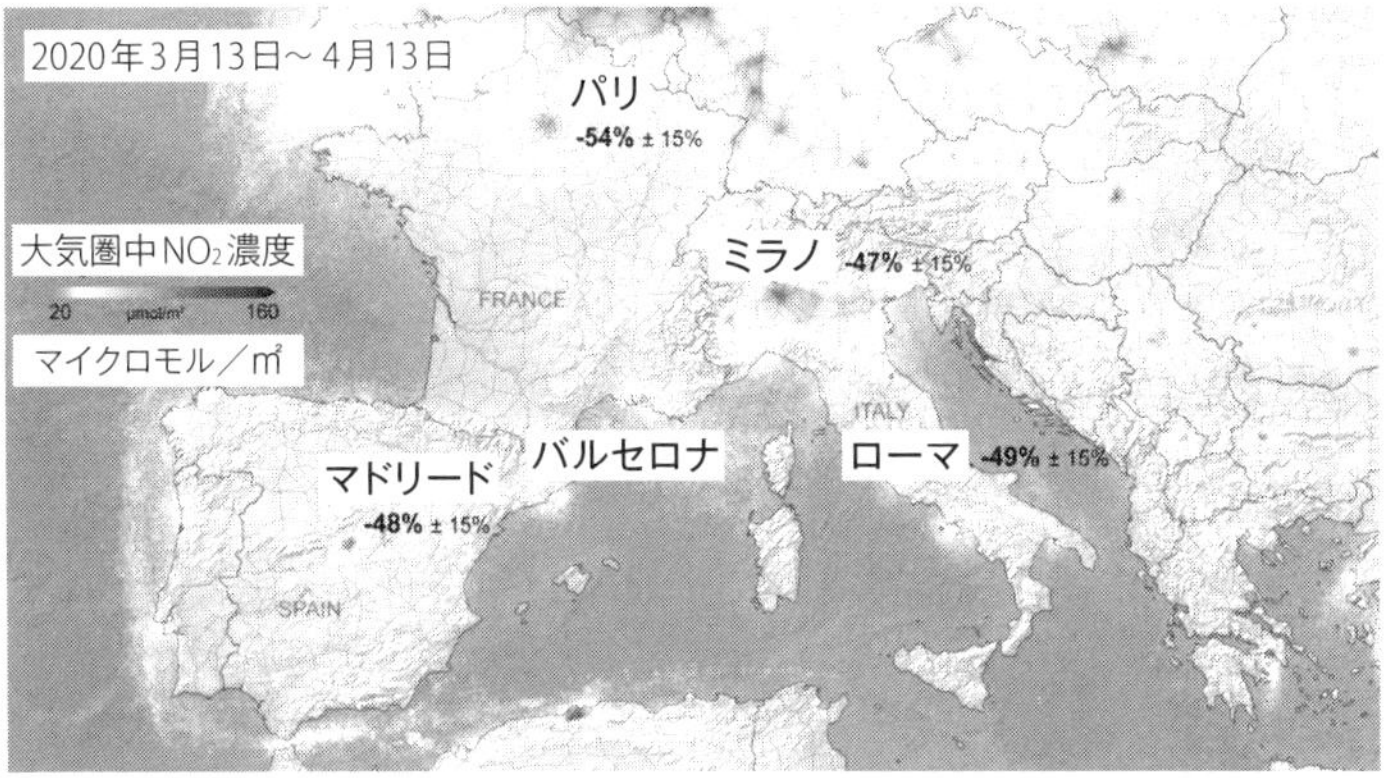

出典：オランダ王立気象研究所／欧州宇宙機関コペルニクスプログラム

セロナ、パリといった欧州の都市全てにおいて、二酸化窒素の水準が50％前後の低下を記録した。

インドのパンジャブ州では、過去30年間で初めて、100㎞（62マイル）以上先にあるヒマラヤ山脈が見えた。ベネチアでは運河が非常に透明になって魚が泳ぐのが見え、運河の底まで見通せた。それはほぼ1世紀にわたって起こりえなかったことだ。ブラジルでは絶滅危惧種のカメが、普段は人が荒らしている砂浜で産卵しているのが見られた。

世界的にみて、最後のグローバルなパンデミックからは100年が経っている。それは1918〜1919年のH1N1パンデミックであり、通称スペイン風邪と呼ばれるものだ。この100年間に私たちは将来のパンデミックについて議論し、備えを行い、準備に何十億ドルも費やした。だが、COVID－19が襲ってきた時、そうした全ての準備は置き去りにされてしまった。その理由は何だろうか？

コロナウイルスがその圧倒的な力で経済的な不確実性を際立たせた時、私たちは人類史上最も経済的に紛糾している時期の只中にあった。人類が目にしたことのなかった最も豊かな国々が存在し、素晴らしいテクノロジーの進歩がみられる時代にありながら、コロナウイルスのような単純な問題を私たちが解決できないのはなぜだろうか？　事態は改善しているのだろうか、悪化しているのだろうか？

種としてみるなら、我が同胞人類に対する脅威が生じれば、ウイルス拡散との戦い、貧困の排除あるいは地球の気候変動の影響の軽減といった世界的な活動への支援が具体化するものだろう。ところが、私たちはこうしたリスクを緩和するために集団として一緒に活動することさえできていない。現実にはほとんどの場合、そうした脅威が現実のものかどうかにさえ合意できないのだ。ましてや、活動に結びつく意義のある政策など立てられようか。

私たちはいま各国経済のCO_2削減や排出量目標の議論をしているが、たとえ排出量をゼロにしたとしても、2050年時点での60㎝（2フィート）の海面上昇と2℃の気温上昇は、もはや変えられない。

私たちはパンデミックが不可避であることを知ったが、大多数の人々への経済、健康両面での影響を最小化しようとする対応策の調整はうまくいっていない。

環境に悪影響を与え続けていること、それが大気や水の質を低下させること、そしてはるかに重大な影響も起こりうることを、私たちはこの100年間ずっと認識している。それらの悪影響が海岸線や私たちの農業を不可逆的に変えてしまい、その結果として集団移住や食料不足が訪れるという証拠が積み上がっていても、私たちはいまだに世界的な種全体としての対応が可能かどうかを議論している。なぜ、そうなのだろうか？

想像力の失敗

現在、16億もの人々の適切な住居が不足状態にある。米国ではCOVID-19以降、ホームレスの数が75万人を超えたと推計されているが、一方で米国には1700万もの空き家が存在している。

世界の人口の10%以上が飢餓状態に向かっており、さらに良くないことに、コロナウイルス流行が始まって以降、食料安全保障の観点から食料に対する不安が急拡大している。最もよい時でも、米国は年間生産食料の40%を廃棄しており、それは6300万トンを超える。しかし他方、米国だけでも年間3800万人が飢えているのだ。世界中で食料品店やスーパーマーケットでのパニック買いが起こった結果、食料廃棄の問題はより悪化した。人々がコロナウイルス危機の初期に買いだめした食料を、全部は食べ尽くせないことが分かったからだ。そんなに過剰にモノがあっても、トイレットペーパーは何の足しにもならなかったというわけだ。

過去2年で世界に広がった危機は、私たちに非常に重要な機会を与えてくれた。自省の機会と、うまく機能せず、次回もそうなりそうなシステムの見直しの機会だ。私たちはノーマルな状態に戻ろうとするだけなのだろうか？　それとも全人類の未来に役立つ「ニューノーマル」を努力して生み出す準備ができているのだろうか？

ジョージ・フロイド、アマード・アーベリー、ブリオナ・テイラーの死後、何万人もの抗議者が米国の都市のストリートを埋めた。抗議行動が暴動へと発展すると、16州の25都市（注9）が外出禁止令を発した。現在米国に居住するアフリカ系米国人の若い男性の死因の第6位は、警官の暴力だ（注10）。米国では、アフリカ系米国人男性の収監率は、白人男性のそれよりも5倍も高い。

米国全土にわたる抗議活動は、警察、州兵、シークレットサービス、非公式の民兵組織と、怒りと失望と幻滅に満ちた市民集団との対立に至り、市民の嘆願の結果、政府は全体システム的な人種差別と不正義に対応することとなった。しかし、不正義や不公平に対するこうした抗議活動はここ何年もの間、その頻度が高まってきている。後の章で述べるように、世界的な抗議活動の頻度と規模は、ここ20年間でケタ違いに増加しており、社会が根本的な機能不全に陥っていることを物語っている。

2019年10月の最終週、レバノンとイラクの両政府は絶え間なく続く抗議活動を前にして退陣した。1週間後、ボリビア政府で同じことが起こった。それに先立つ12ヶ月間で、米国、英国、チリ、香港、フランス、インドネシア、オランダ、ペルー、ハイチ、シリア、イスラエルそしてロシアのいずれもが、数万人から100万人超の個人が参加する政治的抗議活動に直面した。2019年9月19日と20日には、185ヶ国にまたがる600万人が、その種のもので最大のグローバル抗議活動に参加した。気候変動に対応する行動の欠如に対する抗議である。

2021年1月6日には、約3万人（注11）のトランプ支持者が米国の国会議事堂と周辺地域に乱入し、大統領選挙結果の撤回を要求した。

これら全体をみれば、現代民主主義と資本主義が、人類とまさにその故郷なる地球を横断的に劣化させつつあると強く主張することができるだろう。

コロナウイルスは世界的に、富める人々よりも貧しい人々にはるかに厳しい影響を及ぼしている。貧しい人々にとってのロックダウン、所得の喪失、株式市場高騰の恩恵を受ける術の無さなどからすれば、2つの異なる経済的現実が存在するという認識は避け難いものとなっている。

ウイルスが不公平性を拡大する

地球上の大多数の人々が経済的、社会的不確実性に晒されている現在は、人類がこれまでになく裕福で、テクノロジーが先進的となった時期でもある。ほとんどの統計的尺度でみて、人類史上、生きるのに唯一最高の時代だ。貧困、飢餓、乳幼児死亡率・疾病率は最低レベルである一方、寿命、豊かさ、教育は増進している。

逆説的に言えば、最も豊かな民主主義の世界における最も貧困な住民たちにとっては、一種の新・中世に放り込まれたようなもので、そこでは封建地主と政治的エリートが、かつて夢見た経済力を彼らから奪い取った。コロナウイルスはその結果をさらに増幅し、より貧しい層と中間層市民がウイルスから受けた影響は一層、厳しいものとなっている。

いわゆる1％の「富裕層」エリートたちと残りの99％の人々との乖離は、米国や英国のような豊かな民主主義国家で最大のものとなっている。この富の分配の偏りの顕著さでは、シリコンバレーを上回る場所はほとんどない。カリフォルニア州の中位所得はここ25年間変化していないが、同じ期間に住宅価格は187％上昇した。ワークプレイス・チャットアプリのBlind（ブラインド）が実施した最近の調査では、テクノロジーワーカーの70％は6ケタの年収があるが、それでもサンフランシスコ・ベイエリアで家やマンションを購入するには十分ではない。

皮肉なことに、サンフランシスコの不動産市場はCOVIDで非常に厳しい打撃を被った。だがそれは、経済不況のためではない。グーグル、フェイスブック、ツイッター、アップルといったプレーヤーの在宅勤務方針が変更になり、テクノロジーワーカーがかなりの比率でベイエリア以外の住まいを求めるようになったからだ。20年以上も続いてきた需要トレンド（注12）が打ち破られたのだ。

歴史は、これほどの不公平性は長続きしないということを教えてくれる。政治的・社会的運動というのは知識層や政治家の議論から生まれるものではない。それは社会的な大混乱に生を受けるのだ。トランプ、ブレグジット（英国のEU離脱）、ボリス・ジョンソン、ボルソナロ、ル・ペンといった人や事象の台頭の背後にある推進力に目を向ければ、主要メディアは、長く続いた伝統や「文化」に対する脅威が感じられるとよく言うが、その最大の要因として表に出てくるのは、おそらくテクノロジーの変化の速度だろう。

2019年に発表されたエデルマン・トラストバロメーターレポート（注13）では、世界の47％の人々が、テクノロジーのイノベーションの起こり方が速すぎることが、「自分のような人たち」が不利な影響を受ける変化につながると考えている。そして、59％の人々が、自分の雇用可能性を改善するのに必要な訓練やスキルがないと考えており、55％が自動化やその他のイノベーションがすでに仕事を奪い始めていると考えている。異議、抗議、論争の広がりを刺激してきた不確実性要因が、雪だるま的に拡大しつつあるのだ。

本書の中核にあるのは、3つの主要なストレス要因が相まって、深刻で長期的な経済的不確実性が生まれ、それが社会の一体性を脅かし続ける状況を評価する試みだ。これらのストレス要因は、従来の経済学や政治的方針の再考につながるものではなく、人類の再生につながるも

図1－2●破壊的な社会変化の時代へとつながる主な圧力要因

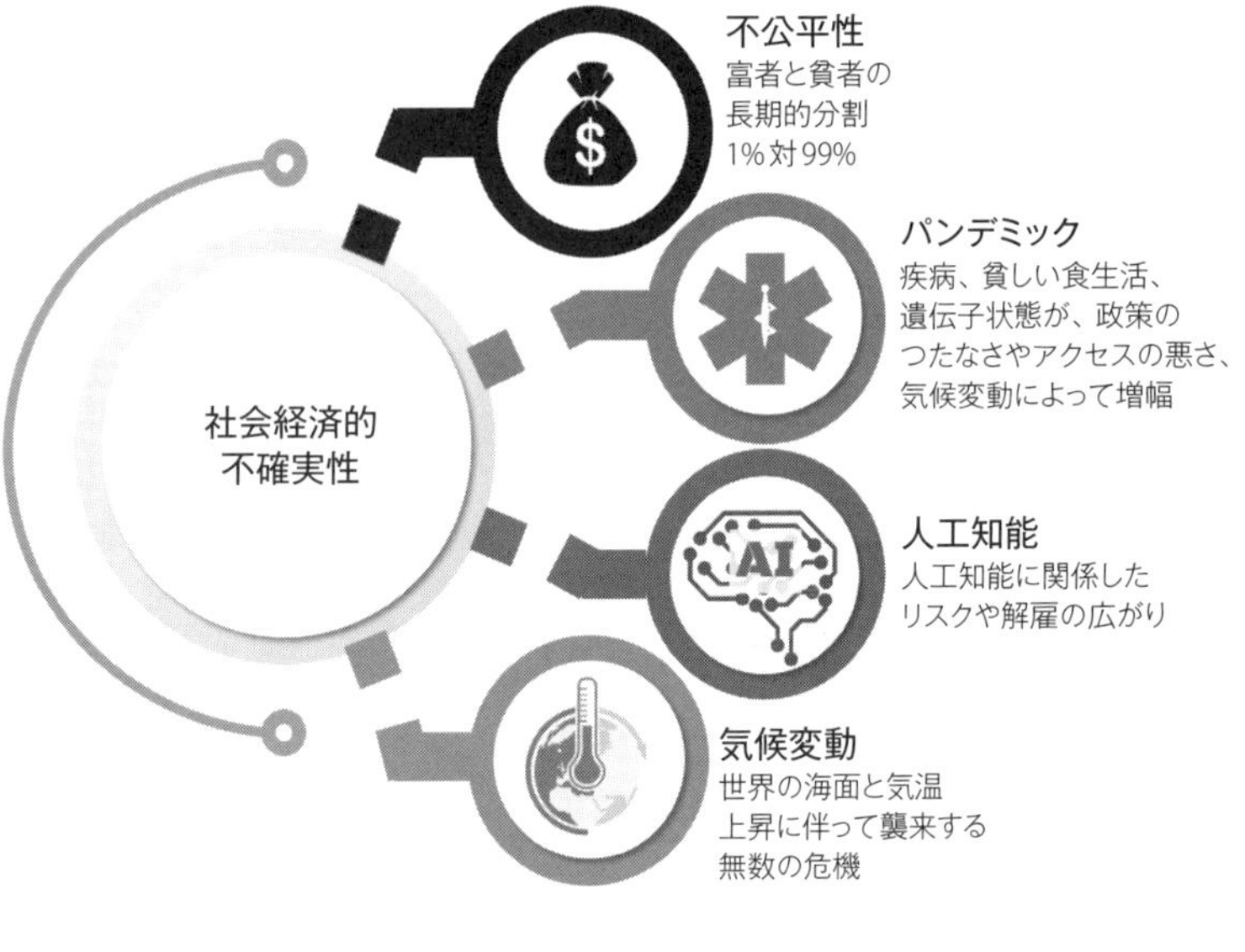

のだ。これが壮大な主張であることは分かっている。

不公平性を高める諸要因は、テクノロジーに起因する失業への懸念の高まりと、気候変動がもたらす影響の積み重ねによって強められ、それらへのグローバルな抵抗運動は融合して集団行動となり、混沌から抜け出すことを目指すだろう。こうした動きはすでに、社会通念を否定する世代の人々が主導している。彼らは思想的に、より包摂的な考え方、はるかに大きな社会意識、テクノロジーの活用によって世界の最も厄介な問題を解決できるという信条を持っている。保守派が、動きが速すぎると騒ぎ立てて古き良き日々を懐かしむのとは逆に、彼らはさらに前に進もうとする。それは確かに世代間対立を生む構図ではあるが、政治家が懐古主義を強めるようになるなら、これはより幅広い社会的対立となる。

産業革命期と全く同様に、政治と経済は従来と大きく異なる未来に向けて進化する必要がある。抑制のきかない資本主義の上に築かれた西欧スタイルの民主主義でも、マルクス主義の原理の上に築かれた共産主義でもない何かによって、これら制止不可能な力を前にして、一体性を取り戻すことが可能になるだろう。社会主義は最も厄介な問題の多くを解決できないだろうが、より一体的な社会意識は、多くの素晴らしいテクノロジーの進歩とともに、間違いなく必要である。テクノロジーの進歩は私たちの最もやっかいな問題を解決しうるが、同時に不公平と分断を際立たせうるものでもある。

人類は種として、過去に経験のないレベルのグローバルな不確実性に直面しているのだ。

バック・トゥ・ザ・フューチャー

現行の世界的危機で身動きのとれない状況とは異なり、政治的・社会的対立がより少なく、より幅広い経済参加があるような未来に進もうとするなら、私たちは不公平性に向き合う必要がある。

国レベルでの不公平性は、ジニ係数として知られる指標で測られる。ジニ係数は0と1の間の数値で表される。0は全ての人が同一の所得を得る世界を意味し、1はただ1人が全ての所得を得る（つまりその他の人は皆、所得ゼロ）であることを示す。米国のジニ係数が語るストーリーは明白だ。現在の不公平性は、1930年代の大恐慌時と同じであり、購買力を考慮すればより状況は悪いかもしれない。

過去数十年の間に、他の西洋諸国も同様の不公平性の高まりを経験してきたが、米国流の極端な資本主義にはマイナス面がある。経済学者のトマ・ピケティが著書『21世紀の資本』で述べているように、米国における現在の不公平性のレベルは「おそらく他のどの社会、過去のどの時代、世界のどの場所よりも高い」。そしてそれは、コロナウイルスのパンデミックで問題が重大化する前のことなのだ。

書籍『The Myth of Capitalism（資本主義の神話：独占と競争の終焉、未訳）』で著者のジョナサン・テッパーとデニス・ハーンが主張しているのは、米国における資本主義失敗の原因は、米国がオープンで高度に競争的な市場から、テクノロジー、バンキング、医薬品、エネルギーのような重要産業を少数の非常に強力な企業が支配する経済へと移行してしまったからだということだ。この競争の欠如が結果的に利益の集約強化につながり、より幅広い経済参加を減退させ、現在目の当たりにしている不均衡の多くを生み出したのだ。

そのまま放置しておいた場合、資本主義は自らそれを修正できるだろうか？　資本主義は、グローバルな不公平性の問題を解決し、社会が再び求めている安定を提供できるだろうか？歴史が示しているのは、資本主義は大規模な社会問題を修復しようとする意欲につながらないということだ。資本主義の推進力は経済成長であり、社会政策ではない。

図1-3 ● 米国における所得の不公平性、1910～2010年

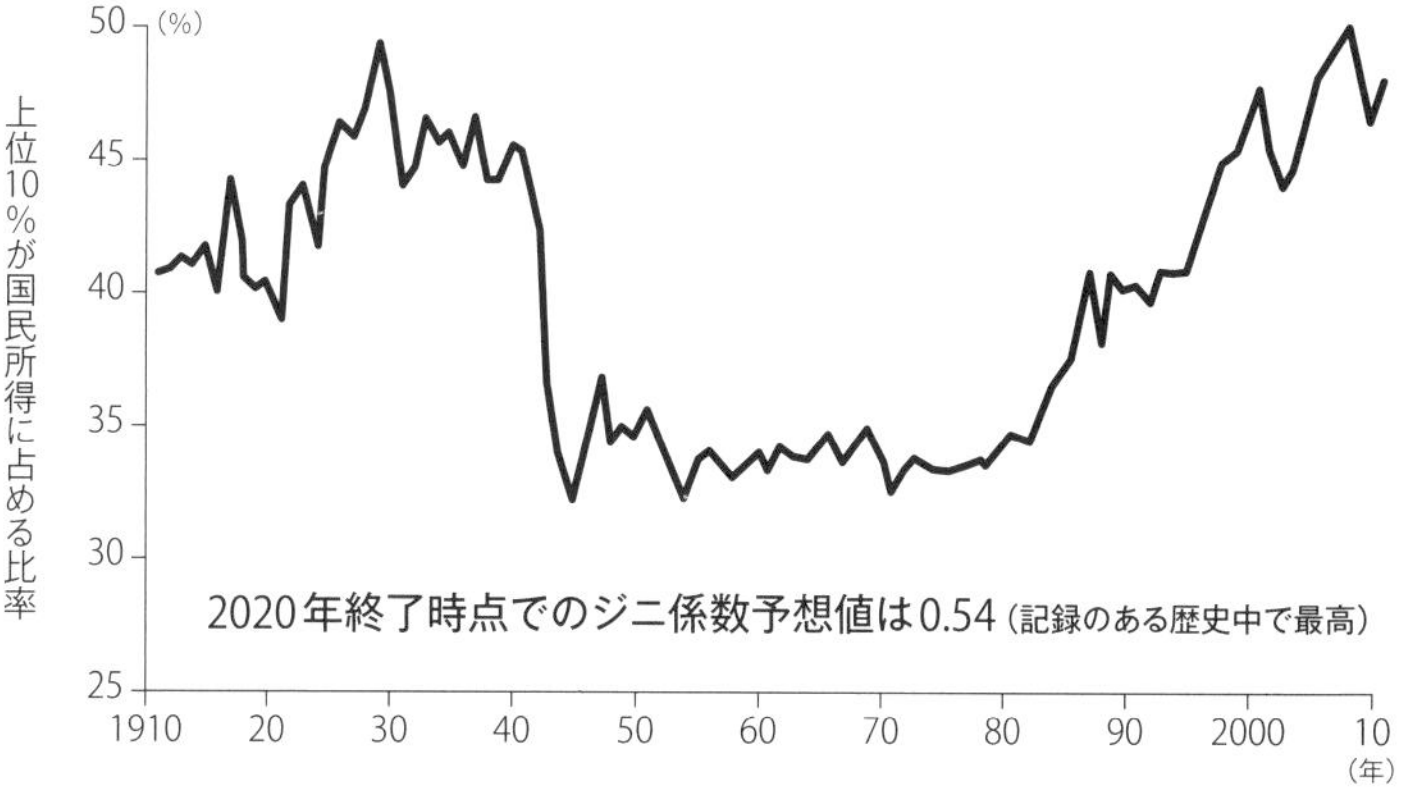

注：米国のジニ係数（1910年～現在）

資本主義は、経済的リターンを生み出す企業や市場に報いるものだ。社会的課題に対応したり、事業のある部分を公共財に振り分けるものではない。四半期および年次の業績報告会の場で、アナリストが企業にそうするように仕向けるのを目にすることはめったにない。それは、アナリストが社会のより大きなニーズよりも利益を優先するからだ。

資本主義と株式市場は、企業に倫理的に市民全般の利益のために行動させるような指標を持ち合わせていない。それが法律に正式に記されれば別だが（と言ってもそれはたいてい濫用が進んだ後だ）。仮にそれが存在すれば、タバコ、大気汚染、エネルギーや化石燃料企業の炭素排出からくる肺ガン、低品質のファストフードに起因する肥満、高額医療費が原因での破産等々のことは起こっていないだろう。コロナウイルスがこうした問題に焦点を当てた結果、利益拡大に向けて最適化された医療システムが、グローバルなパンデミックに対して明らかに脆弱であることが判明した。

資本主義がいずれこうした課題に対応すると主張する向きに対しては、同じ課題が40～50年前に市場によって解決されなかった結果、私たちが気候危機に直面していることや、スポーツイベントに参加

図1-4 ● 不公平性、パンデミック、気候変動による影響

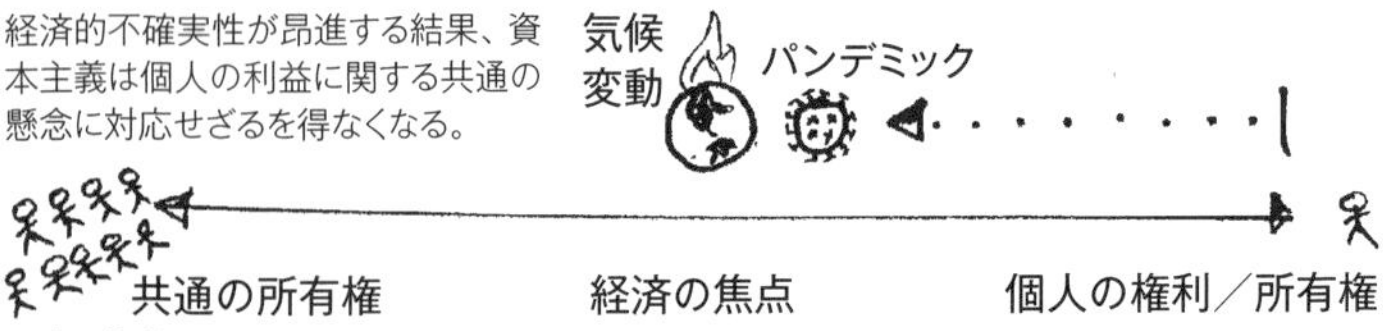

出典：著者

するプロのアスリートと、介護施設の入所者やスタッフとの間にあるコロナウイルス検査の不公平性などを思い出させる必要があるのではなかろうか？　昔ながらの政治評論がほのめかすのは、資本主義が個人の権利を保障する経済システムの一部として不可欠だということだ。気候変動を別にしても、私たちは1970年代以降に化石燃料が人々に及ぼした影響を知っている。グリーンエネルギー技術を加速させることも容易にできたが、市場が進んで選んだのは、利益のために、劣悪な大気品質の影響を受けた都市居住者を、適格でないとして毎年淘汰していくことだった。

昔ながらの政治評論家は、資本主義は個人の権利を保障する経済システムのパーツとして不可欠だと主張する。しかし、資本主義は私たちが直面した最大の危機を未然に防げなかった。だからこそ、全ての市民にとって長期的に機能するような、個人の権利と経済公財との間の、より優れた均衡が必要だという事実が注目されている。

これは経済理論というよりも、広範な社会目的に対する経済学の適用方法に関する問題だ。個人の権利はもちろん保障され

図1－5 ◉ AIベースの公的資源管理・運営

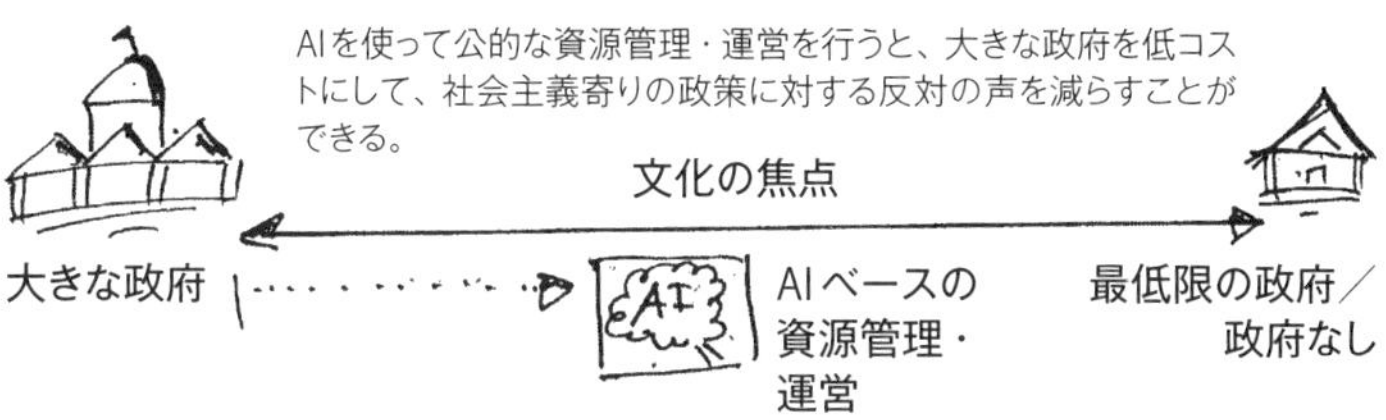

AIを使って公的な資源管理・運営を行うと、大きな政府を低コストにして、社会主義寄りの政策に対する反対の声を減らすことができる。
文化の焦点
大きな政府

AIベースの資源管理・運営
最低限の政府／政府なし

出典：著者

うるが、それは短期または長期的に他人に害を及ぼさない範囲においてのみだ。スカンジナビア諸国のような民主社会主義国家の存在は、この分野で何らかの均衡が達成可能であることを示している。

加えて言えば、Y世代とZ世代の市民は、世界金融危機やコロナウイルスのパンデミックを通じて親たちの富が大きく毀損されたのを目にしており、資産の保有や蓄積にあまり興味を示さなくなってきている。彼らは、持ち家などありえないかもしれない世代なのだ。特に香港、ニューヨーク、ロンドン、シドニー、東京といった都市ではそうだ。

その一方で、共有の仕組み、資産共有サービス、シェアリングエコノミーの発達が意味するのは、住宅や自動車の保有が時代遅れとなるかもしれないということだ。ソーシャルメディアの存在と、人類に関する集団的・トライブ的視点の増大は、政治的位置にこだわらない広範な政治的関与にもつながってきている。

保守派の主な主張のもう1つは、大きな政府は非効率であり、経済成長に関しては、民間企業と自由市場の方がうまく資源配分を行えるというものだ。その前提としてあるのは、経済が成長していれば良く、公共性やアクセス性を考慮する必要はないという考えだ。一方、AIを活用した政府サービスと資源配分は、こうした旧式の前提を覆してしまうだろう。大きくて広範に機能する政府の仕組みが、経済的に成立可能になるのだ。それは、自動化によって政府が必要とするリソース規模や官僚主義が飛躍的に縮小するからだ。

テクノソーシャリズムとは何か？

本書において私たちは、21世紀における資本主義の修正を明確に主張している。世界的な格差の拡大により、経済活動の恩恵は一部にしか行き渡らなくなった。そしてロビー活動と既得権の影響を受けやすい政策により、このサイクルが無限に引き伸ばされそうなリスクもある。だとすれば、テクノソーシャリズムとは何だろうか？　それは政治運動でもなく、社会的帰結でもない。第1にそれは、経済全体に悪影響を与えない枠組みの中で、長期的な経済成長をとらえ直すものだ。同時にそれは、全ての市民に最大限の経済参加を保証する。

第2にそれは、大きな政府の能力を持ちうる。テクノロジー・インフラストラクチャーに強力な投資を行って政府活動の生産性を劇的に向上させ、それによって政府プログラムが通常晒される財源や予算に関する反対意見を排除する。

テクノソーシャリズム以外に、今後50年間のこの惑星にどんな成果があるだろうか？　こんにちの世界にとって、4つの起こりうる未来がある。それらは2つの軸上に広がるものだ。集団志向 vs. 個人志向と、混沌的未来 vs. 秩序ある未来である。

●新封建主義

抑制不能な資本主義で、公平性拡大のニーズを否定し、広範な経済成長は実現せず、雇用と消費は減退する。富裕なエリート層と貧困層との長期的な分断は融点に達し、革命運動と抗議運動が繰り返し起こって中間層は消失していく。超富裕層は閉鎖された居留地に住み、長寿テクノロジー、ＡＩ、物質的豊かさを手に入れる。一方その外側では、大量の失業、飢餓、疾病が標準的な状況となる。

●ラッダイト世界

人工知能のようなテクノロジーの進歩は拒絶される。気候変動対応が緩慢で不適切なことから世界経済が停滞する一方、危機が繰り返し襲うことで人口増加は停滞する。主要な沿岸都市は海面上昇によって居住不能となる。穀物生産がうまくいかず、食料不足と飢餓が爆発的に発生する。

●失敗世界

計画、先見、行動の欠如から気候と市場が崩壊する中、主要経済大国の法の支配は混乱して対応が後手後手になる。気候変動のために何億人もの世界的人口移動が発生する。国境は崩壊し、資源を巡って戦争が頻発する。国家政府は崩壊する。

●テクノソーシャリズム

社会は高度に自動化され、ほとんどの人間労働は代替される。テクノロジーの進歩によって、住宅、医療、教育および基礎的サービスはユビキタスかつ低コストで利用可能になる。資本主義は再構築され、長期的なサステナビリティ、公平性、人類全体としての進歩へ向かう。気候変動緩和への取り組みによって何世紀にもわたる世界的な経済的協調が実現する。

読者が「ラッダイト世界」や「失敗世界」について、等級分けの言葉だとして反対するなら、それらを単に「テクノロジー拒絶世界」とか「総体的機能不全国家群」として考えてもらってもよい。これらのシナリオ以外の選択肢もあると感じるかもしれないし、私たちはそうした議論を、諸手を挙げて歓迎する。私たちが導き出した結論は、長い歴史の中の類似例と、襲い来る危機に対する人間行動の研究に由来するも

図1－6 ● 人類が直面する可能性がある未来

出典：著者

のだ。本書を読み進める中で、議論にじっくり取り組んでいただければよい。

本書が政治的議論ではないことをご理解いただきたい。本書は、正確には哲学的および経済的な政策議論である。人類の真の目的と、社会そして種として私たちが達成に向け努力する目標、そして公平性の拡大がそうしたゴールや目的に資するかどうかという観点では哲学的主張である。どのような経済理論がこのような目標を説明し、私たちの社会の中核概念として包摂性を増進して、より広範な幸福とより大きな繁栄につながるのかという観点での議論である。その中心にあるのは、経済の目的とは何かという議論だ。経済の正しい役割とは、社会の小さなセグメントの個人に力を付与することなのだろうか？　それとも、社会全体により効果的に貢献すべきものなのだろうか？

これから30年間、人類は数多くの危機に直面するだろう。それらは富者と貧者の分断を際立たせ、この惑星にとって未曽有の規模の問題に、自由市場がますます対応できなくなることを明らかにするだろう。私たちは、こうした課題にどのように対応するのか、その選択肢を有している。その選択が人類にもたらす結果を決定し、それによって成功の程度は異なる。私たちはどんな選択を行うのだろうか？　全ての人類が恩恵を受けられるものか、それともごく一部が受けられるものなのか？

注1：ＣＯＶＩＤ－19あるいはＳＡＲＳ－ＣｏＶ－２は２０２０年に世界を襲ったコロナウイルスの区分である。

注2：ＣＤＣ国家パンデミック対応計画（２００５年、２０１７年）：https://www.cdc.gov/flu/pandemicresources/national-strategy/index.html

注3：「バイオディフェンスの推進」バイオディフェンス・サミット、会議録、２０１９年：https://www.phe.gov/Preparedness/biodefense-strategy/Pages/advancing-biodefense-transcript.aspx

注4：出典＝世界保健機関（World Health Organization：ＷＨＯ）：https://www.who.int/influenza/preparedness/pandemic/en/

注5：*The Journal of the American Medical Association* 参照。「台湾のビッグデータ分析にみるＣＯＶＩＤ－19対応、新しいテクノロジーとプロアクティブな実験」、Wang ほか、２０２０年3月3日

注6：CBS News、２０２０年3月18日

注7：出典＝スタンフォード大学ペーパー：https://papers.ssrn.com/sol3/papers.cfm?abstract_id=3722299

注8：出典＝Fox News：https://www.fox5ny.com/news/us-has-4-of-the-worlds-population-but-morethan-25-of-global-coronavirus-cases

注9：出典＝ＣＮＮ

注10：出典＝US News「警察暴力が若年男性の死の主因」、２０１９年8月5日：https://www.usnews.com/news/healthiest-communities/articles/2019-08-05/police-violence-aleading-cause-of-death-for-young-men

注11：出典＝NBC News における National Park Service の推計の引用：https://www.nbcnews.com/politics/congress/live-blog/electoral-college-certification-updates-n1252864/ncrd1252964#blogHeader

注12：CBSサンフランシスコ：https://sanfrancisco.cbslocal.com/2020/10/10/covid-exodus-home-for-salelistings-soar-as-pandemics-economic-impact-grips-san-francisco/

注13：エデルマン・トラストバロメーターレポート参照：https://www.edelman.com/sites/g/files/aatuss191/files/2019-04/2019_Edelman_Trust_Barometer_Technology_Report.pdf

COLUMN

不公平のピラミッド

1848年1月24日のこと、ジェームズ・W・マーシャルはカリフォルニア州コロマのサターズ・ミルで金鉱を発見し、それがカリフォルニアのゴールドラッシュの契機となった。その30年後、ゴールドラッシュは下火となり、雇用は急速に落ち込んでいた。雇用減少の非難の対象となったのは、鉱業の没落と金鉱が尽きたことよりも、中国人移民だった。1882年には米国大統領チェスター・A・アーサーが署名した中国人排斥法が発効して、中国人移民の流入には10年の猶予期間が設けられた。歴史を振り返ってみれば、中国人移民はゴールドラッシュの終焉が引き起こした負の経済影響とはほとんど何の関係もなかったことが分かる。しかし政治的に見れば、それは景気減速の理由にしやすいものだった。このパターンは、2016年の米国大統領選挙でも繰り返して見られた。

2016年と2020年の米国大統領選挙を追った研究で判明したのは、大学教育を受けた有権者は一般的にクリントンかバイデンを好んだが、トランプに投票する人を見分ける最良の判断材料は、概ね経済や教育水準、変化の速度に対する不安と相関していることだった。大学教育を受けた若者は、より中間主義か左派寄りの傾向があった。年長で白人か大学に行っていない人は、右派に振れる可能性が高かった。

ポピュリスト運動が勢いを増すとともに人々が口にするようになったのは、変化の速度や新しいテクノロジー、あるいは移民政策が将来の見通しに影響を及ぼしかねないことだった。世界最大の経済大国が相当に強烈なポピュリスト経験に直面したのを見るならば、それは「アメリカンドリーム」の意図せざる崩壊が、トランプを権力の座に上りつめさせたと言ってよいだろう。

歴史をひもとけば、「アメリカンドリーム」という言葉は、ジェームズ・トラスロー・アダムスが1931年に著した書籍『ザ・エピック・オブ・アメリカ(The Epic of America)』で生み出されたものだ。彼はそれを「能力と成功に応じて全ての人に機会が開かれた、誰にとっても生活がより良く、より豊かで、より満たされた国という夢」と説いた。基本原則はシンプルで、一所懸命に働き、身を犠牲にして多少のリスクをとれば、両親や先祖には不可能だった何らかの成功を実現できる、ということだ。同時にアメリカンドリームでは、子供たちは確実にさらに豊かになるとされた。しかしこの夢は、経済成長の持続、富の均等配分、そして次の世代にも機会が続いていることを前提としたものだった。1980年代以降、この経済成長の可能性は、大多数の米国民にとって幻となってしまっている。

　結局のところ、2016年のトランプの勝利（そして2020年選挙における支援の強力さ）からみえてきたのは、白人労働者の有権者全体（大卒学位を持たず、米国成人の3分の1を占める）の60～64％がクリントン（注1）やバイデン（注2）よりもトランプを支持したということだ。選挙日の夜、ト

図1-7●白人で非大卒の有権者が2016／2020年選挙でトランプを支持

ジェンダー／教育別にみた白人有権者

バイデンは白人男性では健闘

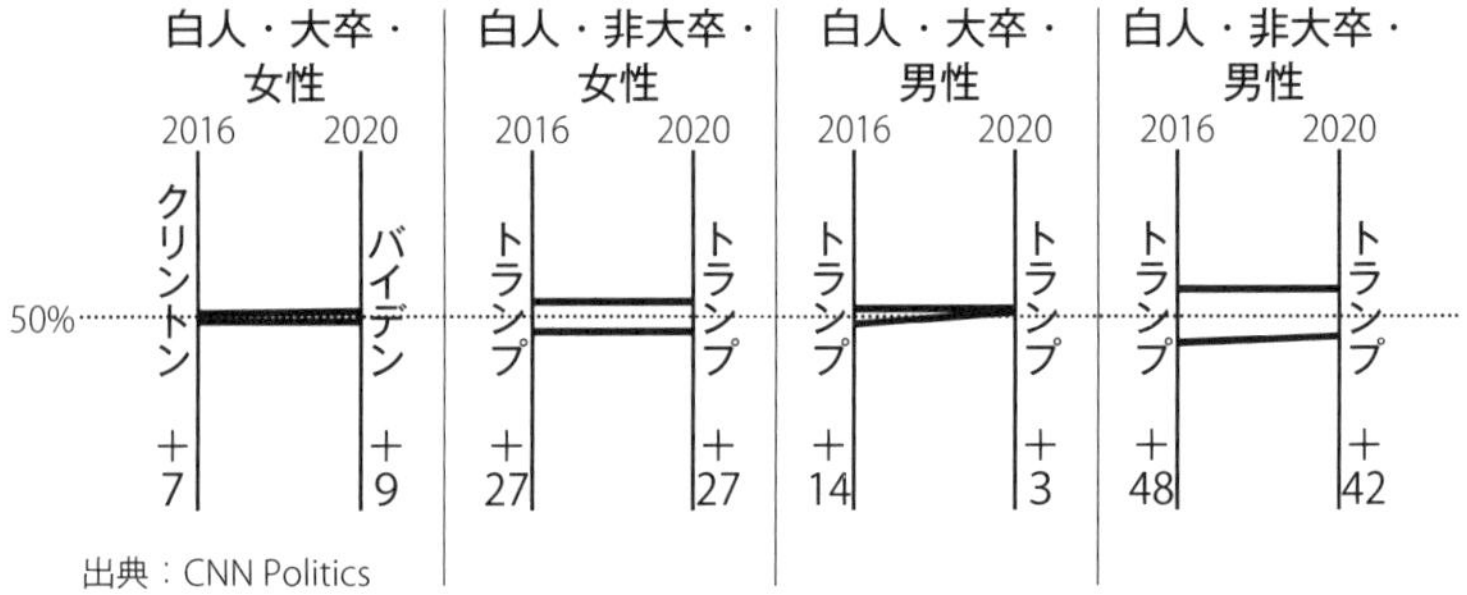

出典：CNN Politics

ランプの勝利を予測した個別重要要因として目立ったのは、次の4つである。

文化的変革への不安：外国の影響を通じて「米国人的生活様式」が希薄化していることへの懸念

移民：上記と強く関係しているが、雇用への懸念とも関係している

経済的見通しの不確実性：移民とテクノロジーによる職の収奪と賃金低下、生活や住居のコスト上昇への恐れ

教育システムが抱える課題と学生ローンの増大：白人男性労働者層の61％が、大学教育がハイリスクでメリットがないと考えている。これは、米国における大学の学費と学生の負債の増加と相関している

米国民は、気候変動やインフラストラクチャーの老朽化の懸念よりも、現実の経済的な影響の方をはるかに重く受け止めたのだ。それらは、食卓にのる食事、住む場所である家、医療へのアクセス、銀行に預けるおカネとなって表れた。現在の米国では存在しえないはずの問題だ。この先の章では、どのようにして経済的不確実性が自由と幸福をも脅かしているかをみていく。

2016年と2020年の米国民主党予備選挙の期間中に多くの人たちを驚かせたもう1つの事実は、バーニー・サンダースへの支援の強力さだった。サンダ

ースが異色だったのは、反資本主義的で社会主義的なアジェンダを実質的に掲げていた点だ。2019年1月にアレクサンドリア・オカシオ=コルテスが下院議員に選出されたことで、バーニー・サンダースとエリザベス・ウォーレンが2020年の予備選挙でも勝ち残り続けたことと相まって、より包摂的な政策一般に関する議論が強まった。その結果として実際にバイデンは、2020年の大統領選挙期間中、自分の論調や政策ポジションを変化させざるを得なかった。

皮肉なことに、ポピュリスト的運動と社会主義の双方を支持する、通底した基本的な恐れは、非常によく似たものだった。政治の世界の先では、政治的スペクトラムの両端に対する草の根支援が起こったのは、次第に恐れを強める有権者が、自分たちの経済的未来への脅威を感じて急速的な解決策を求めたことからきたものだった。

「富者はさらに富み、貧者は現実を知る」(注3)

1789年のフランス革命が、「民衆への権限移譲(power to the people)」の現代的な表現であったのは確かだが、それに続いた1800年代の産業革命によって、西洋の政府は、民衆の社会運動の急激な盛り上がりと社会政策との大きな乖離に対応せざるを得なくなった。労働者は労働組合を組織して、それが彼らに史上初めて政治的影響力を与えた。米国、インドその他の国では、英国型植民地主義モデルの排除に成功した。ニューヨークとロンドンからは女性参政権運動が爆発的に広がった。それは奴隷制度への見方に変化を引き起こし、米国の南北戦争へとつながった。人権に関する世界の覚醒は、経済革命・産業革命と並行したものだった。

経済学者は大恐慌以前の米国を振り返って、より大きな富の分配を実現する仕組みのカギは、ヘンリー・フォードの生産ラインにあったという。第二次世界大戦後の製造業ブームとテクノロジー革新によって、米国は充実したミドルクラスを生み出すことが可能となった。

しかし現在、実質賃金の増加は米国では人口のほとんどで40年以上も見られていない。経済状況の改善が見られないことを、構造的な政策バイアスや政治ではなく移民や外部要因のせいにする傾向は、カリフォルニア州のゴールドラッシュにまで遡って使い古された政治的戦略だ。中核的なミドルクラスが長期にわたって崩壊を続けていることについて、より合理的な説明が存在するだろうか?

米国では最低賃金に関する論議がさわがしいが、現実には、米国の実質賃金成長が消費者物価指数と生産性の伸びと同じペースであれば、現時点で最低賃金は時間当り24ドルを超えているはずだ。このように賃金成長が比較的フラットだと、長期的に経済に与える影響は破滅的だ。それは消費を後退させるからであり、そのことが米国における不公平性拡大の中心にあるものだ。

レーガン政権期（1981〜1989年）は、巨大な政府支出と労働組合の力を削る政策と戦略がとられた時期だった。そのいずれもが、かつて所得の不公平性拡大を抑制するものとして働いていたメカニズムを10年の長きにわたって痛めつけた。ビル・クリントンは団体交渉に反対し、金融サービス業界の規制を緩和し、北米自由貿易協定（NAFTA）に署名して、このギャップの拡大に貢献した。

1987年には映画『ウォール街』が封切られ、機会主義的で貪欲なウォール街のトレーダーであるゴードン・ゲッコーの人物像を垣間見させてくれた。ゲッコーは、不公平性の拡大に対するウォール街の集団的意識に刺さったというより

図1−8●米国の現在の実質賃金上昇率は1970年代の水準を下回る

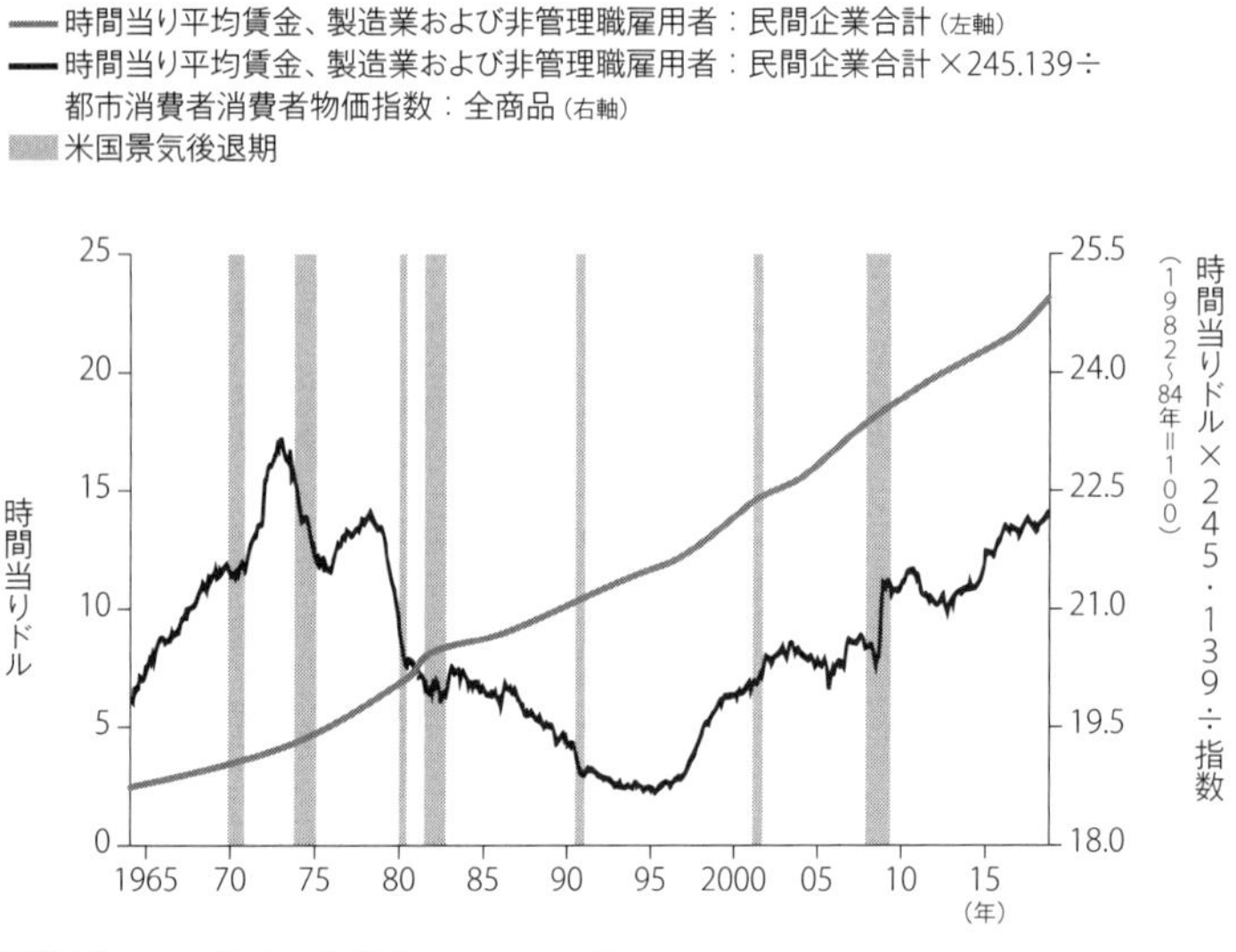

出典：Bureau of Labor Statistics（米国労働統計局）

も、世界中のトレーダーや投資家のアイドルとなった。規制緩和されたカリフォルニア州のエネルギー市場で市場操作を行ったエンロンのような輩たちの話はやめておこう。

2008年には世界金融危機が発生して、サブプライム住宅ローンポートフォリオの深い闇が露わになった。そのことでゲッコーを演じたマイケル・ダグラスは国際連合の会合に呼ばれて「ゲッコーに刺激を受けて世界を屈服させようとした貪欲な商人たちの行いについて、ゲッコーには何か責任があるのか（注4）」と尋ねられた。ダグラスはその質問にまともに答えなかったが、「トレーダー」のメンタリティと、レーガンとクリントン政権期の金融サービス業界の規制緩和、そして所得の不公平性の間につながりがあることは無視し難いものだった。

社会構造が貧者を攻撃するメカニズムは、1970年代後半と80年代の英国でも機能していた。政府は賃金とその上昇を凍結してインフレを沈静化させようとしたが、賃金圧力が生じた時に労働組合と対峙することになった。英国政府は、それは労働組合との過去の合意に反するものだった。1978〜1979年の冬は、「不満の冬（Winter of Discontent）」として知られることとなった。街路にはゴミが溜まり、墓掘り人たちはストライキを起こした。トラック運転手は残業を拒否し、国中のガソリンスタンドが閉じて燃料運搬は滞留した。1979年1月22日には、大恐慌以来で単一の日として最大のストライキが起こり、抗議活動が終わった後も多くの労働者は外に長く留まり続けた。100万人を超える労働者がレイオフされ、労働組合の役割、インフレ、そして物価に関する論争は激しさを増すばかりだった。

　マーガレット・サッチャーは労働組合の力を制限する政策を訴えて、1979年5月3日の選挙に勝利した。労働組合運動を弱体化させるのには、1985年までの時間を要し、それでも数年の間はインフレ圧力が鎮まらなかった。それから30年が過ぎ、2015年の賃金上昇率は1860年代以来最も低くなった。英国はさらに金融危機以前の賃金水準にまで戻ろうとしており、それはCOVID−19とブレグジットが雇用と賃金の成長にマイナス影響を及ぼす

図1−9 ● サーチ＆サーチ社の広告キャンペーン（1978年）

出典：サーチ＆サーチ社

前のことだった。雇用成長はすでに挫折しており、ブレグジットの決定以降は下降トレンドにあったが、GDP（国内総生産）成長は2020年には11・3％も落ち込み、ここ300年間の経済生産で最大の下落となった。

同時期のインフレ率、生活コストおよび経済成長についてみると、米国と英国の実質賃金成長の低下は、労働組合関係の法制変化と金融市場の規制緩和と軌を一にしている。また、この2つの組み合わせは結果的に、中産階級から最富裕層への富の再配分につながった。テクノロジーと自動化が両国にもたらした構造変化もまた、従来型産業や雇用パターンを直撃して、賃金減少の影響を際立たせた。賃金上昇の鈍化を要因分解すると、住宅コストの大幅増加とインフレーションに

図1-10 ● 賃金の価値

全経済の平均週給、消費者物価指数および住宅費インフレ修正後

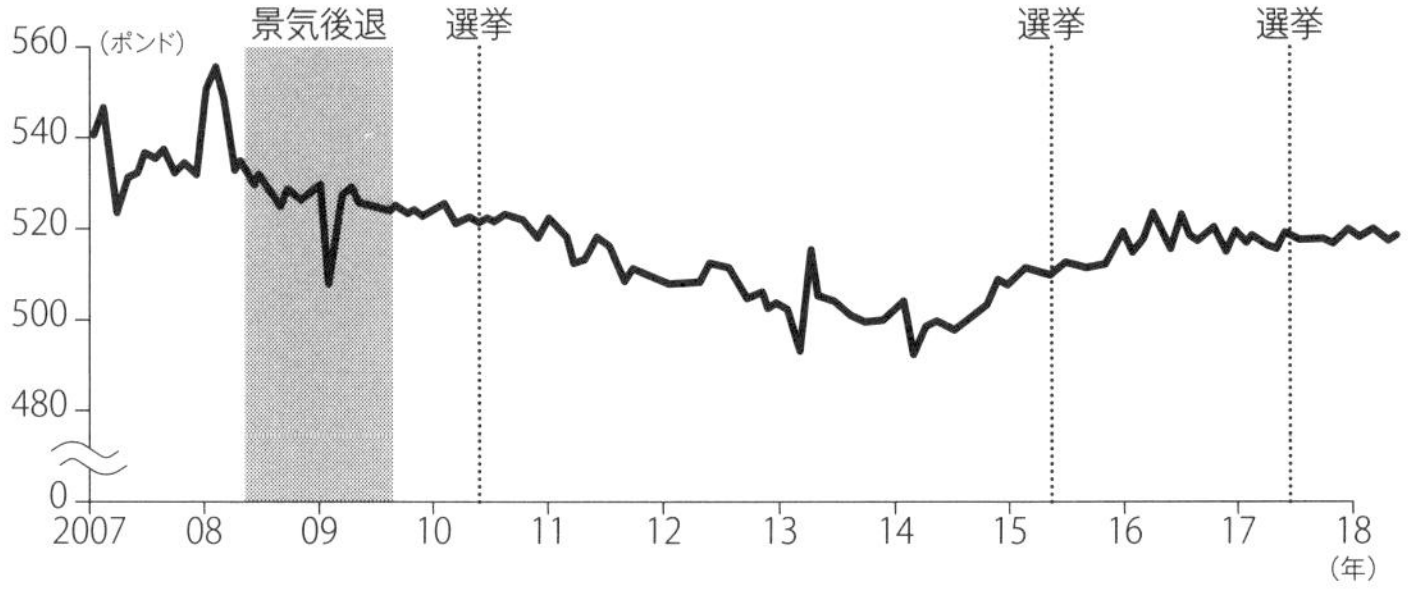

出典：ONS平均週給データセットEARN01および消費者物価指数時系列データセットMM23

よって、中産階級の購買力は1980年代以降低下を続けており、それが経済に非常に悪い影響を及ぼしていることが分かる。

トリクルダウン経済

このことは、過去40年間の米国の不公平性増大を加速したとも言える、もう1つの政策要因にもつながる。

レーガン大統領は、激しい論争のあったサプライサイド経済理論を採用したが、それは経済学者のアーサー・ラッファーが真っ先に唱えたものだ。現在では「ラッファー・カーブ」という言葉が出ると、ほとんどの経済学者はそれを全否定する。ラッファーの理論は、減税を行うと、経済活動が活発化する結果として、税収が増加するというものだった。公正を期せば、彼はこのアイデアの発案者ではなく、それを社会に広めただけだ。このサプライサイド理論は現在、「トリクルダウン経済」という別の名前で知られている。1981年8月、レーガンは「経済再建税法（The Economic Recovery Tax Act）」を成立に持ち込んだ。大部分がラッファー・カーブに基づく政策である。それに続く4年間、連邦税収は平均で13％減少した。2019年、トランプはアーサー・ラッファーに自由勲章を授与し、2017年に共和党が上下両院を制すると、彼らはラッファーの主張に基づいて、再び減税を行った。

　１９８１年の経済再建税法が、米国の歴史の中で最大の税収減をもたらしたことは明らかだ。しかしその後レーガン政権は、実質的に中産階級に打撃を与える新たな税金を導入した。１９８２年税負担公平性・財政責任法（Tax Equity and Fiscal Responsibility Act of 1982：TEFRA）は政府収入を増加させたが、それは主に減価償却、リース、工事契約会計基準、投資税額控除等を厳しくした結果だった。１９８３年の社会保障制度の見直しでは、給与税の税率の計画増を加速し、とりわけ下層、中間層の労働者家計が支払う社会保障税を倍増させた。１９８４年の財政赤字削減法では、金利除外や所得平均化などのルールを変更した。１９８６年の税制改革法では、個人所得税率の上限を

図１－１１ ● 米国法人税収

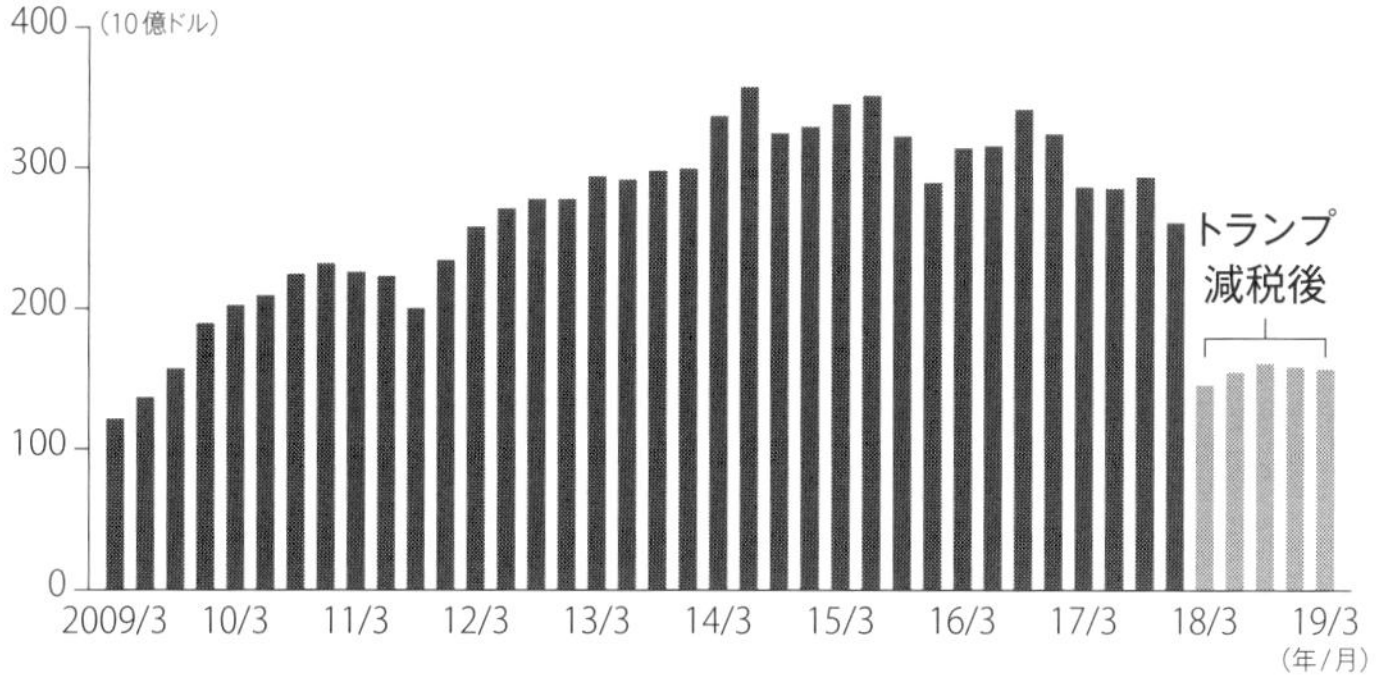

出典：グレッグ・ジェリコ、FRED（連邦準備制度経済データ）、Get the data、Datawrapperと共に作成

50%超から28%に引き下げた一方で、その変更を当初2年間は帳消しにする変更も含んでおり、税収は増加した。

実質的には1981〜1989年の間に、レーガンは労働者階級の所得税を平均して倍増する一方で、最富裕層の米国人への税率を74%から28%へと引き下げた。彼は企業向けに巨大な税金の抜け穴を創り出して、その気になった企業は海外に雇用をシフトさせた。

ジョージ・ワシントンからジミー・カーターに至るまで、米国の実質賃金は生産性上昇に伴って増加してきた。生産性が向上してより稼げるようになれば、一般的に、企業は雇用者の賃金を引き上げ、それは生産性上昇に見合っていた。これこそが、第二次世界大戦後に世界で初めての強力な中産階級を生み出した中核的

図1-12 ●レーガン時代までは実質賃金と労働生産性の伸びが一致している

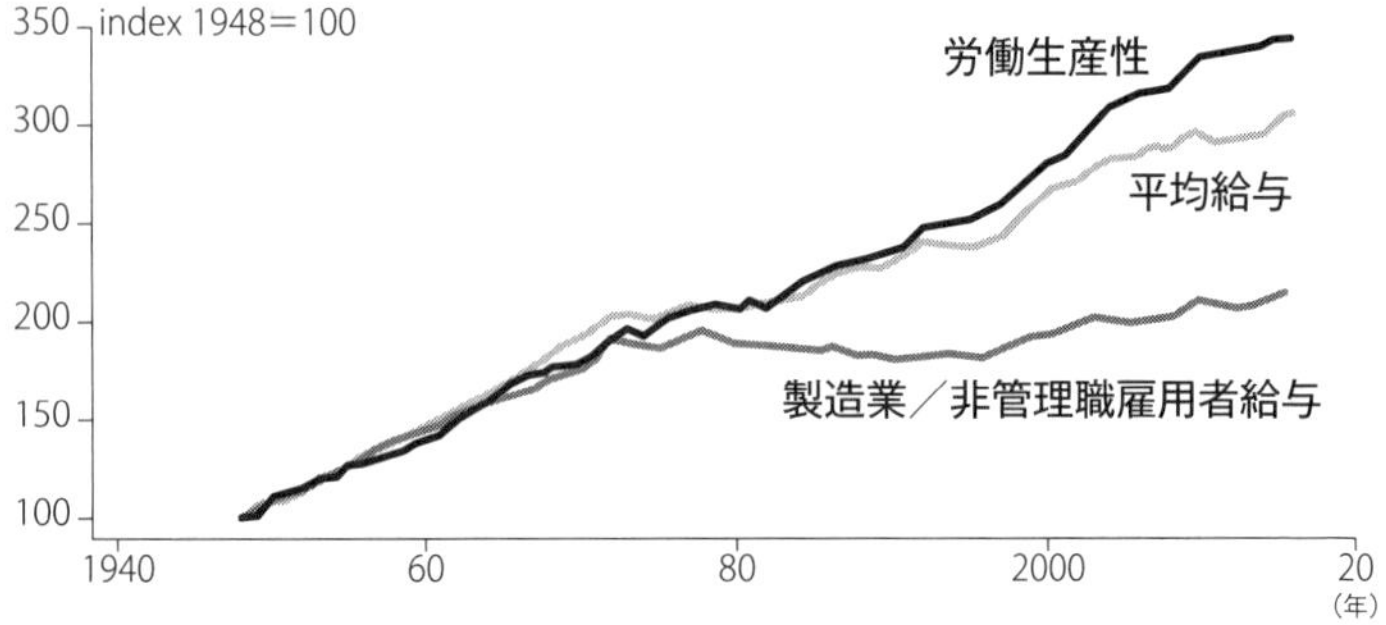

出典：BLS／BEAデータ

要因だった。レーガン政権前は、親の1人が働いていれば中産階級の家計を支えられた。レーガン後は、両親が共に働いていたとしても、平均的な米国家庭はその10年前よりも生活が苦しくなったのだ。

「レーガノミクス」は、根本的に賃金の公平性を直撃したものとして知られているが、当時はそれがすぐには明確にはならなかった。米国大衆はとりわけ、彼が大統領1期目開始時点で行った米国市場最大の減税に目を奪われていたからだ。

金持ち向けの減税は、最富裕層の米国人にとって富が富を生む状況を際立たせ、1980年から現在までのピラミッド最上部の資産増加を加速させた。同様の現象が、英国、オーストラリアや他のあちこちで起こっていた。

全体としてみれば、コロナウイルスのパンデミックは、最富裕層の米国人にとっては恵みとなったようだ。4000万近くの人々がパンデミックの最初の数ヶ月で失業申請を行った一方で、同じ年に米国の億万長者クラスの純資産は10兆ドル以上増加している(注5)。

こうしたマクロ経済上の変化は何をもたらすだろうか?

ここに挙げたような過去が世界金融危機につながり、トランプを政権に押し上げ、ブレグジットを現実化し、「(ウォール街を)占拠せよ」運動やアラブの春の契機となった。これらはごく一部に過ぎない。「グローバリズムと移民が悪い」と声高に叫ぶ報道機関もあるが、現実に私たちが40年間を通じてみてきたのは、中産階級の実質賃金への迫害であり、公平性の根本的変化に対応すべき政策や戦略なき経済の構造変化であり、労働力を適応させるための教育や訓練への適切な投資がないままに、伝統的な製造業から知識労働者へと私たちを動かす構造変化なのだ。米国経済の行く末が、社会で最も貧しいセグメントに属する1000～1200万人の不法または未登録の移民（注6）の集団にまで低下していくという主張は信じ難いが、一方で中産階級の健全な生活は、40年にわたって脅かされ続けている。

ヘルスケアに関して米国は、家計の豊かさによって、2つの大きく異なる結果に至っている。同じことが裁判所における司法制度へのアクセス、警察と公共安全サービスから受ける扱いの妥当さ、教育へのアクセス、政治的権利や社会財へのアクセスについても言える。米国ではこうした不公平性の拡大を認識していない人々もいるが、データは嘘をつかない。現在では、アメリカンドリームは2つのアメリカに取って代わられた。富者の米国と貧者の米国である。中産階級に分類される米国人の比率は、1971年には61％だったものが、2020年には50％となっている（注7）。

これは2050年には中産階級が75％を超えるまでに成長するという、世界における中産階級の成長とは全く反対の方向だ。

歴史からの教訓

国際通貨基金（IMF）の過去73年のデータが示しているのは、所得や富の不公平性が大きい国ほど、本質的に不安定だということだ。富裕層がその貯蓄を不動産や金融資産に流し込むと、国の変動性は時間の経過とともに高くなる。最もしっかりと安定している国では、健全な中産階級が広く消費を行い、資本を経済に注入して好循環が起こっている。経済学者が貿易赤字について話すのと同様に、消費者信頼度について話すのはこのためだ。経済、雇用成長そして富の分配を促進する支出能力が富の占拠によって下降する場合には、経済の安定性における消費の役割に注目する必要がある。

人々は生産的でありたいと思うものだが、同時に価値を認められていると感じ、自分たちの希望や願望に意味があると信じる必要もある。もし多数の人々が職もなく、希望もなく、自己充足感が得られる見込みもなく、夢や願望を持ってもそれがほんの一部の人しか実現されないような階層化された社会で生活するのであれば、人々が不満や怒りを感じるのは自然なことだ。

「研究が示しているのは、不公平性の増大は社会の結束を揺るがし、

政治的な分極化と最終的に経済成長の低下につながるということだ。所得の不公平性に対するIMFの取り組みでは、政府が高水準の所得の不公平性の是正に取り組み、経済成長を享受するのを財政政策でどのように支援できるかに注目している」

――IMF政策文書（2018年）：IMFにおける所得不公平性への取り組み（注8）

歴史的にみて、不公平性の拡大がもたらす重要な問題は、長期的に経済活動を停滞させると同時に、深刻な社会的分裂が生じる可能性を高めて、さらに経済的信頼を減じてしまうことだ。レイ・ダリオは世界最大のヘッジファンドの創設者の富豪だが、彼は次のように述べている。「もし自分が米国大統領だったら何をするかというと、これ（不公平性の拡大？）が国の緊急事態だと認識することだ……歴史をみれば、経済的条件が大きく異なる人々の集団がいて、経済が長期的に停滞していれば、抗争が起こるからだ」（注9）。

この見解はほとんど革命的ではない（ダジャレで失礼）。『ニューヨーク・タイムズ』のベストセラーSF小説作家のデイヴィッド・ブリンは、現在から1万年後の社会を夢想して作品を書いているが、遠い将来の社会・経済モデルを予測する能力は、彼が目にした歴史の先例のうち未来の展開を特徴づけそうだと考えるものに基づいている。ブリンの観察によれば、アダム・スミスの『国富論』かあるいは聖書を例にとっても、富者と貧者の互いの間の反感は、過去数世紀にわたって続いてきていることが分かる。それとは反対に、公平性と中産階級の堅実な成長があるところでは、素晴らしい経済的成果が生まれている。

第二次世界大戦の帰結として、米国における富の不公平性は、歴史を通じて最低水準となった。中産階級は大恐慌から完全に復活し、戦時の緊縮生活の結果として強力な貯蓄文化が生まれた。十分な給与、完全雇用、そして復員軍人援護法が育んだ競争力がこれまで世界にみられなかった最も支配的な経済国家を生み出したのだ。公民権運動はまさに、初めて貧しい黒人コミュニティの経済参加への動員を実現しようとしていた。住宅建設のブームが起こった。消費は跳ね上がり、米国のほぼ全ての家庭が冷蔵庫と食器洗浄機、テレビや自動車に手が届くようになった。全ての人が米国経済に活発に参加していた。ポップカルチャーがテレビとラジオを通じてそれを際立たせた。資本主義の大勝利だ！　アメリカンドリームは絶好調で、この星の他のあらゆる国がそれを羨んだ。

歴史家のアリエル・デュラントとウィル・デュラントはこの社会構造のタイプをダイヤモンド型社会経済モデルであるとした。このモデルでは、健全で充実した中産階級の数が貧困層と富裕層の双方を大きく上回り、富の再配分と賃金は伝統的な釣り鐘型曲線に従う。ブリンとデュラントが主張したこの議論は数世紀の歴史データに裏打ちされており、このダイヤモンド型システムは、楽観的で前向きな民衆だけでなく、最も生産的な経済国家をもつくり出した。

現在では、米国経済よりも中国経済の方が、このタイプの構造に近いようだ。経済学者たちは現在、中国経済の自己充足性のカギとなるのが国内中産階級の成長だと主張しているが、同時に、インフラストラクチャーへの大幅な投資と教育等を通じた経済の近代化が行われているため、全体的な状況は健全だ。現在、ダイヤモンド型モデルに近いのは中国であり、米国ではない。

しかし、歴史を詳細にみれば、ダイヤモンド型モデルは、その大きな成功とは裏腹に不安定なようだ。なぜだろうか？　デュラントが言うには、いわゆる0・1％、歴史上の封建領主は、社会経済のモデルが平等にならされたものになるのをこころよく思わず、それを弱体化させたり操作しようとするということだ。彼らは政策、ロビー活動、影響力を駆使して、富の流れが上層へと向かい、最も富裕な市民が政治論と国家経済の軌道を操れるようにしようとする。

「アダム・スミス自身が『国富論』と『道徳情操論（The Theory of Moral Sentiments）』のいずれにおいても主張しているのは、社会秩序が比較的フラットであること——競争相手の数が最大化されるような貧者が教育を受ける多くの機会が同時に存在する——が、

革新的な商品とサービスを提供するという最善の方法を通じて富者となる人々の数を大幅に増加させうるということだ」

——Contrary Brin Blog、デイヴィッド・ブリン、「階級闘争」と歴史の教訓

アリエル・デュラントとウィル・デュラントが過去の事例から以下を例証した。富裕層への減税と企業および1％（その富を「トリクルダウン」するかもしれない者）の人々へのエンパワーメントを主張する保守派の経済学者がうまくいくと保証したにもかかわらず歴史が示しているのは、純粋な経済成長の観点からはその結果が「想定と全く反対の人々」を潤してきたことだ。中産階級が強力な社会構造が国家の広い繁栄と経済成長を伴うケースの方が、不公平性が広がる時代よりも常によりよい経済成果を生んでいる。最貧層の市民の教育に取り組むことが確実に実りをもたらし、競争、イノベーションの増進と消費の広がりにつながる。ブリンが主張したのは、米国建国の父たちは、憲法レベルで平準化のメカニズムを法制化して、ピラミッドの頂点への富の集積を回避しようとしたということだ。君主制が支配していた数世紀間の社会は、近代になってよりダイヤモンド型のものへと変わってきたが、そうした国々でも長きにわたって貧困層を痛めつける政策がとられてきた。

ダイヤモンド型構造が経済成長の観点からはるかに望ましい理由は簡単で、経

済参加がより幅広くなるからだ。歴史的にみて、幅広い中産階級が消費を行うことは、富裕層が資産をため込んでより多くの富を投資、不動産そして株式市場に注ぎ込むよりも、経済活動の創造により有効に働く。

論理的に言って、消費は所得と連動しているのだから、多くの人たちにとって実質所得が長期間増えないままなら、米国経済が成長しなくなってしまった理由も簡単だ。

米国では、消費者支出がＧＤＰの69％を占める(注10)。したがって、税制優遇措置の実施が、個人支出の増加を通じて経済を刺激するだろうとの主張が一般的であった。しかし、異なる税率区分に対する減税の効果をみれば、なぜ中産階級の消費成長が経済にとって最も重要であ

図１－13 ●ピラミッド型とダイヤモンド型社会経済モデル

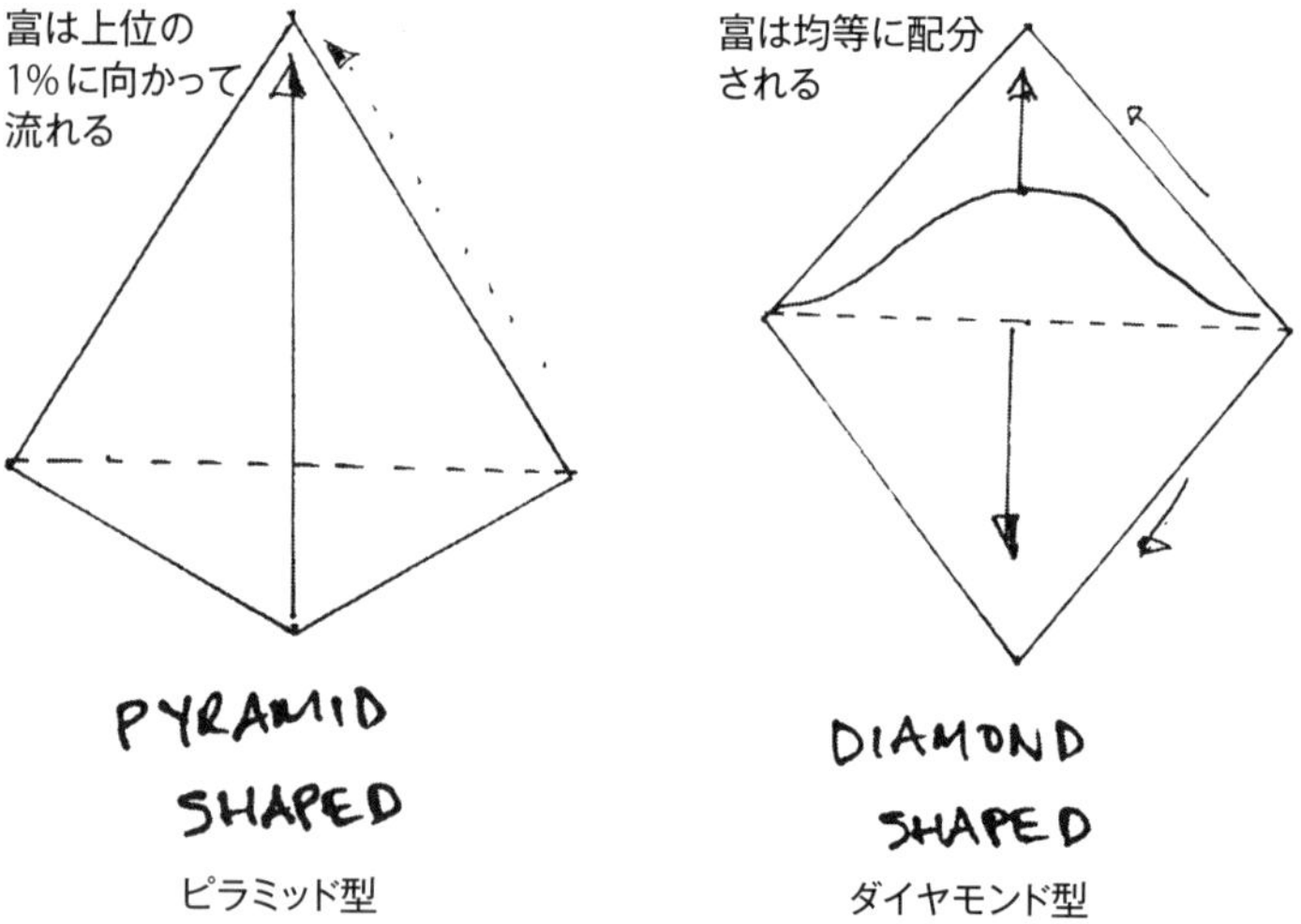

出典：デュラントの『歴史の教訓』に脚色

るかが分かる。

連邦議会予算局（Congressional Budget Office：CBO）と政策研究所（Institute for Policy Studies）のリサーチでは、減税は、社会のどのセグメントを対象とするかによって、その効果について大きなバラツキがあることが見出された。低所得層と中間所得層については、100万ドル相当までの税収削減が、7つの新しい職の創出に相当した。最富裕層の米国人を対象とした減税では、100万ドル当り4つの職にとどまった。法人税減税はさらに効果が小さかった。2008〜2015年にかけて、35％を超える法人税支払い減少となった上場企業は、国内における職の数も減少させた。この間、経済全体では雇用が7％成長している。それよりも、法人税引き下げの最も一般的な副次効果

図1－14 ● 消費と可処分所得

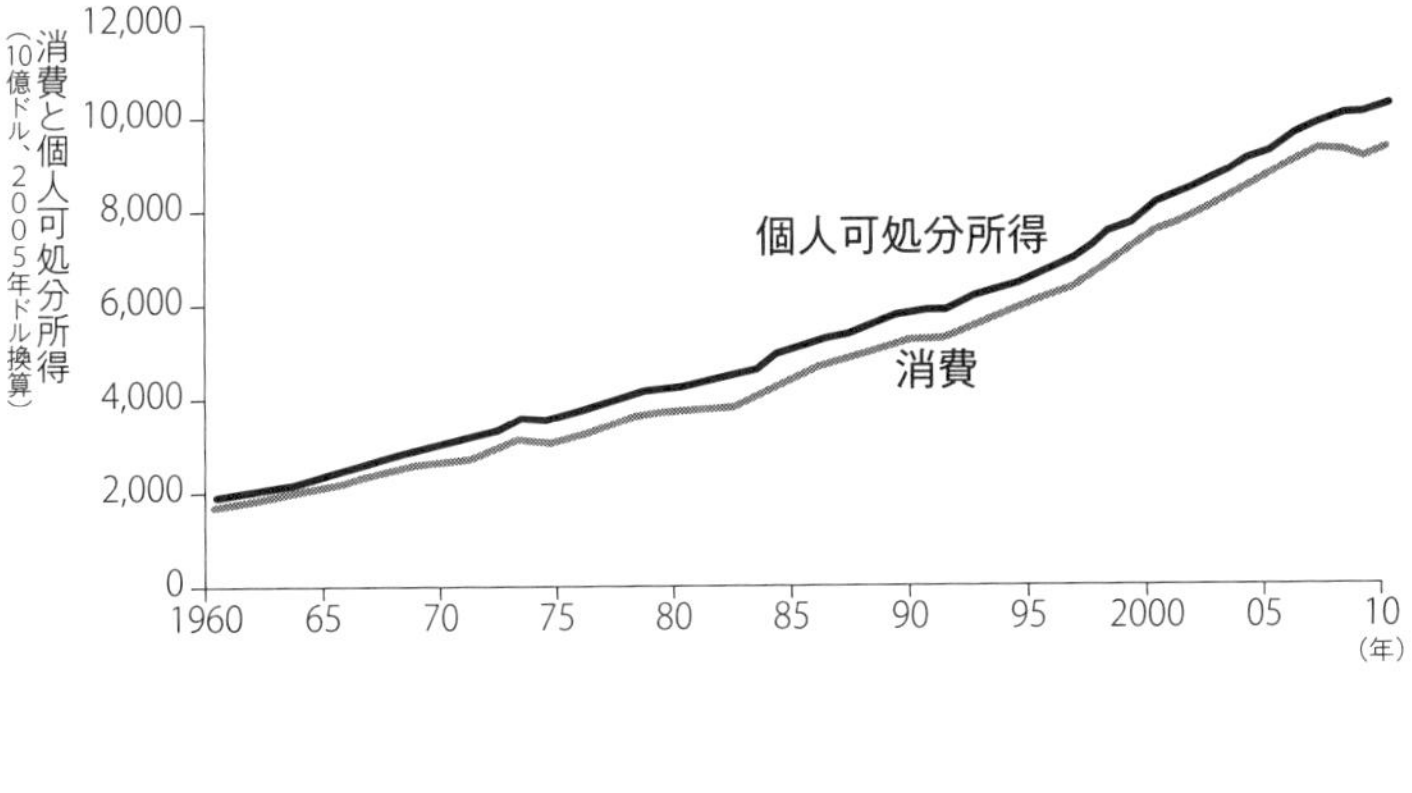

は、企業の自社株買いとCEOの給与の増加だった（注11）。
最も偉大な米国資本家の1人であるウォーレン・バフェットは、2018年1月の『タイム』誌の論説コラムに、トリクルダウン経済の失敗は疑う余地がないと書いている（注12）。

「計算の始点である1982年からこんにちまでの間、『フォーブス』誌の富豪トップ400名の持てる富は930億ドルから2・7兆ドルへと、29倍に増加した。この間、何百万人もの勤勉な市民が経済のランニングマシンから下りられずにいる。この期間に、富の津波はトリクルダウンしなかった。それは上に噴き上がったのだ」
——ウォーレン・バフェット、『タイム』誌

ウィル・デュラントは『歴史の教訓』という1968年に書かれた書籍の中で、不公平性のまん延がもたらす潜在的影響についての懸念を表明している。

「進歩を続ける社会において、『富の』集中がある点に達して、

多数の貧者の力が少数の富者の能力に比肩するようになると、均衡の不安定が危険な状況を生み出す。歴史はそれに、富の再分配の法制や、貧者に分配を行う革命などの様々な方法で対応してきた」

――ウィル・デュラント、『歴史の教訓』

デュラントは、これは使い古された政治サイクルだと述べた。富豪はより多くの富を積み上げようとして、公正な富の分配を不安定化させるが、これによって不公平性がさらに深刻なものになると、社会は牙を剝く――法制上の圧力を通じてか、革命によって。

富の再分配は、一定期間は社会を安定化させる。しかしそれは、富者や権力者が自分たちに都合がよいようにシステムを操作する方法を編み出すまでのことだ。

レーガン、サッチャーそしてクリントンの政策を振り返れば、私たちは確かに、富の再配分を法制化した。しかしそれは、富者に対しての再配分であり、貧者に対してではなかった。歴史のパターンを正確になぞって、デュラントはそれが、社会革命につながる可能性を高めるものだと認識した。

不公平性はポピュリスト運動と、近代、世界が見たこともない規模と頻度の抗議行動の大幅な増加を生み出した。それはコロナウイルス期間中に悪化し、進みつつある社会的・政治的不安定化の可能性をさらに厳しいものにしている。それが起こるのは、自動化と気候変動が及ぼす最悪のインパクトが私たちを襲うかもしれない時期よりも、はるかに前になる。
　このような未来の危機が襲い来る時、何らかの形で社会的統一性を求めるのであれば、不公平性の広がりへの対応が必要だ。不公平性が牙を剝くのを待つのではなく、それに能動的に対処することもまた、正しい行動なのだ。

注1：出典＝Public Religion Research Institute と *The Atlantic*「経済学を超えて：文化的な置き去りへの恐怖が白人労働者階級をトランプに向かわせた」、2017年5月
注2：以下を参照のこと：https://theconversation.com/who-exactly-is-trumps-base-why-white-working-class-voterscould-be-key-to-the-us-election-147267
注3：出典＝Midnight Oil「Read About It」（訳注：Midnight Oil はオーストラリア出身のロックバンド）
注4：出典＝『シドニー・モーニング・ヘラルド』「マイケル？　私たちはゲッコーのファンだ」、フィリップ・クーティー、2008年9月26日
注5：出典＝ビジネスインサイダー「パンデミック期間中に1兆ドルの半分ほど純資産が増えた億万長者はそれをどう見ているか」、2020年10月30日
注6：出典＝ブルッキングス研究所、母国安全保障部門およびピューリサーチ推計、2019年11月

注7：出典＝ピューリサーチ
注8：出典＝国際通貨基金（IMF）：https://www.imf.org/external/np/fad/inequality/
注9：出典＝Bloomberg.com「ダリオ発言：資本主義の所得不公平性は国家的緊急事態だ」、2019年4月7日：https://www.bloomberg.com/news/articles/2019-04-07/dalio-says-capitalism-sincome-inequality-is-national-emergency.
注10：経済分析局（米国商務省）「国民所得と商品勘定テーブル：テーブル1・1・6・実質GDP」2018年データセット
注11：出典＝政策研究所（2018年）――7つの驚くべき税金の事実、2018年版
注12：出典＝『タイム』誌「ウォーレン・バフェット、米国の富の秘密を明かす」、2018年1月8日

CHAPTER 2

人類に訪れる転換点

Humanity's Tipping Point

「良い危機は決して無駄にしてはならない」
——ウィンストン・S・チャーチル

人類はこれまでにも危機や天災を経験してきた。歴史の記録が限られているとはいえ、ヴェスヴィオ火山が噴火してポンペイを溶岩と火山灰で埋め尽くした西暦79年から2004年に東南アジアを襲ったボクシングデー津波まで、大きな世界的災害、疫病そして経済崩壊は私たちの集団記憶に刻み込まれている。幅広い地理的広がりと各地の住民に広く影響を及ぼした真の世界的災害となるとかなりまれではあるが、それは少なくとも1つ前の世紀あたりまでのことだ（もちろん、チクシュルーブ彗星は除く）。

黒死病（ペスト）の流行は時代を画すものだったが、それを著しく悪化させたのは、地中海の港の間を航行する貿易船の登場だった。航空機移動が登場し、移民やテクノロジーの進歩のレベルが高まったことで、パンデミックが広い地域に影響を及ぼす可能性は、近代以前に比べて格段に大きくなっている。グローバル経済が興隆した結果として、その悪化要因に付け加えるものがある。経済危機が、居心地が悪いくらい簡単に世界的な景気後退の引き金となりうるという特質だ。「中国や米国市場がくしゃみをすれば、他の世界は風邪をひく」という言葉で言われるように。

現在の近代社会の特性は、パンデミック、世界金融危機、そして気候変動の影響がそれぞれ単なる個別のものではないことを示している。それは、過去の危機が昔の人類に与えた影響と比べても、より地球全体に影響を及ぼすものだ。それはまた、こうした出来事に万国が協力して対応することが過去にないほど重要になっているということだ。その時期である今、イデオロギー的な分断でこうした協力が不可能なように見えている。しかしながら、世界から切り離された近代経済国家は存在しえないことが重要であり、そうした国は成長も繁栄もせず、国民に恩恵をもたらさない。ブレグジットは、今後10年をかけてそのことの追加証明となるかもしれない。

今までの歴史があるにもかかわらず、種としての私たちは、未来に向けた計画を立てたり、この危機に備えることが全くもって下手くそだ。民間レベルでは災害防止計画も作られたりしているが、緊急時対応能力に充てた予算枠を超えるものに対しては、「ここでそれが起こらないよう願おう」という態度になりがちだ。経済的には成長計画を立てはするが、西欧世界では、20年とか50年のインフラストラクチャー開発計画が存在しない。ましてや、ニューヨークやマイアミのような都市が海面上昇で浸されるようになるとしたらどうすべきかという計画など、ほとんどいじらずにここまできた。私たちは、産業時代の始まり以降に作られた基本的な教育カリキュラムをほとんどいじらずにここまできた。そしてそのカリキュラムを今でも信奉したまま、ロボットや空飛ぶタクシーと共に生活することになる自分の子供たちを教育している。私たちは、そうした問題を放置したまま、次の世代に先送りしているが、今は私たちの理解の範囲で、子供や孫たちのためによりよいシステムを築くべき時期なのだ。その理由は何だろうか？

現在のシステムは、私たちの子孫のためによりよい未来を築くことへのインセンティブが備わっていない。存在するのは、短期的な富を生み出すインセンティブだ。1年間にも満たないうちに投資に対するリターンがないと、新しいアイデアが転がり出すのは難しいのだ。

科学とテクノロジーで解答を出せるのか？

科学とテクノロジーが進歩してきた過去300〜400年間にわたって、繰り返し登場する論争のパターンがあった。それは社会にとってプラスか？　マイナスか？　というものだ。現在、人工知能（AI）の社会に対する影響についても、同じ論争が賑やかだ。AIは社会に便益をもたらすだろうか？　どんな仕事が影響を受けるだろうか？　どの国の経済が勝者となるだろうか？　正味でプラスになるのか、それとも不公平性を加速するのか？　といった具合だ。

AIは何十年にもわたって、SF小説で人気の対象だったが、AIの能力が身近なものになるにつれて、その良し悪しについての議論が高まっている。イーロン・マスクや故スティーヴン・ホーキングのように、人類を破滅させるというほとんど黙示録的なAIの可能性について語る人たちがいる。公正を期せば、マスクは次のようにも言っている。ニューラリンク（編注：イーロン・マスクが設立した、埋め込み型ブレイン・マシン・インターフェイスを開発している企業）のように、ＡＩは労働の必要性を排除して、私たちの競争の方法を理解するものだと。ピーター・ダイヤモンドやレイ・カーツワイルのような他の者は、ＡＩは人類にとって文化と経済のルネサンスをもたらし、人類には種としての物質的豊かさ、長寿、そして考えられないほどの富の共有を提供してくれると説く。

私たちはこの未来の可能性について、何やらまるでＡＩの採用について選択をしなければならないかのような議論をしている。

グローバル資本市場は、イノベーションと高度な自動化や生産性を通じて差別化した企業だけに報いる方へと向いている。グローバリゼーションに向かう不可避の流れに背を向けて孤立政策をとりうる国があるとか、ＡＩ、モバイルコマース、ソーシャルメディアといったテクノロジーに何らかの制約をかけて、人々が自動車製造ラインで手動で働き、馬で畑を耕すという古き良き時代に戻れるとかいうのは、概ね幻想だ。グローバリゼーションは、コミュニケーションの進歩と、市場や流通のつながりの増大の結果として生まれたものという面が強い。歴史が示すところでは、テクノロジーのインパクトの緩和や制止に成功した産業や政府は、過去250年の間に1つもない。

世界で最も収益力の高い企業群は、大手ブルーチップ製造業企業より、雇用している労働力は極端に少ない。継続的な生産性向上と、ＧＡＦＡ／ＦＡＡＮＧ／ＢＡＴＸといった企業が世界で登場してきた結果、テック企業は１９６０年代に先行指標であった企業群の10倍もの利益を、はるかに少ない従業員数で実現している。そして、機械学習はまだ生まれたばかりで、成長途上だ。これらテクノロジーが本格的に開花した時のインパクトはどうなることか。

　第四次産業革命の中核にあるのはＡＩによる自動化で、社会に大波が打ち寄せることになる。現在私たちが訓練しているアルゴリズムは、瞬く間に人間と競争を始めるようになる。本質的に繰り返しのプロセスは全てその対象となる。アルゴリズムは今やガンを診断してＸ線やＭＲＩ画像分析で、人間の技術者に比肩しうる水準にある。数万人ものトレーダー、ファイナンシャルアドバイザー、信用リスク分析担当者等が、複雑な金融アルゴリズムに取って代わられた。近い将来、ロボットが自動運転車で我々を送り、食材や食品、消費財を配達するようになる。以

図２−１● S&P500と米国失業率

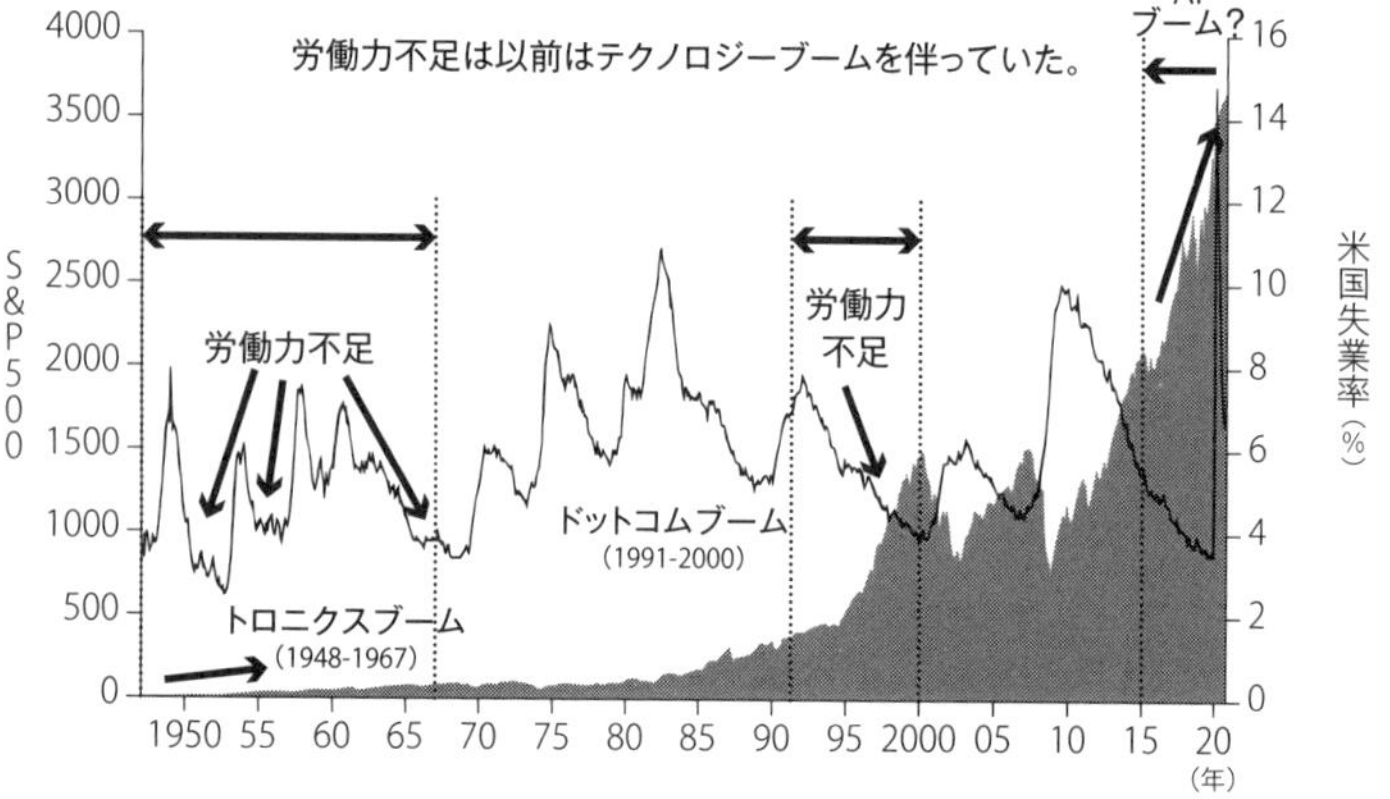

前なら人間が必要とされていた職場だ。研究者の予測によれば、米国のような先進国では、自動化の活用が続けば、少なくとも労働力の半分が影響を受けるという。発展途上国ではその比率はさらに高くなりうる。

ＡＩが大量の新しい職と大量の失業のどちらを生み出すかについて、アナリストの見解は真っ二つに割れている。前者を主張する者は、１９６０年代の「トロニクス」ブームと20世紀終盤の「ドットコム」ブームでは、労働需要の増加によってスキルワーカーが不足して、新しい職の形態が生み出されたこと、このブーム期の付属物として創出された富が幅広いサービス産業の隆盛につながったという事実を指摘する。マッキンゼー・アンド・カンパニーは、ドットコムブーム期には、インターネットによって非効率性が存在する職が失われた例もあったが、失われた職１つに対して２・４～２・６の新しい職に置き換わったことを見出した。

「過去15年間のフランスについての詳細な分析が示しているのは、インターネットが１２０万の職を生み出し、50万の職を失わせたことだ。差し引き70万、または１つ職を失くすごとに２・４の職を生み出したことになる。この結果は、マッキンゼーが調査対象国の４８００社を超える中小企業に対して行った調査にも反映されており、そこでは１つの職が失われるのに対して、２・６の職が生み出されている。

さらに、テクノロジーを統合して広範に活用している企業は、平均の2倍以上の職を創出している」

――マッキンゼー・グローバル・インスティテュート、2011年5月

現在到来しつつあるAIブームは、1960年代の「トロニクス」ブームや1990年代終盤の「インターネット／ドットコム」ブームとは根本的に異なっている。違いを生んでいるのは、AIが経済全般にわたる中核的スキルセットを、より広範に組み替えてしまうためだ。AIが雇用に及ぼす影響は、流通業の層が主に影響を受けたドットコムブームよりも、産業時代そのものの勃興にはるかに似ている。その時期には人々が農業や織物産業から退出させられ、機械化と工業化に組み込まれることを強要された。織物産業労働者の例でみれば、20年という期間で、ほとんどの労働者が職を失って蒸気機関駆動の織機に取って代わられた。それは伝説のラッダイト運動を生み出した。ネッド・ラッドのような織物労働者が、職を失ったために新品の自動織機を打ち壊そうとしたのだ。

AIは明らかに大量の職を生み出すが、それは過去200年間にわたるテクノロジーの進化にあまり影響を受けておらず、人的ベースのプロセスが多く残っている産業の中心的な職を排除することになるだろう。

世界経済フォーラムは、「仕事の未来レポート」（2018年）において、未来はどちらにも転がりうると予見している。職を追われた人々を支援する新しい訓練やプログラムを国家レベル

で支援して、リスキリングの整備に取り組めば、職の純増という結果を得られるだろう。7500万の仕事がなくなるが、1億3300万の新たな職が誕生する。しかしそれが実現可能なのは、職業プログラムの創出と教育、長期的戦略に基づいた政策開発の見直しを、非常に体系だったアプローチで行った場合のみだ。そうでなければ、2040年までには、2020年より前に存在していた職の少なくとも半分が、ほとんどの国で消滅してしまうだろう。

後段の章で述べるように、より大きな変化が生じるのは、仕事そのものに対する私たちの見方が根本的に変わるかもしれないところだ。

AIが及ぼす影響が半分程度にとどまったとしても、自動化によって多くの仕事がなくなり、有給労働者の数はおそらく減少する。そしてAIが、中期的な給与水準の上昇や多くの中産階級の暮らし向きの向上にはつながらないこともほぼ明白だ。世界中で起こっているポピュリスト運動や反対運動の背後にみられる経済的不確実性は、場合によってはもっと厳しいかもしれない。

そして気候変動の登場だ。私たちが地球温暖化の潜在的影響の予測を調査する際には科学的な研究を当たったが、同時に、米軍、国際連合、世界最大級の保険会社、世界最大級のエネルギー企業の調査、ヘッジファンドと金融機関の予測、影響を受けそうな都市の都市計画部門、政府機関、民間シンクタンクや研究機関といった科学組織以外で実施された成果も取り込んでいる。

気候変動が人為起源であることをまだ信じていない人は、今や少数派だ。2019年にリサイクリング・パートナーシップが実施した調査によれば、米国人の96%が何らかの形で気候変動を憂慮している。また現在、4人のうち3人が、気候変動が最終的には人類の絶滅につながると考えている。それにもかかわらず、最も原始的な測定方法（17世紀の温度計の使用と海岸線の測定）に基づくデータが示しているのは、この惑星は温暖化していて海面が上昇していることだ。基本的な測定数値は否定し難い。本来の議論が行われるべきなのは、その速度がどれくらいかと、それに人類が責を負うべきかということだけだ。

全世界レベルでの社会の意見のまとまりをみれば、気候変動が大規模な破壊をもたらし、世界の不確実性を際立たせ、リスクをもたらす可能性は空前の状況となっている（本章の終わりの「気候変動カオス」のコラムを参照のこと）。

承諾 vs. 事前準備

テクノロジーとそれが過去200〜300年間に実現してきたディスラプションの歴史を振り返って分かるのは、様々なテクノロジーの進歩を妨げることに短期的に成功する者がいたとしても、できることはそれが全てということだ。テクノロジーとそれが社会にもたらす影響の進行について、歴史を通じてその制止に成功した例はない（注1）。気候変動についても同じことが言えるだろう。

歴史に従えば、時間の使い方として、AIと気候変動について賛否の議論をするよりはるかにましなのは、それらがもたらす不可避の影響に対して社会の準備を行い、移行を円滑にするあらゆる措置をとることだ。これまで経験した中で最も破壊的なテクノロジーに対して、社会をうまく備えさせるためにはどうすればよいだろうか？　将来パンデミックが襲来しても、COVID－19期間中にみられた経済の低迷を起こさないようにするには、私たちの行動をどのように変えればよいだろうか？　海面上昇がもたらす沿岸住民の移動とそれに続く移民の大波を緩和するには、世界的な政策形成をどのように行えばよいだろうか？　こうしたイシューは、広く社会、統治、経済、政治にどのような影響をもたらすだろうか？

蒸気機関と電気の利用は世界にとってゲームチェンジとなり、産業革命が起こった。大陸横断鉄道、電信、州間高速道路によって、1860年代の米国では国家のバリューチェーンが生み出され、ビジネスの繁栄がもたらされた。石油とガスの発見は、内燃機関の発明と相まって、こんにち我々がオイルダラーと呼ぶものを中心に、20世紀前半の巨大な富の創出と経済成長の原因となった。

多くの国々、特に発展途上の国々は現在、大きなテクノロジー移行の只中にあり（注2）、テクノロジー的および社会的両面から、社会の運営方法、機能、実際の動き方に変革がもたらされつつある。これら発展途上国は、20世紀の先進国よりもさらに速い速度でテクノロジー変化の吸収過程に直面している。

ここで重大な問いかけをしよう。仮にある大きな集団や社会全体が、ある種のテクノロジーや信念体系（気候変動など）を拒絶すると決定した場合、それは社会にマイナスの影響を及ぼすだろうか？　もし米国が蒸気機関、鉄道、電信そして内燃機関を拒絶していたら、現在世界一の経済大国になっていただろうか？　社会は豊かになっていただろうか？

アダム・シアラー（Adam Thierer）はその著作『Permissionless Innovation：The Continuing Case for Comprehensive Technological Freedom（承認なきイノベーション：包括的なテクノロジーの自由を巡る終わりのない問題、未訳）』で、人類は記録に残る歴史上最大の進歩の瀬戸際にいると結論づけている。彼の主張は、このテクノロジーの飛躍が可能なのは、新しいテクノロジーの発展に対して社会が広く「放任的な」アプローチを受け入れる場合のみだというものだ。シアラーは、イノベーションは基本的に広く承認されるべきものだと述べる。

この考え方の反対にあるのが、「予防的アプローチ」である。そこでは、新しいイノベーションが社会に何の害も及ぼさないことを開発者が証明できるまでは、そのイノベーションは抑制されるか不承認とすべきだとされる。シアラーは、予防的アプローチは経済競争力、生産量や市場獲得を劇的に減じるため、社会に対して害を及ぼすと主張する。例えばＡＩが人間の職を奪わないと証明できるまでその発展に制限をかけると、そのテクノロジーの導入可能性は次第に低下する。

しかしながら、ＡＩが何の保護や予防的措置もなく社会に解き放たれるのを認めたとしても、私たちは想定外の展開を経験し、巨大なディスラプションを目にすることになりそうだ。少なくとも、雇用面で大規模なインパクトが起こるだろう。こうした対立する2つのリスクにどう対応すればよいだろうか？

リスクに対する私たちの見方もまた、過度に熱狂的でセンセーショナルな報道に歪められたり、日常触れるソーシャルメディアのバブルに根拠を置いたりしている。例えば、コロナウイルスのパンデミックをみれば、米国医師会ジャーナルは2020年12月、COVID－19が心臓病やガンを超えて米国における主要な死因の1つになったとレポートした。コロナウイルスとテロリズムを例にとれば、メディアの報道とソーシャルメディアの憶測は、社会に対するリスクを現実よりもケタ違いに拡大してしまう。

「報道メディアは日々の感染者数と死亡者数の増加を律儀に報道するが、これらの数字を正しく理解することは困難だろう。COVID－19の死亡率は2988名の命を奪った2001年9月11日のテロが1・5日に1回起こるか、1500人の乗客を乗せた15機のエアバス320が毎日墜落しているのと同等なのだ」

――「米国における死因1位となったCOVID－19」

JAMA、2020年12月17日（Woolf ほか）

自分たちにとっての「主流メディア」とソーシャルメディアサークルにフィルターをかけて、自分たち、家族そして友人たちに対する個人的リスクを正しく見積もるにはどうすればよいだろうか？　この問題が解決できたなら、裕福になるか、自らの情報バブルの中で生きることを好む特定利益集団から非難を受けるかのどちらかだろう。現在では、トランプの2020年の大統領選挙落選に関する陰謀論を広めるのにソーシャルメディアが重要な役割を演じたことが理解されている。最終的にはそれが2021年1月6日の米国国会議事堂襲撃へとつながった。社会にとってこれが悪しき結果であったことは明らかだ。ではそのことで、ソーシャルメディアを禁止すべきだろうか？　ほとんどの人はノーと言うだろう。

　トランプと他のポピュリストたちの興隆、反ワクチン陰謀論とコロナウイルス起源論の興隆が、ソーシャルメディアのプラットフォームと幅広いトライブ化の流れと結びついているのは明らかだ。こうしたフィードバックループが社会にもたらすコストはどのようなものだろうか。

図2－2 ● 2018年の死因とマスコミ報道との比較

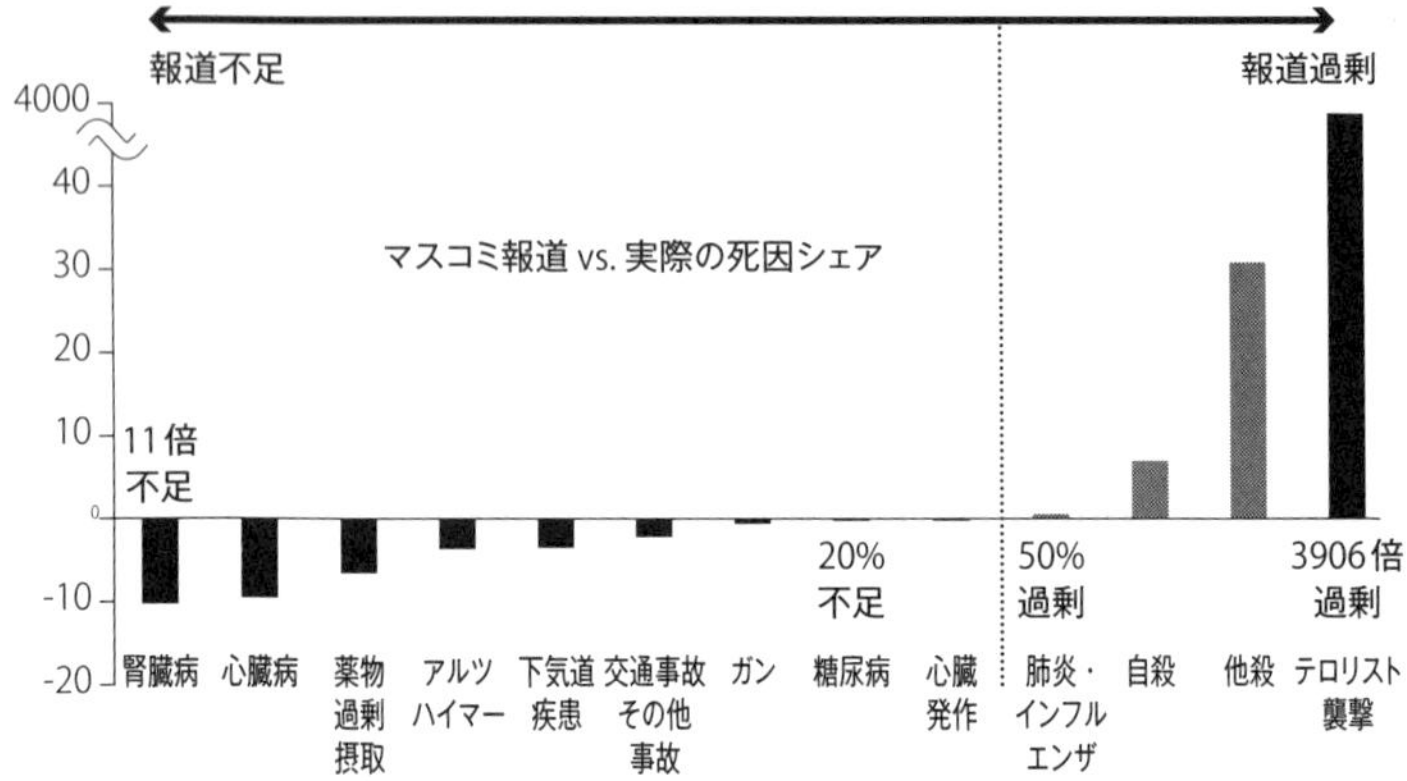

出典：シェンほか（2018年）に基づく

皮肉にも、主流メディアとソーシャルメディアを経由してデマが流布すると、それはいずれも時間とともにほぼ間違いなく大きな経済的ダメージにつながる。

データドリブンの社会では、データの透明性が求められる。ソースの信頼性とコンセンサスの形成が、幅広い受容性を生み出すメカニズムとして有用だ。最終的には、証明可能な事実とデータからデマを排除するよい方法を手にしなければならない。まとまりのある統一された社会では、オルタナ・ファクト（真実に対するもう1つの事実）に存在の余地はない。虚偽のデータは排除されなければならない。科学の世界では、有資格者によるデータの相互評価の仕組みが構築され、提供されているが、主流メディアやソーシャルメディアの場合、同じ仕組みを導入するのは明らかに不可能だ。しかしながら将来は、データの関連付けと事実の共鳴によって情報のタグ付けをする手段をＡＩが提供してくれるかもしれない。

ここで、事実の拒絶が経済に深刻なマイナス影響を及ぼした過去の例を２つ紹介しよう。

反ワクチン運動
――年間200億ドル超のコストと年間100万人の死亡

米国のような経済国家でワクチン接種の拒絶が起こったことで、はしかのように広く撲滅されたと考えられている疾病が蘇った。米国疾病予防管理センター（Centers for Disease Control and Pre vention：CDC）が見出したのは、2019年にははしかの流行発生（定義では3件以上）が、2000年に国から事実上排除して以降2つめに高い水準となったことだ。撲滅以降のはしかの最大の症例数は、2014年の667件だった。これは、1998年の『ランセット』誌のワクチンと自閉症の関連性を指摘した報告によって起こった反ワクチン運動と相関している。その報告はデータねつ造が判明して、信頼性を大きく損ねている。WHOによれば、世界的なはしかの症例数は2016年以降30％急増し、2019年の年次報告では健康への脅威リストの上位10件に入った。COVID－19流行阻止に向けて世界中でワクチンが展開され始めると、デマのキャンペーンの影響を受けて、こうした健康イニシアチブ拡大への参加を拒絶する個人の大集団が出現した。

過去にワクチンがもたらした歴史的成果について、経済と実績ベースで見てみよう。

❶天然痘

最初に記録された天然痘の症例は紀元前1350年のものだ。ワクチンが利用可能になる以前の天然痘による累積死亡者数は3億～5億人に上る。1967年には年間1000万～1500万件の症例が記録され、その死亡率は17％だった。天然痘で死亡を免れた人のうち年間10万人が視力を失った。

1958～1979年にかけて、WHOによって世界的なワクチンキャンペーンが推進された。過去25年間、天然痘による死者は出ていない。

❷はしか

はしかは11〜12世紀頃に出現した。1657年には米国のボストンで最初のはしかの症例が記録された。米国の南北戦争の期間中には20万人を超えるはしかの症例が記録され、500人以上が死亡した。ワクチンが登場する以前の米国では、15歳までに人口の95％が罹患した。20世紀を通じての年間平均症例数は50万件で、年間500人が死亡した（歴史的には1000人中2・83人が死亡）。

1978〜2000年にかけて、世界的なワクチンキャンペーンが推進された。2000〜2017年の間、米国でははしかは事実上撲滅され（ワクチン非接種の家庭で年間2000〜3000件の軽度の症例が見られた）、1990〜2016年にかけて世界のはしか症例数は93％減少した。

『ランセット』誌はアンドリュー・ウェイクフィールド博士の論文を掲載し、そこでは三種混合ワクチンと自閉症との関連性が指摘された。しかし研究にねつ造の証拠が現れた結果、『ランセット』誌は2010年、論文を撤回した。

2019年には推進の流れが逆転し、世界で14万の症例が記録された（1950年以降で最悪を記録した年となった）。

❸ポリオ（小児マヒ）

紀元前1400年まで遡るヒエログリフの篆刻では、エジプトでポリオの兆候が示されている。米国で最初のポリオ流行は1875年と記録される。1916年には、ニューヨークでポリオが流行して6000人が死亡し、2万～3万人に永久まひが残った。プール、遊園地、公共図書館と公園が、伝染への恐れから閉鎖されるに至った。

人工心肺治療は1928年に始まり、費用は1台1500ドルだった（当時の平均的な家計の住居費用程度だったが、現在の価値では2万3000ドルである）。ワクチンが利用可能になった1955年までは、人工心肺の利用がポリオの最も有効な治療法だった。

ワクチン以前、世界では1988年まで年間35万人の罹患が記録されていた。現在は500人未満である。ワクチンの発明者であるジョナス・ソーク博士は、米国では現在も広く国家的英雄と見なされている。ビル＆メリンダ・ゲイツ財団の近年の活動によって、この病気を完全に排除できていない国はわずか3ヶ国となっている。

❹腸チフス

米国の2人の大統領、ウィリアム・ヘンリー・ハリソンとザッカリー・テイラーは、腸チフスで命を落とした。南北戦争時には、8万人もの北軍の兵士がチフスで死亡し、それは戦死者数よりも多かった。1800年代後半、米国陸軍は全員がワクチン接種を受けたため、第一次世界大戦中、腸チフスは主要な死因ではなくなった。現在では、年間1100万～2000万人の人々が低品質の水源のために腸チフスにかかっており、今でも年間12万～16万人が死亡している。腸チフスワクチンは存在しているが、例えば他の水源に廃水が混入するなどして、腸チフスを引き起こすサルモネラ菌が侵入しうる。

ワクチンには、救命において素晴らしい成功の歴史があり、根絶した主要伝染病は数十に上る。2010〜2015年だけでも、ワクチンは1000万人もの命を救った（注3）。歴史的観点からみれば、すでに使用されているワクチンの結果として、累積で10億もの人々が死亡や長期衰弱状態から救われてきた。このことは経済全体に対して明らかに何兆ドルに値する恩恵をもたらしており、大量死の防止、膨大な医療・治療コストの排除、経済的損失の減少といった形で、様々な波及効果として現れている。

しかしながら、最近の反ワクチン運動の盛り上がりは、こうした進歩の多くを反転させてしまいそうだ。反ワクチン運動が世界経済に与えるコストは20億〜50億ドルと、回避可能な死が年間100万人を超えるほどになると推計される。科学とワクチンの素晴らしい成功の過去について人々に啓蒙することは、こうした偽情報

図2－3 ● ポリオワクチン以前の人工心肺利用

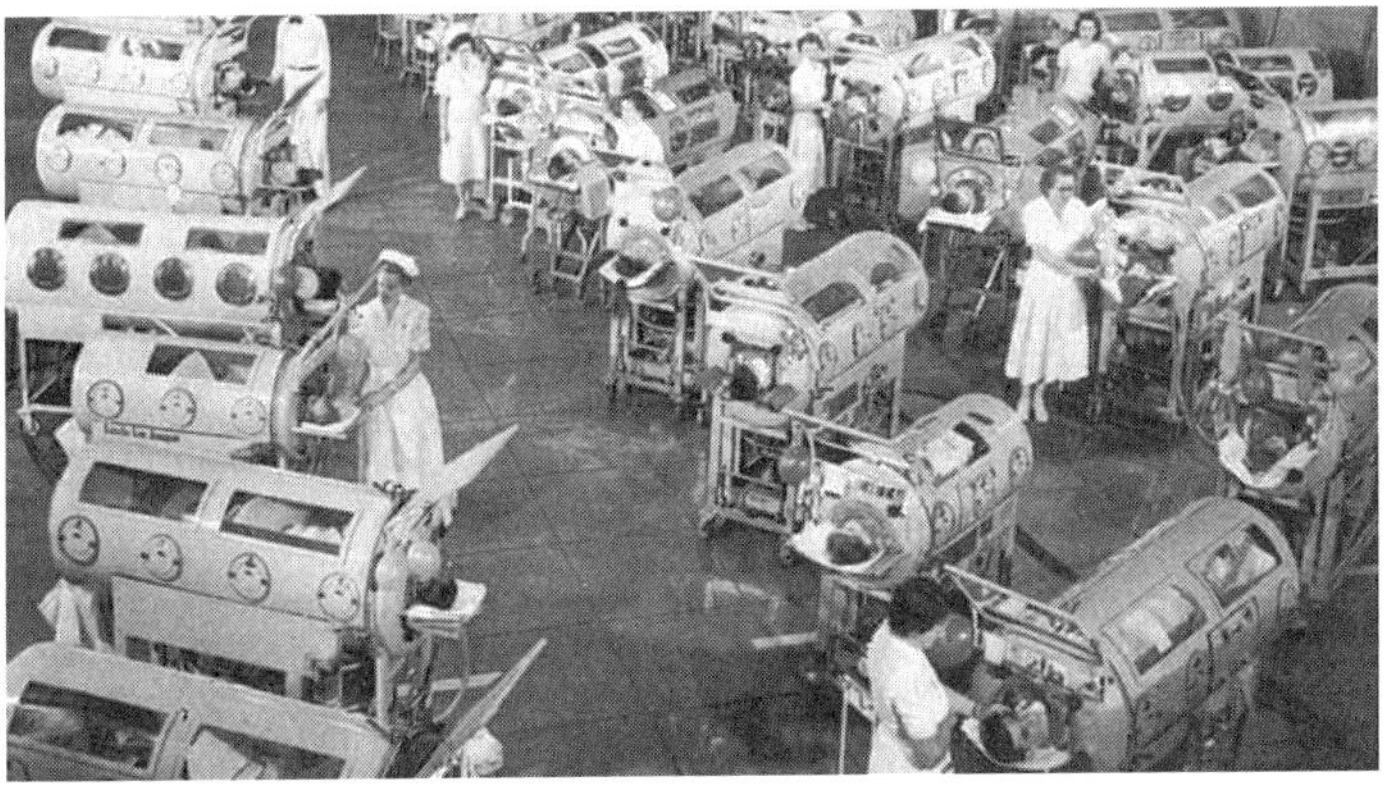

と戦う1つの方法だ。

ワクチンで予防可能な成人の疾病は、90億ドル近くの治療費用を米国に負担させている。現在、ワクチン接種は200万〜300万の人々の死亡を防いでいるが、もし接種率が向上して過去20年間に生じたワクチン忌避のトレンドが反転するなら、さらに年間150万人ほど多くの死亡を防げるだろう。昨年の欧州のはしかの症例数は過去20年で最高となり、72人の子供と感染リスクの高い成人が死亡した。それまで10年以上にわたって死亡が全くなかったにもかかわらずである。英国の国立医療研究所の新たな調査では、2012〜2013年のマージーサイド州のはしか流行発生にかかったコスト（440万ポンド）は、それと同じ流行を防ぎえたワクチン接種のコスト（18万2909ポンド）の20倍以上だった。こうしたコストの中には、はしかの罹患や患者の看護で失われた職も含まれており、それは全体のおよそ44％（200万ポンド）にも上る。

2020年4月、カイザーファミリー財団の研究は、保険のないCOVID－19患者の治療コストが139億〜418億ドルを要すると試算した（「ワクチン忌避は犠牲を伴う——私たち皆に」、『The Atlantic』、2021年4月10日）。

そうそう、1998年以降、はしかワクチン接種忌避につながった、あの論議を呼んだ三種混合ワクチンに関する『ランセット』誌の報告はどうなっただろうか？　最近の研究が示しているのは、腸内微生物叢（マイクロバイオーム）が自閉症スペクトラム障害の原因の半分を占めるというものだ（注4）。それにもかかわらず、ワクチンが身体によくないと信じる人は現在でも何百万人もいる。

ワクチンに関する科学的事実を排除することは、長期的に世界で何兆ドルものコストになりそうだ。それだけの資金を経済の他の領域に注入できていたらどうだろうか？　COVID－19ワクチンの忌避は、パンデミックですでに負の影響を受けている経済に対して、さらに不要なダメージを与えることだろう。私たちは、ワクチンの効能についての教育と、理解と擁護が可能な事実に対する偏見のないアクセスの提供について、もっと適切に実施する必要がある。

気候変動への不作為
――2050年までの世界のGDPの10～60％がコストに

世界経済への影響についてみると、規模、継続性、そしてシステム全体のリスクの点で、気候変動に匹敵する可能性のある問題は非常に少ない。

米国、英国、オーストラリアは、気候変動否定論で世界をリードしてきた。対照的に、中国、アルゼンチン、イタリア、スペイン、トルコ、フランスやインドは、気候変動を事実として受け入れており、それは全人口の80％以上に相当する。

モルガン・スタンレーによれば、気候災害が北米にもたらしたコストは、過去3年だけでも4150億ドルとなった。そのほとんどが山火事とハリケーンによるもので、いずれも気候変動にも関係していそうだ。２０１７年、テキサス州がハリケーン・ハービーで受けた損失は１２５０億ドルだった。２０１２年のハリケーン・サンディは、７１０億ドルの損害をもたらした。

　天候の厳しさや強烈さが増すことが、世界経済に対してすでに著しい経済的影響を与えてきている。オーストラリアでは、豪州気候評議会が、海水温の上昇によって珊瑚礁白化が進んでグレートバリアリーフが失われると、２０２５年までに観光で得られる年間10億ドルと、１万を超える職の喪失につながると推計している。

　２０１９年1月16日、直近の連邦準備制度の首脳たち、ホワイトハウスの経済諮問評議会の過去の15名のリーダー、そして27名のノーベル賞受賞者（ほとんどは経済分野）は、漸進的に増加する炭素税導入を支持するレターにサインした。その税収は、「炭素配当」として消費者に分配

図 2－4 ● 地球温暖化のコスト増加：自然災害の頻度とコストの増加

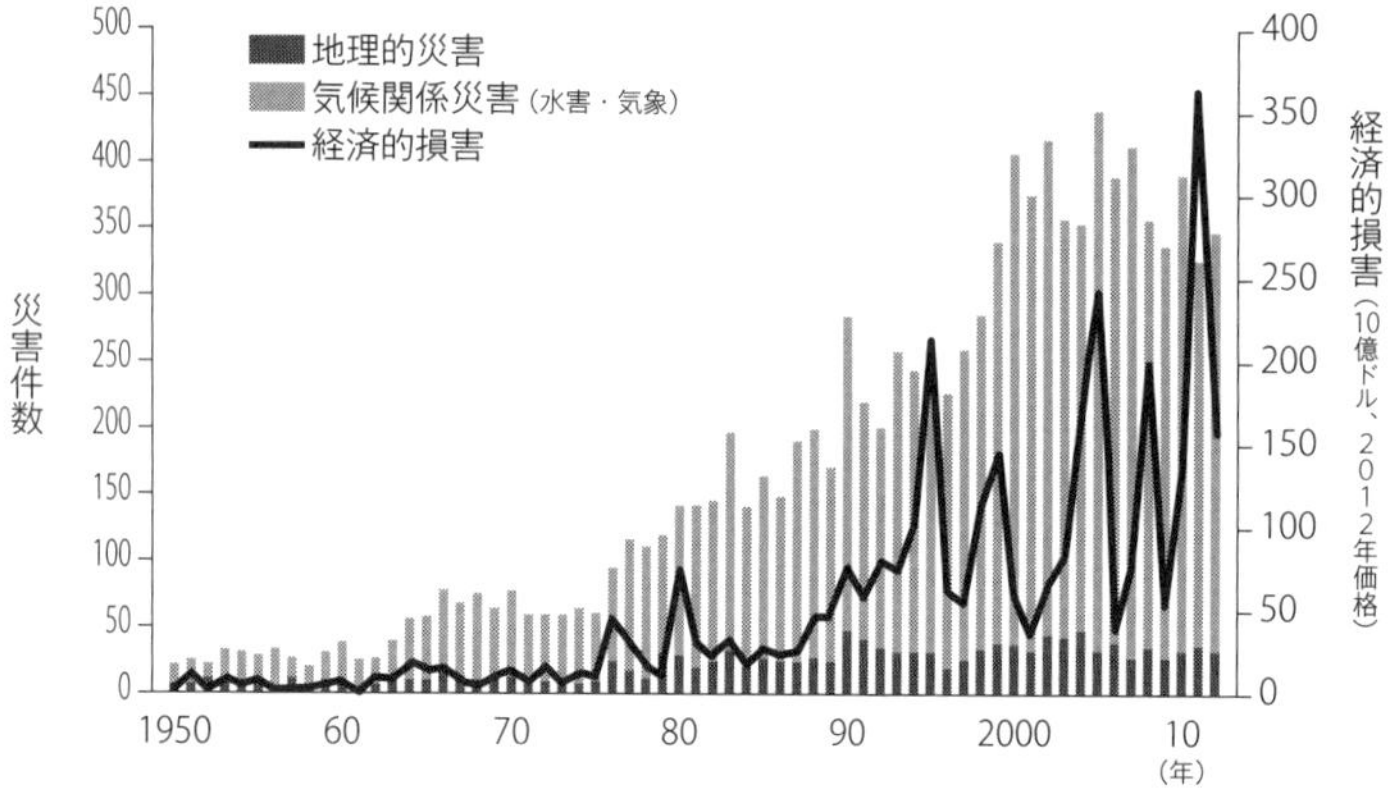

出典：EM-DAT（2017：OFDA／CRED国際災害データベース）

されるかオフセットに使われる。

気候変動に対する不作為がもたらすコストを算出する際の経済学はややトリッキーだ。気象変化がもたらすコストとインフラストラクチャーや経済にもたらされる損害、および食料不足や大規模避難危機につながる気象の大変化といった破滅的な出来事については明白だ。しかし、例えばエネルギーインフラを更新すれば、初期費用は高くなっても、エネルギー節約の長期的な効率性、コスト低減、そして信頼性の向上などは、経済にプラスの影響をもたらす。気候変動もまた不公平性の拡大につながる。富裕層の人は移住や適応に要するコストをより簡単に支出できる可能性が高いからだ。

今後20〜50年にわたって、気候変動の影響はさらに厳しいものとなり、経済への影響は歴史上最も高価なものとなるだろう。第二次世界大戦の最後の年には、世界のＧＤＰの約40％が戦争への支出となっていた。気候変動ではそれが、２０５０年にはＧＤＰの60％までになるだろう。現在、気候変動に取り組む意欲を持たなければ、今後いつか必要となる巨額な支出を削減することはできない。

皮肉なことだが、最終的に私たちが気候変動に取り組まなければならなくなった時には、海面上昇と移民の大津波が引き起こすであろう初期の災害、経済の崩壊や洪水を生き延びた人々に、大きな経済的推進力が生まれるのではなかろうか。今世紀後半に世界中が気候変動に取り組むならば、人類と文明を適応させ、時代に合わせたものにするための投資が、第二次世界大戦後よりもはるかに大きな経済（エンジニアリングとインフラストラクチャー）のブームにつながる可能性は大きい。同時にそれは、巨大な社会的ディスラプションを伴う。犠牲者の数は10億人を大きく超えることになりそうだ。それは、不作為がもたらす過酷なトレードオフだ。気候変動の経済的影響は、私たちが予想しているものよりもはるかに厳しい。それには、次のようなものが含まれるだろう。

・2050年までの海面上昇により、600の沿岸大都市のほとんどが喪失
・米、小麦、ジャガイモ、トウモロコシの生産量は2050年までに12～25%減少の可能性
・21世紀半ばまでに、海面上昇と農作物の不作によって、3・6億～10億人の気候難民が生まれる可能性
・気候災害の繰り返しによって保険の補償範囲が維持不可能になり、年間6兆円の世界保険市場が全滅
・高温関連死が2050年までに250～300%増加

世界の国々がみせてきた過去の抵抗や幅広い不作為を続ければ、これまで世界が直面したことのない規模の負の経済的・社会的影響が生じることになる。それに疑いを入れる余地はない。総じて、人類が世界経済全体を完全に方向転換してここに記した状況の修復に向かわないなら、それは全く狂気の沙汰だろう。これについては、年中毎日、あらゆる新聞の1面やケーブルニュースのTVショーのナンバーワンのニュースとなっていないのには合点がいかない。なぜな

のだろうか。

世界的にみれば、化石燃料への補助金が気候対策の進展にとって巨大な対立項となったままであり、その金額は2017年で5・2兆ドル(GDPの6・5%)となっている。最大の補助金供給国は、中国(1・4兆ドル)、米国(6490億ドル)、ロシア(5510億ドル)、EU(2890億ドル)、そしてインド(2090億ドル)である。皮肉にも、化石燃料の2015年の価格設定が補助金を受けていなければ、世界の炭素排出量は28%、化石燃料による大気汚染での死亡は46%減少していただろう。発電についてみれば、ここ2~3年の化石燃料への補助金は、再生可能エネルギーに対するものの2倍以上だ。

2000年~2016年の米国だけでも、化石燃料産業は20億ドル近くのロビー活動費用を使って、気候変動活動を妨げようとした(注5)。これには、何十年にもわたって気候変動と地球

図2-5 ● 世界の補助金、化石燃料vs.再生可能エネルギー(発電のみ)

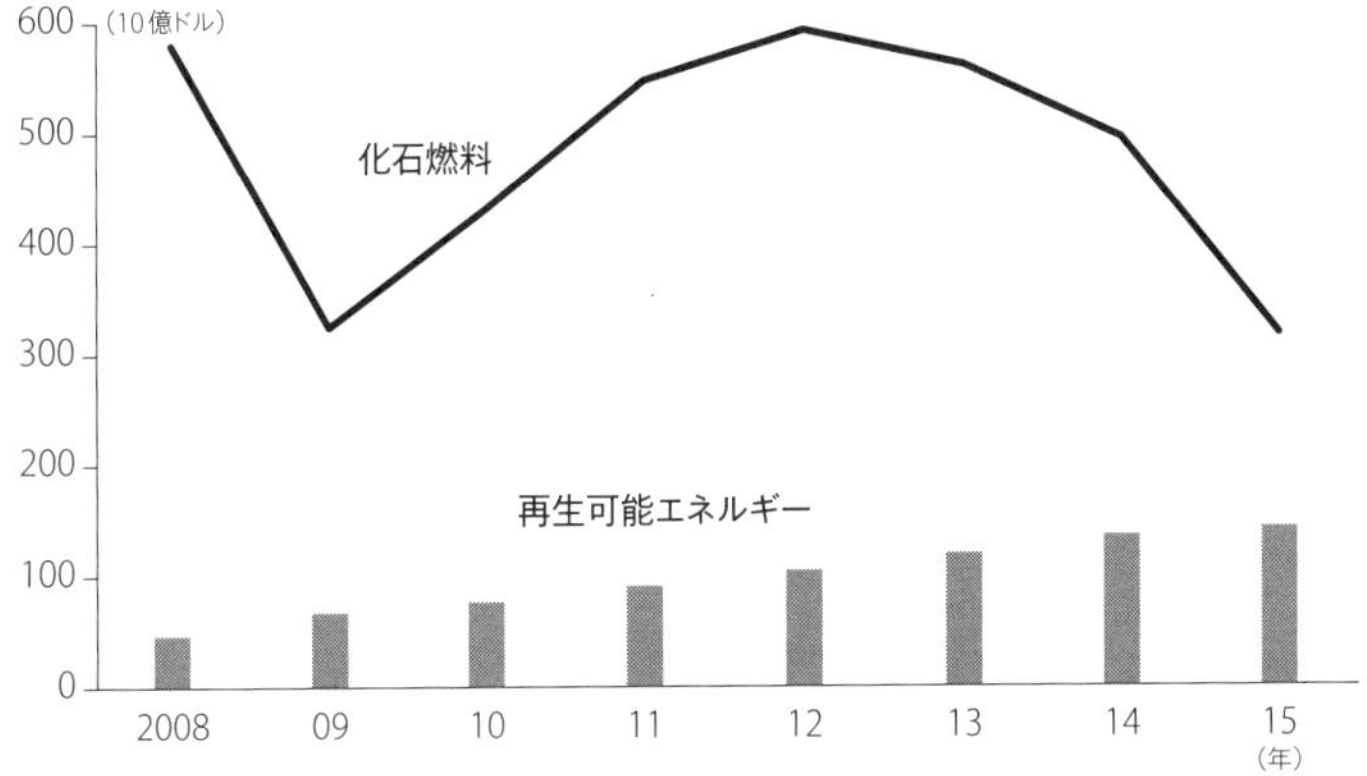

出典:IEA

温暖化を否定する企業の発信や研究に使われた費用は含まれていない。気候変動活動を行わないよう政治家たちを継続的に支援する政治献金も含まれない。何十億ドルもの化石燃料補助金も含まれていない。

資本主義と自由市場が、人類よりもある産業に奉仕するよう操作されうることを示す、これ以上の議論があるだろうか？　そうは思えない。

なぜこれほどテクノロジーを恐れるのか？

テクノロジーと科学の進歩への抵抗は、世界を絶滅の危機に晒し、何百万もの人々の寿命を縮め（疾病、汚染、不衛生等による）、経済成長力を削ぎ、全ての階層の人々が基本的なサービスである医療、バンキング、教育などへアクセスするのを妨げ、制限した。それと同時に、テクノロジーは不公平性の可能性を拡大して、巨大な経済的分断を生み出し、政治的・社会的緊張を募らせ、人種差別とヘイトクライムを増進させてきており、こんにち私たちが直面する多くの問題の原因となっている。

遺伝子治療は近いうちに、遺伝性疾患を私たちの遺伝子から取り除いてくれるツールを与えてくれるだろう。しかし私たちは、デザイナーベビーの台頭を目にする可能性もあり、それは倫理上の難問を伴うものだ。人類が火星に着陸するのを私たちが目にするのも遠くない先だろうが、地球でこれほど多くの問題があるのに宇宙に何十億ドルもつぎ込むのは順序が違うと主張する人も多い。

こんにち、米国人の72％が、アマゾンで発注したものを翌日に配達してもらうことができる。しかしこの地上では、現在も10億人を超える人々が、きれいな飲料水や基本的な公衆衛生の恩恵を受けられていない。私たちが持つスマートウォッチは心臓発作の発生を予知して助けてくれるが、このことは個人医療データの漏洩や、保険会社がそうしたセンサーデータに基づいて保険の提供を拒絶するという事態を引き起こすだろう。自動運転車は交通事故とその犠牲者を根絶するだろうが、何百万人ものトラック運転手は職を失うことになるのだ。

どうやら簡単な解決策はなさそうだ。テクノロジーを活用すれば、私たちは間違いなく課題に直面し、不安と疎外が生じるだろう。しかしこうした進歩に抵抗するなら、最終的にはさらに大きな損害を被ることになる。特に子供や孫が後を継ぐ未来がそうなるのだ。

例えば、テクノロジーの使い方を誤るとどうなるかに注目してみよう。ＡＩや遺伝子治療における議論はこの難問で堂々巡りしている。テクノロジーを活用すべきか、それとも害を及ぼす可能性を防止すべきかという議論だ。

この論争自体が抱える問題について、歴史が教えるところでは、私たちは常に必然としてテクノロジーを受け入れるということだ。トラック（編注：カートリッジテープ）とベータマックスが利用されなくなったのは、社会が広くテクノロジーを拒絶した例ではない。

テクノロジーを広く排除した国々は常に、競争力の面で後れをとったことを理解することになる。そして競争力を保持するためには、いったん背を向けたテクノロジーを結局は使わざるを得ないのだ。必要なスキルセットは変化し、産業は衰えてしまう。現在私たちの目に映るのは、地球全体で石炭と石油の利用が排除されるであろう状況だ。何十年にわたって政治家、産業ロビインググループ、そして労働組合が、変化に抗ってきたにもかかわらずである。ナップスターやビットトレントのようなものに反対してきた映画やレコード業界は、何億ドルもの金を使ってメディアコンテンツのダウンロードを妨げようとしたが、結局はうまくいかなかった。現在ではストリーミングサービスが主要なメディアプレーヤーとなっている。

歴史的文脈で見られるのは、そうしたテクノロジーに抵抗せず、折り合いをつけ、秩序立ててそちらに移行する取り組みを行う方が、はるかに大きな恩恵を得られそうだということだ。炭鉱夫を他の産業に移行させる職業訓練プログラムは創出可能であり、それは結晶シリコンなど他の鉱業でもよい。またエネルギー産業を再生可能エネルギーや蓄電システムへと変革することもできる。特に世界の大手国ほぼ全てで、ソーラーエネルギーが石炭や石油発電よりも安価になる時期はそうだ（注6）。今後20年間は、地球全体がこれら再生可能エネルギーシステムの側に大きく振れることは避けられないだろう。それならそちらにインセンティブをつければよい。

結局のところ、未来の可能性は多様だ。その一方の端には変化に対する最大級の抵抗があり、対極には新しい革新的なテクノロジーの採用と、世界の変化への適応に向けた最適ルートがある。同時に、明確な政策の方向性や、気候変動緩和、公平性と包摂性の向上、強力な倫理基準上昇した（注1）。1993〜2017年に実施された人工衛星によるレーダー測定では、その期間中に7・3㎝（3インチ）の上昇が明らかになった。

過去20年間に推定件数が増加した原因の1つは、計算能力、衛星画像およびデータ収集能力が劇的に進化したためであり、そのため未来の海水面上昇の予測モデルは精度が上がってきている。気候変動に関する政府間パネル（The Intergovernmental Panel on Climate Change：IPCC）が2007年に示した最高位の予測は60㎝（2フィート）だったが、2014年にはそれを90㎝（3フィート）に修正した。北極海の海氷融解（棚氷の崩壊と海への流出）に基づいた、より極端な予測では、200〜270㎝（6・6〜9フィート）の範囲となっている。最も保守的な予測でさえ、今後2世紀の海面上昇を2・3m（7・5フィート）としている。

海面上昇のほとんどは、海の熱膨張（42％）と氷河融解（21％）の結果として起こる。これらはいずれも加速しており、計測も容易である（注2）。この予測が将来下方修正される可能性は低そうだ。人類がこの温暖化を引き起こしたかどうかに関する議論にはほとんど意味がない。それは実際に起こっているのであり、私たちはそれに含まれるリスクを緩和する必要がある。

海面上昇がもたらすものは様々だ。最も目に見えるものは、沿岸の海水氾濫、高潮の潮位上昇と、より危険なものとして津波、住民の立ち退き、農地の喪失や劣化、そして都市に対する何十億ドル水準の損害の常態化だ。それは巨大台風の

注4：出典＝ネイチャー、Scientific Reports「自閉症兆候に対する微生物叢転移療法の長期的利点（Microbiota Transfer Therapy）と腸内微生物叢」、第9巻、記事番号5821（2019年）
注5：出典＝「気候変動ロビー：米国における気候変動へのロビー活動支出の産業別分析、2000～2016年」：ドレクセル大学の研究、ブリュールほか、2018年7月19日
注6：出典＝国際エネルギー機関報告「世界エネルギーアウトルック2020」（2020年10月）

COLUMN

気候変動カオス

気候変動は、対応がされないままに加速しているが、以下に述べるような結末を迎える可能性が次第に高まりつつある。

海面上昇の影響

1900年から2016年の間に、海面は16～21cm（6・3～8・3インチ）ほど

は、私たちが自ら創り出したシステムを修正しなければならないということを意味する。こんなことを言うのはあまりに理想主義的で、ナイーブだろうか？　拙劣な政策と計画で生命の行く末が決まってしまうことのない未来を孫世代に残すことが、倫理的で包摂的な社会においてとりうる唯一の方策なのだ。

今が試練の時だ。解決策を生み出す側に立つのか、それとも問題を是認する側に立つのか。種としての人類の未来のためにあるのか、それとも現在と全く異なる時代に生み出された政治的・経済的価値体系と結びついて、過去の戦争全てを合わせたよりも多くの人々を殺す側にあるのか。

今が人類にとっての転換点だ。あなたはどちらの立場をとるのだろうか？

注1：私たちは特定のテクノロジーを他と比較して論じているのではない（例：ベータマックスvs.ＶＨＳ）。それよりも主要テクノロジーが普及するトレンドを論じている（例：電話、テレビ、インターネット）。

注2：Ｍ・Ｔ・ロックとＤ・エンジェル（２００５年）、『先進世界における産業革命』、オックスフォード、英国：オックスフォード大学出版

注3：出典＝ＷＨＯ：https://www.who.int/publications/10-year-review/vaccines/en/

の増進への施策を実施することもできる。逆に、政治的な曖昧化、基本的な科学的データの無視、全くの傍観主義的アプローチをとることも可能だ。

目前にある課題は、この可能性のるつぼからどのような形の社会が発展していくのかを予想することだ。私たちはその答えを得ようと試みて、その中で世界が転がっていきそうな道筋あるいは可能性の範囲を描き出そうとすることになる。テクノソーシャリズムの世界についての議論は、政治的戦略によって政治哲学を変えるものではない。私たちが住む社会や生活のあり方を新たなものにするような世界にまたがる活動へとつながる圧力の組み合わせについて議論するのだ。

これらのうちで最も差し迫って重要なのは、気候変動のもたらす影響である。種としての人類が気候変動を生き延びるとするなら、私たちは、炭素排出が引き起こす大規模な損害の無効化、大気と水からの汚染物質の抽出、化石燃料の燃焼と地球全体での森林伐採の停止に専念する全く新しい産業を生み出さなければならない。未来の世代のためにこれは絶対に行う必要があるが、にもかかわらず私たちが現に議論しているのは、どの程度の炭素排出が政治的に耐えうるのかということだ。今から100年後には、炭鉱夫の失業や、自動車会社に対する内燃機関からの汚染物質排出禁止を主張する人は、この地球上に誰もいないだろう。現在、私たちはこの議論をしている一方で、孫世代にとって最悪のケースのシナリオを加速させているのだ。

仮に人類が異なる資源配分の考え方を発展させていて、おカネや貨幣が存在していなかったら、その別の世界では、気候変動が全く脅威とならなかったことは十分考えうる。しかしそれサンディ襲来時のニューヨーク、ハリケーン・カトリーナ襲来後のニューオーリンズで見られたものだ。

そこまで明確でない影響としては、海中生態系に劇的な影響を与える海水温と酸性度、そしてそれがもたらす世界の総漁獲量の6～11％程度の減少だ。

海面上昇で最も懸念される影響は、沿岸に居住する大量の人口の移動である。

海面上昇の意図せざる結果はすでに現れ始めており、それでさえ非常に懸念されるものだ。海面上昇の影響を受けている世界のトップクラスの都市の多くが、2050年代の世界の3大経済国家、つまり中国、米国とインドにある。マイアミは海面上昇の面で経済的影響に最も晒されている都市であり、現在50万近くの

表1 ●将来の海面上昇の影響を最も強く受ける都市の予測

国	都市圏	危機に瀕する資産（2007年／単位：10億ドル）	危機に瀕する資産（2070年／単位：10億ドル）
米国	マイアミ	416.29	3,513.04
中国	広州	84.17	3,357.72
米国	ニューヨーク	320.2	2,147.35
インド	コルカタ	31.99	1,961.44
中国	上海	72.86	1,771.17
インド	ムンバイ	46.2	1,598.05
中国	天津	29.62	1,231.48
日本	東京	174.29	1,207.07
中国	香港	35.94	1,163.89
タイ	バンコク	38.72	1,117.54
中国	寧波	9.26	1,073.93
米国	ニューオーリンズ	233.69	1,013.45
日本	大阪－神戸	215.62	968.96
オランダ	アムステルダム	128.33	843.70
オランダ	ロッテルダム	114.89	825.68
ベトナム	ホーチミン	26.86	652.82
日本	名古屋	109.22	623.42
中国	青島	2.72	601.59
米国	バージニアビーチ	84.64	581.69
エジプト	アレキサンドリア	28.46	563.28

出典：ニコルズほか、2007年、OECD

人口がある。リック・スコット州知事が「気候変動」「地球温暖化」「サステナビリティ」といった用語の使用禁止を求めた(注3)が、それに対して不動産開発業者とマイアミ市長はさほど懐疑的でもなかった。

2～3年前のこと、不動産業者がマイアミの再貧困地域の1つであるリトル・ハイチの不動産を急速に買い漁り出すという動きが見られ始めた。昔から労働者階級と移民家族の居住地だったリトル・ハイチは、マイアミ市で最も標高の高い場所で、現在のオーシャン・ドライブのような場所の海抜0・9～1・2m(3～4フィート)と比べて、2・13～4・2m(7～14フィート)の範囲にある。今後20年で1m(3フィート)の海面上昇が見込まれており、それは不動産開発業者にとって明らかに問題だった。そこで彼らはリトル・ハイチの土地を幅広く買い上げ始めたのだ(注4)。このことで、マイアミで最も手が届きやすい地域の1つが高級化してしまい、そのため労働者階級の家庭は家賃が払える場所を求めて街を出ざるを得なくなった。

だが、彼らの生活費は上昇することになった。

考えてもみよう。過去2～3年にオーシャンフロントの家へと移動した金持ちのリタイア層が、今度は350%の氾濫発生増加に見舞われ、直近12ヶ月に30㎝(1フィート)を超える氾濫水面を65時間も目にすることになったのだ(注5)。スコット州知事は否定するかもしれないが、海面上昇が続くのを考えれば、それはマイアミ住民にとって受け入れられる話ではなかった。

大量移住：2050年までに約3億人

およそ10億人の人々が現在の満潮線から10m（32フィート）未満の場所に土地を有しており、2億5千万人が海抜1m未満の場所にいる。より正確なモデリングが、NASAのSRTM（Shuttle Radar Topography Mission：スペースシャトルによるレーダー地形探査飛行）のニューラルネットワークを使ったデジタル標高モデルに基づいて行われ、非常に懸念されるデータが出ている。2019年に『ネイチャー』誌に発表された研究は、以下のように結論づけている。

「2050年の海水面の高さの予測では、総計で現在1・5億人（1・4〜1・7億人）の住む土地が脅かされ、将来的には恒常的に満潮線の下となるだろう。もしくは、最低限で4千万人（3〜6千万人）の増加となる。21世紀末に向けた最低限の増加数はそれぞれ5千万人（2〜9千万人）、2100年には合計で3・6億人（3・1〜4・2億人）が毎年氾濫の危機に晒される土地にいることになる。

現在のベースライン予測を上回れば、さらに1・1億人（0・6〜1・7億人）が増加となる」

——「新たな標高データにより、3倍の予測となった海面上昇や沿岸氾濫に対する世界の脆弱性」、by Kulp & Strause、『ネイチャー』、2019年10月

調査が結論づけたのは、海面上昇と沿岸氾濫の結果、2050年までには3億人もの人々が移住を余儀なくされ、2100年にはそれが4・8億人へと増加するということだ。これは私たちがパリ協定の排出量水準を達成するが、南極の不安定性が生じるという前提に基づいている。最善のケースでも1・5億人だ。

ここで、シリア内戦で1300万人の難民が生まれた事実を考えてみよう。うち650万人は国を逃れ出た人々だ。2015年にはこれがピークの130万人に達し、初めて移民がEUに流入した。さて、世界レベルでこれが10〜100倍になったと想定してみよう。国境の閉鎖や皆で問題に背を向けることはもはや通用しない。住みかを追われた1・5〜3億人の気候難民を吸収する世界計画とは何だろうか？　私たちには備えがない。

農業生産：生産量の大幅な減少と飢餓のリスク

人為的気候変動の科学を非難する人々がよく主張するのは、気候は常に変化を続けているということだ。それが正しいとしても、生じる変化の度合いはとてつもなく、それによる環境アセスメントの結果は非常に懸念されるものだ。人類は何万年もかけて農業の実験を行ってきた。植物は特定の地方や地域への適合度を最大化するよう品種改良されてきた。個々の植物の種には成長や収穫量に最適の温度がある。気温が上昇や低下をすると、成長度合いに変化が生じる。一般的にこの最適温度の範囲は極めて狭く、気温がこの範囲を外れると、その特性範囲に合った場所に移動しない限り、作物は不作となる。

例えばトウモロコシは、気温が35℃（95°F）を超えると収穫量が減り始める。大豆は38・8℃（102°F）だ。

2008年に『サイエンス』誌に掲載された研究は、2030年にはアフリカ南部ではトウモロコシの収穫量が30％減少することを示唆している。南アジアでは、米、アワ、トウモロコシが同様の影響を受ける。消費食物カロリーの概ね83％は10種類の作物に由来している。トウモロコシ、米、小麦、大豆、パーム油、サトウキビ、大麦、菜種、キャッサバ、モロコシ（ソルガム）である。

食料生産に関して人類が直面する最大の問題は、人口増加で食料生産需要が拡大する一方で、気候変動で生産量が大きく減り始めることだ。世界で食料不安のある国々の概ね半数で、消費食物カロリーの減少が発生していると、すでに報告が出ている。例えばインドでは、食物カロリーが年間０・８％減少しており、ネパールでは年間２・２％低下した。２０１４年には、30年間で初めて、世界の栄養不足の人々の数が増加した。２０１７年には、８億２１００万人が栄養不足状態にあると世界食糧計画が推計しており、わずか３年間で４０００万人増加した。ちなみに米国農務省によれば、３７００万人の米国人が、日常的に飢餓に苦しんでいる。

従来は寒すぎて植物を育てられなかった地域に作物を移動させることで、ある程度はリスクを緩和することが可能だ。しかしながら心に留めておくべきなのは、こうした地域の多くが、必要とされる穀物生産の需要増加のようなものへの支援を行う準備が整ってはいないということだ。そして気温上昇に晒される地域では、多数の農業従事者と作物が出ていくのを目にすることだろう。

ワインは世界中で生産されているが、フランス、イタリア、スペインが世界生産量の50％を占めており、それが世界のワイン供給に不相応に大きな影響を与える。２０１７年には、ボルドー地方が90％の収穫減に見舞われ、１９４５年以来の不作となった。

注1：USGCRP（U.S. Global Change Research Program）（2017年）「気候科学特別レポート、12章：海面上昇」、science.globalchange.gov.

注2：海水温上昇がネットワークと氷河融解を活性化する程度の評価は、非常に基本的な科学である。

注3：出典＝『マイアミ・ヘラルド』、「フロリダでは当局者が『気候変動』という用語を禁止」、トリスタム・コーテン、2015年3月8日：https://www.miamiherald.com/news/state/florida/article12983720.html.

注4：CNN、「マイアミのリトル・ハイチはデベロッパーのターゲットではなかった。海面が上昇を始めるまでは」、ビル・ウィアー、2019年7月12日：https://www.cnn.com/2019/07/11/us/miami-little-haiti-climategentrification-weir-wxc/index.html

注5：『ワシントン・ポスト』、「海面上昇が他の要因と相まって、マイアミは定期的に水没」、マシュー・カプッチ、2019年8月8日：https://www.washingtonpost.com/weather/2019/08/08/analysis-sea-level-rise-is-combining-with-other-factors-regularly-flood-miami/

CHAPTER 3

テクノロジー1兆ドル長者

The Tech Trillionaires

「人類の1%が下位の99%と同じだけの富を管理している世界が安定することは決してない」
――バラク・オバマ大統領、国連総会への出発式でのスピーチ、2016年9月

富を「じょうご」のようなものと考えれば、億万長者と未来の1兆ドル長者の富がほとんど無限に成長していくかに思える理由が分かる。例えば、自分の財産が1つの事業につながっている億万長者は、業界の不況やそのビジネスに特定の問題が起こると富の減少に直面するが、ほとんどの億万長者は、日々そのポートフォリオに富がどんどん積み上がり続ける。多くの億万長者は、手元に何もなくなるようなスピードでその富を使ってしまうことも、手放すこともできない。現在持っているものの半分でさえ無理だ。

2000年のこと、ビル・ゲイツとメリンダ・ゲイツは基金を設立し、468億ドルを寄付した。当時彼は600億ドルの世界最高の富豪であり、寄付はその約80%に相当した。その寄付の後でさえ、ビル・ゲイツの富は、現在、1350億ドルである。2020年、アマゾンの共同創業者でジェフ・ベゾスの前妻であるマッケンジー・スコットは、義援金と慈善組織に対して60億ドルを寄付した。2020年の間だけでも、彼女の純資産は233億ドル増加した。

億万長者がその富を投資、新規事業、ベンチャーキャピタル、プライベート・エクイティ・ファンドに振り分けるため、彼らは結果的に新しい富の捕捉能力を拡大することになる。そうして彼らはますます富裕になる。この富の捕捉が意味するのは、現在世界で最大の金融資源が不均一に配分されているということだ。

その好例がある。コロナウイルス・パンデミックが私たちの同胞である最富裕層と最貧困層にどのような影響を与えたかをみてみよう。

2018年3月～2021年1月の間に、最富裕の者たちは8000億ドルの富を積み上げた（注1）。世界の2189人の億万長者についてのPwCの計算では、彼らの富が2020年の1年間に全体として1・9兆ドル増加した（注2）。これが意味するのは、歴史上初めて世界の億万長者の富の総額が10兆ドルを超えたということだ。2017年の終わりの8・9兆ド

図3－1 ● 世界で最も富裕な億万長者の純資産増加

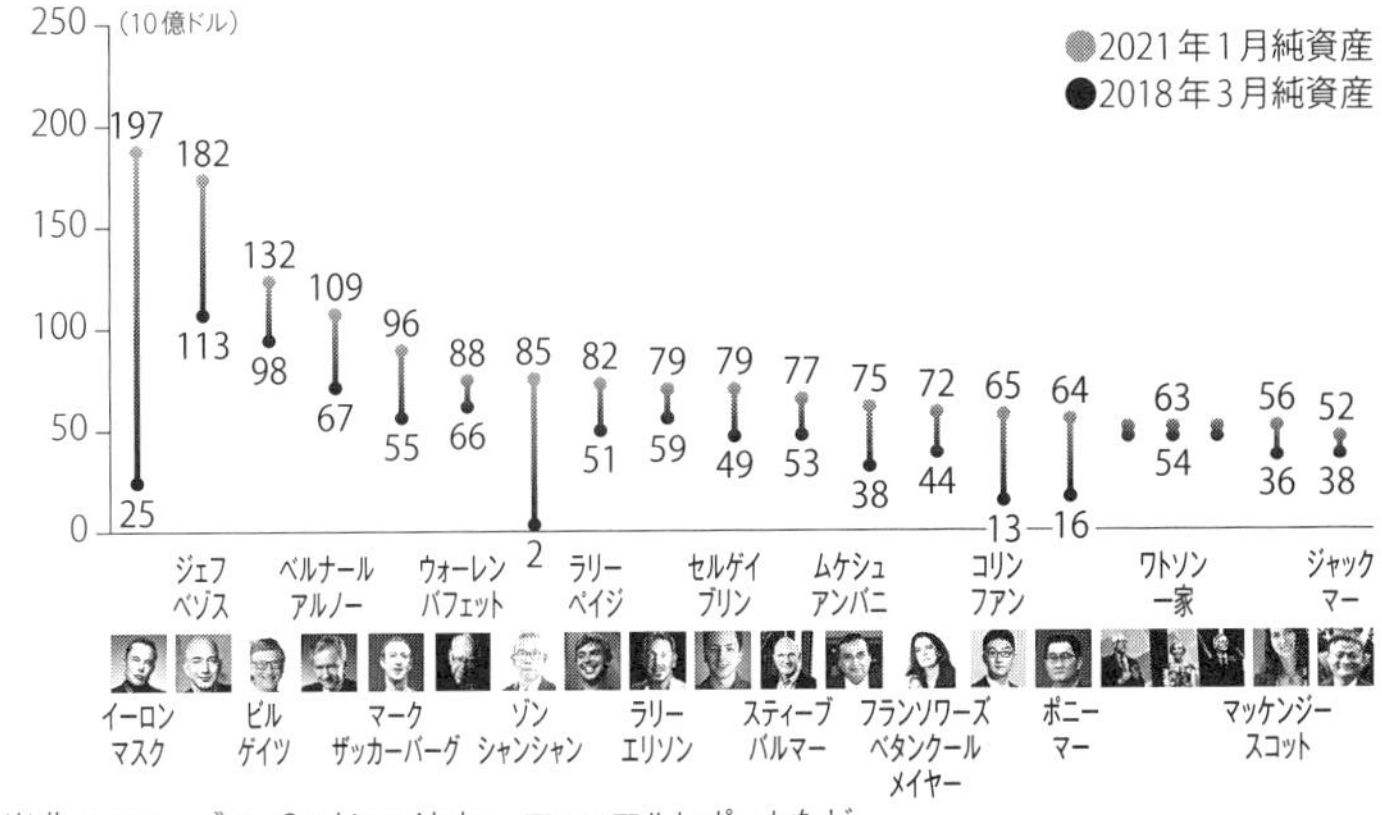

出典：フォーブス、Seeking Alpha、アニュアルレポートなど

ルからの増加である。

その反対側で世界銀行は、ＣＯＶＩＤ－19の結果、２０２１年末には1億５０００万人が「極貧」状態に陥るだろうと警告を発した（注3）。２０１９年の８０００万人からの増加である。過去20年以上で、世界が初めて目にする極貧レベル人口の増加であり、真剣に考えさせられる数字だ。

２０２０年初頭に国連経済社会局（The United Nations Department of Economic and Social Affairs：ＵＮＤＥＳＡ）が刊行した世界社会情勢報告（The World Social Report）は、２００８年の世界金融危機以降、上位先進国では所得の不公平性が増大したことを示している。70％を超える人口にとっては、パンデミック襲来前からすでに、不公平性が日常生活の質に影響を及ぼしている。前述したように、気候変動とコロナウイルス・パンデミック双方の影響はすでに、ウェルススペクトル（富レベル）の最上部の人々に対してよりも、下位および中位所得層家計に対してははるかに厳しいものとなっているのだ。

「Save The Children」が行った37ヶ国の調査では、パンデミックの始まり以降、4分の3の家計が所得減少を被っていることが明らかになった。世界中でＣＯＶＩＤ－19が不公平性を拡大した道筋としては、４つのものが観察されている。
1. より所得の高い労働者が在宅勤務を行っているのに対して、より低所得のブルーカラー労働者は一般に同様の自由度を持っていない。したがって彼らは働き続けるためだけにより高いコストを受け入れなければならず、それは実質賃金が下がるかもしれない場合でも同じだ。

2. 看護師、警察、教師、クリーニング、衛生、小売店などのエッセンシャルサービスでは低～中所得労働者のシェアがより高く、彼らは感染者との接触可能性がより高くなる。

3. 低～中所得労働者は、ホテル、レストランおよび旅行業界など、ロックダウンや旅行制限がマイナスの影響を及ぼした業界に顕著に多い。

4. 先進国と発展途上国を比較すると、パンデミックは極貧状態と不公平性の増加を加速させた。特に先進国では幅広い経済刺激策を打ち出して産業界を支援し、失業者に対して社会的セーフティネットを提供した。

パンデミックのロングテールは終わりに近いが、不公平性は論議を呼ぶイシューであり続けそうだ。中期的な課題は、市場がテクノロジーを巡る重要な構造変化を経験することになりそうなことで、それが将来的に不公平性の問題の解決をさらに難しくしてしまう可能性がある。

テクノロジーによる市場と富の再定義

世界で価値が最大の企業の10分の9がテクノロジー企業である。2021年1月の時価総額の順に並べると、次のようになる。

アップル	2・55兆ドル
サウジアラムコ	1・75兆ドル
マイクロソフト	1・7兆ドル
アマゾン	1・6兆ドル
デルタ・エレクトロニクス（タイ）	1・4兆ドル
アルファベット（グーグル）	1・2兆ドル
テスラ	8340億ドル
フェイスブック	7570億ドル
テンセント	7380億ドル
アリババ	6200億ドル

時価総額トップ10企業のうち、テクノロジー企業でない唯一の企業は？　サウジアラムコだ。そうであれば、世界で最も裕福な億万長者25人の半分がテクノロジー主導企業に関わっているのは驚くべきことではない。

米国のテクノロジー株で最大の5社の価値は、10年も経たないうちに6・4兆ドル増加した。そしてコロナウイルス・パンデミックの期間にテクノロジー株は爆発的に伸び、わずか1年で合計市場価値は2・6兆ドル増加した。このトレンドはFAAMA（フェイスブック、アマゾン、アップル、マイクロソフト、アルファベット）のテクノロジー5社だけにとどまらず、市場の再調整はテクノロジーの資本と価値の創造へと向かった。パンデミック期間中にテクノロジーがより役に立ち、より人々の生活に組み込まれるようになって、その潜在価値が高まったため、テクノロジー株が成長したのだ。

図3－2 ● 産業セクター別株式市場資本

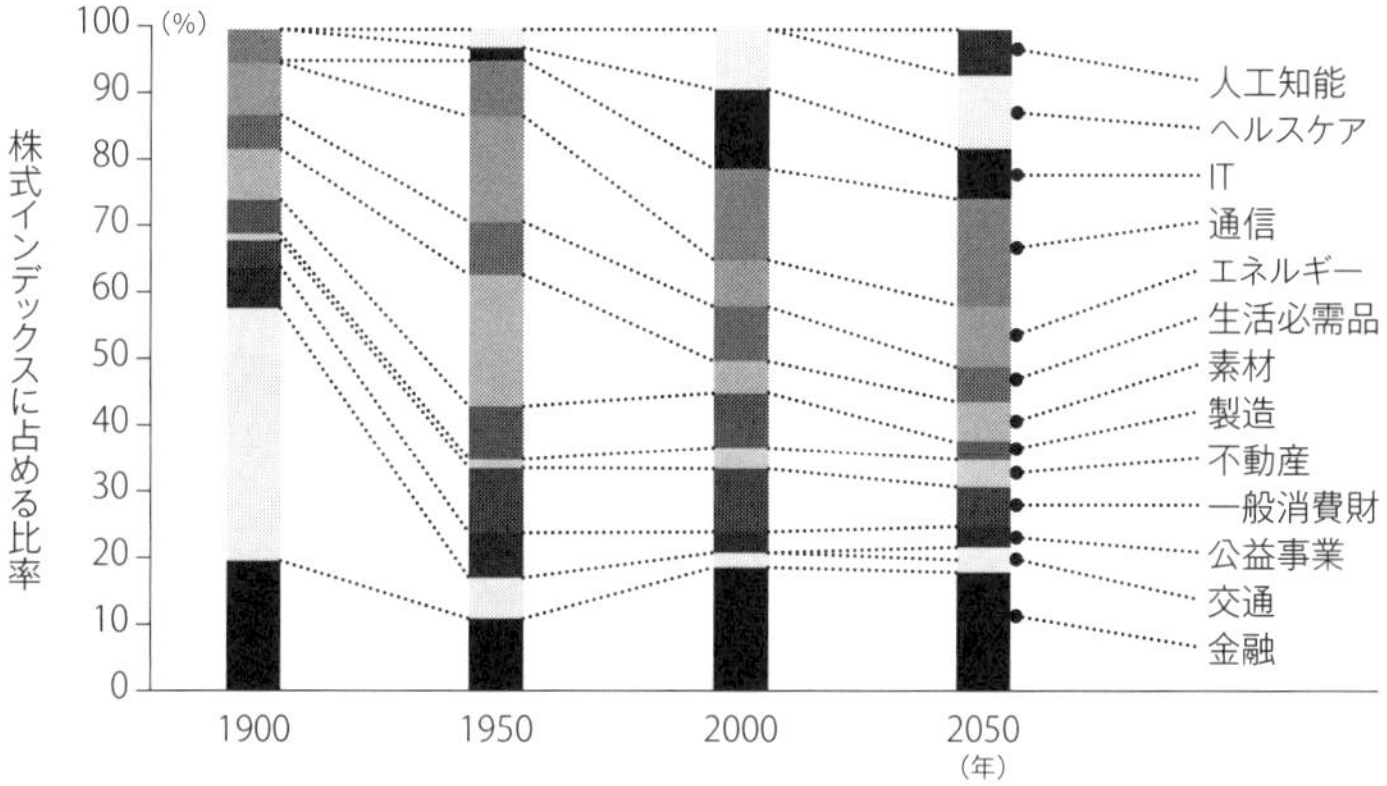

出典：様々

過去200年間を通じて比較的安定を保った唯一の産業は、金融だ。しかし現在、金融はテクノロジーによって手ひどく破壊されつつある。2020年にはアリペイ、テンセントのウィーチャットペイ、M-PESA、Paytm、カカオその他のようなモバイルベースのウォレットの総支払決済額が55兆～56兆ドル前後になった。世界のプラスチックカード産業全体の支払決済額は26兆ドルに達していない。

20年後には、フィンテック専業企業が金融サービス市場の価値総額（現在年間約23兆ドル）の3分の1を占めるようになるだろう。しかしさらに重要なのは、伝統的な金融サービス企業は全てデジタルトランスフォーメーションを経て、ほとんどがテクノロジーファーストの企業となっているであろうことだ。

地上輸送は高度に自動化され、事実上、電気が支配的となり、コア・ケイパビリティはバッ

図3-3 ● 過去10年間のビッグテック企業の時価総額成長

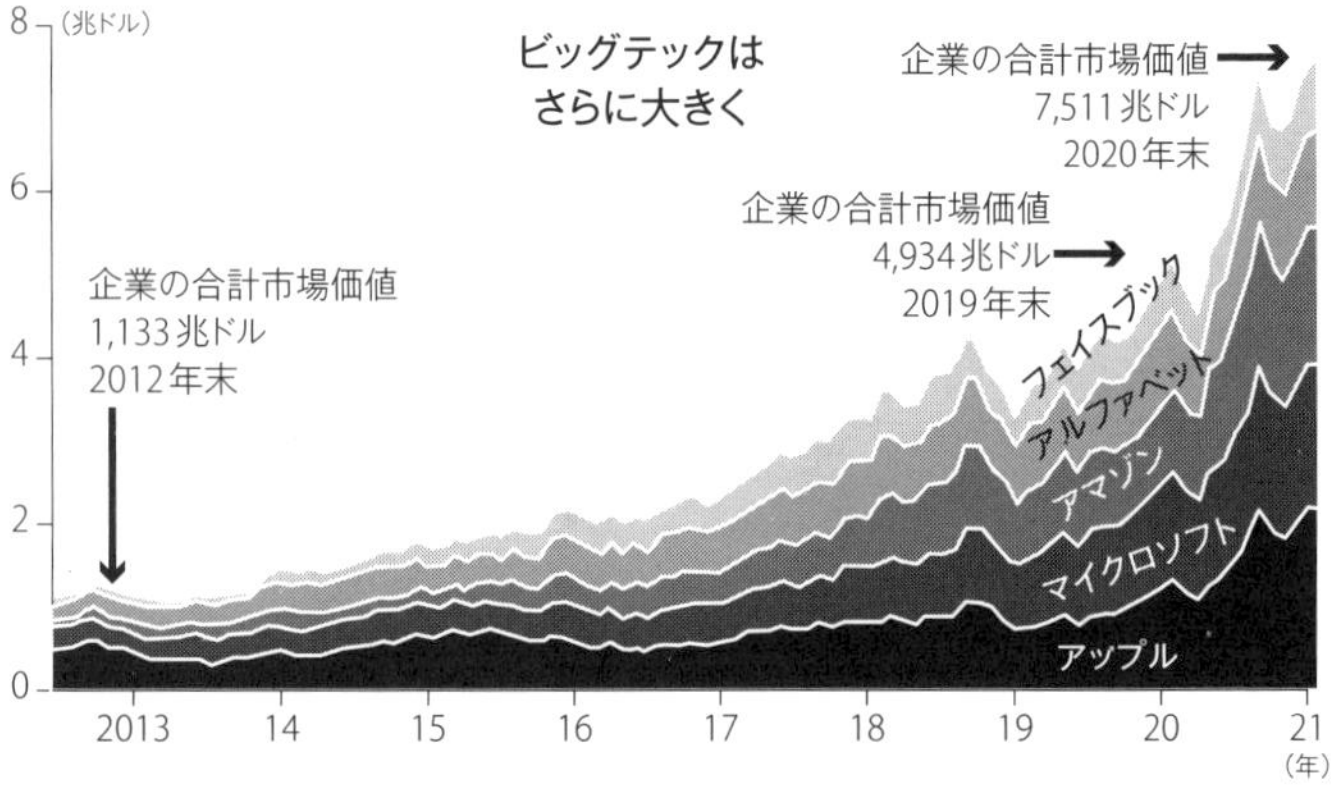

出典：FactSet［グラフィック：Kara Dapena ／ The Wall Street Journal］

テリーとストレージ技術へと移行するとともに、自動運転のAIベースモデルとなる。自動車所有は劇的に減少し、残る自動車は大半がサブスクリプションベースか、公共所有のインフラストラクチャーとなっているだろう。

ヘルステクノロジーは遺伝子療法と、健康をリアルタイムでモニターするバイオセンサーテクノロジー、そしてAIベースの診察機能に大きく依存するようになるだろう。製薬産業は、個人のゲノムとリアルタイムのセンサー情報に基づいて、次第にパーソナライズ化されていく。

材料科学は次第にエキゾチックになっていく。ナノテクノロジーと小惑星採鉱が市場を全く様変わりさせてしまうのだ。鉱業では、原料は依然として地下から採掘されているだろうが、その技術は高度に自動化され、サステナビリティ需要と環境の影響に対する配慮によって決定されるようになるだろう。原料の再利用はそれ自体が1つの領域となる。

世界最大規模の企業群の未来は、テクノロジーの発展と軌を一にすることになり、株式市場はテクノロジーファーストのプレーヤーとテクノロジー成長企業で占められる。地下資源採掘、食料栽培、原材料の製品への転換等の能力は、間違いなく経済の重要な要素であり続けるが、それらの企業は市場リターンや成長がトップクラスとはならないだろう。実際には21世紀の市場をリードする企業はどれも、テクノロジーが第一であり業種特化はその次となる。ヘルステクノロジー、エネルギーテクノロジー、自動運転輸送、自動製造（例：ギガファクトリー）、アルゴリズム金融といったものがそれだ。そのことが理由でテクノロジーそのものが、起業家や製造業者が21世紀に金儲けをする方法を再定義してしまうようになる。生産性（高水準の自動化に含まれてはいるが）や、独占とか、ブランド優越性といった伝統的な指標を通じてではなくなるのだ。

今後成長する未来の有力産業

今後20〜30年の間に、どの産業やテクノロジーが市場成長の中心となるだろうか？　他の評論家も言うように、それらの中には次のようなものがあるだろう。

❶人工知能

ＡＧＩ（Artificial General Intelligence：汎用人工知能）（注4）、自動運転車、パーソナル・デジタル・アシスタント、医療診断やロボット配達車のどれであれ、それらは市場創造レベルの変化と優越性を持つものだ。ＡＩは10年のうちにあらゆる産業に浸透するだろう。２０３０年代までに人間の交流活動を模倣するＡＩがヒトを介さずに活動するようになると、ＡＧＩまで必要としなくとも、自動化されて壊滅的状態となる職は何千万も存在する。

❷長寿医療とヘルステック

高齢者に有効な療法、少なくとも延命技術は、それら自体が1兆ドルに相当するものだ。遺伝子治療、バイオテック、医療センサー技術、ＡＩベース診断等は全て株式市場を動かす巨大な存在である。延命技術は非常に収益性が高く、少なくとも当初は、利用が限られて高額となるだろう。

❸組込み型テクノロジー

近い将来にはスマートグラスによってスマートフォンが拡張され、ＡＲ（拡張現実）ベースのパーソナルコンピューターがヘッドアップディスプレイにデータを映し出してくれるようになるだろう。私たちは個人用ＡＩアシスタントを持ち、それは生活に組み込まれたものになる。スマート銀行口座は私たちのおカネを管理してくれる。スマート医療モニタリングはＡＩサービス、遺伝子銀行等と連携する。ロボットが街中を動き回るようになり、自動ドローンが空を埋めるようになる。

❹小惑星採鉱

笑ってはいけない。民間商用宇宙船の進歩によって、２０３０年代に小惑星採鉱の実現可能性が視野に入るのは明らかだ。小惑星番号16のプシケは小惑星採鉱の候補対象の１つで、１０００京ドルまたは、世界経済全体の10万倍の価値があるとされている。このような小惑星採鉱は、今世紀後半には人類の太陽系進出を加速するだろう。

❺気候変動緩和施策

地球緑化、家庭向け発電・給電の改革、極地の棚氷と氷河の融解防止、海面上昇加速からの防御のための海防壁、炭素隔離技術、そして汚染物質除去は、いずれも将来大きな雇用を生み出すだろう。国の支援を受けるケースも多いだろうが、気候変動緩和分野で独自の知的資産を生み出す企業は高価値となるだろう。

❻世界インターネット商業プラットフォーム

人類の残された10％に対するインターネットアクセスを提供するスターリンクやその他のテクノロジー企業、全く新しい商業とサービスレイヤをスマートフォンやスマートグラス、スマートアシスタントのエコシステム上に構築するグローバル・プラットフォーム企業が繁栄するだろう。

❼次世代教育

教育は、21世紀中の大規模な再起動が確実となっている。産業化時代の間に公共教育が登場したのと同様に、教育革命の機は十分に熟しており、長期的には教室モデルでなく、ユビキタスでテクノロジー主導の教育配信に向けた推進の動きが勝利を収めるだろう。子供たちに適応力を教えることが重要だ。

❽カーボンニュートラルな自動輸送

テスラは現在世界で最も時価総額の高い企業の1つだが、それは同社がガソリン／石油で動く内燃機関を電気モーターとリチウムイオン電池に置き換えたからではなく、自動車自体のパラダイムを変革したからだ。自動運転車は、個人所有よりもサブスクリプション・サービスへとつながり、電気自動車（EV）が普及すれば、全く新しい蓄電と電池技術が立ち上がり、繰り返し利用が促進されるだろう。

❾研究室培養食物・ロボット・垂直農業

研究室培養肉、魚、チキン――さらにワインさえも――がサステナブルな低炭素食物生産中心となり、都市に垂直農場が設置されて、サプライチェーンが短縮されるだろう。ロボット農業テクノロジーは、商業農園を高度に自動化する。食物はトラッキング向上のためにブロックチェーン上でトークン化されるだろう。

❿メタマテリアルとナノテクノロジー

カーボンナノチューブ、塩水の脱塩に使用されるナノフィルター、人工光合成、より高度な太陽光発電等のナノテクで作られる新素材は、まだ初期段階にある。今後20年の間に、火星と月での現地資源利用が立ち上がり、フッ化物光ファイバー、室温超電導素材等の新たな無重力素材が生み出されるだろう。

いずれにせよ、皮肉にも小惑星採鉱という例を除いて、これらの中に1900年代前半の主要な企業が理解できるものはほとんどない。そう、フォードは個人の移動に革命をもたらし、テスラが現在同じことを行いつつあるが、自動運転の電気自動車は、明らかにクルマ自体の第一原理的な再発明だ。もし数年後に運転はせずにこうしたクルマに乗るなら、その環境で何をしているだろうか？ クルマを自家所有するだろうか？ 通勤するだろうか？ 新しい産業の興隆は、様々な意義深い質問を喚起することになる。

次の時代の億万長者は、概ね**ヒューマニスト**、**イノベーター**、**ディスラプター**という3つの範疇に入る人々だろう。イノベーターは、ベゾス、ジャック・マー、ザッカーバーグのような、新しいテクノロジーを大規模に適用することを可能にし、低流通コストでリーチを拡大し、ビジ

図3-4 ● 今後20～30年の間に成長する未来の産業

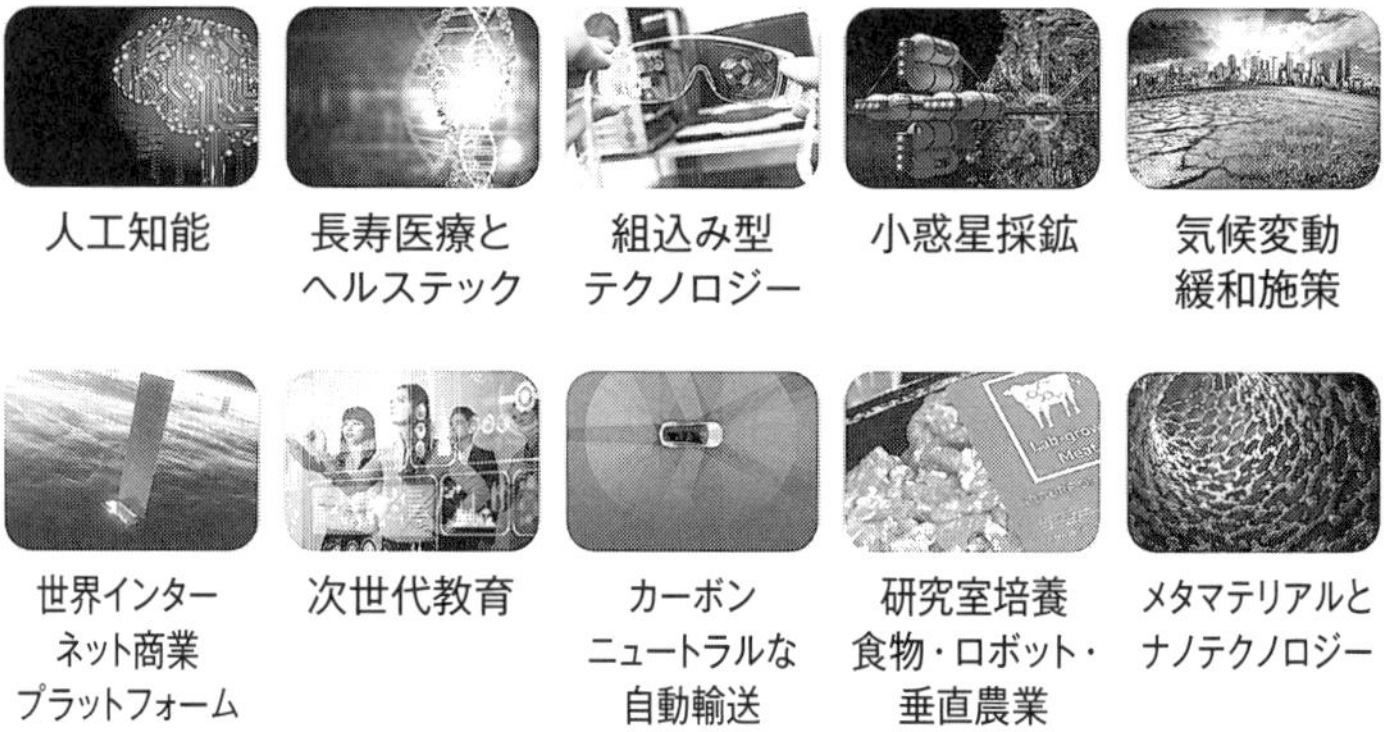

ネスを立ち上げる人々だ。ディスラプターは、世界中にいるスティーブ・ジョブズとイーロン・マスクのような人々で、社会におけるテクノロジーのあり方をとらえ直して、人間の行動を大規模に変革し、産業の方向転換を起こすようなビジネスを立ち上げる。ヒューマニストはビル・ゲイツのような人々で、人類を啓蒙する試みに取り組み、人類としての私たちを前進させ、貧困や疎外の原因に立ち向かう（そしてその決意と行動ゆえに称賛を受ける）。

21世紀の優れた「実業家」たちは、ナレッジワーカーを雇用する。ナレッジワーカーたちは、テクノロジーを活用して20世紀の産業をディスラプトしたり、テクノロジーの利用をより幅広く加速させる。２０５０年に最も裕福なのは、こうした新興分野の人であり、鉄鋼製造業、小売業、農業、石炭採掘業の人ではない。もし私たちが１兆ドル長者を期待するなら、それはまだＡＩベースのビジネスから現出する未知の個人でさえあるかもしれない。

富もＡＩ駆動型となる

ＡＩに関して、特に汎用人工知能という聖杯については、ある地域やあるテクノロジー集積で組み込まれるＡＩの様々な特性に応じた一定の特化はあるとしても、ＡＩに無数のバリエーションがある必要性はない。考えられるのは、オペレーティング・システムとかアップストアのようなＡＩの発展形だ。市場で差別化を行うある種のバリエーションが生じる可能性はあるが、ＡＩで最も資金提供を受けるのは、最も幅広い用途を獲得したものだろう。最大の実働ユーザー基盤（あるいは相互作用の深さ）を持つＡＩが、最良のデータと学習経験を有し、だからこそ最も正確で応答性が高くなり、さらにその利用や選択の傾向が強くなる。この点からＡＩは、小さなテクノロジー・スタートアップ企業よりも、ＡＩの能力構築と活用を迅速に行う力のある企業に保有される可能性が高い。日常生活で利用されるＡＩを保有するのは誰になるだろうか？

まずは人工知能という言葉が意味するところを定義してみよう。

大衆文学でＡＩへの言及があった最初の例は１８５０年代で、エドワード・エリス著の『大草原のスチームマン』（１８６８年）にまず登場し、サミュエル・バトラーの小説『エレホン』（１８７２年）がすぐそれに続いた。より早く、１８６３年６月13日付のThe Press（ニュージーランドの新聞）に掲載されたバトラーの記事では、機械仕掛けの生命を持つマシンの一形態が、いつの日か人類を凌駕してしまうかもしれないことが示唆されている。さらに、メアリー・シェリーの『フランケンシュタイン』（１８１８年）は、一種の合成物的存在と見ることが可能だろう。

ロボットという用語、より具体的にはチェコ語の「roboti」が最初に使用されたのは１９２１年で、カレル・チャペックが書いた『ロッサム万能ロボット会社（Rossumovi Univerzální Roboti〔Rossum's Universal Robots〕）』という題名のサイエンス・フィクション劇だった。１９２３年には、チャペックの戯曲は少なくとも30ヶ国語に翻訳されていた。Ｒ・Ｕ・Ｒに登場するロボットは、現在私たちが考えるロボットと全く同じではなく、よりアンドロイドや人造人間に近いものだった。最近のSFでそれに相当するのは、『スタートレック』のデータ少佐、英国SFシリーズの『ヒューマンズ（Humans）』に登場するアンドロイドや、コンピューターゲーム「デトロイト（Detroit）」のアンドロイドなどだ。しかし、「ロボット」という言葉はそのまま残り、私たちは現在もそれを使っている。チェコ語のロボットには、奴隷とか機械の下僕という含意があったことは記憶に留めておこう。

一方、論理的思考を模倣する能力のある機械を定量化または定義しようと最初に試みたのは、アラン・チューリングだった。チューリングは「もしマシンの応答を人間のものと区別がつけられなければ、そのマシンは『インテリジェント』であると考えられる」と初めて提言した人だ。

汎用人工知能か自然言語処理（Natural Language Processing：NLP）のような特定能力AIのいずれにせよ、人工知能に現在最も多額のお金を注ぎ込んでいる企業が西洋と中国のテクノロジー巨大企業――GAFAM／FAANGとBATX（注5）である点は一貫している。NLP領域に限って言えば、その最も知られた商業的事例は、アマゾン・エコーやアレクサのような、スマートホームスピーカーに組み込まれたAI機能である。アンドロイドやiOSオペレーティング・システム上に構築されたアップストアと全く同様に、商業的に成功した音声ベースのスマートアシスタントを何十も目にすることにはならないだろう。その理由は主に、AI機能の開発には何十億ドルも必要であることと、AIに伴うハードウェアのマーケティングと流通には、大がかりな企業の仕組みが必要なことの両方だ。

最終的に、テクノロジー巨大企業に早期に投資した者が、長期的には最大の勝者となりそうだ。そうでない者は、特定コンポーネントやＡＩスキルの開発者で、これらのテクノロジー巨大企業に買収されることになる。

貧困の追放が不公平性ギャップの拡大に直面する

２０１８年、Ｏｘｆａｍ（Oxford Committee for Famine Relief：オックスフォード飢餓救済委員会）が刊行したレポートでは、世界で最も裕福な26人が、38億人の人々、または世界人口の約50％と同等の富を所有していることが示された。２０１３年の時点では、世界人口の半分という、これと同じ資産基盤を有していたのは、世界で最も裕福な人々の86人だった。

２０２０年になり、パンデミックの中で世界の富は７・２兆ドルの減少となった。一方、２０２０年３月～12月の間に、世界の億万長者は、その富が３・９兆ドル増加するのを目にした（注６）。

２０１８～２０２０年の間に、億万長者階級は１日当たり25億ドルを新たに手にしていた。その結果、世界で最も裕福な人々の富が19％増加した一方で、世界人口の半分を占める最貧層の人々の富は12・8%減少した。

米国と英国という、不公平性の存在が明らかな国では、平均的な億万長者が支払う平均税率は下位10%の納税者よりもはるかに低い。2021年6月、プロパブリカ（ProPublica）はジェフ・ベゾスが2007年、2011年、2018年に個人として納税がゼロであったことをレポートした（注7）。インドでは、ムケシュ・アンバニ（訳注：インド人実業家）がパンデミック期間中のわずか1時間で稼ぐ金額を、非熟練労働者1人が稼ぐには1万年かかるとされる。

億万長者の数が最近最も大きく増えたのは中国であって、米国ではない。3年後には、億万長者の総数では中国が米国を追い抜くものとみられている。

資本主義と効率的市場理論の主唱者は、資源配分は人間よりも企業の方がより効率的であり、社会の最貧層よりも億万長者の方が効率的に資

図3－5 ● 地域別にみた億万長者の増加（1995～2017年）

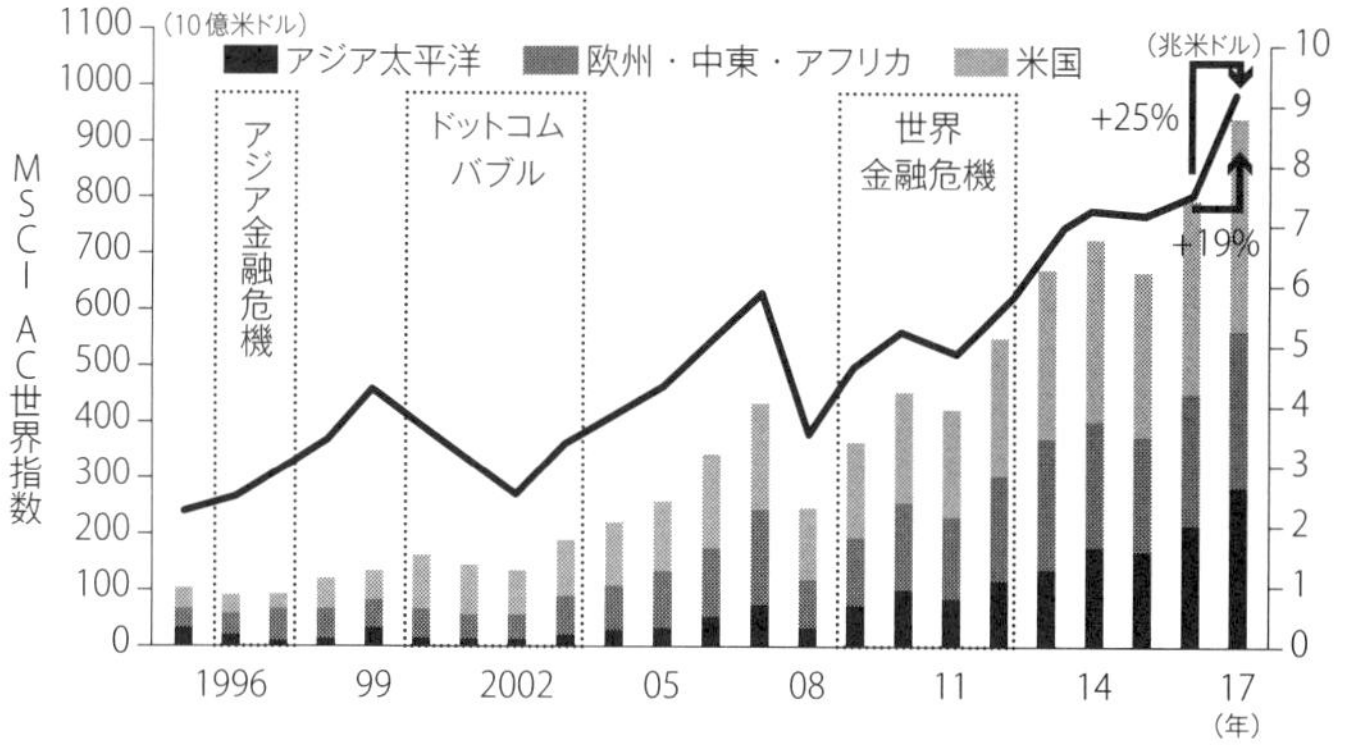

訳注：MSCI AC世界指数：Morgan Stanley Capital International, All Country World Index
出典：UBSウェルスマネジメント、PwC

源を活用できると主張する。
2018年9月、イーロン・マスクはジョー・ローガン・エクスペリエンス(Joe Rogan Experience)のポッドキャストに出演して、億万長者の方が平均的な人よりも資源配分に優れる傾向があると述べた。彼が主張したのは、大きなリソースのプールにアクセスを持たず、そうしたリソースの変換を管理する経験や能力を持たない人々よりも、億万長者はより動機を持って行動し、効果的に事を起こす能力があるということだった。マスクは、自分はエンジニアであり、自分の会社が最も顕著な前進を示したのはイノベーションの領域であると述べた。また彼は、製造やプロセスの領域で自分が直面した最も困難な問題は、こうしたテクノロジーを最も幅広く、高コスト効率でうまく活用することだったと明言した。

確かに現在、自由市場社会において最善の方法は、アウトプットと株主利益の両面から、最も効率的な資本の使い手に富を委ねることだ。しかしながら、それはこのシステムの効率性が最適であることを意味しない。

仮定として、非常に集権的な計画を持つ1人の善意のポピュリストが、同じことを試みる複数のエージェントよりも効率的な資源配分が可能だとしよう。資源配分を分散化し、気配りのきいた管理メカニズムから遠ざかるほど、価値交換のメカニズムの効率性は低下する可能性が高まるように思われるだろう。完全競争は必ずしも完全な資源配分を生み出さない。その理由は、競争相手よりも効果的な独占が登場するよりも前に大量のカオスが存在するからだ。

国や世界の富の大きな部分を管理する億万長者人口が増加することの大きな問題は、彼らが持つ動機や能力は、その所有する富とアクセス可能なリソースに対して釣り合うものだとは限らない点だ。例を挙げよう。米国においてコーク兄弟（the Koch brothers）（訳注：コーク兄弟は、非上場多国籍企業であるコーク・インダストリーズの創業者兼オーナー。米国非上場企業ではカーギルに次ぐ売上高）は何十年にもわたって富を生み出してきた実績があるが、貧困、ホームレス、食料不足や気候損害を軽減するために十分な働きをしてきたと言えないのは明白だ。現実には、彼らはこうした集団的懸念のある項目の指標を大幅に悪化させる側に貢献してきているかもしれない。

ただし、私たちは億万長者だけを非難しているわけではない。膨大な富を有し、最も優れた才能ある人々と、地球上で最も貴重な資源を独占する1兆ドル企業群についても同様だ。

アップルを例にとってみよう。アップルは現在、2000億ドル近くの現金を保有している。それは英国の総外貨準備高よりも大きく、オーストラリアの数倍になる。アップルは、グーグルとフェイスブックと同様、明らかに地球上で最も優秀な人々の一部を雇用している。そうではあるが、その捕捉した富は、「過去最高のiPhone」、より薄いMacBook Air、魅惑的な音の広がりのあるヘッドフォン、そしてタッチスクリーンを毎年出す以上に、人類に対して何をしてくれるだろうか？　グーグルは何万もの機械学習のPhD保有者、データサイエンティスト、そしてソフトウェア・エンジニアを抱えるが、音声検索の実現や、最新のインスタグラムの写真のネコを認識可能であること以上の、社会に対する現実のリターンはまだ明らかでない。

これらの企業や個人はGDPレベルでは素晴らしい市場価値を生み出し、経済成長を推進しているが、社会レベルでのイノベーションや改善のレベル（例えばサービスへの基本的なアクセスや、金融面での力の発揮）では非常に貧弱だと言えるだろう。

これまで、エネルギー、教育、研究開発、医療科学の分野での革新ペースは遅かった。過去、どれだけ多くの低エネルギー電気自動車が、化石燃料企業が行った特許の買収や資本不足への追い込みによって葬り去られたことだろうか。どれだけ多くのガン治療法が、うまくマネタイズできないという理由で大手製薬会社によって棚上げされてきたことだろうか。

富の蓄積と、それを人類の向上という目的のために賢明に使えることとは、大きく異なるものだ。だからこそ、億万長者と1兆ドル企業は明らかに非効率の源である。それは、彼らが巨大な富のプールを捕捉する時に、よりインパクトの大きい取り組みへのアクセスを制限することになるからだ。こうした企業で最もよくあるのは、そのリソースを、人類の向上や私たちが直面する最も厄介な問題の解決ではなく、より多くの富と利益の創出に使用してしまうことだ。これには明らかな例外もある。マスクの複数惑星居住ビジョン、カーボンニュートラルなスマートシティとEV交通や、グーグルのムーンショット・プログラムがそうだ。

市場の目的自体は、人類を向上させるものではない。それは十分に明白だ。市場は成長するよう動機づけられており、実際に市場はそう動く。しかし、市場について、その任務を変更するとか、消費や経済成長以上に人類全般の向上に一部、焦点を向けることで果実が得られるようにすることはできるのだろうか？

貧困を撲滅することは可能

それでも世界は過去２００年の間、極度の貧困という問題に取り組んで大きな成果を上げてきた。極貧生活（２０２０年で１日当り１・９ドル未満で生活と定義）にある人々の数は、１８００年に人口の85％だったものが、現在はわずか９・４％までに縮小している。真の向上が起こったのは最近50年間で、１９６６年の50％が２０１７年には９・１％となった。残念なことに、パンデミックの影響で極貧状態の人々の数は5億人ほど増えたと見られ、大恐慌以来初めての逆転となった。国際連合は、２０３０年までに世界

図3-6 ● 極貧人口比率、1800～2020年

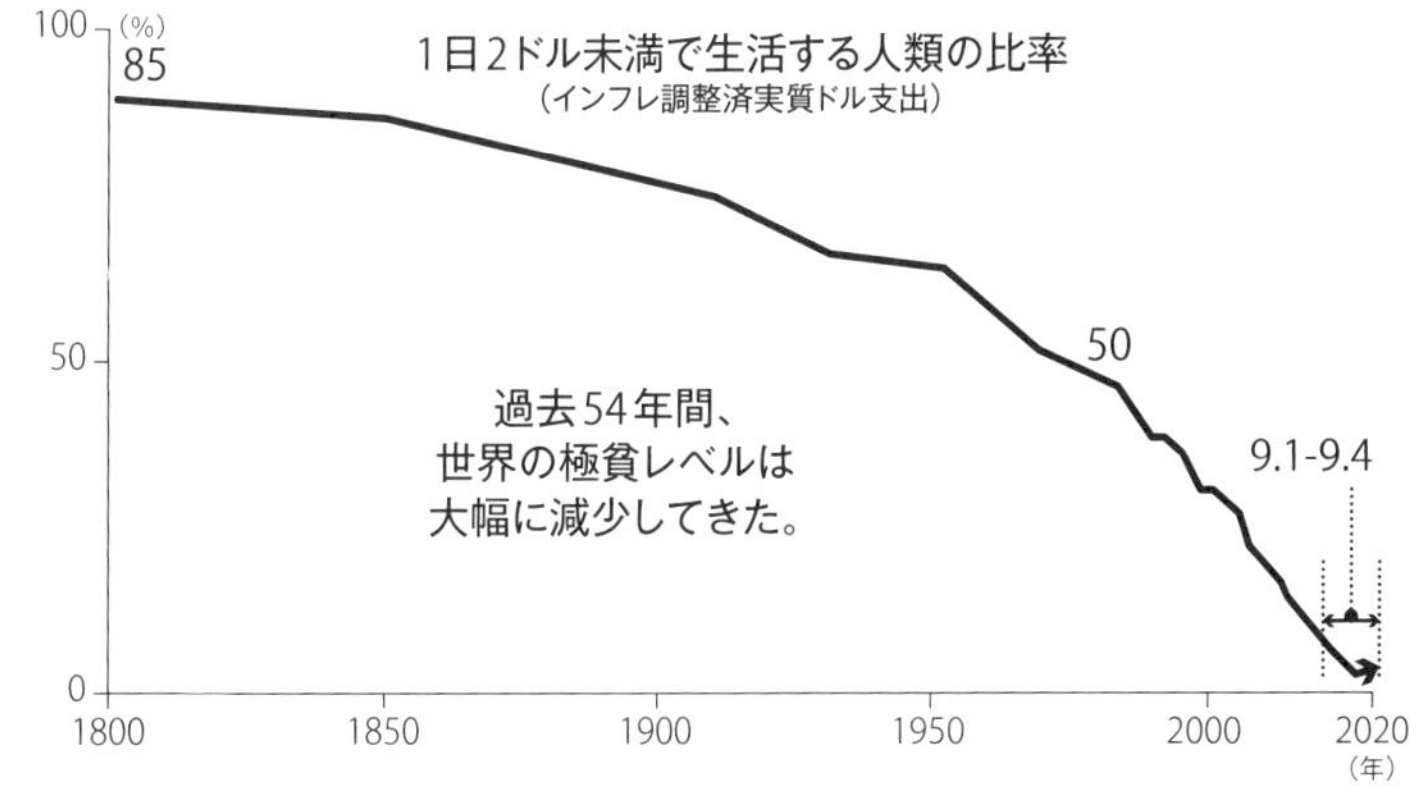

出典：世界銀行、Our World in Data

に残る８億５０００万人の極貧状態を撲滅するという目標を掲げている。

世界で最も強力な経済成長を見せている中国では、極貧レベルは２０１２年の９８９０万人から、２０２０年には実質的にゼロに削減された。中国のこの変化は、貧困撲滅政策が成功裡に実行しうることの証左である。さらにこのことは、米国、オーストラリアそして英国のような、富の配分が富裕な家計に最も偏っている国と比べても、中間層が健全で成長を続けると、社会の中下位所得セグメントが恩恵を受けることにもつながることを意味している。

政策は重要ではあるが、人類が直面している主要問題の多くは、新しい新興のテクノロジーを適用することによって、完全に解決することが可能だ。現在直面している非常な難問を解決するリソースと技術的能力の双方を有するというのは、人類の全歴史の中で初めてのことだ。

図 3–7 ● 中国の貧困人口

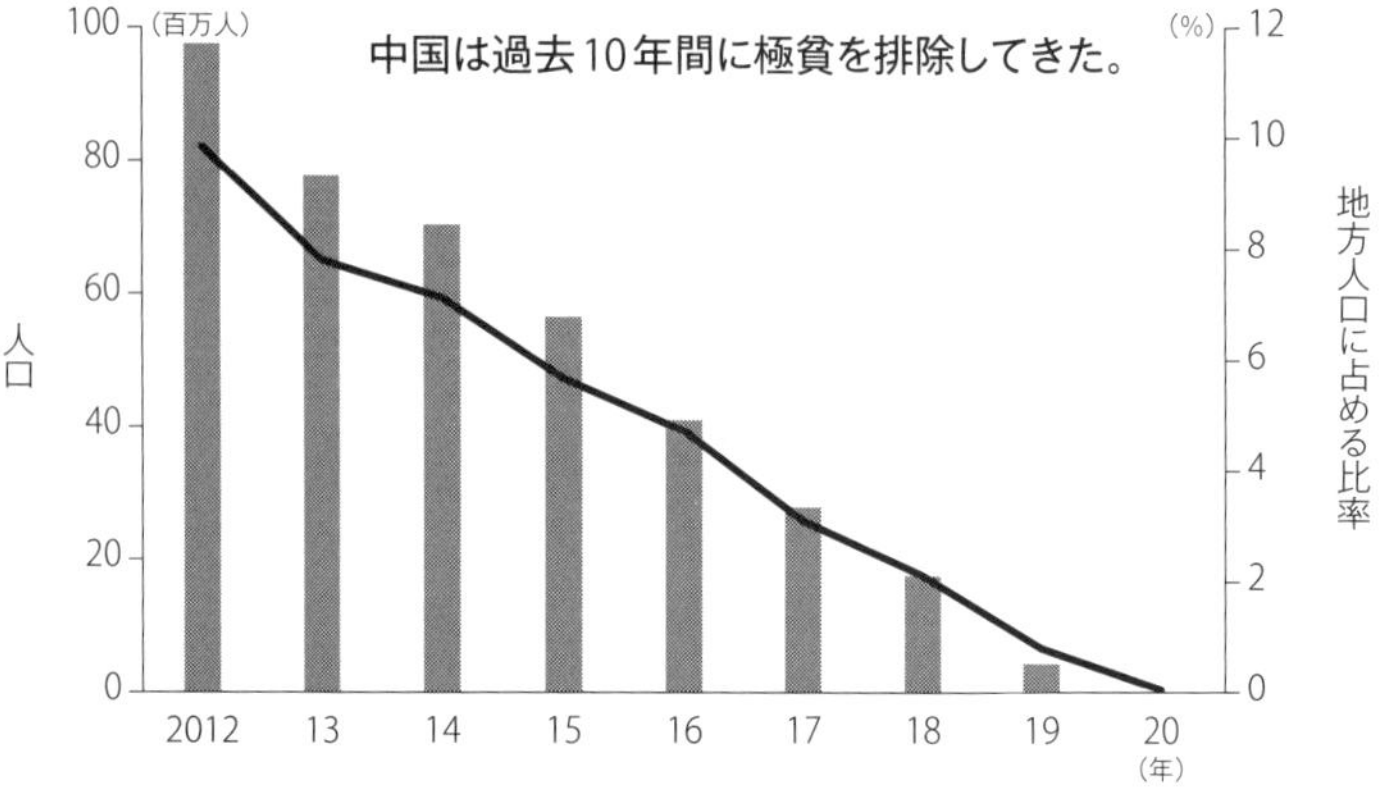

出典：中国国家統計局

後段の章では、ホームレス問題や食料不足を終わらせるために活用可能と考えられるテクノロジーについて論ずる。しかし実際には、人類はすでに、地球上のあらゆる個人が服を着て、住居に住み、食物を与えられ、教育を受けて貧困ラインを超えた健康な生活を送れるだけの十分なリソースを有している。問題なのは資源配分だけなのだ。

1兆ドル長者となるのは誰か?

おそらく、投げかけるべき質問は「最初の1兆ドル長者はいつ出るか?」というものだろう。誰がいつ最初の1兆ドル長者になるかの計算は、難しいが不可能ではない。マーク・ザッカーバーグは億万長者ランキングでは比較的新参者であり、23歳でその資格を手にした。その前はビル・ゲイツが最も若い億万長者で、その地位を得たのは31歳、1987年のことだった。しかしつい最近、カイリー・ジェンナーが2017年に21歳で最も若い億万長者となり、ザッカーバーグを上回った。それより10年ほど年上とはいえ、31歳という若さで億万長者となったのは、ホイットニー・ウルフ・ハードで、デート用アプリのバンブル(Bumble)の創立者だ。彼女は2021年2月に億万長者という節目に達した。

歴史的に言えば、億万長者の地位は相続を受けた富か、起業家としての成功に伴うものだ。ジェンナーのビリオネアとしての地位は、彼女の化粧品ラインと、そのソーシャルメディア上の影響力に基づき彼女が得た契約の将来価値から来ている。ザッカーバーグの純資産はほとんどフェイスブックの株式価値に由来するものだが、ベゾス、イーロン・マスク、ジャック・マーたちの富は何千億ドルもの価値がある複数の企業から来るものだ。ビル・ゲイツもまた幅広く投資しており、現在マイクロソフトの株式の保有比率は小さいものの、彼の富は拡大を続けている。アマゾンの価値は企業がＩＰＯを果たして以降、９万７０００％成長しており、そのためベゾスの富も同様に増えている。

歴史的に言って、億万長者はファミリーオフィス（訳中：家族の資産運用会社）を運営しており、ほとんどの人が決して提案を受けることのないような投資へのアクセスがあり、そのリターンは私たちのものよりもわずかに高い。平均的に、ビル・ゲイツのような人は、過去50年間の同じような個人のリターンから判断すると、10〜15％程度の年間リターンを期待できる。彼らの年間所得が金利支払いとともに全純資産に加わるものと仮定すると、もしジェフ・ベゾスが現在１０００億ドルを持っていたら、およそ15年後にその純資産は１兆ドルになる。それは純粋に所得と投資だけからくるものだ。現在ベゾスはアマゾンの株を16％保有しているので、もしアマゾンの株価が今後10年で倍になるとすると、アマゾンの株式価値に加えてキャッシュでの個人投資の複合効果が得られることになる。ベゾスは１９９８年にグーグルにも１００万ドルを投資した。その投資価値は現在10億ドルを上回っている。２０２５年にアマゾンの時価総額は７兆ドルを超えているかもしれない。そしてもしベゾスが現在の投資を維持していれば、彼が１兆長者のラインを越える可能性があるのは、この10年間の終わりあたりということになる。

これは、あまりに早いと感じるだろうか？　アップルコンピューターを考えてみよう。アップルは１９７６年にスティーブ・ジョブズとスティーブ・ウォズニアックによって設立された。同社は１９８０年に上場し、４６０万株が1株当り22ドルで売れた。２０１５年３月、アップルはＡＴ＆Ｔとの入れ替えでダウ30銘柄に加わり、そこには当時、マイクロソフト、インテル、シスコも含まれていた。２０１８年８月、アップルは初めて時価総額１兆ドル水準に達した。アップルが時価総額２兆ドルの線を越えたのは、わずか2年後の２０２０年８月のことだった。

アップルの成長は現在のペースを維持できそうにはない。しかしながら、同社がスマートフォンで行ったように、消費者向け拡張現実デバイス市場をうまく支配できるなら、そして自動運転車のような他の領域へも拡大していくなら、

図３－８ ● アップル２兆ドルの道：年末のアップルの時価総額の変化

アップルは50億ドルから1兆ドルへと成長するのに17年かかったが、
1兆ドルから2兆ドルへはわずか2年しかかからなかった。

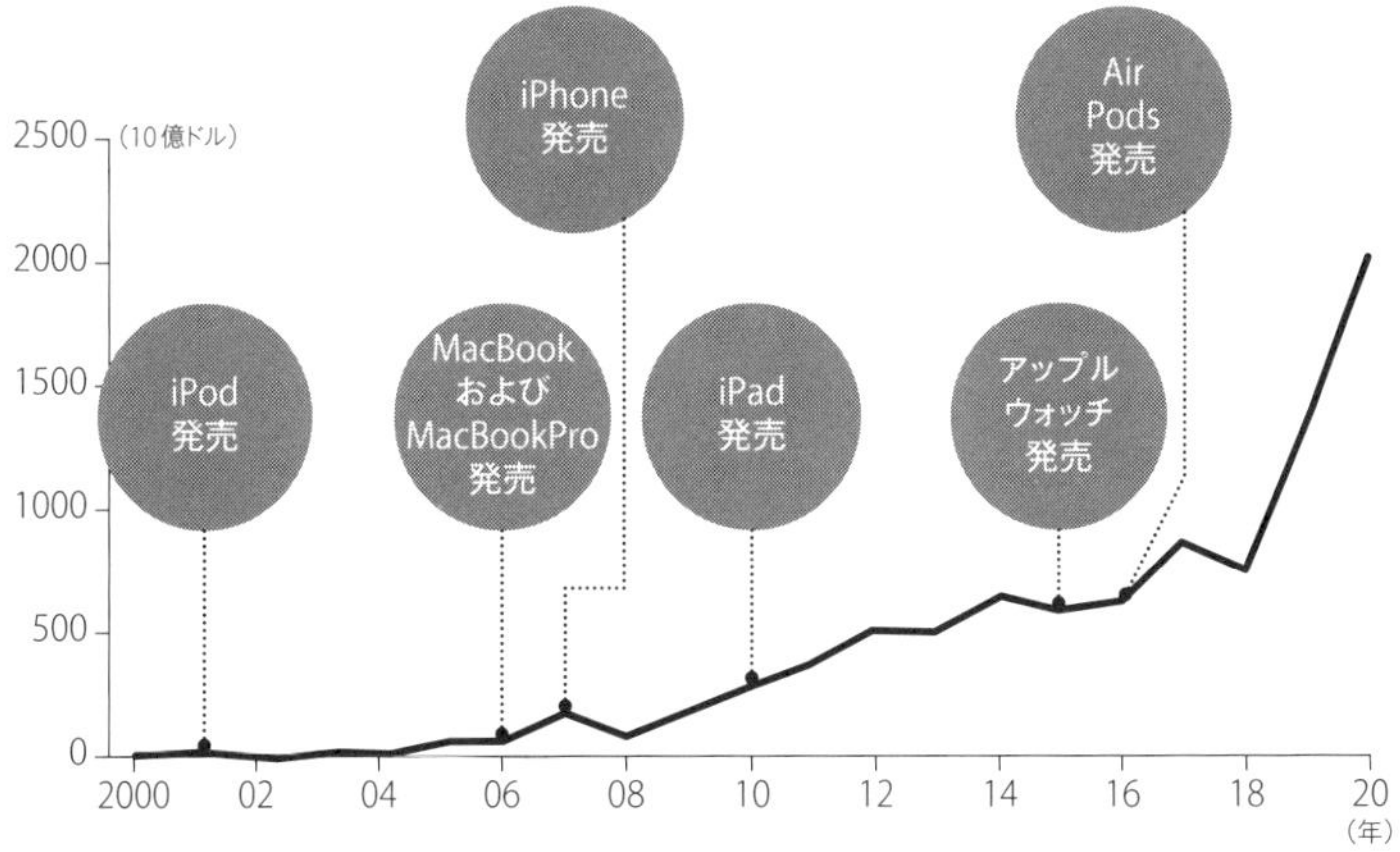

注：2020年の数値は8月20日の市場終値
出典：Wolfram ／ Alpha Knowledgebase, Morningstar, Statista

この10年の終わり近くにアップルが10兆ドルの時価総額に達している可能性は十分あるだろう。もしスティーブ・ジョブズの家族が、ベゾスとスコットが保有しているアマゾン株と同程度のアップルの株式を保有しているなら、ジョブズが死去した時に100億ドルだった家族保有分が、現在は3000億ドルということになる。

アップルとアマゾンは素晴らしい成長を遂げたが、世界で最も速く成長している企業の多くは、実は中国にある。アリババ、アント・フィナンシャル、テンセントの株価は年間およそ18～25%のペースで成長している。ファーウェイは最近、アップルを超えて、サムスンに次いで世界第2位のスマートフォン製造業者となった。しかし、アリババ、アント・フィナンシャル、テンセントが同時代の他者と比べてユニークなのは、米国の起業家たちと同様に、創立者が10%近くかそれ以上のビジネスの株式を保有していることだ。現在の成長率を基準とすると、アリババとテンセントはいずれも次の10年で時価総額において世界最大の企業となる可能性がある。アント・フィナンシャルはすでに世界最大の非公開企業であり（注8）、その価値は1500億ドルを超える。アリババとアントが現在の成長を続けるとすれば、ジャック・マーは2027年よりも前のどこかの時点で、ベゾスの純資産を超えるかもしれない。アント・グループのIPOが予定通りに進めば、それよりもっと早いこともありうる（訳注：アントグループは2020年11月、中国政府の介入によって上海・香港における株式上場が延期されている）。

ベゾスとマーは明らかに1兆ドル長者の候補だ。また世界で最も急速に成長している国で、現在新興となっているeコマースやAI企業にも可能性がある。

しかし米国経済にはダークホースがいる。２年ほど前に退場させられていたかもしれない人物である、イーロン・マスクだ。２０１８〜２０２１年の間、イーロンの純資産は概ね２５０億ドルから２０００億ドルへと増加した。そのほとんどは、過去５年間のテスラの株価が年複利で49％成長したことからくるものだが、マスクの総資産が注目に値するのは、他の要素もある。

スペースXはマスクによって２００２年に設立された。同社の時価総額は２０１０年に10億ドルを超え、２０１５年には１００億ドルに達した。２０２０年10月現在、モルガン・スタンレーはスペースXの時価総額が、１０００億ドルを超えると評価しており、今後２〜３年で上限２０００億ドルまで上昇する可能性があるとしている。この価値増加のほとんどは、スターリンクが衛星コンステレーション計画を展開す

表 2 ● 2030年の世界の最富裕億万長者の純資産

2021年順位	個人名	個人純資産（10億米ドル）2021年1月	5年間の増加率（年複利、%）	ピーク時の市場価額（企業、10億ドル）	個人の株保有率（企業、%）	年複利（持株会社、%）	未来の市場価額（企業、10億ドル）	2030年の持株価値（2020年価値に基づく、10億ドル）
1	イーロン・マスク	197	700.81	800.55	22.0	49.40	101,348.92	22,296.76
2	ジェフ・ベゾス	182	61.06	1,008.00	17.0	37.71	41,302.75	7,021.47
3	ビル・ゲイツ	132	34.69	813.00	24.0	23.39	8,243.88	1,978.53
5	マーク・ザッカーバーグ	95.6	74.77	475.73	28.2	25.20	5,760.35	1,624.42
8	ラリー・ペイジ	81.7	60.51	1,210.00	18.5	15.10	5,425.98	1,003.8
16	マー・フアテン（ポニー）	63.9	296.89	440.98	9.7	38.90	20,277.75	1,966.94
23	マッケンジー・スコット	55.5	54.17	1,008.00	4.4	37.71	41,302.75	1,817.32
25	ジャック・マー	52	38.67	472.94	11.7	51.20	71,164.73	8,326.27

出典：様々

ると発表したことから来ている。300億〜500億ドルの年間売上に基づけば、スターリンクだけでも、少なくとも810億ドルの価値があると推計されており、しかもそれは予定されるIPOより前のことだ。

億万長者たちの現在の資産保有と過去5年間の増加から予測すると、2030年までに1兆ドル長者となりうる候補は8人いる。

それぞれの企業における持ち分において、現在の成長率に基づけば、2030年には、イーロン、ベゾス、マーが地球上で最も裕福な3人であり、資産価値はいずれも1兆ドルをゆうに超える。

全てを考慮に入れれば、次の10年間のどこかで最初の1兆ドル長者を目にすることができると見られる。それは南アフリカ人か、米国人か、それとも中国人だろうか？　あるいは誰か他の新しい人——AIベースのテクノロジーか、長寿医療で世界を変える誰かになるだろうか？　興味深く見守っていよう。

注1：ベルナール・アルノーとその家族は最近2106億ドルを記録して、マスクとベゾスを抜いて世界最富裕となった、2021年7月

注2：出典＝『フォーブス』「世界の億万長者は2000年に1・9兆ドルほど富を増した」、チェース・ピー

ターソン＝ウィットホーン、２０２０年12月16日：https://www.forbes.com/sites/chasewithorn/2020/12/16/the-worlds-billionaires-have-gotten-19-trillion-richer-in-2020/?sh=606715c87386

注３：出典＝世界銀行：https://www.worldbank.org/en/news/press-release/2020/10/07/covid-19-to-add-as-many-as-150-million-extreme-poor-by-2021

注４：Artificial General Intelligence（汎用人工知能）はGeneral AIとも呼ばれる。

注５：GAFAM—Google, Amazon, Facebook, Apple, Microsoft; FAANG—Facebook, Apple, Amazon, Netflix, Google; BATX—Baidu, Alibaba, Tencent, Xiaomi.

注６：出典＝「不平等性ウイルス」、Oxfam International、２０２１年１月レポート

注７：出典＝ProPublica、「ＩＲＳ秘密ファイル：門外不出の記録の山から大富豪が税を逃れる方法が明らかに」、２０２０１年７月

注８：Quartz.com参照のこと。「中国のアント・フィナンシャルが全ての米欧フィンテック企業の合計にほぼ相当する金額を調達」、ジョン・デトリクシェ、２０１９年１月30日：https://qz.com/1537638/antfinancial-raised-almost-as-much-money-in-2018-as-all-fintechs-in-us-and-europe/

CHAPTER 4

さらばアダム・スミス？

Farewell Adam Smith ?

「GDPはよい経済のパフォーマンスの指標ではない。それは福利状態（well-being）の指標ではない」

――経済学者、ジョセフ・スティグリッツ、コロンビア大学ビジネススクール

私たちは、過去には目的に合致していた経済システムが、未来の人類のニーズには役に立たないかもしれないことを受け入れる必要がある。その点をより詳しくみるために、まず過去と現在の経済パフォーマンスを確認するところから始めよう。そうすることで、現在の経済システムが修正なしには機能し続けそうにない理由と、同時に、将来に備える経済システムを発展させるにはどんな変革が必要かを検討できるだろう。

私たちはこれを経済理論の論文に押し込めてしまいたいとは思わないが、少なくとも必要な歴史的要素と、それらが次第に私たちに反して働くようになっていることについて考えてみよう。

現代経済の基盤について言えば、経済政策の基本、インフレーション、金利、そして現在の

経済がこれまでたどってきた道筋を確かめる必要がある。その上で、中国とインドの経済力の増大を歴史的視点の中に位置づける。生産性とその不公平性との関係についても確認する。また、世界金融危機とCOVID-19が与えた巨大な影響について考察する必要がある。

COVID-19は世界経済を混乱させ、それによって生じる債務危機への対応に関して不協和音を増幅させている。また、将来の経済を形づくる要素、ブロックチェーン、デジタル通貨、グローバリゼーション、テクノロジーとコネクティビティの進化、規制、アジア太平洋地域の興隆、そして知識経済の定着化についてもみる必要がある。大変な量だが、よきもの、悪しきもの、醜きもの、破壊的なものについて考察を行わないまま経済システムの再考に手を付けることはできない。

本章、あるいは本書全体にも、全ての問題を明確化しようという意図はない。またそれら全ての解決法を提供しようとも考えていない。

それよりも明らかなのは、過去に広く受け入れられてきた経済に関する考え方の中には、デジタル時代にはもはや機能せず、非物質中心の経済には役立たないものがあるということだ。もっと近々の対応を要する大きな課題があり、埋められるべき大きなギャップがあり、すでに提示されている素晴らしいアイデアや可能性のある解決策が存在する。そして生産的な対話を触発するという観点からは、他にもテーブルに載せて議論すべき考えがある。

まず第一歩から始めよう。経済政策は世界を形づくる。雇用、投資、マネーサプライ、税制、インフラ支出、福祉、公的負債水準、負債やエクイティ、これら様々なものを求めての市場の企みや活動、貿易、研究開発、そして他の多くのものは、経済の指揮者が政策の指揮棒を振って生まれる旋律に沿って演奏を行う奏者たちだ。

政府が行う主要な経済政策上の意思決定は、財政または貨幣政策の傘の下に収まる。政策ごとに、様々な楽器や音調が適用可能だ。その意味するところは、正しく演奏されれば、個々の楽器は繁栄と生活水準を長期にわたって増進するが、それは短期的には起こらないかもしれないということだ。

財政政策と通貨政策

財政政策は、政府支出と税収を使って経済変動を安定化し、経済政策目標を達成しようとするものだ。多くの国では過去25年くらいの間、財政政策は債務問題にフタをして（いつもうまくいくわけではないが）、必要に応じて動けるように自由度を維持しておくことだった。この自由度は世界金融危機の際に示され、多くの国が様々な財政対策で対応した。それには市民や企業に対する直接移転支出（訳注：給付金や補助金など、政府から民間への対価を伴わない資金の提供）も含まれており、経済を刺激するための大規模な公共工事プログラムも伴っていた。

しかしながら、財政政策は制御可能で予測可能な成果を伴うマジックではない。それを過度に行えば、公的部門が民間部門をクラウディングアウトし（訳注：政府が財政支出等のために大量の国債を発行した結果、債券市場が下落＝金利が上昇し、民間部門の資金調達が難しくなること）、市場均衡を乱して、誤ったリスク評価からくる非最適な資源配分、民間投資の減少、民間部門が均衡回復を待つ間の資産の遊休化などを招くことになる。

財政刺激の効果発動の遅延は、法制化のリードタイムの長さ、資本配備の遅れ、公共工事プログラムの開始や完了の遅れによって起こるが、それが意味するのは、政策効果が目に見えて計測できる頃には、政策目標が変わっているかもしれないことだ。

政策刺激が小さすぎると、経済は十分に活性化せず、停滞してしまうこともある。刺激が強すぎると、労働供給が固定的である中で労働需要が増加して、インフレーションが膨らむ。そのバランスは微妙であり、正しく行うのは難しい。

本書で概要を述べる未来の経済のいくつかの特徴は、政策に強く関係している。例えば、人々の就労年数を増やして退職を遅らせれば、労働供給は固定的ではなくなる。そうすればすぐに労働供給が増加する。女性の労働参加の増加も同じ効果をもたらす。これが、手ごろな価格の保育や教育が現在重要であることの理由だ（注1）。

通貨政策は、国のマネーサプライを操作して、持続可能な経済成長を実現しようとするものだ。中央銀行は不換通貨（政府規制によって成立している通貨）を使ってマネーサプライを操作する。通貨政策は拡張的でも緊縮的でも行いうる。拡張フェーズでは、金利が引き下げられ、中央銀行は紙幣を「印刷」することでマネーサプライを増加させる（注2）。よくあるのは、これがインフレーションを引き起こし、それがきちんと管理されていないと、経済成長を阻害して大きな波及的問題につながることだ。緊縮フェーズでは、金利は引き上げられ、中央銀行は資産を売却してマネーサプライの成長を抑制する。これは成長を鈍化させて失業につながることもあるが、インフレに対してはブレーキとして働く。世界金融危機以降、ほとんどの先進国経済では拡張的政策を採用しており、現在の状況もほとんどそのままだ。

どちらの政策に焦点を当て、どの程度の期間実施するかについては、イデオロギー的論争が議論を彩ることが多い。よくあるのは、これが雇用を巡る議論になることだ。私たちはいくつかの理由から、「職に焦点を当てるのは正しいが、現在は短期思考の結果として職と雇用に関して誤った意思決定がされている」と主張する。今の使命は、単に職を生み出すことではなく、デジタルで、人工知能（AI）的で、無形中心の未来の経済に適合した職を生み出すことだ。

現在は、大規模な政府支出と税制改革の組み合わせ——米国や多くの他の国では最近まで増税よりも減税が焦点となっていた——と紙幣の印刷が行われているのは、私たちが確実な拡張モードにあるということだ。その対価は、インフレ昂進、通貨価値下落、金利上昇、失業拡大となるだろう（ただしそれは将来のことなので、現時点では過度な心配はしないでおこう）（訳注：原著出版後、長期の超緩和金融政策、コロナ禍の影響を受けた生産・物流体制の混乱などの影響からインフレ昂進の懸念が強まり、米国FRBは金融引締め方向への政策転換を打ち出している）。

インフレーションの必要性とリスク

では、なぜインフレーションが重要で、インフレの上方スパイラルが起こることは何を意味するのだろうか？　現在のほとんどの経済学者は、比較的低位で安定的なインフレ率を支持しており、それが世界中の中央銀行の政策に反映され、年間インフレ率約2％が目標とされる傾向がある。

紙幣印刷で起こるマネーサプライの増加（通貨インフレ）は一般的に価格インフレにつながり、それは人々がモノの対価として支払う金額の増加を意味する。いま現在は大量の紙幣が印刷されているため、価格は上昇するだろうという予想がある。問題は、それがどれだけか？ということだ。

もしインフレの昂進が急速すぎるなら――極端なケースはハイパーインフレーションとなる――、人々は貯蓄するインセンティブを失う。なぜなら通貨の価値があっという間になくなってしまうからだ。それならば、より安い価格でいま買う方が、先延ばしにして価値を失うよりもよいことになる。これは商品の買いだめにつながる可能性があり、それは供給の破綻を引き起こして、問題をさらに拡大する。COVID-19パンデミック期間中に起きたトイレットペーパーや他の生活必需品のパニック買いは、こうした行動が引き起こしうる機能不全の例だ。

さらに、食料品、衣料、医療サプライ、エネルギー、健康・美容用品、スポーツ用品等々でも起こるとしたら……それは不幸な日々となる。

反対にデフレーションが起こると、価格は下落し、賃金が下落し、負債の本来価値は上昇して、支出は少なくなる。なぜなら、消費者が保有するおカネは減り、負債は増え、金利も共に下方修正されない限りは、持っている資金のより多くが負債の返済にあてられることになるからだ。これは経済成長の低下につながり、そしてそれがサイクルの繰り返しへとつながる。そして底まで突っ走ることになる。

ほとんどの経済学者は、ある程度のインフレが必要なことを受容している。それは、価格が停滞するか下落すると、賃金も下落する可能性が高いからだ。同様に、管理されたインフレは通貨政策の効果を助けてくれる。それによって中央銀行は、リセッションが拡大している場合に金利を切り下げて、おカネを借りるコストを低下させることができ、経済を浮揚させる力を持てる。そして金利はインフレ率の一部分として計算されるので、インフレ率が低すぎると、中央銀行にとっては金利をさらに引き下げる意味がなくなる。端的に言えば、穏やかな水準のインフレーションは、経済成長を一気に加速させる必要がある場合の活力を中央銀行に与えてくれるのだ。

ところで現在、世界の通貨の動きからインフレ期待が積み上がっており、それが、多くの人がインフレ連動債券のような、インフレをヘッジする消費者物価指数連動型証券を求めることにつながっている。執筆中の現在では、10年物米国債とインフレ防御型債券との利回り差は2・43%となっており、過去8年間で最大の開きがある。世界経済の見通しにおいて、インフレが考慮すべき唯一の要因ではないが、それは重要な要因であり、現在はよくない兆候が見られる。

金利の影響を理解していない世代

本書出版時期には、私たちは何年も続く低金利環境下にあり、それがすぐに変わる兆候は見られていない。米国連邦準備制度は、現在はインフレーションを打ち消すために金利を引き上げる時期ではないと述べている。パンデミックのために、経済を復活・成長させることに焦点を当てるべきだと示唆しているということだ。当面の間は、通貨の価値は比較的安価にとどまりそうであり、現在はジャブジャブの状態だ。そのことは、現金の保有ではリターンが得られないことを意味している。では余剰現金をどうすればよいだろうか？　よい質問だ。

1つ分からないのは、低金利環境以外を全く経験したことのない働き手や投資家の世代が、金利変動にどのように反応するかということだ。私たちの多くは、借入れを行って住宅や他の資産を購入してきた。借入れのコストが低く資産価格が上昇している時には合理的な行動だ。しかし、金利が上昇して資産価格の上昇が止まり、そしておそらくは下落まで始めたら何が起こるだろうか？

どれくらい急速に個別の動きが起こるかに大きく依存するが、20年にわたって大学生にビジネスを教えてきて、私たちがときどき深く考えるのは、高金利環境を経験したことがなく、例えば金利が2％から3％に上昇すると自分の借入れがどれだけ影響を受けるかについて考えざるを得なくなるまで、金利変動に無関心に見える人がいかに多いかということだ。ほとんど常に一部の学生が、金利1％の上昇は大したことではなく心配する必要はないと考えていた。結局のところ、1％の上昇というのは、何か大きなことではあっても破滅的ではないというのだ。こうした考えはその都度、論破される。現在の環境での1％の上昇は、現実には（おカネに対して）払われる価格が50％上昇することを意味しているのだ。このことを理解すると、学生の反応は大幅に異なったものになる。

ここでのポイントは、彼らが様々なバックグラウンドを持つ大学院生であるということだ。彼らは社会の多様な層の出身だった。金融や関連分野で働いていた学生は、授業の前に金利の影響を理解していたが、その他の多くの学生はそうではなかった。彼らが変動金利のローンを抱えていて金利が上昇したら何が起こるだろうか？　金利水準が3％から1980年代前半の最高値である16％にまで上昇したら？　悲しいことだが、多くの人々が世界金融危機の際に経験したように、彼らは住処を失って再出発せざるを得なくなるのだ。未来の経済は、彼らがうまくやれることを保証する必要があるだけでなく、本当にひどい結果が起こるのを防止できるように構築される必要がある。

現下の経済

先進国の経済運営に関する政府の政策と行動について言えば、1920年代以降の近代においては2つの主流学派が支配的だ。ケインジアンとマネタリスト（フリードマン）である。その他にも多くの学派があるが、それらを包括的にレビューしても、未来の経済に対する多くの提言を追加することにはなりそうになく、それは本書の範疇を超える。主流の2学派にはどちらも評価の高い主唱者がおり、どちらの教義も実行された結果として成果を上げており、どちらにも頑固な批判者がいる。

近代に入ってから起こったこととしては、大恐慌（1930年代）、金本位制の撤廃、何度かの厳しい不況、国際貿易の大幅増加、生産性の大幅向上、テクノロジーの進歩、世界金融危機、貿易戦争、大規模な量的緩和と近年の財政刺激、金利の大変動、現実世界のケースとしてのスタグフレーション、ハイパーインフレーション、流動性の罠、そして無形物経済への移行がある。これらの中には、ケインジアンと新自由主義が着想された当時は理論としてはあっても試されてはいなかったものもある。そして無形物経済にいたっては、そうした未来は考えられてもいなかった。

現代貨幣理論（Modern Monetary Theory：MMT）のようなより現代的な考察は、COVID－19の時期にもてはやされるようになり、市民に対して景気刺激の給付を直接行うことで消費を刺激するベーシック・インカム（Universal basic income：UBI）と相性がよいとされた。最終的な結果の定量化に関してまだ結論は出ていないが、米国が過去にないほど紙幣を印刷しているのは明らかであり、他の多くの国もそれに従ってきている。2020年だけでも、連邦準備制度は流通する米ドル総額のおよそ20％超を印刷しており、ドル製造機械は稼働を続けている。前述したように、それは、今はよくても乗り物が止まった時どうなるだろうか？

●ケインズ主義とは？

ケインズは、経済成長を支える必要がある場合は、政府が総支出を増加させるべきだと考えていた。これは、財政政策の重要要素である税制や政府支出という形で政府が直接的に起こす行動と、通貨政策の基本要素であるマネーサプライを増減させるために中央銀行が行う債券売買を通じて実現される。

ケインジアン政策は1930年代の大恐慌後に人気を博した。この政策は、失業に対する救済策提供の必要がある場合に政府の介入を許容したとは言え、それでも市場志向で、民間部門に重きを置いたものと考えられている。総需要刺激への注力は労働者に親和的と見られており、ケインズは、単なる流行にとどまらず、経済を運営するより包括的な施策群を提示した。

ケインジアン的な考え方は、米国やその他どこの国でも、巨額の公共事業プログラムの実施につながり、それは税制改革を招き寄せた。ケインズが主唱した介入主義的アプローチは、それに先立つレッセフェール（自由放任）型資本主義と明確な対照をなすものであった。後者は、公共部門の活動が市場に圧力をかけるべきではないと主張する、つまり政府は民間部門の活動に介入すべきでないというものだ。

ケインズ主義の絶頂期は1930年代半ばから1973年の石油危機までだった。スタグフレーションの発生に対して、マネタリズムを中心とする新しいアプローチへと移行せざるを得なかったからだ。ケインズ主義はうまく機能したが、ある時からそうではなくなった。多くの経済学派と同様に、それが適合する時期はあるが、予期しない／過去にない出来事が起これば新しい考え方が求められるものだ。近年では、世界金融危機とCOVID－19パンデミックで、国際通貨基金（IMF、ケインズが設立を支援した）によるケインズ主義的な赤字財政への回帰が見られ、他の者たちもこうした課題に財政刺激で対応することを主張した。

●マネタリズムへの期待と失敗

マネタリズムは、政府の経済における主たる役割は、中央銀行を通じてマネーサプライを管理することだと主張する。マネタリストは、価格安定こそが包括的目標であるべきと考えており、マネーサプライを過度に急激に増加させるとインフレにつながり、縮小させすぎると経済から流動性が失われ、デフレを引き起こすと述べる。これにより、多くの中央銀行がインフレ率のターゲットを2％前後に設定することにつながった。

マネタリズムは1950年代後半に有名になった。しかし実際に地歩を固めたのは1970年代前半、第一次石油危機が世界中に影響を及ぼし、急激なインフレ、株式市場の暴落、そして失業増加が発生した時だった。インフレと戦うために、より抑制的な貨幣政策が用いられ、米国ではカーター政権と初期のレーガン政権の、そして英国ではサッチャー政府の経済政策の目玉となった。

現在では多くのオブザーバーたちが、マネタリズムはその公約である価格安定の実現に失敗したと考えている。マネーサプライと価格水準との関係が過大評価されたことと、当初想定したよりも貨幣需要の変動が大きく、予測不可能であったというのだ。経済における通貨の増加は、実際には負債とエクイティのどちらの形をとるかに大きく依存しているからだ。負債水準がすでに高いところに、さらに負債を積み上げることは、何らかの政府介入がない限り、実体経済活動の刺激にはあまり役に立たない。

●中国の長期的な経済政策と世界経済の未来

世界第2位の経済大国でありながら、あまりよく理解されていない中国については、特別に言及しておく方がよいと感じている。実際、本書のこれ以降の部分では、将来のありうる姿について中国と米国とを繰り返し比較することになる。

中国は共産主義国家であり、唯一の政党によって支配されている。1978年に大規模な経済改革の工程に手を付けて、現在は「中国独特の社会主義」モデルに沿っている。これが意味するところは、非常に多くの産業にまたがる相当額の輸出を行って世界をリードする経済国であるという現代中国の役割に、マルキシズムの基本原則を適合させるということだ。

中国は多くの産業のグローバリゼーションにとって重要な存在であり、東洋と西洋を結びつけるカギとなる存在となっている。一帯一路政策と並ぶもののない経済実績と、人口が集中する大湾区の開発といった主要政策が、中国のグローバルプレーヤーとしての地位をもたらしており、そのことが世界経済の実態に大きな影響を与えることになるだろう。より多くの国々が次第に中国に依存するようになり、中国人口が持つ資源や商品面での引力を世界が感じている現在、この推測は特にあてはまる。最近では、中国〜米国間の貿易が、世界の他の国々にとっての中国の経済重要性を明らかに示しており、現在の貿易状況は、未来の経済を形づくるにあたって非常に大きな意味を持っている。

中国の経済発展は5ヶ年計画によって統合されており、最新の第14次5ヶ年計画では、国内消費を拡大しつつ、過去の計画で掲げられてきた地方から都市への移転を継続するものとなっている。

私たちは合計で40年以上にわたって大中華圏に居住して働いてきている。中国の興隆について1つだけ見解を述べるとすれば、中国は他の国々がほとんどやっていないような長期的なスパンの計画を考え、立案しているということだ。このことが、ものごとを実行するにあたっての絶対的な推進力となり、明らかにより未来を保証するものとなっているというのが私たちの意見だ。

西洋の多くの国々は24時間の（あるいはそれより短い）報道サイクルで政治に意を注ぎ、そのためにしばしば言葉を濁したり躊躇して、結局適切なタイミングで何も意思決定できないことがある。それに対して、中国は長期に、かつ広く産業や地域にわたる戦略を描き出し、幅広いプログラムを通じてその実行に取り組む。その中には中国の起業家たちの取り込みも含まれる。

中国の通貨政策は中国人民銀行が司っており、その目的は、経済成長の増進、国内の物価安定の確保、外国為替レートの管理である。中国はＣＯＶＩＤ－19期間中に融資を急速に拡大させたが、本書執筆時には量的緩和の度合いを緩め始めている。

大枠でみれば、世界経済の未来は、他のどの国よりも中国に依存している可能性が高い。主要な世界気候変動施策はいずれも、中国の支援を必要とする。中国は明らかに、デジタル経済発展の道の先頭を進んでおり、デジタル通貨も有している。中国はＡＩ、遺伝子研究、バイオテクノロジー、量子情報システムに巨額の投資を行っている。そして中国はアジアとアフリカの国々と深い経済関係を築いており、それが多くの天然資源へのアクセスにおいて中国に優位性を与えている。

それ以外で中国経済について理解しておくべきことは、１９２０年までの長い期間、世界最大の経済圏であったことだ。実際、中国は、過去１０００年間の長きにわたって、世界最大の経済圏だった。だから多くの中国人の考えでは、国が世界最大の経済国家に再浮上したことは、単にものごとの秩序が回復しただけのことであり、それは歴史と矛盾していないのだ。

●人口世界2位のインドの未来は?

インドは素晴らしい未来を有している。1800年代のほとんど、インドの経済規模は中国に次いで2位だった。インドの人口は世界2位である。中国とインドだけが、10億を超える人口を擁する。米国は第3位だが、3億3000万人とはるか後方だ。中国とインドを合わせると、世界人口の36%を上回る。

1980年代に戻れば、インドと中国の経済はGDPでほぼ同じ規模だった。実際にはインドが若干上回っていた。しかしその後30年間、中国経済は平均年率10%で成長して、インドはそれにかなり後れをとった。世界最大の民主主義国家としてインドは優位性を持っているが、政治システムが次第に複雑化して同族主義的になっており、地域間格差が残っているため、その進歩は停滞している。その行き着いた先は、遅くて非効率な意思決定、承認されるまでの間に計画は矮小化されてしまう非常に長い計画サイクル、賄賂のまん延、多くの活動が始められる前にクリアすべき山のようなお役所仕事だった。

インドはまた、識字率、ジェンダー平等、医療の面でも中国に後れをとった。意思決定に時間がかかり、巨大な人的資本の潜在力は十分に活用されていなかった。長期間にわたるインドとパキスタンの紛争は、明らかにインドの(そしてパキスタンの)経済進歩を遅らせたもう1つの要因だ。

2010年以降、インドはキャッチアップしてきているが、そのGDPはまだ概ね中国の5分の1であり、インドのパンデミック対応から考えると、差が拡大する可能性が大きい。

しかしながら、インドを中国の優勢に対する拮抗勢力としてみる向きがあることはインドに有利であり、中国に近くて人口の多い民主主義勢力という位置づけから恩恵を得られるだろう。またインドは、多国籍外国企業のオフショアリングやアウトソーシングのニーズに対応した産業が大きくて経験値もあり、特にテクノロジー分野で堅調だ。サービス部門はインドの経済産出量に大きなシェアを占めており、それはインドを未来の世界経済の重要な一部分とするものだ。インドがきちんと行動すれば、未来の経済において頼れる勢力となるだろう。

生産性の重要な役割

20世紀が示したのは、生産性の向上が貧困を減少させることだった。所得と富のギャップを縮める方策は、生産性を最大化して、そこから得られる果実をより公平に分配することだ。端的に言えば、生産性は繁栄の共有に至るカギである。適切な産業が支援を受けて発展すれば、全ての経済活動が生産性の向上に向かうだろう。それは政治、国境あるいは政策の違いを問わない。

ほとんどの先進国経済では、1990年代に顕著な生産性の向上がみられたが、その後生産性の伸長は鈍化した。

1980年代と1990年代は、生産性の向上をもたらす大きな改革の時期であったが、その恩恵が実現されて政策、産業、企業、システム、そして被雇用者の活動の中に組み込まれるにつれて、効果は消えていった。多くの国では、そうした改革には、金融市場の規制緩和、税制改革、労働改革、関税引き下げ、多くの産業部門の民営化などが含まれていた。大きな生産性推進のアイデアや改革の流行はしばらくの間は廃れていたが、現在は対応課題として戻ってきたと私たちは考える。その理由となるのが、世界金融危機とパンデミックという2つの危機の発生と、それと並行して登場した21世紀のデジタル経済だ。

ビッグアイデアが求められている。量的緩和のせいで私たちが漫然とインフレ昂進の方に手を伸ばしている現在は、特にそうだ。ビッグアイデアがもたらす生産性向上を生産コストが食いつぶしてしまわなければ、単位製造原価は低下するので、価格は上昇せずにすむ。だからこそ、生産性の向上はインフレ率の低下につながるのだ。

世界金融危機の結果、一連の必要な規制や税制が実行されたが、それらは短期的には生産性にマイナスの影響を与えた。先進国では「自己満足仮説（complacency hypothesis）」があり、低失業率、相対的高賃金、現実のまたはテコ入れによる企業利益の増加、そして「働くために生きるのではなく生きるために働く」というマインドセットの変化が、生産性向上への取り組みを鈍らせた。

生産性向上低下のもう1つの理由は、資格や特定スキルを有する労働力の比率増加でみた労働力の質の向上が減速したことだ。その一部は、職場のコンピューター化に帰することができる。基本的なコンピューターの能力を習得した後は、労働者の品質や生産が仕事の特性に求められるレベルで止まってしまうということだ。

変化が加速する中では、継続的な労働力の教育、訓練、開発がさらに求められる。未来の経済を支えるにあたっては、単に自動化によって失われた分に置き換わる職を創出することがゴールではない。ゴールは、持続可能で高賃金の職を生み出すことであるべきだ。また最終的には、満足感と有意義さの双方がある仕事が必要だ。どのような仕事が昔の経済から残され維持されるべきか、新しい経済でどんな仕事が生み出されるか、どんな産業にその仕事が存在するか、そしてどんな訓練や人材開発が必要かについて、私たちは注意深く考える必要がある。

経済学者の中には、ある種の中核的な仕事や産業は何としても維持されるべきだという主張もある。例えば、こうした考え方と圧力が既得権を持つ利益団体によって政治的に適用された結果、オーストラリア政府は2005〜2015年の間、50億豪ドルの大規模な補助金を提供して、オーストラリアの自動車製造セクターを支えた。当時、約1万6000人の労働者が自動車業界で雇用されていた。基本的な算術で、政府が労働者1人を1年当り3万豪ドル程度まで負担し、雇用を支えていたことが分かる。そして、産業に対する政府支援がなくなった時の変化は、その業種の多くの労働者に突然で、痛みを伴うものだった。

ここでいったん巻き戻してみよう。前向きの考え方が適用されて、これら労働者が別のことをするための再訓練に50億豪ドルが使われていたらどうだろうか？　その方がオーストラリアの未来の経済により意味があっただろう。３年周期の政治的サイクルに注意を奪われて、ビジョンと長期的思考が欠けていたということだ。

ほとんどの国の人口構造もまた、生産性にとっては問題となる。平均余命が増加していて退職所得が伸びていない場合には、60代半ばでリタイアする高齢者人口は、近いうちに維持可能でなくなる。米国では、満額での社会保障適格年齢は漸進的に先延ばしされており、より最近生まれた人ほど長く働かなければならない。現時点では、１９６０年以降に生まれた人の完全（通常）リタイア年齢は67歳である。しかし、２０２０年の米国全人口の平均余命は77・８歳であり、それは平均的な労働者はリタイア後、10年間の期間があることを意味する（注３）。医療の向上、新薬の登場、喫煙率の低下、食品規制の変更、そして数多くの他の要因が、退職年齢と平均余命とのギャップ拡大を示している。ＯＥＣＤは、職業人生の延長施策を何もとらないと、高齢者を支える労働年齢の人口が減少してしまうため、生活水準が低下することに言及している。さらにＯＥＣＤが述べているのは、人口の高齢化に伴う労働力の減少は、改革を伴わない場合、将来の世代が、退職した労働者のしわ寄せを負担しなければならない社会的不公正が生じるということだ。支えられる労働者が働いている期間の方が、支えてくれる次の世代のそれよりも何年も短いにもかかわらずである（注４）。

退職者が貯蓄を食いつぶしていくと、労働コストや他の投入コストは上昇する可能性が高いということは、退職者の生活水準が低下して、彼らの限られた資産が搾り取られることになる。

この問題への1つの対応策は、退職年齢の引き上げの導入で、米国や他の国々で実施されてきていて、それによって労働供給が増加する。

もし、より多くの女性が労働力に加わり、仕事をするスキルを備えた労働者向けに適切な職が創出され、労働者の側にキャリアを通じて次第にスキルを向上させていく準備とやる気があるなら、そうした労働者はより長い期間働くことをいとわないので、生産性改革をもたらしてくれるだろう。同様に、もし自動化とＡＩが想定されている富を生み出せば、引退した高齢者の介護もより実現性が増すだろう。

●生産性向上で不公平性が減少する

イノベーションは生産性向上の核心だ。広く生産性を向上させることでイノベーションが生み出され、富の分配の広がりが増進される。生産性が競争を促進し、その逆もまた真である。

1970年代にリチャード一家がシドニー西の郊外に引っ越した時には、彼の母は電話をつなぐのに6週間ほどかかると言われた。独占状態にあった電話会社はそんなことはお構いなしで、生産性に全く頓着していなかった。結局は、多くの顧客がそのサービスレベルに苦情を申し立てたことが改善につながり、最後には市場が開かれて競争状態が生まれた。するとほとんど一瞬で、6週間というサービス告知は48時間に短縮された。生産性と競争に関する教訓事例である。しかし、より前の章で考察したように、米国の重要産業で少数主要企業への統合を選んでいるということで、競争が緩和されるにつれて生産性向上が阻害されている。

生産性向上は社会のあらゆる階層を助け、あらゆる国の経済成果は生産性に大きく左右される。長期間で見れば、生産性は全ての国で向上している。豊かな国々では工業化時期の後に大幅なGDP増大が見られている。そして特筆すべきは、1970年代後半のコンピューティングとテクノロジーの波に乗って、生産性を飛躍的に伸ばした例が見られたことだ。波をうまくとらえられなかった国々の生産性ははるかに低く、最貧国の仲間となっている。生産性格差は、世界的な1人当り所得の差の広がりの大きさを説明している。そしてテクノロジーに主に関連した生産性向上は、先進国における富の不公平性が拡大していることを説明している。

基本的に言えば、生産性を固定してしまうと、他の多くのよいこともそれに倣うものだ。このことが、自動化を諸刃の剣としている。自動化は大きな生産性向上と富を生み出すが、富の再配分を再構築しないでいると、不公平性は劇的に悪化する。

世界の見方を変える2つの大問題

世界金融危機とその後遺症、そしてCOVID-19パンデミックは、人々の生活のしかた、働き方、そして全てに対する考え方を変えた。そして経済もそうだ。そう見えなくても、変えているはずだ。

世界金融危機以前には、明らかにいくつかの大きな勢力が世界を形成していた。現代における不換通貨の成立ロジックには疑問符がつけられ、多くの通貨が繰り返し攻撃を受け、グローバリゼーションは堅調に進みつつあり、コネクティビティとテクノロジーは増進している。接続の核としての都市の役割は重要性を増していて、規制改革に対する支持が高まりつつあり、環境・社会・ガバナンス（ESG）とインパクト投資が真剣に検討されていて、アジア太平洋地域が地位を上げつつあり、知識――イノベーション――創造（knowledge-innovation-creative：KIC）経済が台頭しつつある。こうした力がCOVID－19の来襲までは明らかで強いものであったのは事実だ。

しかし、世界金融危機とCOVID－19は、わずかな期間をはさんでの一対の大惨事だった。それと同時に環境への懸念が最高潮となり、過去にうまく機能したものが将来は機能しえないという考えを深めることになった。このことは、改革、行動、変化速度を加速した。そしてアイデアの実装をジョギングスピードから全速力にし、未来の経済がどのようなものとなるかの明確な道標を立てた。それは、破壊的変化が高速サイクルで訪れ、変動性と不確実性が増すというものだ。

●第1の大問題：世界インフレ危機

2008年の世界金融危機は、世界の金融システムに内在する構造的な弱さをさらけ出した。米国では、住宅投資を増加させる政策の下で新しいタイプのローンが組成された。ファニーメイ（Fannie Mae）やフレディーマック（Freddie Mac）のような米国政府機関が、以前であれば承認しなかったような借り手に対してもローンを提供するように、貸し手を促した。そこでの考え方は、流行の言い回しを使えば、投資とは「家のように安全」というものだった。住宅ローン担保証券が生み出され、それは格付け企業から本来なら与えられないはずの格付けを取得した。市場におけるデリバティブの成長は金融セクターの中で急速なものとなったが、それは十分に理解されない資産クラスを生み出すこととなった。リスクに対して誤った価格設定がされて大量の売買が行われ、のちにそれは発展して問題となる。

米国住宅市場の低迷が、混乱の始まりだった。証券を「正しいやり方で」パッケージ化すればリスク分散につながると考えられたが、資産クラス全体が鉛の風船のように落ち込み始めると、その考え方が誤りであることが明らかとなってきた。多くの大手金融機関がこれらの証券にかけている保険の先がＡＩＧであることが明らかとなって、事態は悪化した。１つの大手保険会社が、ほとんど全てのリスクが詰まった袋を背負っているのだ。そして袋の重さは毎秒ごとに増していた。

最初にベアー・スターンズが、次にリーマン・ブラザーズが破綻すると、すぐに全世界の金融システムが不安視されるようになった。カウンターパーティーリスクは計測不能だった。融資市場は干上がった。市場活動を円滑化する融資がなくなって車輪が回転を止め、パニックがやってきた。米ドルは弱くなり、商品価格は急速に上昇した。世界経済が粉々になってしまうのを防ぐ唯一の方法は、政府が過去にない規模で介入することだった。そうでなければ、次の世界大恐慌が来るのはほぼ確実だった。

2008年の金融危機で明らかになったのは、世界経済がどれだけ絡み合い、相互依存しているかということだった。超優秀、高学歴の人々がどれだけ先進的な金融モデリングを行っていようが、リスクの価格設定は破滅的に誤っていた。金融セクターの規制システムは変化のペースに追い付いておらず、ほとんどの政策決定者には近代的な金融エンジニアリングの仕組みを制御する力はほとんどなく、格付け企業は想定外の部分を突かれて対応に失敗した。金融セクターで働く人たちは、他の産業と比べて不釣り合いに見える報酬を得ていて、彼らの興味や動機は経済の他の部分のそれとはかけ離れたところにあった。

世界金融危機の結果、政府負債は山のように積み上がった。金融機関が大量のレバレッジ解消を行って世界的に融資が引き締められ、何百万もの職がなくなり、膨大な富が破壊された。さらなる悲劇を避けようと、米国政府は銀行や他の企業の救済と景気刺激策を実施し、状況は短期的には改善したが、長期的には悪化している。今日を生き抜くために、明日が売りに出されていた。払った代償がそれに見合ったものだったかどうかは問われなかった。そんな時間はなかったのだ。危機に求められていたのは即時対応だった。

これは予見できた危機であり、防止可能であるべきだった。もっと適切に準備できたはずで、もしそうであれば、世界金融危機は回避され、世界経済はよりよい状態でパンデミックのような避けることのできない未来の衝撃に対応できただろう（注5）。

他の国々も対応を誤った。ギリシャは生命維持が必要なことを示す最初の兆候だった。この現実が実感されるにつれて、欧州の銀行や他のユーロ圏諸国は、主要EU諸国、欧州中央銀行、IMFと共に、皆大慌てで大規模な救済策を導入し、秩序を維持しようとした。世界金融危機は何千マイルも離れた日本で、GDPよりもはるかに多額の政府負債を抱えて停滞している経済をもっと深刻にズタズタにした。国内経済は改革と変化を望まないか不可能かであり、それを修正する残された明確な改革手段は少なく、どの手段をどの程度適用すべきかについて合意が形成されず、国は政治的マヒ状態から抜け出せずにいた。

世界金融危機が生み出した問題に対して、各国政府は紙幣をありったけ印刷し、輸出によって問題から抜け出そうと試みた。しかし多くの国ではこれがさらなる問題につながった。世界金融危機から何かプラスの結果が得られたとすれば、それは新しい道、新しい経済モデルを求める声が次第に大きくなり、その声は現在ではより組織化され、それを発する人々や組織の数が膨大に増加していることだ。世界金融危機の影響がまだ感じられている中で、COVID－19が来襲した。

●第2の大問題：COVID－19パンデミック

COVID－19は破壊的だ。世界のあらゆる国々にもたらされた巨大な人類的惨事である。どれくらいの規模かと言えば、米国でのCOVID－19の総死者数は現在、第一次世界大戦、第二次世界大戦、ベトナム戦争を合計した米軍の総死者数を上回っている（注6）。

経済のレンズを通して見ると、COVID－19パンデミックは、紙幣印刷と政府介入の新ラウンドにつながった。政府負債の増大はそれ自体が危機を生み出し、その影響は今後長い年月にわたって感じられるだろう。米国では、何度かの景気刺激策、救済措置、量的緩和が大量の負債を積み上げ、米ドルを大幅に減価させた。この組み合わせはすでに米国をかなり弱体化させているが、最大の影響はまだ感じられていない。思い切った対応が求められる。

本書執筆時には、正しい方向に向けたいくつかの政策がとられつつあるという望みがある。3兆ドルの政策パッケージの法制化が提案されており、それには5Gテクノロジー等のハイテクインフラを含むインフラストラクチャーの向上と、炭素排出や経済的不公平性の低減などが含まれている。これが承認されれば、経済や雇用に必要な効果がもたらされ素晴らしいことだ。しかし本書出版時には、この政策はまだ決定に至ってはおらず、支出実行までには長い道のりが控えている。日本はさらに悪い状況にあり、政府負債が積み上がり、国内経済の機能回復は不可能にも見える。

政府財政の不透明さ、大量の公的負債という負荷、米ドルや他の不換通貨の弱体化は、雇用、総需要、貿易、投資に大きな影響を及ぼすだろう。おそらく、今後10年かそれ以上にわたって、不確実性が世界経済の特徴となるだろう。政府がマネーを印刷し、輸出によって難局を乗り切ろうとしても、多額の輸出がCOVID-19の制約を受けるため、国際的な競争環境は、過去になく厳しいものとなる可能性が高い。

●異なる問題に対する同じ解決策

2008年の世界金融危機と2020年のコロナウイルス・パンデミック（継続中）は2つの大きく異なる問題である。

世界金融危機は金融システムの問題であり、それが非常に大きかったために世界経済にとっての問題を生み出した。しかしそれは、皆に直接打撃を与えるものではなかった。金融資産を持たない人々は失うものがあまりなかった一方で、最も富裕な層は失うものが大きかったが、彼らは政策形成者に対する強い影響力とアクセスを有しており、その痛みを軽減する対応策を作らせようとした。

ニュースの見出しを読んだほとんどの人々は、ウォール街に大きな問題があることを理解したが、救済策のスケールの巨大さと、銀行の損失の巨額さに衝撃を受けた。しかしそれは、直感的に感じられたものではなかった。ボストンの学校教師は同じ生徒たちを相手に教壇に立ち、同じ金額の給与を受け取り、同じだけの支払いを行った。アイダホの看護師、シンガポールの政府職員、トロントのスーパーマーケット労働者についても同じことだった。

多くの人々は、世界金融危機と、しばしばそれに遅行する価格や税金の上昇、賃金抑制、金融引き締め、総雇用数の減少との間にある因果関係に気づかなかった。その理由は、多くの人々は点と点を関係づけて見ないからだ。そういう風に訓練されていないか、新聞の見出しと実際に感じる影響との間のタイムラグがあるせいか、あるいは手元でできる最善を尽くそうと苦労しているかのいずれかのせいだろう。

COVID－19パンデミックは世界金融危機とは大きく異なっていた。それは世界経済に問題を生み出した危機であったが、同時にロックダウン、旅行禁止、外食、ショッピングや他の余暇活動の制限、そして言うまでもなく自分や大事な人が感染したらどうなるかという恐怖と不確実性が、あらゆる国のあらゆる人に影響を与えた。

どちらの問題も大きくて世界的だが、それ以外で両者は大きく異なる経済問題である。2008年に世界経済は総需要の崩壊を経験したが、2020年にはパンデミックは総供給に対するマイナスのショックとなった。

しかしながら、世界の政府と政策立案者の対応はほとんど同じだった。マネーの印刷、財政刺激、さらにマネーの印刷、インフラ支出の発表（全てが悪いわけではない）――おっと、さらに多くのマネー印刷もだ。世界金融危機に対応して連邦準備制度が行ったマネー印刷の規模は、世界中のどこよりも大きな経済刺激プログラムだった。しかしそれは、パンデミックの襲来までのことだった。2008年にFRBは4兆ドル近くマネーサプライを増加させ、連邦準備制度のバランスシートは1兆ドル未満から、世界金融危機後にはその4倍以上に達した。

短期的には、金融緩和と財政政策行使という解決策は、パンデミックに対しては世界金融危機よりもうまく機能したように見える。だが、パンデミックに対する米国の対応は、世界金融危機に対するそれと比べてはるかに大規模なものであり、それは他の多くの国でも同様だった。

2020年3月23日、連邦準備制度（Federal Reserve System：Fed）は声明を発表し、量的緩和を、制限を設けずに行うことを示した。7週間のうちに、Fedのバランスシートは7兆ドルに拡大した。過度に長期のマネー印刷と、米国大統領(複数)と議会による企業・家計そしてより幅広い経済の支援目的の5・3兆ドル超と見られる財政対応の組み合わせで、流動性主導のブームが生まれた。当初下落した株式市場は、その後パンデミックの最悪期には全体として非常に好調に推移し、雇用数値は回復、大手銀行は以前に出していたローン破綻の予想を引き下げた。そしてパンデミックの影響が弱まるにつれて、今が「狂騒の20年代(Roaring Twenties)」に比肩する経済的成功の時代であるという言説と、消費主義の盛り上がりが見られている。

2021年の米国経済の改善が予想より早かったことは、財政刺激が過度であったという見解を支持するものだ。

「歴史上、通貨政策と財政政策がこれほど経済状況から乖離した時代を私は思いつかない。ただの1つもだ」(注7)

——主要ヘッジファンドマネジャー&投資家、スタンリー・ドラッケンミラー

来るべき不可避のインフレーションが、COVID−19不況からの急激な回復を反映した一時的なものであるのか、それともデマンドプルとコストプッシュの両要因を反映した継続的なものとなるかについては、論争が拡大しつつある。中央銀行が提供した流動性はすでに短期の資産インフレにつながっており、金融アクセスの緩和は、不況からの回復が加速するとともに消費者支出を刺激している。

２０２１年前半時点でのインフレ率は、ほとんどの中央銀行下で、10年以上にわたって年率２％のターゲットを下回っている。急激なインフレ率の上昇は大きな問題を引き起こし、マクロ経済が不安定な時代へとつながる。そうなるかもしれない可能性は、相応というよりも高い。すでに重要領域においてサプライチェーンへの圧力がみられている。景気刺激は民間貯蓄を増加させ、ＣＯＶＩＤ－19の制限が緩和されるにつれて、需要とインフレ圧力が跳ね上がる可能性は高い。若者たちは、ドージコイン、ロビンフッド・クリプト、そして新しいスマートフォンへの支出に障害があると話している。

最悪のシナリオは、１９７０年代のスタグフレーションへの回帰となってしまうことだろう。今からみれば、当時は、供給減少のショックが世界経済を混乱させた。１９７０年代には、石油不足が大惨事を引き起こしたが、２０２０年代は多くの産業に供給ボトルネックが存在する。保護主義の台頭、排他的貿易ブロック、世界の2大経済国間の貿易戦争の過熱、コスト以外の要因、例えば供給確実性と新たな政治的アライアンスの形成等に基づくサプライチェーンの分断とシフトなどだ。近年みられるガス供給や、食肉生産などの米国産業の重要項目に対するランサムウェアのサイバー攻撃は言わずもがなだ。

所得と富の不公平性の持続は、政策対応を複雑にさせるに過ぎない。その理由は、生活必需品価格が上昇し、気候変動問題と通貨価値の下落の深刻化がもたらすインフレ環境の中で、社会秩序の維持が次第に難しくなるからだ。１ビットコイン＝５万ドルという状況で「ビットコインを買って不換通貨の死に備えよう」という一般向けスローガンは、いざという時のカネを200〜300ドルしか持たない人々をいらだたせるだけだ（注8）。疎外され取り残されたと感じられれば、持てる人と持たない人との間の溝はさらに深まるだろう。現在、私たちはこの問題を先送りしている。いずれしっぺ返しを食らうことになるだろう。

とは言え、今はそれら全てを気にしないでおこう。短期的には大丈夫そうだし、たぶん中期的にもそうだ……しかし長期的には？　それが問題だ。私たちは過去に固定され、現在に足をとられ、未来から切り離されたままでいるわけにはいかない。未来はすぐそこにあるからだ。

例えば、大量の規制変更が世界金融危機後に行われたと考えてみよう。問題解決、だよね？まあ新しい規制の多くは役立つし、必要であり、それらが何年か早く導入されていれば、世界金融危機も未然に防げたかもしれない。しかしパンデミックは別問題であり、世界金融危機を修正しようととられた変更の多くは、パンデミックの影響をより悪化させてしまっている。

同時に、2008年と2020年の間に、私たちはテクノロジーの大変化とライフサイエンスの飛躍的進歩を目にしてきた。世界経済に対する長期的な意味についてみれば、ブロックチェーンが普及して受け入れられ、並行して、ビットコインと他の非集権型デジタル通貨、分散型金融（Decentralized finance：ＤｅＦｉ）の発展があった。それと時を同じくして登場した「スマートコントラクト」は、従来存在していた仲介者を取引から除外するという非常に大きな意味を持っている。デジタル世界では、価値と情報交換が再構築されるのだ。

より最近では、非代替性トークン（Non-Fungible Tokens：ＮＦＴｓ）の台頭がみられており、創造的な活動の見え方や評価のしかたが変わる可能性が出てきている。こうした進歩が根を下ろしてきており、「旧来の」システムに対する選択肢が存在することを示している。それは実現可能な選択肢であり、多くの場合は実証済みだ。そしてそのことは、今や多くの人が異なる考え方をしていて、ものごとを異なる価値観でみていることを意味している。

この事実に加えて、ベーシック・インカムという非常に昔のアイデアが現代化され、より詳細に研究されて近年広まってきており、変革の潮時となってきている。

2020年前半、ビットコインの時価総額は約2000億ドルだった。2021年2月には1兆ドルを上回った。今や多くの人が、それをグローバルなデジタル準備資産で、デジタルな価値貯蔵として、伝統的に保有されてきた金に並ぶものとしてみている。これは1万ビットコインがピザ2枚と交換された10年余り前の状況とは大違いだ。

過去20年にこうした大きな変化を目にしたにもかかわらず、政策対応やそれに従事する人々の考え方は変わっていない。米連邦議会のヒアリングを受けたマーク・ザッカーバーグをみれば、そのことは十分明らかだ。

次の危機が訪れた時も、考え方や対応は20世紀時代のままなのだろうか？　ドルはどれくらい減価するだろうか？　暗号資産を支持するプレーヤーが次第に増えることで、不換通貨は排除されるだろうか？　中央銀行の通貨政策は、分散金融市場に対して影響を及ぼしうるだろうか？

過去20年間近くの問題は、政策立案者、アドバイザー、尊敬を集めるビジネスリーダー、そして政治家たちが、未来を過去と同じように考えて計画することだ。彼らはケインズとフリードマンおよび他者たちが発展させた経済ツールや政策を、それとは異なる時代に向けて使っている。ケインズとその追随者たちは、非物質的経済を予見できなかった。だからそれに向けた計画がないのも確かだ。

次世代を苦しめる「負債の二日酔い」

「若者たちは幸いだ。国の負債を受け継ぐのだから」

――ハーバート・フーバー

近年の2つのショックを経験したことで、世界経済を形づくるいくつかの経済面の力が台頭しつつある。それらを理解し活用して、未来の反映を確実なものとする必要がある。

公的および民間の負債がすでに高いベースライン（先進国でGDPの425％、全世界では356％）から増加している時に、短期・長期金利の組み合わせを低く維持するだけでは、負債の重みを維持するにはほど遠い。低金利でインフレ圧力が積み上がりつつある中では、見通しは明るくはない。

2020年の終わりの米国のGDP負債比率は129％だった。これは2010年のギリシャの同比率よりも高く、IMFはその時、経済が崩壊しないようにギリシャを救済した（注9）。もし政府ではなく民間企業に求められるような一時借入れの負債が計算に含まれるなら、負債はGDPの500％を超えて膨れ上がる。米国が企業であるとするなら、厳密に言えば破綻状態だろう。

世界的には、財政刺激と量的緩和が組み合わさっているため、主要国のGDP負債比率が近いうちに低下をみることがないのは確実になっている。2021年の終わりには、日本の比率の予測値は172％、イタリアが144％、欧州が106％、インドが99％、オーストラリアが49％、さらにそれ以下といった具合だ。

公的債務比率の上昇は、生産性の低下、人口高齢化、インフラストラクチャーの劣化、世界の最強国相互間の相克関係、気候変動と戦う必要性、化石燃料業界から得られていた膨大な税収の減少が見込まれること（注10）等と組み合わさると、大惨事へのレシピとなる。次の世代は、自分たちの経済にそれを織り込まなければならない。中堅クラスのプロフェッショナルにとって住宅が次第に手の届かないものになりつつある状況からみて、10年のうちには危機的水準となるだろう。現在の比率だと、負債の重みは、次世代にとって耐えきれないものとなる可能性が高いため、新しい経済モデルの構築が求められる。

不換通貨のゆるやかな退場

長期的にみた貨幣の将来は、中央銀行が印刷する不換通貨ではない。現在は米ドルが不換通貨の王様だが、それは自らの王冠の価値を急速に減じるスピードで印刷されている。経済学者は、不換通貨は本来的価値を持たないことをずっと以前から認識している。米ドル紙幣には連邦準備制度と米国政府に対する信用と信頼に基づいて合意された価値があるだけだ。多くの指標で、信用と信頼はこのところ揺らいできている。

そう、現金は今も頼りになる。つい最近は、現金は人気を失ってきている。歴史的には他に有力な選択肢はなかった。クレジットカードは20世紀前半に試用されたが、主流となったのは1970年代になってからだ。2018年には、世界中で221・1億枚のクレジットカード、デビットカード、プリペイドカードが使用されており、総支出額は2019年で35兆ドルだった（注11）。多くの業界関係者は、プラスチックカードの利用がピークに達した国がいくつかあると考えている（注12）。

「現金利用はこの25～30年減少傾向にあった。1990年代前半に遡ればデビットカードが主流になった……iPhoneとモバイルバンキングと

おカネの管理とキャッシュレス取引を容易にする決済アプリの登場でトレンドが大きく加速し始めた。今や私たちは新たな『変曲点』にいるかのようで、おそらく最も顕著な加速要因は、世界的なパンデミックだ」

——ラリー・フランコ、ＢＢＶＡ、米国リテールのヘッド

デジタルのピアツーピア・ネットワークを皆が使うようになるにつれて、クレジットカード企業のフィンテック企業買収が増えつつある。その理由は、クレジットカードや他の決済携帯と比べた場合に、利用が簡単で、コストが低く、不正リスクも低いからだ。ところが、ストライプ、スクエア、ペイパル、クラーナ、アファームそして他のプレーヤーは急速に成長しつつある一方、カード利用は伸びない。どうしてこうなったのだろうか？

グローバルスタンダードの廃止

昔、紙幣の価値は金に直接リンクしていた。このシステムは「金本位制」として知られている。紙幣の発行は常に金によって裏付けられる必要があったため、紙幣を印刷する能力には制約があった。中央銀行が印刷している紙幣と等価の金を購入して保蔵しておく必要があったからだ。これはインフレを防ぐのに役立ったが、金利上昇の問題につながり、米国政府は米国経

済を浮揚させようという取り組みの中で金評価を切り上げた。

金準備が米国になだれ込み、金生産が飛躍的に増えたため、ブレトン・ウッズ合意は打撃を受け、１オンス当り35米ドルという固定金交換率で、米ドルが世界準備通貨となった。時が経つと、外国が金での支払いを求め始めるのではないかという恐れと他の要因から、金と通貨は切り離されるに至った。現在は、どの政府も金本位制を用いていない。英国は１９３１年に廃止し、米国は最終的に１９７３年に完全に停止して、両国とも不換通貨に切り替えた。

●我々はキャッシュレスだ！

現在、私たちはほとんど現金を持ち歩かない。私たちの多くが、現金を全く必要とすることなく、何週間や何ヶ月を過ごしている。現金は私たちの支出の中で次第に支配的になりつつある

図４－１ ● 物理的な店舗が物理的な現金利用を拒否するケースが次第に一般的に見られるようになってきている

オンライン取引には使えない。多くの売り手が現金を受け取りたがらない。電子手段で支払わなければ、地方のバリスタでさえも、朝のカフェインの一撃を手渡してくれようとしない。カウンターには「私たちは現金を受け入れません」と記されている。

子供たちも現金を欲しがらない。かつては効果的だった「台所をちゃんとキレイにしてくれたら5ドルあげるよ」という手はもううまくいかない。子供たちが欲しがるのは、フォートナイト用のV－Bucks、ロブロックス用のRobux、そしてたぶんオンライン購買用のPayPalの支払い枠であり、現金でないのは確かだ。

かなり近い将来、中央銀行は紙幣の印刷をやめることになるだろう。いくつかの国々、中でも注目すべきはフィンランド、スウェーデン、シンガポールと中国で、支払決済の大部分はすでに電子的に行われている。GlobalDataによれば、スウェーデンは、早ければ2023年には全面的にキャッシュレスとなる。アリペイやテンセントのウィーチャットを介する支払決済のある中国での電子決済は、2019年に53兆ドル（347兆元）で、中国のGDPのほぼ5倍となっている（注13）。それは世界のプラスチックカード決済のほぼ2倍だ。

テクノロジーによってこの革命が可能となっている。世界金融危機、ブロックチェーンの創造、ビットコインや他の暗号資産の創出は、この12年間に生じたことであり、貨幣に関して過去に見られなかった変化サイクルを現出させることになった。

現存するマネーはどれだけか?

マネーは山のように存在し、しかも雪玉のように成長している。パンデミックが本格的に米国に根を下ろし始めた2020年2月から12ヶ月後、米国経済における貨幣量は26%、または4兆ドル増加した。1943年以来、最大の前年比増加である(注14)。比較してみるなら、1982年以降の平均増加率はわずか5・9%である。

2021年にはマネーサプライはさらに12%増加すると見られている。そうなったら、流通する米ドル量はわずか2年間で40%近くも増加することになる！ これは継続不可能だが、このドルを経済に注入した時と同じように問題なく流通から取り除くのは、ほとんど不可能だろう。この状況を前にして、米ドルの価値が維持できるか、その見通しは明るくない。

このマネーサプライ増加のためにドルの価値が低下し、インフレーションが始まって、ドルの価値が縮小を始めたらどうなることだろうか？ 人々は他の選択肢を探し始め、リスクをヘッジしようとするだろう。すでに多くの人たちが金の購入によってそれを行い、次第にビットコインや他の暗号通貨経由でもリスクに対する備えを行っている兆しが見られている。

投資家が金に向かう理由

歴史的に、金はインフレと不換通貨の弱体化に対する堅実なヘッジ手段であると、多くの経済学者が考えていた。米ドルの低下に対して金価格が一般的に上昇したのはその通りだったが、データが示唆しているのは、米国外の国際株式保有の方が割のいい賭けであるかもしれないことだ。

しかしながら、金の訴求力ははるかにその上をゆき、その役割が米ドルを支えることだった時代の記憶をはるかに超えるものとなっている。高級品として、様々なテクノロジーの構成要素として、準備資産として、そして投資として、金は価値を持ち続けているのだ。また不換通貨とは異なり、希少性がある。全史通算では約20

図４－２ ● 米国が金本位制を廃止して以降の金価格の推移

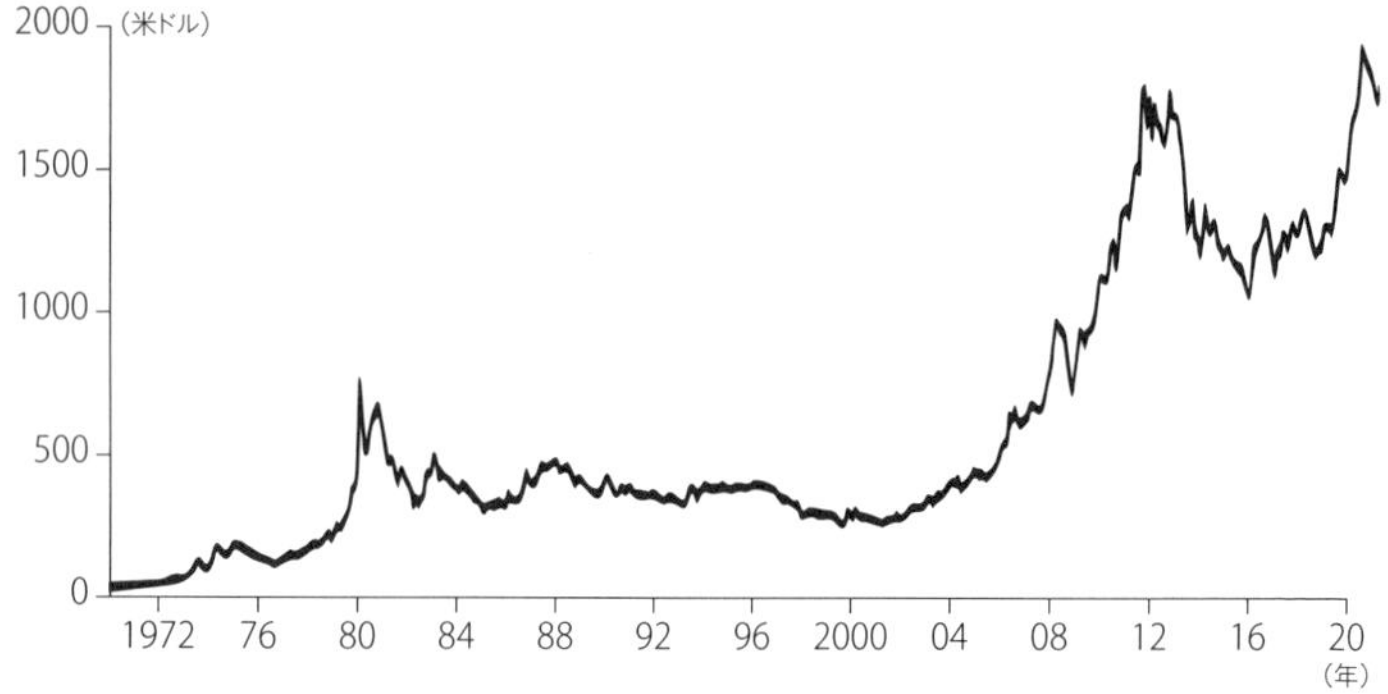

注：2021年4月23日時点
出典：Fast markets, ICE, Benchmark Administration, Thomson Reuters, World Gold Council
Gold.org の免責条項を参照のこと

万1000トンの金が採掘されたと推定されており、そのおよそ3分の2は1950年以降のもので、5万トンがまだ地中に眠っていると推定されている（注15）。オリンピックサイズの水泳プール4つを満たして余りあるくらいの量である（注16）。

1970年代前半に米国が金本位制を放棄して以降、金の価格は急速に上昇し、2020年8月には2048ドルの高値をつけた（図4－2）。流通する金の、現在の価格での総価値（注17）は10兆ドルを上回る。

金が安全な避難場所的投資で、インフレと米ドル価値の下落の双方に対するヘッジ手段であり続ける可能性は高い。その希少性、実利用への適用性、そして歴史的・文化的要因の全てが、金の価値が長期的に上昇することを示している。

ビットコイン：金に並ぶ価値と信頼を獲得

2008年の発明と2009年のリリース以降、ビットコインの興隆は目を見張るべきものだった。生み出されたそれは、歴史上の単一資産クラスとしては最速の価値増大をみた。

ビットコインは電子キャッシュのピアツーピア版として設計された。それによって、ある主体から別の主体に対して、金融機関を介することなしに支払額を送金できるようになった。ビットコインはグローバルに独立であり、分散的でもある。トランザクションの実行には、政府を含むいかなる第三者も必要としない。

COVID－19パンデミックは不換通貨にとっては悪いニュースだったが、ビットコインには朗報だった。パンデミックによって人々は次第にテクノロジーを取り入れて使用し、オンライン取引に慣れざるを得なくなった。そうでなければ、オンライン取引への信頼が築かれるのにはるかに長い期間を要しただろう。おそらく私たちのように、読者の皆さんも年寄りの親戚がネットスーパーを初めて利用した話を耳にしたことだろう。オンライン取引への急速な移行と、それに伴う信頼形成の加速は、ビットコインを含む全ての暗号通貨にとって良いことだった。それらは普段使いの通俗語の仲間入りをしたのだ。

本書執筆時点で、流通しているビットコインの総数は1870万であり、その合計価値はおよそ1・2兆ドルほどだ。ということは、わ

図4－3 ● ビットコイン価格（米ドル）、2012年～2021年6月

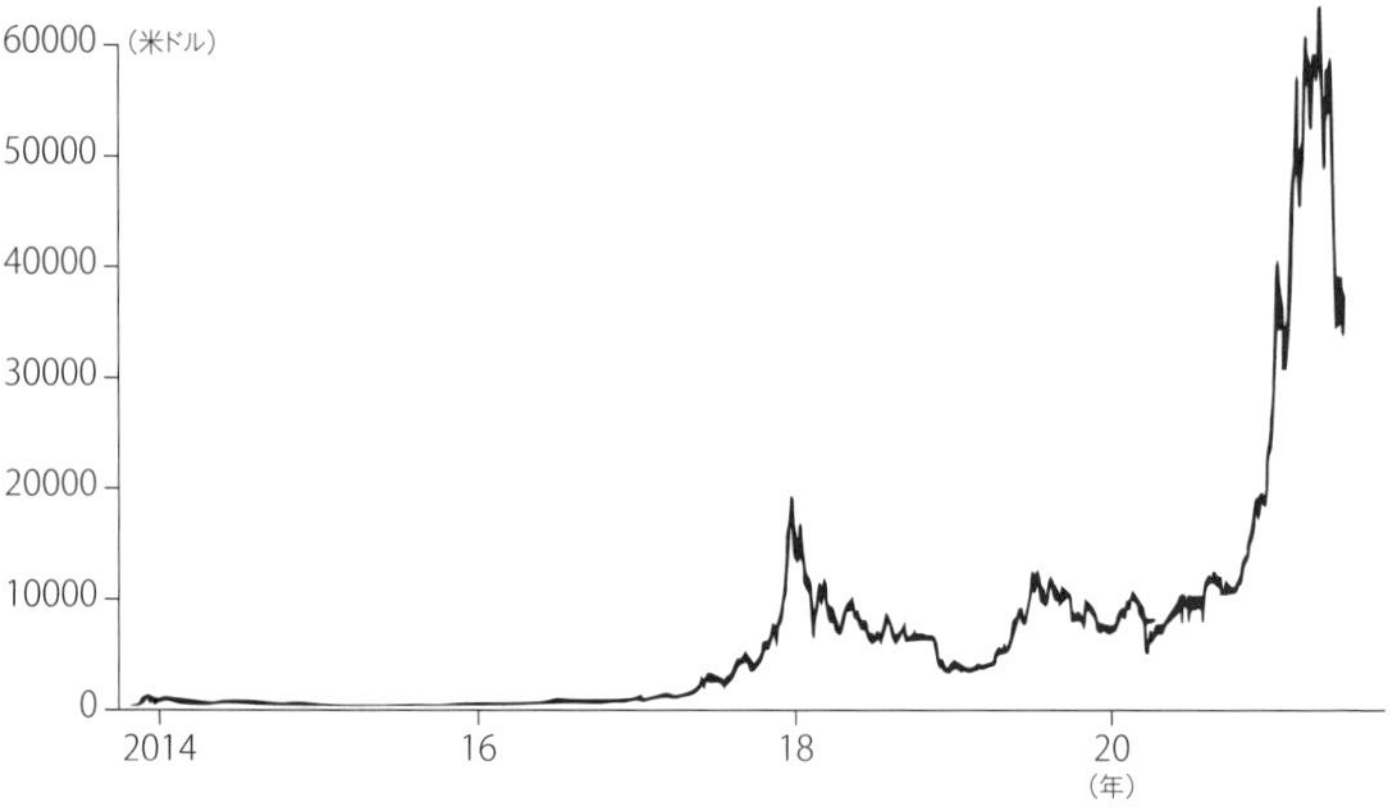

出典：コインデスク

ずか12年前に生み出されたビットコインの総額は、今や過去に採掘された全ての金の価値の10%を超えている。またそれは、世界最大の政府系ファンドで1・2兆ドルの資産を有するノルウェー政府の年金ファンド（注18）に等しい（2位は中国の政府系ファンドで、資産1兆ドルをわずかに上回っている）。

ビットコインをまだ疑っている人々にとってみれば、その懐疑的なものの見方では現在の総価値を説明などできないだろう。ビットコインには希少性があり、不換通貨とは異なってより金に近い。全てマイニング（データ承認・確認作業）が終われば、総数2100万のビットコインが存在することになる。流通に向けてリリースされるビットコインの量は4年毎に半分になる。この手順に沿えば、最後のビットコインがマイニングされるのは2140年だ（注19）。

より最近では、いくつかの企業がビットコインへの大規模投資家としての地位を確立した。その中には25億ドルのテスラ、30億ドル保有していると見られるマイクロストラテジーが含まれる。また、ポール・チューダー・ジョーンズとビル・ミラーを含む評価の高い投資家が、ビットコインを正規の価値貯蔵として支持する発言をしている。

本書出版時点では、テスラは自動車購買にビットコインを受け入れるのを止めているが、2021年第1四半期には、ビットコインの保有からだけで1億100万ドルの利益を上げている。機関投資家の支持を受けた暗号通貨も成長しており、最近の調査では60%の機関投資家が、デジタル資産は現在のポートフォリオにおける存在意義を有していると考えている（注20）。ビットコインは世界の金融システムの一部として重要性を増しており、多くのビットコインアナリストが今後2年間で、その価値が倍かそれ以上になると予想している。

ビットコインや他のデジタル通貨資産の価値の増加と取引活動に乗っかろうと、数多くの暗号資産取引所が開設された。これらの取引所の中には上場して厳しい規制を受けているものもあり、規制当局と緊密に連携してAML（訳注：アンチマネーロンダリング）やKYC（訳注：本人確認）要件にきちんと適合するようにしている。それは銀行や他の金融機関に非常に似ている。この活動全てが、ブロックチェーンのテクノロジーを中心とした新しい金融エコシステムを創出しており、次第により多くの金融商品とサービスを提供するようになっている。それらは金融サービス産業の従来の提供者が提供していた商品・サービスをデジタル形態にしたものだ。

ビットコインはもはや本流だ。マスターカードもビットコイン支持を表明して、選抜した他の暗号通貨をネットワークに乗せた（注21）。そして2021年4月には、マスターカードは暗号通貨プラットフォームのジェミニ（Gemini）（注22）と提携を発表して、「業界初の暗号通貨リワード付きクレジットカード」を発売した（注23）。

これが21世紀の世界経済にとって意味するものは何だろうか？　第一に、ビットコインは不換通貨のヘッジ手段として金を追い抜く可能性が高い。そしてそのことで、国家や消費者はいずれも暗号通貨を価値交換の強力な競争相手とみるようになるだろう。こうして暗号通貨が信用されるようになれば、それは中央銀行デジタル通貨（Central Bank Digital Currency：CBDC）の加速につながる。CBDCは分散システムを相手に競争しようとするだろう。通貨と価値システムについてはさらに述べる。スマートコントラクトとスマートマネーの登場によって、私たちは、通貨と投資をカーボンニュートラルな活動、サステナビリティ、包括性といったテーマと結びつけ始めてもいるのだ。

分散型金融（DeFi）：革新的な金融システム

分散型金融（DeFi）は金融システムを旧世界のあり方からさらに解放するものだ。DeFiはイーサリアムのブロックチェーンを用いて構築された新しい金融インフラストラクチャーである。プロトコルの生成にはスマートコントラクトが使われており、そのため相互運用が可能で、透明性のある方法で金融取引所をつくれるようになる。それは銀行や他の仲介機関が提供する現行金融サービスよりもオープンなものだ。

DeFiはオープンソースのプロトコルに基づいた分散型アプリケーション（decentralized applications：DApps）である。取引は公的ブロックチェーン上で実行され、安全かつ検証可能な方法で完結される。それはカストディ、エスクローサービス、集中生産等の従来型の金融サービスインフラストラクチャーをほとんど必要としない。スマートコントラクトが全体を取り扱う。

DeFiはまだ小さいが成長している。図4－5に示したのは、DeFi関連のスマートコントラクトに保管されている資金の総額であり、2021年4月で624億ドルとなっていて、1年前の8億3300万ドルから増加している。これは驚異的な成長率であり、このまま成長

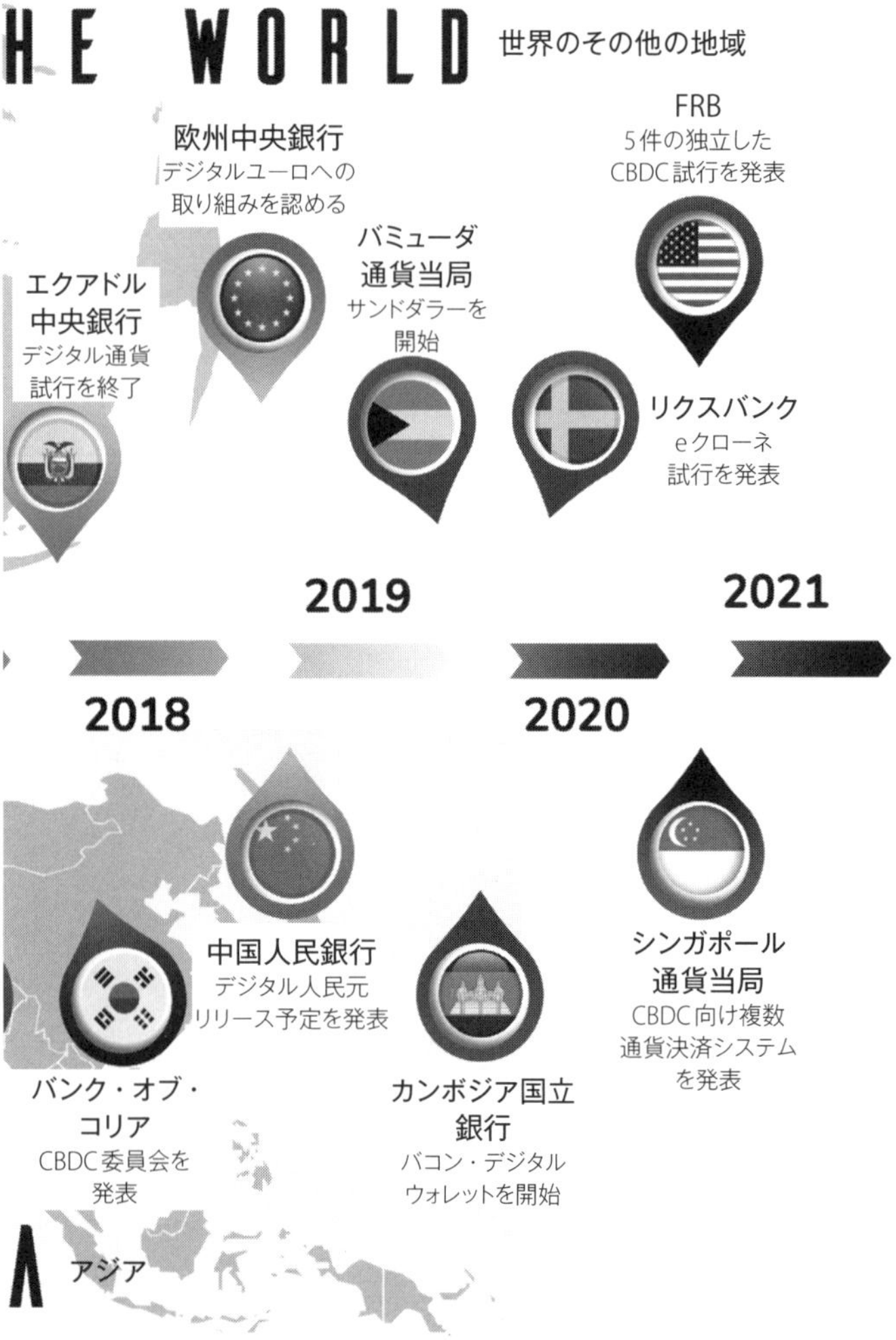
HE WORLD
世界のその他の地域
欧州中央銀行
デジタルユーロへの
取り組みを認める
FRB
5件の独立した
CBDC試行を発表
エクアドル
中央銀行
デジタル通貨
試行を終了
バミューダ
通貨当局
サンドダラーを
開始
リクスバンク
eクローネ
試行を発表
2018
2019
2020
2021
中国人民銀行
デジタル人民元
リリース予定を発表
シンガポール
通貨当局
CBDC向け複数
通貨決済システム
を発表
バンク・オブ・
コリア
CBDC委員会を
発表
カンボジア国立
銀行
バコン・デジタル
ウォレットを開始
A
アジア

図 4－4 ● 過去10年間の暗号通貨の発展

REST OF T
エクアドル
中央銀行
E-Moneyシステム
を開始
バンク・オブ・
イングランド
研究テーマに
CBDCを加える
バンク・オブ・
カナダ
ジャスパー・
プロジェクトを開始
バンク・ド・
フランス
MADREプロジェクト
を開始
リクスバンク
eクローネ報告書
を発表
2015
2017
2014
2016
中国人民銀行
CBDC研究グループ
を立ち上げ
中国人民銀行
ガイダンスを
発表
シンガポール
通貨当局
分散台帳テクノロジー
決済プロジェクトを
開始
日本銀行
欧州中央銀行と
共同で
Stellaプロジェクトを
開始
中国人民
銀行
デジタル
銀行手形
交換所の
試行
バンク・オブ・
タイランド
CBDCプロジェクト
を開始
ASI

出典：著者

が続いて、デジタル資産とスマートコントラクトはより一般的となるだろう。

ＤｅＦｉのエコシステムは、金融システムのほとんどの側面を革命的に変える力を持っており、債券の発行と管理の方法もそれに含まれる。数多くのプロトコルで、暗号資産が融資と借入れに使用されている。ＤｅＦｉが意味するのは、人々が他人に対して直接融資できるということであり、仲介機関としての銀行は不要で、元本と負債返済の全体を取り扱い可能だ。

そしてＤｅＦｉの融資は、それに参加する主体を確認する必要がない。全ては非集中型の公的分散台帳上に登載される。ユーザーは匿名のままで、資産の所有権記録と実行された決済の証明が恒久的に残るという安全性が保たれる。これは素晴らしく革新的だ。５５０年間で初めて、誰もが実質的に銀行または融資機関になりうるのだ。

図４－５● 分散型金融中に存在する価値総額（米ドル）**、2021年6月10日までの1年間**

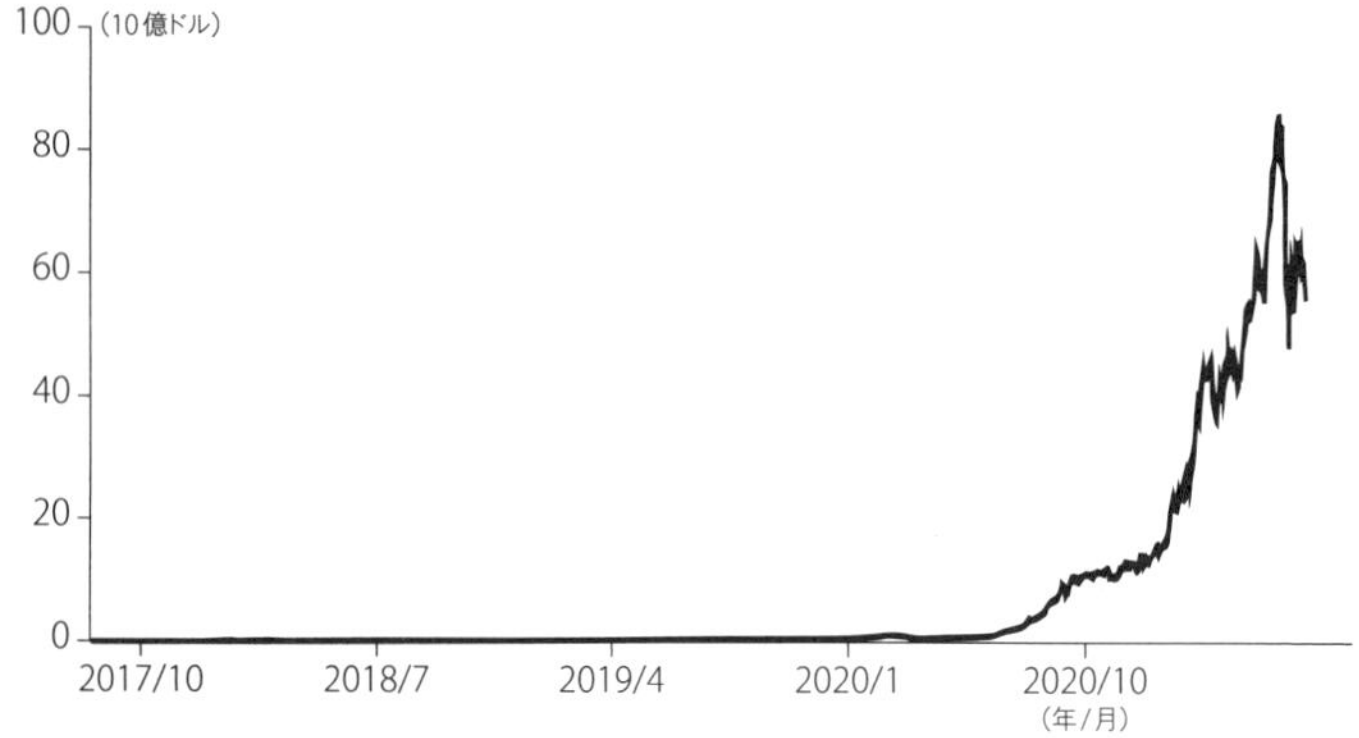

出典：defipulse.com

ＤｅＦｉは、フラッシュローン、非代替性トークン（Non-Fungible Tokens：ＮＦＴｓ）、ステーブルコイン、アトミックスワップなどの新たな金融商品を生み出した。それらはブロックチェーンのテクノロジーなしでは存在しえなかったものだ。ＤｅＦｉが推進したイノベーションは、より透明性があって信頼できる金融エコシステムを生み出している。それは現行金融産業に対する挑戦となるだろう。現在、ＤｅＦｉは若い世代の利用に偏っており、彼らのスマートコントラクトの利用とそれに対する信用、そしてＤｅＦｉの世界で利用可能となる商品が、ＤｅＦｉの発展を左右することになる。

非代替性トークン（ＮＦＴｓ）：新しくユニークな資産の形

ブロックチェーンのテクノロジーはまた、非代替性トークン（ＮＦＴｓ）の創出にもつながった。ＮＦＴｓはデジタル資産がユニークであることを証明するトークンだ。最初のＮＦＴｓが生み出されたのは２０１４年だったが、それが人々の想像力に本当に火をつけたのは、２０２１年２月後半、ＮＢＡの第一人者であるレブロン・ジェームズのＮＦＴｓが20万８０００ドルで販売された時だ。そのすぐ後の２０２１年３月に、ビープル（訳注：米国のデジタルアーティスト）の美術品をベースとするＮＦＴｓが驚異的な金額の６９３０万ドルで販売され、それから間もなくしてツイッターの共同創業者であるジャック・ドーシーの史上初のツイートが２９０万ドルで販売された。これらの金額は、その意味が分かる全ての人の大いなる注目を集めるのに十分なものだった。

NFTsに対する欲求は高まりつつあり、芸術家、ミュージシャン、ゲーマーその他クリエイティブな世界の人たちがその才能をマネタイズする可能性は無限にありそうだ。その理由は、ブロックチェーンのテクノロジーがクリプトアート（訳注：ブロックチェーン技術を使って固有の価値をもたせたデジタルアート）に唯一無二の物として来歴証明を与えられ、偽造リスクを過去のものとするからだ。

コンテンツクリエイターはその制作物の販売にあたって、ロイヤリティ契約を付帯させることができる。それがデジタル資産の転売の度に取引価値の一定比率を与えてくれることで、所得の流れが生み出され、理論的には永久に、本人とその子孫のものになる。NFTsは現実世界における資産トラッキング方法だけではなく、知的資産を管理する方法にとってもディスラプションとなる。産業化時代の登録商標や特許システムは、21世紀には決して、十分堅固なものではなくなるだろう。

NFTsの急速な台頭は、未来の経済の形成にあたっていくつかの点で大きな意味がある。

①デジタル資産に焦点を当て、それに価値があって、売買可能であることを示し、セキュリティ対応していて、大衆向けで幅広いアイデアや作品をカバーし、多くの人々が考えてい

たよりもスケールの大きい可能性と適用力を有している。
②ＮＦＴｓはデジタル資産をビットコインや他の暗号通貨保有を超えたものにする。暗号通貨は価値貯蔵として優れているが、唯一無二ではない。ビットコインの場合、あなたが所有する１ビットコインは２１００万のうちの１つだ。
③ＮＦＴｓは所有者に対してそれを誇る権利をもたらしてくれる。それらはデジタル化されたエンターテインメント――スポーツ、アート、音楽など――と関連付けられることが多く、クールな要素があり、ステータスを授けてくれる。
④ＮＦＴｓはアーティストがその著作に対して十分または適切な報酬を受けられていないという問題に対応するものだ。その理由は、スマートコントラクトがきちんと導入されれば、アーティストたちの著作が、時間が経つにつれて評価される場合に、そのオリジナリティの価値から利益を得られるからだ。テイラー・スウィフトが彼女自身の音楽に対する知的所有権の争いを起こしたことを考えてみればよい。
⑤ＮＦＴｓの台頭で、「デジタルエコノミーでは次に何が起こるだろう？」と人々が考え、未来の可能性について想いを巡らせるようになるだろう。

デジタルへの移行が未来の経済の根幹となりつつあるという事実は、ＮＦＴｓがデジタルの宝石となったよりも前から進んでいたことだ。しかし、ＮＦＴｓが地位を得たことは、未来の経済はデジタルなものだという理解を確実なものにした。不換通貨、１８００年代に遡る知的所有権法、そして資産クラスは、1600年代からほとんど変化せずにきているのだ。

デジタル通貨——それは公式のものとなる

私たちが議論してきたビットコイン、イーサリアム、テザー、ドージコイン等の暗号通貨は、現時点では国籍のないマネーである。しかし、それらには有用性があり、価値の貯蔵や移転、モノの購買でうまく機能することが示されてきている。このことが政府にとっては大きな問題を生み出している。通貨に対するコントロールを失えば、経済に対する影響力も消え失せてしまうからだ。

経済の中で誰が何をやっているかを追跡しモニターする政府の能力は低下しており、こうした資産に対する課税能力についても同様だ。政府にはどんな選択肢があるだろうか？　ビットコインや他の無国籍通貨を禁止することもできるだろう。

だがそれは、インターネットの禁止を試みるようなものだ。中国は2017年にビットコインを禁止し、2019年にも再び禁止した。しかし現在、ビットコインのマイニング全体の約65％は中国で行われている。

億万長者でヘッジファンドマネジャーのレイ・ダリオは、いずれビットコインが世界的に禁止されるかもしれないと警告して、次のように述べた。

「どんな国も、供給と需要の独占的管理力を宝物のように思っている。彼らは他の貨幣が流通して競争相手となることを望まない。そうなればものごとの収拾がつかなくなるからだ」（注24）

ダリオはビットコインの便益と利点についても強調している。インド政府が全ての暗号通貨を非合法化するかどうか検討していたことで明らかなように、政府が実際に、暗号エコシステム内の様々なものに対して、非合法化と併せて法的措置を行う利点と能力については、多くの政策論争が見られる。そのことから、暗号通貨調査研究企業クレバコ・グローバル（CREBACO global）のCEOであるシドハース・ソガーニ（Sidharth Sogani）が考察を述べている。「政府が暗号通貨を禁止しても、政府はそれを実行できない。なぜなら禁止を実行に移すためのインフラストラクチャーを持たないからだ」（注25）。

インドがビットコインを禁止したと一瞬でもいいから考えてみよう。どうなるというのだ？そう、全ての政府がビットコインを禁止しない限り、禁止は機能しない。他の国々がビットコインに規制をかけて税金を課し、ビットコインを禁止する国としない国があることで生じる差の裁定取引で恩恵を受ける一方で、インドは後れをとることになるだろう。

政府の暗号通貨に対する答えは、政府発行のデジタル通貨、つまり暗号通貨で不換通貨と同価値のものという形態になるかもしれない。政府がデジタル通貨の長期的な可能性と便益を見守っているのは明らかだ。中国とロシアは、世界金融危機からあまり間をおかずに、新しいデジタル国際通貨が創設されるべきだとまで示唆した。世界準備通貨が「個々の国から切り離されて長期的に安定でありうるなら、信用に基づく国別通貨の使用がもたらす内在的な欠陥を排除できることになる（注26）」というのだ。

このことが理由で、中国は、自らデジタル通貨を導入しようとしているのかもしれない。2021年3月に承認された中国の第14次5ヶ年計画はさらに進んで、自国デジタル通貨の目標を設定した。巨大で世界の有力な経済国である中国は明らかに候補の1つであり、国家支援型デジタル通貨について先行者優位性を獲得しようとしている。中国は世界の電子決済で最大量を処理しており、世界最大のオンライン決済プラットフォーム（アリペイとテンセントのウィーチャット）の母国である。米ドル支配体制を打ち破ろ

図4－6 ● 中国はCBDC開発で世界をリードしている

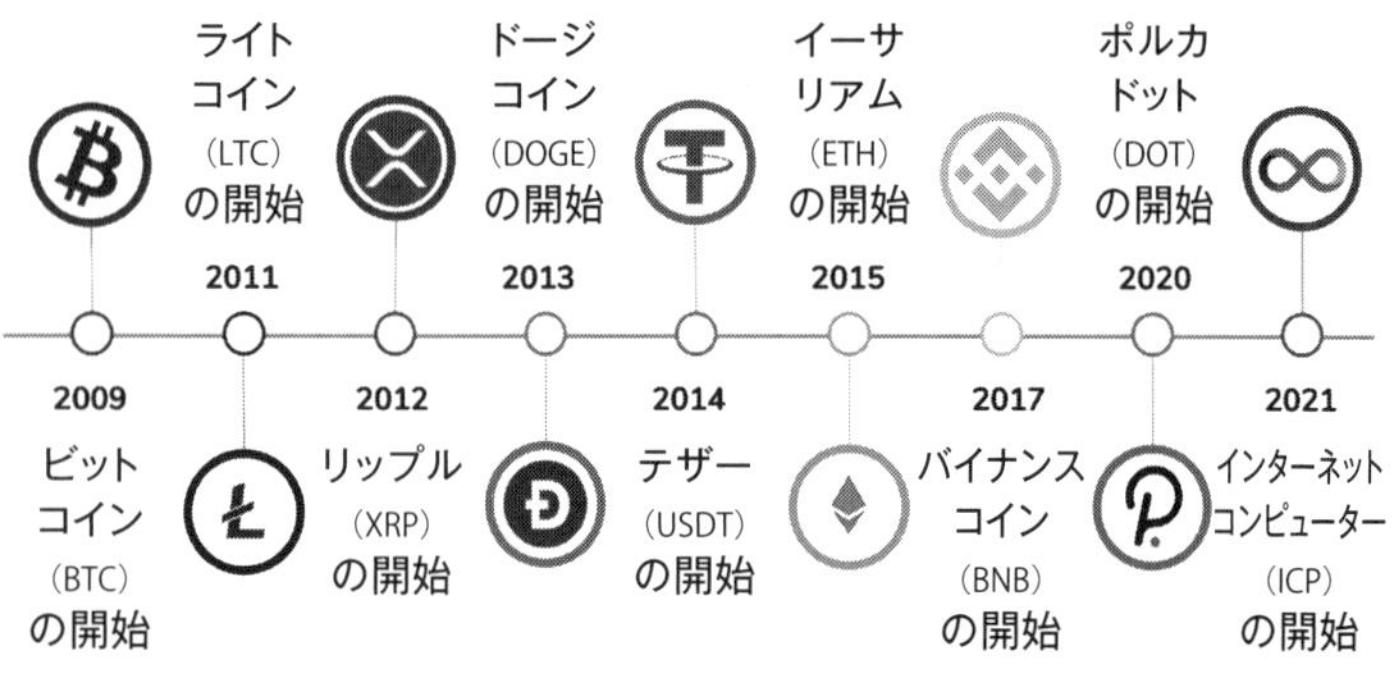

出典：著者

うと試みるのは自然なことだ。国内経済と中間層の急速な成長と、一帯一路のような施策の存在もまた、中央銀行デジタル通貨（ＣＢＤＣ）設立の論理性を示すものだ。中国人民銀行の後ろだてがあれば、それは国内流通と世界貿易の両面で、すぐに規模が拡大して認められることになろう。

ＣＢＤＣは、その出自から法定通貨であるという優位性があり、ＣＢＤＣを使って行われる決済は不可逆的で、それは他のほとんどの電子決済方式と同様だ。確実性が付与され、外国電信送金のような他の決済オプションよりも、よりリアルタイムになる。こうなると、デジタル通貨における中国のリードを追い上げようと、世界的に新デジタル通貨戦争が始まる可能性が高い。インドのＹＥＳバンクで起きた問題から、インドではＣＢＤＣの開発に特例認可を与えるべきだという考え方が出てきて、ＣＢＤＣに対するニーズは中国よりも大きいという主張につながった（注27）。米国もまた同様に、ＣＢＤＣに対する政策の明確化というかなりの圧力下にある。

中国と米国：ＣＢＤＣに関する戦略と思惑

中国は前述のように、ＣＢＤＣの広範な導入の道を順調に進んでおり、２０１４年には取り組みを開始して、すでに多数の都市で試行を実施している。中国はＣＢＤＣによって、国家として重要な経済および取引データの収集が可能になり、それとともに市民の活動を管理できるようになって、大手フィンテック企業から統制力を奪取することになるだろう。中国はそれら企業の成長をモニターし、けん制したいと考えているようだ。

中国の通貨は交換が容易でないため、人民元口座の使用は国際決済の10％強にとどまっている。そして２０２０年第１四半期には、世界の中央銀行が保有する人民元はわずか２６７０億元であった（比較対象として、米ドルは7兆ドル保有されている）（注28）。そのため人民元は現在も、主要な国際通貨とは言えない。しかし自らのＣＢＤＣの開発によって中国は、中国人民銀行管理下の決済システムを通じて、全てのクロスボーダー決済を人民元建てで行うことを狙っている。それが意味するのは、クロスボーダー決済はグローバル銀行が運営するＳＷＩＦＴネットワークに依存しなくなるということだ。これは、米ドルの支配下に築かれた現行貿易インフラストラクチャーに比肩する決済ネットワークを生み出すことになる。

非常に重要なのは、このことが、制裁や輸出管理における米国のパワーを削ぐことになるということだ（注29）。２０１７〜２０２０年、私たちは米国がファーウェイのような多くの大陸中国企業、中国と香港の数多くの当局者に対して、制裁を科すのを目にしてきた。中国がＣＢＤＣを成功裡に導入しようとする動機は数多くあり、米ドルに依存する米国の金融へゲモニーを弱体化することが、その重要な意図の１つであることは明らかだ。

米国はＣＢＤＣの開発において、何年も中国の後塵を拝している。現状の取り組みは、プロジェクト・ハミルトンという、連邦準備制度（Ｆｅｄ）とマサチューセッツ工科大学（ＭＩＴ）の共同プロジェクトで、米国でのデジタル通貨の機能のしかたについての研究調査の域を出ていない。「テクノロジー先進性もまた、Ｆｅｄを含む中央銀行に新しい機会を提供するものだ。様々な仕組みやテクノロジーが使われるかもしれないが、ＣＢＤＣは一般大衆の利用向けに設計されうるものだ」と、連邦準備理事会のジェローム・パウエル議長は述べている（注30）。明らかなのは、米国がＣＢＤＣに本気で取り組むのはまだ何年も先になるということだ。

「中国が米ドルに対する新たな選択肢としての国際決済システムの構築を狙っているのは明らかだ。なのに、この挑戦に緊急に対応する必要はないのだろうか？また、ビットコインというすでに十分試行済みの『デジタルの金』を成金的な疑いの目で取り扱うのでなく、米国金融システムに積極的に統合するという考えもないのだろうか？」

――ニーアル・ファーガソン、ブルームバーグ（注31）

なぜ躊躇するのだろうか？　おそらく要因の一端は、中国が保有する米国債の量だ。２０２１年１月、中国は世界２位の米国債保有国として１・１兆ドルを有していた（第１位は日本で１・２８兆ドルである）。

分かりやすく言うと、中国の米国債保有高は、中国の政府系ファンドの総額（１・０４兆ドル）

より大きく、中国の全経済規模の7％を上回っているのだ。その中国経済は、２０２０年には世界経済の17％以上に相当すると予測されている（注32）。つまり、中国が有する米国債は、世界経済の約１・２％ということだ。この巨大な米国債の持ち分で中国は米国につながっており、インフレ到来によって保有するドルが減価すれば、それが中国の懸念となることは間違いない。

米ドルの保有は、中国にとって諸刃の剣だ。一方では、中国の米国債購入は米ドルの価値を支えるため、定期的に人民元を減価させて輸出競争力を高め、それによって国内経済を強化することが容易になる。しかしもう一方では、貿易戦争、テクノロジー競争、コロナウイルス・パンデミックなどで双方のセンチメントが悪化する中で、中国は自国経済を米国から切り離そうしている兆候が見られる。米ドルを保有していることは、中国の米国との相互依存状態を減じるどころか増加させてしまうため、この目的とは逆に働いてしまう。おそらくこの理由から、中国は米ドル準備保有額を着実に減らしている。

通貨管理と交換性の間にはトレードオフが存在することが少なくない。このことが意味するのは、資本規制と中国元の交換に関してより大きな自由度が持てなければ、中国は準備通貨における米国の優越性を凌駕するにあたって、困難に直面するだろうということだ。中国人民銀行総裁のイー・ガーン（易綱）は、人民元の利用拡大の促進が市場開放と並行して続くだろうと述べている。「規制当局の主な仕事は、通貨のクロスボーダー利用について制限を少なくすることであり、それは成り行きに任せよう」と彼は言う（注33）。中国のＣＢＤＣがどんなものであれ、この同じ綱渡り状況に直面することになるだろう。管理強化に対抗してどこまで自由化

表 3 ● 不換通貨に影響を与えた主要イベント年表

1973年	米国が完全に金本位制を放棄し、不換通貨に転換
2007～2008年	世界金融危機、米ドルの大量発行、金融による経済刺激
2008年	ブロックチェーン・テクノロジーの発明
2009年	最初のビットコインリリース
2009年3月	中国とロシアが新たなグローバル通貨を求める
2014年	最初のNFT、中国がCBDCへの取り組み開始
2019年12月	COVID-19襲来
2020年	COVID-19が世界的パンデミックに発展、ドル大量印刷、大規模景気刺激、分散型金融増加、中国がCBDCのバックエンドのインフラストラクチャーを完成し、複数都市のパイロットテスト開始
2021年4月	ビットコイン総価額が1.2兆ドルを突破
2040～2050年	不換通貨の絶滅

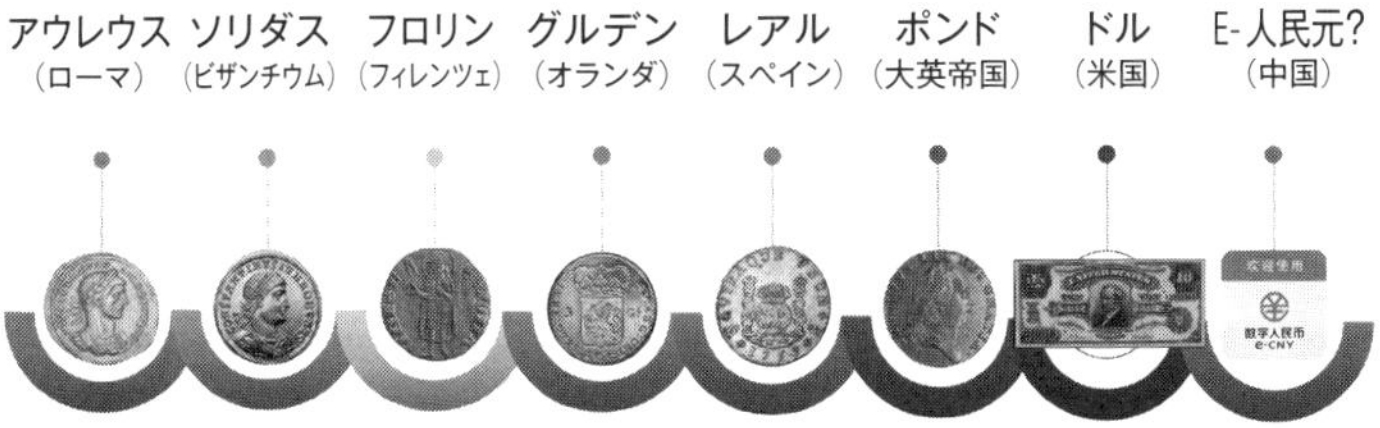

出典：著者

を行えば、中国人民元へと貿易をシフトさせることが可能となるだろうか？

中国のＣＢＤＣ推進チームは現在、貿易の観点から米ドルを凌駕するよりも、デジタル元の利用可能性の向上に焦点を当てているように見える。しかし中央銀行のコメントに基づくなら、それは変わりそうだ。

社会通念からすれば、中国の米国債保有高は十分大きいため、米ドル弱体化に真剣に取り組むことはないだろうと考えられる。現時点では、それは正しいかもしれない。しかし中国の米国債保有高が大幅に縮小するならば、それは中国の姿勢が大きく変わる始まりの兆候かもしれない。

私たちは今や、不換通貨を代替しうるもののモデルを手にしている。数ヶ月前、エルサルバドルはビットコインを公式通貨に選定した。紙のおカネを使わなくなるのは遠い先のことではないと、私たちは知っている。わずか20年前には、ほとんどの経済学者がそんなことを考えもしなかった。特に米国の学者はそうだった。

現行パラダイムが陳腐化するのはいつだろうか？　それが起こるとすれば、テクノソーシャリズムの風が吹く結果としてということになるだろう。それはグローバル統治の高まり、より集団的な政策と財政支援、気候変動適応や緩和に関する大規模の世界的な公的セクタープログラム、ＡＩのインパクト、そしてもちろんのこと、分散化といったものだ。

グローバリゼーションは必然

コミュニケーションと情報システムの向上、貿易・投資障壁の引き下げ、市場および生産拠点としての新たな国々の開放、国際資金フロー、そして運輸と物流能力の向上が、グローバリゼーションを加速してきた。それは新しい機会を生み出してきたが、同時に競争圧力も高まった。こんにちでは、企業は以前よりはるかに早い発展段階で「グローバル」になるものと見られている。それは過去と比べてもはるかに低コストで可能となっている。

デジタルでのグローバル化が意味するのは、個々の国々は、もはや企業が必要とする中核的活動やインフラストラクチャーの全てが提供可能である必要はないということだ。発展途上国にとっては、これはゲームチェンジャーである。インターネットとグローバル物流企業の登場によって、遠隔地にある小さな企業でも、過去には計り知れなかった方法で国際市場に浸透することが可能になった。

グローバリゼーションは、経済学者たちが「フラットな世界」と名付けてきたものを現出させた（いや、実際には違うのだが）。この世界では、企業や産業のグローバル化、テクノロジーの進歩、より安価で即時のコミュニケーション、そして以前は重要でなかった地域における新たな市場経済の発展によって、要素価格の均等化が実現される。つまり、企業や個人はもはや、特定の場所にいるからといってより高い所得を稼げるわけではないということだ。パンデミック期間中には、遠い海外の場所に移住してまでも、以前の居住国にいる同じ雇用主の下で働き続けることを選ぶ労働者もいた（注34）。

グローバリゼーションは企業や労働者の間に、過去にはなかった直接的な競争を生み出した。歴史的にみれば、平凡なスキルの労働者でも先進国に住んでいれば、相対的に遅れた国に住む高スキルの労働者よりも金銭的には恵まれていた。現在、フラットな世界の概念が意味するのは、それはもはや成立しないということだ。結果として、先進国にいる低スキル労働者は実質ベースでの賃金低下に直面し、企業は多くの活動を発展途上国にオフショア化することを選んだ。

ＣＯＶＩＤ－19は一時的にグローバリゼーションを減速させた。それは、サプライチェーンの再編成で生じた国内供給のギャップに焦点が当たったことによるものだが、新しい「非伝統的な」貿易協定の停止（注35）と、中国の一帯一路政策の推進は、グローバリゼーションへのトレンドが未来の経済を形づくり続けるという兆候である。

グローバル規制の費用対便益

ＣＯＶＩＤ－19以前には、中堅中小企業（Small and Medium-sized Enterprises：ＳＭＥｓ）は、先進国

の事業者数の90％以上、雇用の60％以上、GDPの55％を占めていた。SMEsは世界経済の屋台骨である（注36）。SMEsの回復なくして経済の回復はありえない。そして中核に活発なSMEsが存在しなければ、経済の未来像をうまく描き出すことは不可能だ。

しかしSMEsにとって、複数の規制制度を理解してそれに対応することが、より困難で高コストとなりつつある（注37）。このことが、現時点でもすでに公平でない、SMEsとより資金力のある大企業との競争状況をより悪化させている。規制面の食い違いはグローバル経済に悪影響を及ぼすが、それとともにシステム内に不公平性を生み出し、組み込むことになる。

共通の目的とすべきなのは、経済開発と社会の他の側面について生じる規制の影響を理解することと、グローバル経済の最適化とグローバル市民社会の開発に矛盾しない規制を設けることだ。スマート規制の導入は不可欠であり、それは信頼を向上させて経済活動を生み出す。しかし規制面で食い違いがあることが、世界経済に対して年間7800億ドルを超えるコストをもたらしている（注38）。米国では、大手ロビインググループを使っていることが、金融サービス、暗号テクノロジー、ヘルステックにおけるイノベーションを遅らせていることは現在明らかとなっており、それらは例の一部に過ぎない。

21世紀の政府が有する人工知能インフラストラクチャーに、大規模な自動化とコーディング規制を組み込む際には、時代遅れとなっていたりバイアスのかかっている法律から離れて、政策を再調整する必要があるだろう。

規制の調和化の必要性は長い間叫ばれてきており、グローバリゼーションの高まりと歩調を合わせて大きな前進がみられる。例えば会計領域では、ＩＦＡＣ（国際会計士連盟：International Federation of Accountants）と関連組織が、会計士業務のグローバル標準の創出において多大なる前進を実現しており、それは世界経済に恩恵をもたらしている（注39）。ＡＩの活用と、公害や気候変動適応に関するグローバルなガバナンス構造の大幅な強化が進めば、規制のあり方と、デジタル環境で機能する法律とコンプライアンスの仕組みのあり方について、再考せざるを得なくなるだろう。

アジア太平洋からの経済津波

アジアは長きにわたって世界人口の最大のシェアを占めてきた。２０２１年で、アジアは世界人口の約60％に相当している。

産業革命以前の時代には、アジアは世界をリードする経済圏であったが、１８２０年頃には世界の経済産出量に占めるアジアの比率は低下し始めた。１９６０年代と70年代には、アジア経済は立ち直り始めたが、２０１９年時点で、世界のＧＤＰ総額に占めるアジアのシェアは35％に届かない一方、世界人口に占めるシェアは2分の1近くある。

２０００年には、アジア経済で唯一、日本がＧＤＰでトップ4国に入っていた。そのわずか20年後の今、３ヶ国（中国、日本、インド）がトップ5に名を連ねている。２０１０年にアジアは世界GDPのわずか26％であったが、2050年には世界の全経済産出量の半分を超えることだろう（注40）。比較的短期間としては驚異的な変化である。

2050年にはアジアの都市人口は16億人から30億人へと増加し、アジアの都市群が世界経済を主導するエンジンとなっているだろうと、アジア開発銀行は予測している。21世紀はアジアの経済成長を中心に回る世紀となるだろう。

中国経済は、1979年の経済改革の開始以降、実質平均年率で概ね10％の成長を続けている。世界金融危機の期間中でさえ、その成長減速は8・5％までにとどまった。2010年には、中国は世界2位の経済大国、最大の輸出国、外貨準備のリーダー、第3位の輸入国、国内向け新規外国直接投資のリーダー、そして多くの産業における製造業と市場のトップとなっている。世界銀行は、2030年の市場為替レートでみると、中国が世界最大の経済大国となっているだろうと述べている。

「米国は再び興隆しつつある……私たちは中国や他の国々と、21世紀を勝ち抜くための競争下にある」

——米国大統領ジョー・バイデンの就任100日演説、両院合同会議

変化する21世紀の生活と労働

いわゆる「知識経済（ナレッジエコノミー）」が最初に論じられたのは、1960年代後半のことだ。まだパーソナルコンピューター登場前のことだった。当時のビジネス活動は今とずいぶん異なっていたが、背景にある原則は同じで、手を使うよりもアタマで付加価値をつけるということだ。

現状のストーリーは、世界の先進国（世界人口の16％程度に相当する）では、富の成長の源としての製造業から、コモディティとしての製造業へのシフトがみられる。それは、ハードなインフラストラクチャー重視から、ソフトなインフラストラクチャー重視への転換である。コスト管理ベースの競争から、アイデアと知的資産を巡る競争への転換である。有形資産への注目から、無形資産への注目という転換である。ほとんどの発展途上国では、長時間労働を行って、インフラストラクチャー、教育訓練、研究開発、イノベーションの面において先進国に追いつこうとしている。

製造業活動を先進国と同等に、効率的で、より低コストで実現できる国々が登場したことで、先進国は価値の源泉として、知識、イノベーション、創造性を重視せざるを得なくなった。富の生成の源泉は、製造物資産の生産（工場や設備等）から無形資産（ソフトウェア、テクノロジーインフラ、

AI、急成長のインターネット・スタートアップ企業等）へと、次第に移行してきている。

先進国経済は、手よりもアタマを使って働く人々に支配されている。先進国におけるサービス部門の優越性はこれを明らかに物語っており、マイクロソフトやフェイスブックのような無形物を生み出す企業の時価総額はうなぎ上りで、伝統的な製造業のリーダー企業はその後塵を拝している。

本書執筆時の世界の時価総額トップ10企業を、表4に示した。その横には、10年前の時価総額トップ10を並べている。

２０１１年と２０２１年を比較すると、時価総額世界トップ10企業中の知識と無形資産型企業は、テスラを除いて2社から7社へと増加した（注41）。その合計額はおよそ9・46兆ドルだ。アップルとマイクロソフトだけでも、合計額はわずか10年で3・98兆ドルまで増えた

表 4 ◉時価総額でみた世界10大企業、2021年と2011年

Tn＝1兆　BN＝10億

2021年				2011年			
順位	企業名	時価総額（米ドル）	国	順位	企業名	時価総額（米ドル）	国
1	アップル	2.13Tn	米国	1	エクソンモービル	417.16BN	米国
2	サウジアラムコ	1.90Tn	サウジアラビア	2	ペトロチャイナ	326.19BN	中国
3	マイクロソフト	1.85Tn	米国	3	アップル	321.07BN	米国
4	アマゾン	1.64Tn	米国	4	ICBC	251.07BN	中国
5	アルファベット（Google）	1.56Tn	米国	5	ペトロブラス	247.41BN	ブラジル
6	フェイスブック	893.22BN	米国	6	BHBビリトン	247.07BN	オーストラリア・英国
7	テンセント	768.34BN	中国	7	中国建設銀行	232.60BN	中国
8	テスラ	646.33BN	米国	8	ロイヤル・ダッチ・シェル	226.12BN	オランダ・英国
9	バークシャー・ハサウェイ	645.84BN	米国	9	シェブロン	215.78BN	米国
10	アリババ	626.11BN	中国	10	マイクロソフト	213.33BN	米国

出典 :https://companiesmarketcap.com, https://en.wikipedia.org/wiki/List_of_public_corporations_by_market_capitalization#2011, https://www.visualcapitalist.com/chart-largest-companies-market-cap-15-vears/

（時価総額では745％増）。この価値の移行は、より広い経済全般で何が起こっているのかを象徴的に示している。現在そして将来、規模と時価総額の最も大きい企業は、テクノロジービジネスだ。多くの先進国でこれがすでに実現しており、変化が起こるペースは加速している。

この現象は、パンデミック期間中にさらに加速した。COVID‐19期間中には、第二次世界大戦以降最大の労働力のシフトが見られ、それが数々のディスラプティブなイノベーションに拍車をかけている。その動きは私たちをより速く、リモートワーク、eラーニング、遠隔医療、新形態のエンターテインメント、新形態のコミュニケーションの方向へと押しやっており、そのことが、人々の変化に対する準備力と即応力を際立たせている。パンデミックは、21世紀の経済の枠組みが根本的に異なるものとなり、消費者と市場のいずれもが急速に適応するだろうということを証明しているのだ。

未来の経済への移行条件

現行経済システムから未来の経済に移行するために、私たちは、インフレを管理し、負債を減らし、生産性を向上させ、変化の速いデジタル経済に適応し、数々の新しいテクノロジーの進歩を活用して、よりスマート化する規制に対応することが求められるだろう。読者がまずすべきなのは、アジア太平洋地域の核心的重要性と、特に中国とインドの経済について理解することだ。米国や欧州のプレーヤーたちの経済影響力の弱体化が目に見えてきたら、成長のルールとエンジンもまた変化しているということだ。中でも、気候変動（最も明白な世界破滅危機の拡大である）への経済的対応方法を発見することと、ＡＩによって労働と商取引を再構成することは、政治的レトリックを超えて非常に重大な政策態度であり、現在は欠落しているものだ。未来の経済についてはＣＨＡＰＴＥＲ ９で再度述べる。

注１：次を参照のこと：「２００万人を超える女性がパンデミック期間中に労働力から離脱」、ABC News、「パンデミック後の女性の職場復帰遅延の中心的理由は子供の世話」、ケイティ・キンデラン、２０２１年5月18日

注２：「量的緩和」と表現されることも多い。

注３：米国国立健康統計センター（ＣＤＣ）、２０２０年

注４：出典＝https://www.oecd.org/general/ageingsocietiesandtheloomingpensioncrisis.htm

注５：パンデミックの原因と、それが避けられたかどうかについての議論が認められるが、次のように考えよう。それは避けられなかったものであり、仮に避けられたとしても、どこかの時点で別の類似のショックが発生していただろうと。ポイントは、ショックは発生するのであり、私たちは避けられるものは避け、避けられないものに対しては世界でよりよい準備をする必要があるということだ。

注６：２０２１年６月時点で、ＣＤＣはＣＯＶＩＤ－19による死者数が60万人を超えたとしている。第一次、

第二次世界大戦での米軍死者数の合計は58万１２４人である。出典＝https://covid.cdc.gov/covid-data-tracker/#datatracker-home; https://en.wikipedia.org/wiki/United_States_military_casualties_of_war#Wars_ranked_by_total_number_of_U.S._military_deaths

注７：https://www.cnbc.com/2021/05/11/stanley-druckenmiller-says-the-fed-is-endangering-the-dollars-global-reserve-status.html

注８：米国は明らかに世界で最も進んだ経済国だが、その成人の40％は、いざという時のために４００ドルも持っていない。20％以上が月々の請求書を支払えず、25％以上が費用を支払えないために必要な医療を見送っていると、「２０１７年の米国家計の経済的福利に関するレポート」で述べられている。連邦準備制度理事会、２０１８年５月

注９：出典＝「米国保守運動（American Conservative Movement）」、「米国政府の債務対ＧＤＰ比率は２００８年の崩壊前のギリシャよりも悪い（そしてさらに悪くなっている）」２０２１年５月３日：https://americanconservativemovement.com/2021/05/03/the-us-governments-debt-to-gdp-ratio-is-worse-than-greeces-before-the-2008-crash-and-its-about-to-get-worse/

注10：歴史的にみれば、エネルギー貿易は世界の商品市場の半分を占めてきた。２０２０年には商品貿易は全体に大きく減少したが、再生可能エネルギーは例外だった。：https://oilprice.com/Latest-Energy-News/World-News/Renewables-Was-Sole-US-Energy-Source-With-Rising-Consumption-In-2020.html

注11：出典＝The Paypers:https://thepaypers.com/cards/global-payment-card-expenditure-grew-13-in-2019-to-usd-35-trillion--1245030

注12：https://www.afr.com/technology/credit-cards-on-the-decline-as-visa-says-we-have-passed-peakplastic-20180628-h11zlw

注13：出典＝『サウス・チャイナ・モーニング・ポスト』、「中国のデジタル通貨推進がフィンテックと中国元

のグローバル・プレゼンスを後押しする理由」、2021年4月7日：https://www.scmp.com/comment/opinion/article/3128475/how-chinas-digital-currency-push-can-boost-fintech-and-yuans-global

注14：『ウォールストリートジャーナル』、「既に到来しているマネーブーム」、2021年2月21日：https://www.wsj.com/articles/themoney-boom-is-already-here-11613944730

注15：出典＝Gold.org：https://www.gold.org/goldhub/data/above-ground-stocks

注16：『フォーブス』誌記事からの推定：https://www.forbes.com/sites/afontevecchia/2010/11/19/how-many-olympic-sized-swimming-pools-can-we-fill-with-billionaire-gold/

注17：2021年6月1日の金価格は1907・76ドル。

注18：次を参照のこと：「トップ95の大手国家資産ファンド総資産ランキング」、SWFI (swfinstitute.org)

注19：次を参照のこと：「最後のビットコインがマイニングされるのはいつか？　全てのビットコインが流通に回ると何が起こるか？」、Crypto Guide Pro.

注20：出典＝Fidelity Digital Assets Institutional Investor Survey、2020年6月9日

注21：Mastercard Newsroomを参照のこと：https://www.mastercard.com/news/perspectives/2021/why-mastercard-is-bringing-crypto-onto-our-network/

注22：ウィンケルボス兄弟が創設した暗号通貨取引所。

注23：Mastercard Newsroomを参照のこと：https://www.mastercard.com/news/press/2021/april/gemini-partners-with-mastercard-to-launch-new-crypto-rewards-credit-card-this-summer/

注24：ヤフーファイナンス、『儲かる』ビットコインは非合法化される、がダリオの見解」、2021年3月24日：https://finance.yahoo.com/news/ray-dalio-on-bitcoin-and-probability-of-ban-130008375.html

注25：米国では「ビットコインは『非合法化』されるかもと世界最大のヘッジファンド創設者は語る」、2021年3月25日、アンソニー・カスバートソン

注26：アーメット・アリフ・エレン、『経済イシュー、振返りと今後』1巻268ページ、Ijopec Publication、2018年

注27：*The Economic Times*、『インドが暗号通貨で中国を追い上げるのに、YES Bank 論争の活用が可能』、2020年3月15日：https://economictimes.indiatimes.com/markets/stocks/news/view-india-can-use-yes-bank-debacle-to-chase-china-in-crypto/articleshow/74635079.cws

注28：出典＝IMF：https://data.imf.org/?sk=E6A5F467-C14B-4AA8-9F6D-5A09EC4E62A4

注29：出典＝*American Affairs Journal*：https://americanaffairsjournal.org/2021/02/carrie-lams-problem-and-ours-chinas-state-backed-digital-currency/

注30：CNBC Money：「Fedはこの夏、デジタル通貨開発の次のステップに進む」、2021年3月20日

注31：Bloombergを参照のこと：「中国に未来のマネーを鋳造させるな」、ニーアル・ファーガソン、2021年4月4日：https://www.bloomberg.com/opinion/articles/2021-04-04/don-t-let-china-mint-the-digital-currency-of-the-future

注32：2020年の中国のGDPは世界経済全体の17%を超える：NBS-Global Times

注33：『サウス・チャイナ・モーニング・ポスト』、2020年11月、「中国のセントラルバンカー、米ドルに対する元の挑戦はまだまだ続いている、と世界市場にくぎを刺す」

注34：FT.comを参照のこと：「クロスボーダーに潜む『どこでも仕事』の落とし穴」、2021年4月13日

注35：例えば、ウクライナの経済開発・貿易・農業大臣が2021年5月に述べているのは、ウクライナと米国間の相互の特恵貿易という結果が得られれば、それは地経学上の有効なツールとなり、貿易における世界競争の増大につながるだろうということだ。：https://www.ukrinform.net/rubric-economy/3243941-trade-agreementwith-united-states-to-be-effective-tool-of-geoeconomics-petrashko.html

注36：「世界貿易報告書2016：中小企業に対する競争条件の平等化」、世界貿易機関、2016年

注37：ＯＥＣＤにて、ＩＦＥＣ（国際会計士連盟）と企業、２０１８年4月

注38：「規制の食い違いのコスト、リスクと影響」ＯＥＣＤにて、ＩＦＡＣと企業、２０１８年4月11日

注39：「Nexus 2 : The Accountancy Profession—A Global Value Add」参照のこと、ＩＦＡＣ、２０１５年11月

注40：アジア開発銀行、「アジア２０５０」

注41：私たちは、テスラが知識とイノベーション主導型で無形資産に重きを置くクリーンエネルギー企業であると主張したいが、テスラが自動車会社だと主張する人に対しては、同社を合計から外したままにしておこう。テスラを入れる必要がなくても、主張は十分できている。

CHAPTER 5

人類の最適化

Optimal Humanity

「ある人の仕事が、あることを理解しないからこそ成立している場合は、その『あること』をその人に理解させるのは難しい」

――アプトン・シンクレア

さて、大きな質問の時間だ。人類の目的とは何だろうか？　おカネを儲けたり、富を生み出すことだろうか？　そう、主流派の経済学はまさにそれを前提としている。

種としての人類の目的として学習して発展することであると、私たちは分別よく考えるかもしれない。つまり私たちの潜在力を全て見出して、人類全体の未来を可能なものとすることだ。人類の目的は、全ての人間が上位のステージに到達する必要があるだろうか、そうではなく、人類のごく一部が繁栄してその潜在性に手を届かせることは受け入れ可能だろうか？　私たち人類とその知性は、保護されて、価値を認められるべきものだろうか？　それとも生命が提示するより大きな疑問には目を向けず、単にその瞬間を生きるべきなのだろうか？

本書の冒頭で述べたように、人類の未来が行き着く結果には様々な可能性があり、それは私たちがどれだけ前向きに計画を立てるか、社会自体のゴールをどれだけ包括的なものとするかにかかっている。

本書執筆に向けたブレーンストーミングをするにあたって、私たちは手始めに、何日も何週間にもわたって、様々なホワイトボード・セッションを行った。そして、ありうる様々な人類

図5－1 ● 可能性のある社会経済の未来

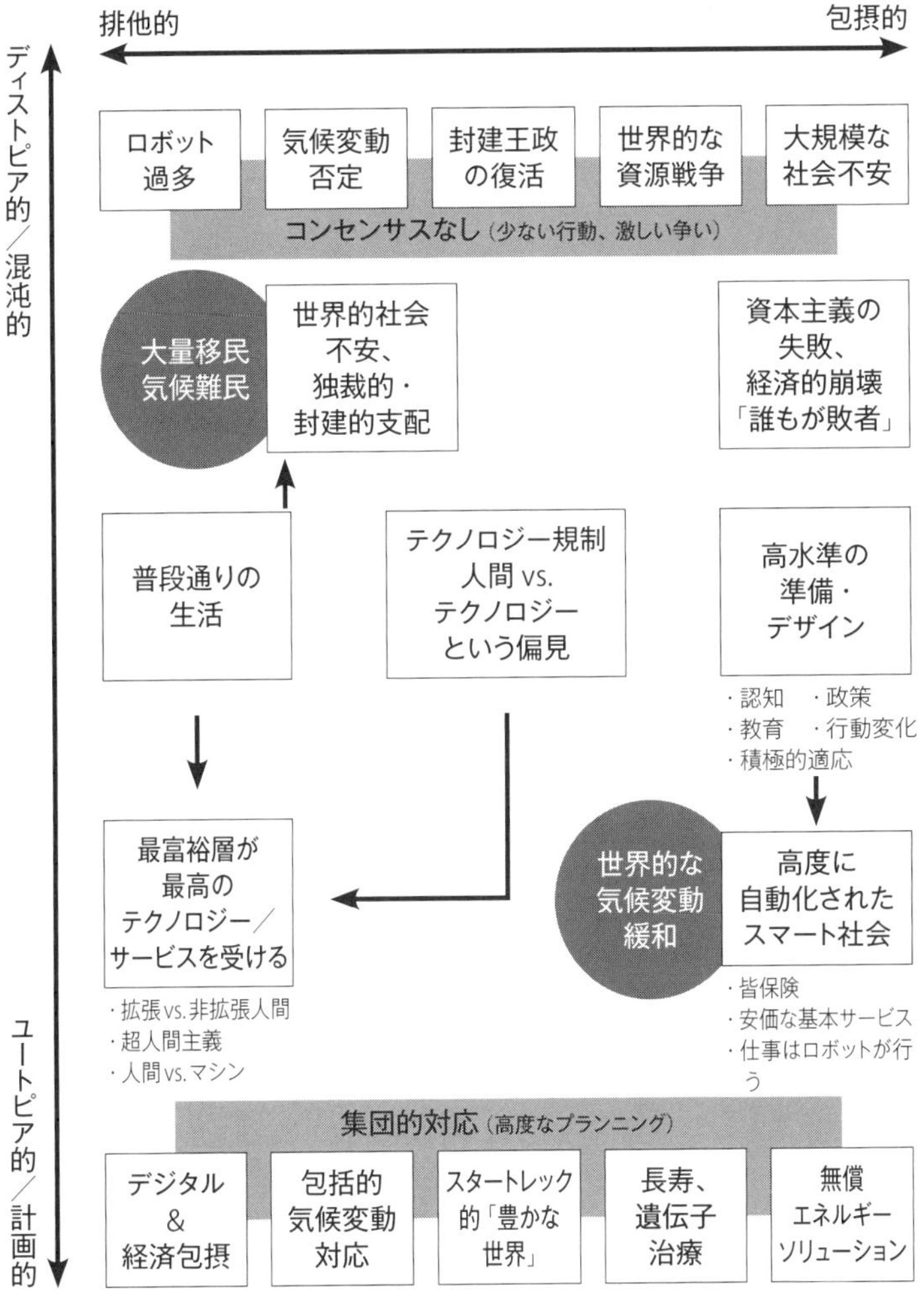

出典：著者

の未来について描き出そうと試みた。それらは、ディストピア的で混沌としたものから、ユートピア的で秩序だったもの、ポジティブなものからネガティブなものまで幅広く実施した。最も包括的で、計画的で、客観的な未来から、最も敵対的で、混沌的で、排他的な結果にまでわたる。

最終的に、私たちが最もありそうだと考える道筋は、その両者の間のどこかに位置するものとなった。それは、長い時間をかけて確立されてきた人間の行動反応と、大きなリスクが明らかになった時に私たちが示してきた生存に向けた集団意志とに突き動かされたものだ。しかし同時にそれによって、求めている結果をどのように位置づけるべきかという、本質的な質問が差し出されることになった。私たちが向かうべき共通の、または集団的な目的は存在するのだろうか？　あるいは、私たちの未来は、時間をかけて生まれてくる最もうまくいく統制と計画のモデルによって決まるのだろうか？

私たちは数多くの道筋について議論し、人類の未来の可能性を描き出した。1つのテーマが他のどれよりも上位のものとして浮かび上がった。**未来に対して、どれだけ集団的な計画と行動に焦点と目的を合わせればよいだろうか**ということだ。

私たちは4つのありうる結末を抽出した。ラダイスタン（ラッダイト世界）、テクノソーシャリズム、ネオフューダリズム（新封建主義）、そしてフェイルディスタン（失敗世界）である（図5－2参照）。

私たちは先に、社会を不安定化させるリスクと、人類の未来と広範な経済的不確実性に関して存在するリスクを洗い出した。こうしたリスクへの協調的対応を可能とするためには、少なくとも、地球と人類のための幅広い取り組み的なものを行うことが求められる。

４つのシナリオのうちで唯一、より大きな公平性の実現をサポートするだろうと私たちが考えるのは、計画された広く公平な社会であり、それはテクノロジー活用による気候変動リスクと不公平性の同時軽減に基づくものである（テクノソーシャリズム）。

社会にとってのマクロ的な結末は、しばしば複雑なものになる。それは私たちが幅広い根本的なイシューについて、イデオロギー的にどんなポジションをとるかによる。それは以下のようなものだ（訳注：aとbは対立する概念）。

図５－２ ● シナリオベースで系を動かして得られた、起こりうる結末

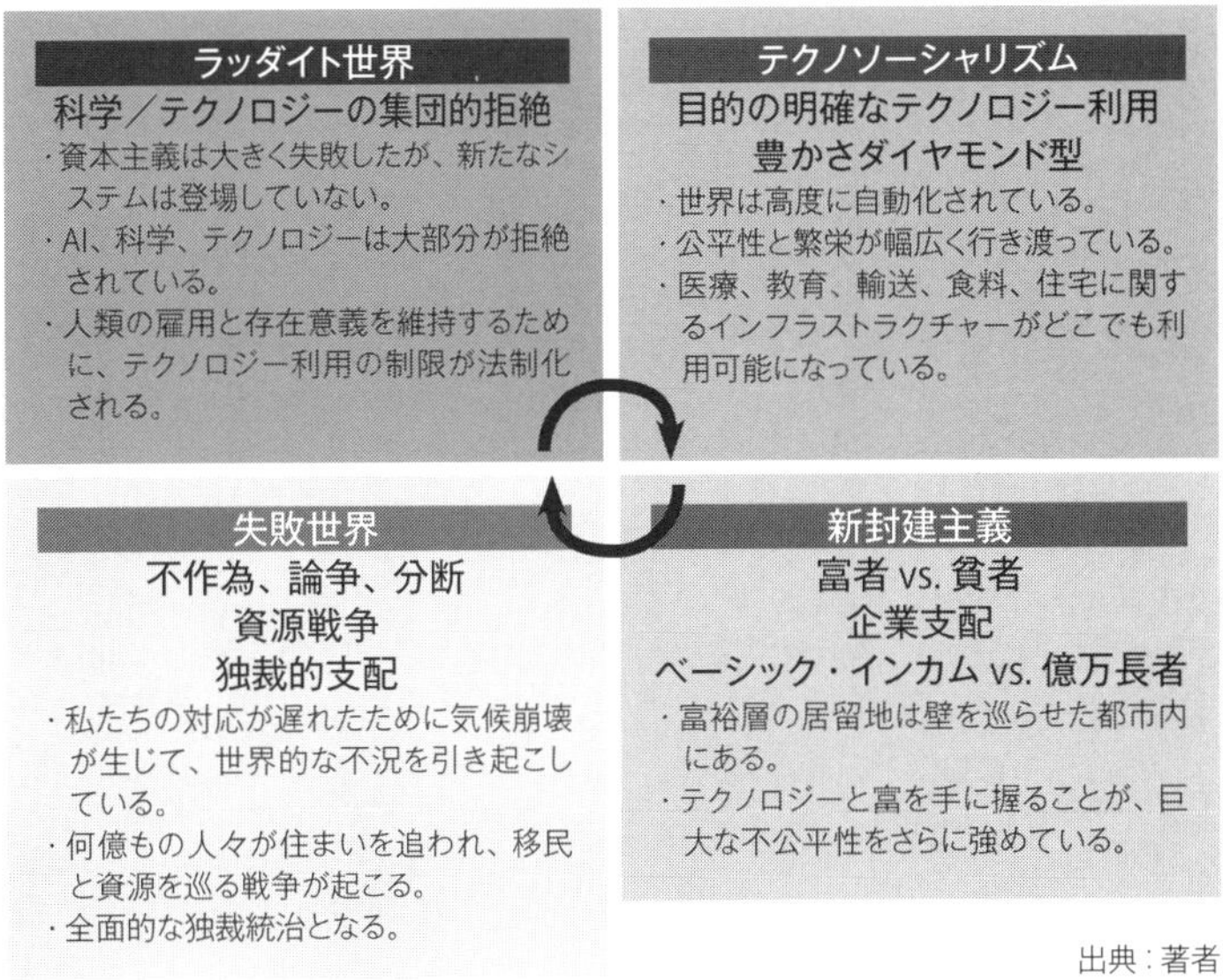

ラッダイト世界 科学／テクノロジーの集団的拒絶	テクノソーシャリズム 目的の明確なテクノロジー利用 豊かさダイヤモンド型
・資本主義は大きく失敗したが、新たなシステムは登場していない。 ・AI、科学、テクノロジーは大部分が拒絶されている。 ・人類の雇用と存在意義を維持するために、テクノロジー利用の制限が法制化される。	・世界は高度に自動化されている。 ・公平性と繁栄が幅広く行き渡っている。 ・医療、教育、輸送、食料、住宅に関するインフラストラクチャーがどこでも利用可能になっている。
失敗世界 不作為、論争、分断 資源戦争 独裁的支配	新封建主義 富者 vs. 貧者 企業支配 ベーシック・インカム vs. 億万長者
・私たちの対応が遅れたために気候崩壊が生じて、世界的な不況を引き起こしている。 ・何億もの人々が住まいを追われ、移民と資源を巡る戦争が起こる。 ・全面的な独裁統治となる。	・富裕層の居留地は壁を巡らせた都市内にある。 ・テクノロジーと富を手に握ることが、巨大な不公平性をさらに強めている。

出典：著者

❶**人権**

(a)誰もが等しく生まれて一定の譲渡不可能な権利を有しており、それは究極的には基本的な生活の質（クオリティ・オブ・ライフ）である

(b)適者生存である！　人々がある種の優位性を持って生まれたり、他人よりよく働くのなら、それでよいではないか

❷**経済／おカネ／富**

(a)自由市場は、人類が発見した繁栄拡大のための最良の組織化原理である

(b)おカネは意図にそぐわない抽象物であり、それから自由になればより幸せになる

❸**ナショナリズム vs. グローバリズム**（**個人主義 vs. 集団主義**）

(a)未来は人類が一体となる何らかの方法を見出すことにかかっている

(b)神は我が種族を祝福してこの生誕の地を与えて下さった。他の者は皆、資源を求めて争う競争相手だ

❹**倫理**

(a)人類は一定の倫理基準に沿って生きるよう努めるべきだ

(b)この命をどうするかは神に任せ、うまくいかなければ次の人生だ

私たちは、人類史のうち正常な時期にはいつも、学問的なプロセスや政治的なルートを通じてこうした異なる視点について議論するものだ。しかしそれには時間がかかり、コンセンサスに行き着くことはほとんどない。例えば、世界中の哲学者は神の存在についてはるか昔から議論してきたが、このイシュー1つさえもコンセンサスにはほとんど達していない。

個人の意思決定プロセスを形づくっているのは私たちの持つ信条や前提だが、総じてそうしたものが公共政策を形成している。歴史が示しているのは、私たちの意思決定は概して、ポジティブか破壊的かのいずれにせよ、予想もしない結果をもたらしうるということだ。

しかし現在私たちは、潜在的に極端なマクロレベルのリスクに次々と直面している。それらはこれまでをはるかに上回る協調的な取り組みと解決の意思を必要とするものだ。論争はもはや効率的ではない。世界の気候変動をみれば十分だ。私たちに必要なのは、悲惨な結末よりもよいものを実現するための最低レベルのアクションだ。人類自体が絶滅のリスクに直面しているのだ。

私たちが過去に見出してきた根本的なリスクが全て現実のものだと仮定すれば、残る問題は、私たちが集団的戦略をとることに合意できて、前述のリスクの緩和に向かうか、あるいは個々の施策の利点について論争を始めてしまって最悪の結果がほぼ不可避となるかだ。私たちは人類の幸福のために集団的に行動できるだろうか？　それとも自分の種族の優位性を得ようとしてほとんどコンセンサス形成不能に陥るのだろうか？　私たちは未来世代の成功を確実なものとするために、現在を犠牲にする可能性を受け入れるだろうか？　それともただ先延ばしを続けるのだろうか？

古代ギリシャの哲学者アリストテレス（紀元前384～紀元前322年）は、人類の目的は個人の目的を見つけることであり、それに成功すれば、目的は個人とコミュニティ双方の幸せにつながると主張した。それは人類が持つ中核的前提として、他のどの哲学にもひけをとらない立派なものだ。

論理的に言えば、人類に長期的な生存可能性を付与し、個人の成功、繁栄、長寿の可能性を増進するものは全て称賛されるべきだろう。何十年か何世紀か後の子孫の未来が、最適なものであることを望まない種などあるだろうか？　もしそれが根底にある思慮深い前提ならば、現在の私たちが最適な道を歩んでいないことは明らかだ。

「アリストテレスは、人の人生の目的が向けられる最終目的を明確に理解して言語化し、個々の人間は自分の能力を最大限行使するべきであり、そうすれば実現された能力の行使を通じて幸福と楽しみを得られる、と述べている。彼の主張は、人の業績を生き生きとさせるのは目的と自律であり、人は自分のやることとの卓越性に誇りを持つべきだ、というものだ。アリストテレスによれば、人間は、真実を知ることと理解すること、倫理的な高みを追求すること、行動を通じて世界に自分の理想を示すことに向けた自然的欲求と能力を有している、ということだ」

——エドワード・ユーキンス博士、『資本主義と通商（未訳）』の著者

私たちは、人類の目標とは何かという質問にまともに答えようとはしていない。それは傲慢か、でなければよくても無益だ。しかしながら、健全で繁栄する未来に向けて必要なアクションに関するコンセンサスへの道が遠ざかるほど、人類の未来はより暗いものになるというのは、前提として妥当である。特に気候変動については、私たちの現在の行動が不十分であるほど、孫世代にネガティブな影響が及ぶ可能性は高まる。

短期的な目標への注力がもたらす失敗

繁栄に向けた人間の能力でみれば、資本主義は種全体を前進させるために考えうる最善のモデルかどうかということにさえ疑問を呈すべきかもしれない。資本主義はイノベーションと産業、経済の進歩、そして市場を、マクロレベルで刺激するという主張もあって、それには筋が通っている。しかしそれは私たちが概念化できる最善のモデルで、それ以上のものはないのだろうか？　おそらくそうではない。現行形態の資本主義が現在から1000年後もまだそのまま存在する可能性は、歴史の教訓からすればとてつもなく低い。しかし、資本主義はもう1つのより根本的な欠陥を有している。

資本主義はその本質からして、様々な経済階層、特に低所得および中所得家計に対して排他的な結果をもたらすことがあると言える。また資本主義は一般に、短期的な経済目標、社会政策的観点からは、合理的とは言えない意思決定、そして政治的イデオロギーの対立の高まりをもたらすものだ。政治と常に流れ続ける主流ニュースネットワークもまた、極端に短期的な事柄に注意を向け、長期的な問題の解決には取り組もうとしない。

人々が集団的、長期的計画立案に取り組む場合、一般的に、複数の世代間の妥協や、集団的目的の統合などで行き詰まる。戦争、飢餓、パンデミックといった極端な状況を強いられない場合はそうなる。まれに例外はあるが、それでも必ずしもコンセンサスには到達しない。

中国の万里の長城は、結果を出すための長期的な取り組みの一例である。他の例としては、ヒトゲノム研究、アポロ宇宙計画、米国の国家高速道路網プロジェクト、欧州で我々の先祖たちが何世紀もかけて取り組んだ大聖堂の建築などがある。しかし人類史のほとんどを通じて、私たちは政策や政府支出を多くの短期的な目的に向けてきた。

短期的成果に目が向いてしまう傾向は、個人についても多大な問題を引き起こす。私たちは次の給料に目を奪われて、急な出来事や退職に備えて十分な貯蓄を行わない。加工食品を食べすぎ、いつも忙しくてジムに行けないと思い込み、結局は体調を誤った方向に向けてしまう。1つの四半期によい業績を上げた企業の株を買い、次の四半期に業績目標に届かないとそれを売ってしまう。新しいiPhoneが発売されると買い、毎日スターバックスコーヒーを買って、子供の将来の教育のための資金をとり置くことをしない。

個人の権利が集団の利益を妨げる

ほとんどの哲学者は、人間の充足のためには個性と自己表現が最も重要だと主張する。私たちは、独立と自分自身の決定権を欲する。しかしそれはまた、他人の自由を侵害しうることでもある。個人の権利は周りの人々の権利に対してトレードオフ関係であることがよくある。

米国の権利章典と国連の人権宣言との間にある相違は、「生命、自由、幸福」についての市民の権利の具体性に関する枠組みだ。米国憲法は、こうした問題を開かれた議論に委ねている一方、国連は、これらの基本的権利を近代経済に対応したものだとしている。米国で市民がこれらの権利を表立って問題にする唯一の方法は、これらは憲法で保証されていないために曖昧なままになっているとして政府の参画を強要することだ。

銃で自殺に成功する確率は、麻薬の過剰摂取やナイフの使用によるものよりも20倍近く高い。英国では、住民10万人当りの銃による暴力死は約０・０６人だが、米国では約４・４３人だ。人口の違いを考慮に入れても、米国での銃による殺人の比率は英国よりも73倍高い。米国は世界人口の約４％程度だが、世界で私有されている銃の半分程度は米国にある。銃は犯罪を防止するという議論もあるが、慎重に構成された30もの研究が、この主張が誤りであることを示している。銃が多いほど犯罪も多いのだ（注１）。

米国において個人の銃所持の権利が神聖視されていることは、銃乱射や家庭での銃暴力、そしてはるかに蓋然性の高い自殺死から守られて安全に感じられるという社会全般の権利を押さえつけてきた。銃の所持を放棄することが自分の「個人の権利」に対する脅威であると考える人は、銃所有がより厳しく管理されれば社会がよりよくなることを示す証拠について考えるよりも、銃所有者としての主義からその権利を維持しようと闘うことだろう。

銃所有は、個人の権利と集団の権利の優先順位付けについての明確な事例だ。米国憲法は明らかに個人の権利を強調しており、ジェファーソン自身の哲学的信念と強く結びついている。ほとんどの先進国では、集団的権利がまず保障され、個人はその次となっている。米国はその点でかなり独自性がある。

「全ての人は平等につくられていること、創造主によって譲渡できない権利を付与されていること、その中には生命、自由、幸福の追求が含まれるという真実を、私たちは自明のものと考えている。政府は、これらの権利を保障するために、人々の間に設けられた。それは統治される人々の合意から生まれる力に由来するものだ」

――米国独立宣言

米国独立宣言は、個人が「他に譲渡できない権利」を有していることを明示しており、政府の介入が許されるのは統治される人々の集団的合意によってのみであると示している。しかしながら憲法起草時には、こうした譲渡できない権利は白人の土地所有者の市民にのみ付与されていた。女性とアフリカ系米国人は明示的に除外されていた。したがって憲法は、米国人全体の集団的ニーズに本当に応えているわけではない。もし個人の権利を保障するなら、人々は最終的に、自由に最善の道を選ぶものだという前提が置かれているからだ。しかし、社会における「生命、自由、幸福」の追求は、現実には個人の権利と集団の権利の間のトレードオフに左右される。そして、憲法の文面は必ずしもこの問題を解決しようとするものではない。

米国で憲法上保障されている権利には、言論の自由、出版の自由、信教の自由、陪審裁判、理由のない捜査押収からの自由が含まれている。

国際連合は、人類の権利についてより広い見方を明記しており、それにははるかに幅広い社会経済的原則を含んでいる。労働の権利、同一労働同一賃金の権利（人種や性別と関係ない）、医療や教育、社会保障支援等へのアクセスの基本的権利などが含まれる。

「誰もが自分自身とその家族の健康と福利状態に見合った生活水準の権利を有している。それには食料、衣料、住宅、医療、必要な社会サービス、そして失業、疾病、身体障害、寡婦生活、高齢、その他自らの力の及ばない状況下での非充足的な生活状態が含まれる」

——国際連合、世界人権宣言

米国憲法は、人々が立ち上がって政府の介入を要求する場合に、個人と集団のトレードオフへの対応を保証することを明文化しているにとどまる。権利章典の基本的な機能となってはいない。

COVID－19の期間中には、世界中で同じような問題が強調されるのが目についた。個人が権利を主張してロックダウンのルールを無視してマスクの着用を拒否し、周囲の人々のことや、その決心がウイルスをさらにばらまいてしまう結果になることを考慮しないといった場合だ。将来、このようなパンデミックにより効率的に対応する唯一の保証された方法は、科学の手にそれを委ね、活動を制限して、医療当局の推奨に沿って行動することだ。具体的にはワクチン、マスク、ソーシャルディスタンスである。しかしこれもまた、市民を適切に教育して科学を信用してもらえるようにするという前提に基づいている。

私たちがこうした制約に従うなら、皆を安全に守ってくれる集団免疫（注2）を実現することが可能だ。しかし、市民の個人的権利に重きを置いてワクチン接種を拒否したり、マスクを着けないといった姿勢は続き、それは回避できたはずの死をもたらしただけだった。私たちに集団的な枠組みがなく、個人として活動すると、それは人類にとって最適な結果につながらない。

「フェイスカバーが選択の自由を侵害していると感じる人々もいる。しかし、より多くの人が装着するほど、外出の自由がより持てるのだ」

——米国軍医総監、ジェローム・アダムス

結局のところ、マスクを自分の個人的権利の侵害と見なす人々と、反対にそれは同胞市民や隣人を守る個人の責任であると見なす人々がいるという事実は、集団の利益に向けた活動に関して論争を続ける要因を1つ加えることになるだろう。

言論の自由は、現代のほとんどの社会における根本的な権利である。しかしながら、ソーシャルメディアは、より過激な自由言論の事例をまん延させる手段となった。Qアノン、ヘイトグループ、過激思想、フェイクニュースといったものだ。政府に批判の撲滅を行わせないのは称賛に値することだが、コミュニティに暴力を煽るグループを止める手段を持っていなければ、そのツケは私たち全体に回ってくる。2021年1月の暴動と米国議会議事堂への侵入が、そうした難しい問題があることを証明したのは確かだ。議事堂の暴動につながった自由言論の中には、2020年の大統領選挙に関して、連邦裁判所が事実無根と証明したものが含まれていた。言論の自由が議事堂への突入に参加した人々の間に、目的意識を持たせ、怒りの火をつけるのに貢献したのだ。そうでなければ、こうした人々は取るに足らない要素にとどまっていただろう。

政治的、経済的に言って、社会の結束は明らかにこうしたトレードオフを必要とする。社会が包摂的になるほど、富裕者が蓄積する富は減る。政府がより保護を強化すれば、個人が持つ自由はより少なくなる。監視が強まるほど、治安維持活動は侵害の度合いを増す。テクノロジーと科学への依存が強まると、歴史的な規範や雇用が損なわれる。ジェンダーや性的公平の許容が進むほど、長く維持してきた社会的・宗教的伝統は希薄化する。

数十年後に社会がどのように組織され、形づくられるかを予測すれば、それは2つの重要な哲学的イシューを巡るものになりそうだ。第1は、私たちは行動を通じて未来のあり方に影響を与えられるという信念である。第2は、個人の権利を犠牲にしても、集団の目的を推し進めるべきかどうかということだ。

人類は、私たちの子供らに問題を解決する最良の機会を与える取り組みをしなければならないが、そのためにはまず私たちが、子供らの未来の幸福と欲求が、現在の私たちの自己実現と欲求と相等しいものであると理解しなければならない。

トライバリズムと利己主義が自由を揺るがす

多くの人にとって、人生はオリンピックのスポーツイベントのように見える。そこでの結果は二択だ。あなたが勝てば、誰か他の人が負ける。世界は特権、リワード、プレミアムサービス、排他性を強調したマーケティング・メッセージに満ちている。現在の多くの論争や対立する言説の多くの根幹にあるものは、どれだけ多くの人が世界を「自分たち」と「あの人たち」に切り分けたいとか、それをいとわないと思っているかということだ。このメンタリティが、自分たちのトライブ（部族）や集団――そうした集団がよくあるように偶発的や不定形なものであっても――にとっての勝ち負けで結果を見ることにつながる。

個人が、自分たちのトライブが勝つために他者が負けることをよしと考えるならば、その同じ個人が、顔を見ることは決してないであろう自分たちのひ孫のために犠牲を払うなどと、果たして社会が期待しうるだろうか。それが地球の反対側で生まれた誰かのことなら、なおさらだ。

こうした他者の利害より先んじて自分たちの利益に基づいて行動する傾向、あるいは社会に共通の効用に明らかに反する傾向は、経済学では「コモンズ（共有地）の悲劇」として知られている。1833年、英国の経済学者のウィリアム・フォスター・ロイドは、オックスフォード大学での研修中に、牛飼いたちが公用地で過放牧を行う問題についての小論文を著した。彼が記述したのは、個々の牛飼いが、自分たちの正当な割り当てよりも多くの家畜を放牧に出すことで、公共財が濫用されてしまうという状況だ。1人ひとりの牛飼いはそれで恩恵を受けられ、また自分が得られる経済的恩恵に基づいて理屈をつけてそうした意思決定を正当化するかもしれない。しかし、それによって公共財はマイナスの影響を受け、結果として彼を取り巻く社会全体に悪影響をもたらすことになるのだ。

1968年、生態学者のギャレット・ハーディンは『サイエンス』誌に「コモンズの悲劇（The Tragedy of the Commons）」と題する論文を発表し、その中で、ロイドの提起した社会的ジレンマを地球の天然資源と無制限な人口増加へと敷衍して論じた。彼が主張したのは、人間たちが社会全体と自分との関わりを考慮に入れずに個々に行動すれば、地球資源を全て使い果たしたところでマルサス的破局が訪れることになるということだ。ハーディンは、利己的な人々は利他的な人々に対して、常により多くを得ることになるため、道義心に任せるのはコモンズを取り締まる有効な方法ではないと述べた。彼は論文の結語として「自由とは、必要性を認識することである（freedom is the recognition of necessity）」と述べている（注3）。人類が自らの消滅を避けて、生き延びるためには、地球とその資源が全体として公共財であることをきちんと認識することが必要だということだ。ハーディンは、これら有限なものの管理、資源の共有が「他人の、そしてより大切な自由を守り育む」唯一の方法であると主張した。

自己破滅的な行動の心理

私たちが「信念（belief）」をグループ分けする場合は、哲学や宗教の枠組みだけでなく、私たちが言うトライブの議論にも合うように、政治的イデオロギーや倫理的論拠も活用している。本書の前段で、経済的不確実性が最近の政治的論争の中核的な推進要素となっていることを述べたが、心理学者は別の論点を指摘する。それは人々が自分の利益や、より広く社会の利益に対して一貫して反対票を投じることを可能にするものだ。

米国では、共和党が優勢な「赤い」州に住む農業従事者たちは、２０１６年と２０２０年の大統領選挙でドナルド・トランプを強力に支持し、投票した。しかしながら前大統領は中国と貿易戦争を行って、144億ドルを失っている（注4）。

2016年の選挙で、白人女性の62％はヒラリーではなくトランプを支持して投票した。それまでにもトランプは女性を貶めたとされ、女性蔑視の発言がテープに録音されている（注5）。それは共和党と協調して、中絶と女性の権利に関する見解を翻した後のことだった。

最貧層の白人米国人もまたトランプに投票した。共和党は歴史的に富裕層への減税を支持しており、国民皆保険や教育の無償化に反対していて、ロビー団体の利害に沿って法律の枠組みを作ろうと動くことが多く、統計的にみて共和党大統領は、民主党大統領よりも負債を増やしてGDP成長を減速させる傾向がはるかに強いことを知っていながらである（注6）。

なぜ、農業従事者、女性、最貧層のラストベルトの米国人は、統計的にみて自分たちの暮らし向きを悪化させる可能性が高い大統領に投票したのだろうか？　10人中9人の経済学者が、ブレグジットが実現すれば英国は経済の悪化を招いてしまうだろうと予測していたのに、なぜ英国で最高レベルの失業率に苦しむ層が、全体としてさらに働き口を減らし、経済成長を減速させることになりうるブレグジットに賛成票を投じたのだろうか？

「現代の心理学（Psychology Today）」というサイトにボビー・アザリアン博士は、14の重要な心理的現象が、自分の利益に最も適うものに反した投票行動をする人々に影響していると書いた。その中にはダニング・クルーガー効果、保守主義者の脳に対する恐怖の刺激、恐怖管理理論、相対的貧困、人種差別等が含まれている。

しかし、保守層有権者の心理に継続的に登場するのは3つの重要なテーマだ。第1に大統領候補の政策プラットフォームの倫理的な受け止め方、第2に愛国的世帯の優越、そして最後に未来の繁栄の可能性に対する恐れと不安である。

米国国立医学図書館が刊行した2008年の研究では、政治的な傾向の偏りは、実は脳の恐怖に対する反応に関係しているという生物学的な根拠があることが示唆されている。

「突然の騒音と恐ろしい画像に対する身体的感受性が明らかに低い個人は、海外援助、リベラルな移民政策、平和主義、銃規制を支持する傾向がより強い一方、同じ刺激に対する心理的反応が明らかに高い個人は、防衛費支出、死刑、愛国主義、イラク戦争を支持する傾向がより強かった。したがって、個人の恐怖に対する心理的反応の程度は、外的および内的脅威の双方から現行社会構造を守る政策をその人が支持する度合いを示すと見られる」

――「政治的態度は心理的特性に連動する」、政治科学学部、ネブラスカ大学リンカーン校、2008年9月19日

恐怖、不安、疑念が人を保守的にする

保守主義者の脳が恐怖と不安に対処する方法は、より進歩的な有権者とは異なっていることを示す科学的証拠がある。彼らが体験する「恐怖」ははるかに本能的な度合いが強く、より自分に関わる個人的なものとして受け取られる。彼らは脅威に対して、それが自分の直接の家族に向けられたものであるかのように反応する。リベラルな脳は脅威をより社会に集団的に影響するものとしてとらえる傾向があり、個の脅威に対する感受性はより低い。

論理的には、恐怖をより感じるほど、より保守的政策に投票する傾向が強くなり、必然的に、安全や通常状態を理解できる形として、現状維持を求めることになる。これが、政治家が移民、犯罪あるいは経済に対する脅威を喚起することが多い理由の1つで、昔ながらのやり方だ。向こうには悪い奴らがいて、あなたの仕事、おカネ、土地などを乗っ取りにやってくるぞ、来させないためには壁を築こう、というわけだ。これが中国で機能したのは、万里の長城が築かれた時（紀元前7世紀～17世紀）のことだ。そして同じことが、ボリス・ジョンソンのブレグジットやトランプのメイク・アメリカ・グレート・アゲインのミッションでも明らかに機能した。

スタンフォード大学がカリフォルニア大学、メリーランド大学と共同で2003年に実施し

た調査では、集団的な社会的認知は、不安、システムの不安定性、複雑さ、脅威と恐怖反応と関係があることが示された。調査は、9・11以降、米国が全体として保守姿勢にシフトした証拠を提供している。有権者は、ジョージ・W・ブッシュと直接的な軍事行動により強く同調するようになった。これらの結果は、歴史モデルから導き出された予測以上に、保守主義の社会的認知動機づけモデル（注7）を支持するものだ。

ジョン・ジョスト（社会心理学者）の研究（2003年）では5ヶ国で22の独立したテストを実施し、その全てで、恐怖と不安が保守的な視点をより強化するという仮説を裏付けることが明らかとなっている。米国国立生物工学情報センターの2011年の調査によれば、保守的とされることが非常に多い人は、恐怖を扱う脳の部位である右の扁桃体が、より大きく活発であることが示されている（注8）。ある種明らかな生物学的反応だが、同時に、逃げるか戦うかという環境的反応でもある。

この文脈で見られるのは、9・11、世界金融危機、アルカイダ、そしてパンデミックまでもがストレス要因として機能して、より保守的な政策と、トランプとブレグジットを支持する傾向のある有権者の興隆を推進したことだ。ポピュリスト運動は明らかに恐怖と脅威のトリガーを利用した。それは、自由な移民、経済環境の悪化、犯罪や医療問題に関わるものだ。皮肉なことに、左寄りのより先進的な有権者は、この同じプレッシャーに対して、より社会主義寄りと見なされがちな、バーニー・サンダースのような人たちを支持した。論理的には集団的対応に向けて人間の行動を統一することが最善であるのをポジティブなメッセージとすべきところだが、最近の展開では、恐怖と脅威への反応が人々を団結させるのにはるかにより効果的であるとされている。

恐怖という人的要素が、最終的に、ディストピア的で、分断され混沌とした未来へと私たちを向かわせるものなのだろうか？　気候変動問題、巨大な不公平性、徐々に懸念が強まるパンデミック、反対運動と紛争といった混乱が、よりよい未来という共通の大義名分の下に、最後には私たちを団結へと押しやるのだろうか？　こうした脅威が存在する中で、私たちは互いの最善の利益に基づいて活動できるのだろうか？

私たちを種全体の集団的アクションへと向かわせるもの

別の方法で質問してみよう。人類が気候変動のダメージをなくすため、複数世代にまたがる取り組みにとりかかるよう動機づけるものがあるなら、それは何だろうか？　歴史の中の最大級のプロジェクトと取り組みの中には、人々の大集団を活動に向かわせた先例として、どんなものがあるだろうか？

・エジプト、ギザの大ピラミッド：巨大な富の集約の時代に完成したもので、死と共に神聖な存在となったエジプトのファラオたちを崇拝して建設された。現在の価値では約50～100億ドルである（宗教）。

・中国、万里の長城：約2000年の期間をかけて、内陸アジアから民族の侵入への防御のために築かれた。現在の価値では650～900億ドルとなる（襲来への恐怖、富のしるし）。

・米国、アポロ計画：米国人を最初に月に到達させるために作られた。現在の価値では1460億ドル（1970年代は245億ドル）（ロシアの優越への恐怖、探査）。

・ヒトゲノムプロジェクト：19年にわたる世界的取り組み（1984～2003年）で、最初のヒトゲノムの解読。現在の価値で約50億ドル（医療イノベーション、長寿、新たな試み）。

・国際宇宙ステーション：100回の打ち上げ、100回の宇宙遊泳、与圧区画1000㎥以上、質量100万ポンド（42万kg）、フットボール場の大きさ、時速2万8000㎞での移動。1500億ドル超、20年以上の期間、18ヶ国の参加（宇宙研究、世界的科学開発）。

・パナマ運河：1881～1914年の建設。最初はフランス、後に米国の専門技術投入。現在の価値で95億ドル（通商）。

・米国州間高速道路システム：62年間の取り組み、4万6000マイルの州間高速道路。国内通商と防衛目的。現在の価値で4500～5000億ドル（インフラストラクチャー、防衛）。

気候変動とAIというイシューに人類を結集させるための動機は何だろうか？

協調的な気候対応は、おそらく州間高速道路システム、アポロ、パナマ運河、あるいはフーバーダムのための取り組みに近いだろう。インフラストラクチャー開発、世界的な科学／技術対応、国家防衛戦略の組み合わせだ。これに含まれるのは、分散グリッドによる再生可能エネルギー源へのエネルギー生産の再編成、新しいエネルギー蓄積技術、ジオエンジニアリング、沿岸の海面上昇防御システム、家を失った人々の移住、適切な食料生産の確保、サプライチェーンの改善、製造業の環境サステナビリティ、炭素排出の減少、炭素の隔離と捕捉、大規模リサイクリング等々だ。

2025年には、世界の石炭工場は、世界にまたがる再生可能エネルギーのスキームに比べて高コストすぎるようになるだろう。実際、現存する石炭工場の75％は、それを稼働させ続けるよりも完全に置き換える方が低コストとなるだろう（注9）。それには、新しい太陽、風力発電所を補助金なしでゼロから建設する費用も含まれる。全ての石炭インフラストラクチャーを置換する方が、それを稼働させ続けるよりも大幅に低コストだ。地球上の全ての化石燃料生成施設を置き換えるのは、何十年もかかるインフラストラクチャー開発となるだろう。しかし今後20年の政府にとってのコスト節約だけでも、十分お釣りがくる。2030年には少なくとも2550億ドルの行き場のない石炭インフラストラクチャーが稼働を止めているだろう。私たちはこれを、炭素排出とは関係なく、コストに基づいて実施すべきだ。しかし正直に言えば、コストさえも重要な考慮要因ではない。

私たちは皆が、資金面の考慮とは別に、再生可能エネルギーの未来が必要なことに合意できるだろうか？　そこには明らかに、現在も同意しない人々（石炭企業やそこからカネを受け取る政治家たち）がいる。しかし人類の大多数は、これが何千万もの新しい職を生み出し、1年に何百万人もの生命を救い、より安くクリーンであることをいったん理解すれば、その支持に回るだろう。

気候変動緩和について会話する時はいつもすぐに、今後50〜100年の間に何千兆ドルもの資本が投入されるという話になる。それはあまりに大きな問題なのでほとんど理解できず、それだけの期間にわたってその種の支出にコミットすることは、既成概念で言えば政治的自殺である。だからこそ私たちは、今後30〜50年間の気候変動との戦いに、真の変化をもたらすのに必要な金額を調達するための国家負債を免除することを提案する。しかし明らかなことは、気候リスクに対応しようとすると、より大きく考えなくてはならないことだ。それもはるかに大きくである。

人工知能の開発は、ヒトゲノムプロジェクトか国際宇宙ステーションに似ている。グローバルな、共同の科学的試みであるが、より明確でより短期の商業利用を伴う。AIの適用には、研究開発投資、AIの動作に関する基本的な倫理、雇用への影響に対するリスク緩和戦略、国家の中核テクノロジーインフラストラクチャー、公共政策と公共戦略等が関係する。

気候変動とAIに関するグローバルなコンセンサスは、現実的に可能だろうか？

1968年のクリスマスイブのこと、宇宙飛行士のビル・アンダースは、視界に入ってきた地球のスナップショットを素早く撮影した。それはアポロ8号の宇宙船（CSM‐103）（注10）が月の暗い側を抜け、テキサス州ヒューストンの管制センターとの無線接続が回復した時のことだった。アンダースとアポロ8号のクルーは、その写真「地球の出」が人類にもたらした計り知れない影響の大きさをほとんど理解していなかった。それは私たちが母なる地球をこうした視点から眺めた初めてのものだったのだ。実際、自然写真家のギャラン・ローウェルはこれを「史上最も影響力の大きい環境写真」だと言明した（注11）。

その後2年に満たない1970年4月22日のこと、世界は環境意識の目覚めに刺激され、最初のアースデー（Earth Day）を祝った。グリーンピースもまた「地球の出」の後年に設立された。1970年12月2日には、米国環境保護庁が設立された。それはニクソン大統領が同年7月にその設立を最優先としたのを受けてのことだった。大量の反公害、反原子力、そして環境抗議運動と抗議活動が群れをなして出現したのも、「地球の出」の写真の登場から間もなくしての

図5－3 ● 「地球の出」は、人類の世界の見方をどう変えたか？

出典：NASAアポロ8号アーカイブ

ことだった。私たちの故郷を宇宙から眺めることは、私たちを深いところから変えたようだが、より重要なのは、それによって私たちが、純粋な資本主義と経済成果を超えた、より高位の集団的目標を自覚できたということだ。

21世紀における「地球の出」的瞬間となるのは何だろうか？　ニューヨーク市の洪水か、バングラデシュの浸水か、それともモルディブだろうか？　世界が目にしている10年連続の最悪の山火事と森林火災がそうだろうか？　自然災害が膨大に集中することによる、世界の保険業界の壊滅だろうか？　人類にとっての問題は、これら全ての出来事が起こった時には、気候変動の最悪の影響を緩和するには遅すぎるということだ。それはすでに起こり始めているのだから。

私たちの未来に対応するために世界が協調して取り組むには、推進を阻み、不公平性と疎外を助長し、小さな人口グループに恩恵を与える政策を後押しし、政治的梃子として使われることとの懸念につながるような勢力を見極めることが必要だ。そうした政治・経済システム内の要素を取り除く努力が必要だ。それらは本質的に人類の前進、福祉の向上、そして繁栄に対して長期的にマイナスの影響を及ぼしてきたものだ。皮肉なことに、それには人類の繁栄と相容れない資本主義と民主主義の要素も含まれるだろう。

抵抗勢力：既得権との戦い

ここ2〜3年の間、恐怖が私たちの集団的な政治的対応を阻んできた一方で、いくつかの重要領域における進歩に制限をかけようと、他のグループが精力的に動いていた。全体で何兆ドルもの費用をかけて、規制、政治的立場への資金提供、改革への制約などを行って、彼らの商業的利益が侵食されるのを妨げようとしていたのだ。それらには以下のようなものが含まれる。

●軍産複合体（Military-Industrial Complex：MIC）

年間1・7兆〜1・8兆ドルをいわゆる「防衛」支出に費消している。軍事ケインズ主義は、戦争が経済を成長させるという経済理論であるが、最近の中国の中東への進出はこの理論とは逆の効果を示している。

●大手タバコ、アルコール、銃、製薬企業

数多くの暴露記事や内部告発者が、これらグループが行った巨大な企業工作を白日の下に晒している。それらは法律制定、補助金、資金提供、自らの産業に有利な研究などだ。古典的な事例として、ＮＲＡ（全米ライフル協会）が銃による暴力と死亡に関する調査を阻むよう米国議会における法律制定を資金援助した件がある（注12）。

●加工食品とジャンクフード

米国人だけで年間2000億ドルをジャンクフードに使っている。2022年には、世界全体で7000億ドル相当以上がジャンクフードに支出されるだろう。ジャンクフードを週1回食べるだけでも肥満率の上昇につながり、週2回だとII型糖尿病、冠状動脈の心臓病による死亡、抑うつ状態、ガンのリスクの上昇、認知問題につながる（注13）。

●商業的漁業産業

世界の海を汚染しているプラスチックの50％超は商業的漁業船舶由来のものであり、プラスチックのストローやバッグの利用からだけではない（注14）。淡水魚の数はここ50年にも満たない間に76％減少した（注15）。現在の漁業レベルが続けば、2048年には海産食品が完全に消滅してしまうかもしれない。

●大手石油、石炭、ガス、エネルギー企業

最近の調査で示されたのは、エクソン・モービル、ロイヤル・ダッチ・シェル、BPなどの企業は1970年代には気候変動について知っており、気候研究を妨げる活動を継続的に行い、誤った気候情報の流布に何十億ドルも支出していたことだ。世界の5大株式市場に上場する石油・ガス企業は、年間2億ドル近くを使って政府にロビイングを行い、気候変動対策の政策形成を遅延させ、操作し、妨害した。

●オーストラリア石炭（具体名で）

近年、オーストラリアにおける森林火災で、大手石炭会社による保守的な自由党とその議員たちへの顕著な政治献金が注目を集めた。米国のロビーグループに比べれば小規模だが、石炭賛成で再生可能エネルギー反対の空気を醸成するための合計支出は数千万豪ドルに上る。

●ビッグテック

2018年にフェイスブック、アマゾン、マイクロソフト、アップル、グーグルは7000万ドル近くをワシントンの政治家に対するロビイングに費やした。ビッグテックはキャピトルヒル（米議会）に影響を及ぼそうと、5億ドルを超える支出を行っている（注16）。

●政治一般とロビイング支出

米国では2020年の大統領選挙向けの広告とメディア買付だけで140億ドルが費やされ、それは2016年選挙の倍以上であった（注17）。シチズンズ・ユナイテッドのような訴訟によれば、米国では人口のわずか0・26％が政治献金の68％をも占めている。しかし、2020年選挙の真の勝者（または敗者）は、おそらくフェイスブックだったかもしれない。

これらはいくつかの目に見える事例に過ぎない。他に含められるとすれば、消費財における計画的陳腐化や、ドラッグとの戦い、慈善団体やNGOの不正問題、イルミナティ……ときりがない。

ポイントは、既得権益に対して使われる全てのおカネは、気候変動に対して私たちが行う必要があるあらゆる是正行動や、国民皆保険、ホームレスへの家の提供、自動化による失業の緩和等に対して行える投資よりも多額だということだ。国防支出を半分に減らせば2年のうちに米国における学生ローンを帳消しにできる。選挙宣伝への支出をなくせば、年間約100万人の学生に対して教育の無償提供が可能だ。化石燃料ロビイングへの支出を方向転換して再生可能エネルギーの職に向ければ、年間に何万もの新しい職を生み出せる。新薬を上市するための13億~26億ドルを減らせば、処方薬の費用を現状の数分の1にできる。

こうした既得権益を十分に押し戻して本来のシステム的改革を行うには何が必要だろうか？ 気候変動は、これらの資金の多少の再配分を促すことになるだろう。例えば米軍をみてみよう。王立地理学協会の2019年のレポート（注18）は、米軍は歴史上最大の汚染源の1つだと結論づけている。陸軍、海軍、海兵隊を合計すると、ほとんどの中規模国家よりも多くの燃料を費消し、気候変動につながるガスを排出している。仮に米軍を1つの国家だとすれば、その燃料使用（年間87億ドルと9826万8950バレルの石油）だけで、世界で47番目に大きな温室効果ガスの排出国となるのだ。このため米国政府は、1997年の京都合意から軍関係の排出を除外するよう主張している。米軍を縮小して、物理的な武力よりもサイバーセキュリティ戦力を強化することが、ここでは役立つかもしれない。

政治システムは変わるだろうか？　これはもっと難しい。例えば、リアルタイムの選挙を、現実の声を集団としてまとめた政策に基づいて実施し、候補者当りの支出を劇的に減らして、より条件を公平にするのはどうだろうか？　政策と法律は市民の投票で決められ、投票は立法者と有権者とで等分するというのは？　私たちは、これら全てを可能とするテクノロジー環境へと近づきつつある。これについてはCHAPTER 10で述べる。未来のいつかには、資源制約からAIを使って資源配分を最適化するようになっていたり、それが発展して健康、富、アクセスの観点から得られる社会的成果と緊密に連携した政策立案・運営となり、それらが規制用の人工知能に組み込まれて最も論理的なものになるかもしれない。

おそらく、真の政策変化は、社会崩壊への集団的恐怖に押されて起こることになるだろう。それはバーチャル革命を通じて表出し、テクノロジーを優先する新種の資本主義によって駆動されることになるだろう。それは、単に利益をもたらして資本市場を満足させるというよりも、集団的効用に向けられるものとなる。

注1：『サイエンティフィック・アメリカン』、「銃増加では犯罪増加は止まらない、証拠が示す」、２０１７年10月1日

注2：ヒトの集団免疫であって、動物の免疫ではない。私たちは牛ではない（訳注：集団免疫＝herd immunity の herd には「動物の群れ」の意味もあるため）。

注3：「ヘーゲルの格言」としても知られている。

注4：出典＝全米経済研究所、「報復関税の農業・食料貿易に対する影響」、２０２０年5月

注5：Access Hollywood 暴露ものの『ニューヨーク・タイムズ』による写しを参照のこと：https://www.nytimes.com/2016/10/08/us/donald-trump-tape-transcript.html

注6：出典＝米国議会経済合同委員会、「民主党大統領 vs. 共和党大統領下での経済」、２０１６年6月

注7：J・T・ジョスト、J・グレイザー、A・W・クラグランスキ、F・J・サロウェイ（２００３年）、「動機づけられた社会的認知としての政治的保守主義」、*Psychological Bulletin*, １２９号、３３９～３７５ページ

注8：リョウタ・カナイ、トム・フェイルデン、コリン・ファース、ジェレイント・リーズ（２０１１年）、「政治的方向性は若年青年時代の脳構造と相関する」、10.1016/j.cub.2011.03.017.

注9：出典＝カーボン・トラッカー、「石炭火力発電の削減：石炭火力発電の終末期における経済・金融リスクの乗り切り方」、２０１８年11月

注10：アポロ8号宇宙飛行士たちはそれ以降の飛行のように司令船（Command Service Module）に名前を付けなかった。そのため司令船は単にアポロ8号CSMとして知られている。

注11：「あの写真」、ギャラン・ローウェルへのインタビュー、著名な自然写真家。オーストラリア放送委員会による、１９９９年

注12：「銃暴力の調査を抑え込むためにNRAが行ったこと」、NPR Radio、２０１８年4月5日

注13：「ファストフードのパターンと心血管代謝疾患：現行研究のレビュー」、バハドラン、マーミラン、アジジ、2016年1月、『国立衛生研究所科学ジャーナル』
注14：出典＝シー・シェパード・オーガニゼーション：https://www.seashepherdglobal.org/latest-news/marine-debris-plastic-fishing-gear/
注15：出典＝ナショナル・ジオグラフィック：https://www.nationalgeographic.com/animals/article/migratory-freshwater-fish-decline-globally.
注16：出典＝フォックス・ビジネス、「ビッグテック、議会ロビイングに5万800万ドルを支出。資金はここに流れた」、メーガン・ヘニー、2019年7月26日
注17：出典＝ロンドン・スクール・オブ・エコノミクス、「2020年選挙は市場最もカネのかかる選挙だったが、キャンペーン支出は常に成功につながるわけではない」、ウィリアム・ホーンキャッスル、2020年11月27日
注18：出典＝王立地理学協会、『あらゆる場所での戦争』における見えないカーボンコスト：ロジスティクス、地政学エコロジー、米軍のカーボンフットプリント」、ベルチャーほか、2019年6月19日

CHAPTER 6
疲れ果てて貧しく、
身を寄せ合う人々を我が手に

Give me Your Tired, Poor, Huddled Masses...

「私たち皆、そして特にあなたと私は、移民と革命家の子孫であることを、常に忘れないようにしよう」
――フランクリン・D・ルーズベルト

ドナルド・トランプが米国の大統領になると宣言して最初にした仕事は、移民を攻撃することだった。移民とは南にある米国とメキシコの国境を越えて入ってくる人たちだ。トランプはジョークを飛ばした。「メキシコが人々を送り込んでくるとき、それはベストの人々ではない。彼らは問題だらけの人々を送り込んでくる。そして問題を我々のところに持ち込むのだ（原文のまま）。彼らは麻薬を持ち込み、犯罪を持ち込む。そしてレイピストだ」。基本的に「移民たちは国境を越えてあなた方を殺しにやってくるのだ」というのが、トランプの共和党プライマリー（訳注：予備選挙の活動の1つ）でのスピーチのレパートリーだと、ダラ・リンドはＶｉｃｅ（訳注：米国ニュースメディア）でその特徴を述べていた。

移民が不可欠な経済要素である理由

トランプは共和党（注1）プライマリーを通じて、「移民が米国人の職を奪って経済からの追い出しにひと役かっている」「中にはいい人たちもいるが」と言い続けた。米国経済の実績を目にした貧困層と中間層の米国人の不安の高まりと、世界金融危機の記憶が続いていることを認識して、トランプは群衆の怒りと感情にターゲットを提供したのだ。そしてそれは成功した。

ボリス・ジョンソンとナイジェル・ファラージ（訳注：英国独立党党首）は、同じ懸念と不安を抱えて英国のブレグジット運動に踏み出した。結果的にEU離脱の投票が勝利し、それとともにボリス・ジョンソンは首相に選出された。ファラージは、移民というたった1つの問題がなければ、ブレグジットが「一線を越える」ことはないと思うと言っていたとされる。ファラージは、大量の移民は管理不能でどうしようもなく、英国がEUにとどまれば、状況は悪くなるしかないと主張した。

現実には、米国と英国のような経済が今後20〜30年にわたって経済成長を続けるには、移民がどうしようもないほど必要となるだろう。加

図 6－1 ● ナイジェル・ファラージはブレグジット論争を通じて、反移民を公言してはばからなかった

出典：Sky News

えて言えば、気候変動と自動化が巨大な移民の可能性を生み出すので、国境を閉じる試みで移民問題から目を逸らせるというシナリオはありえない。移民の数の膨大さが、そうした提言を事実上不可能とするからだ。

最終的に、移民が、今後20年にわたって熱い論争が行われる経済的イシューとなると思われる主な理由が3つある。

経済的刺激：移民は歴史的に、それなしではありえない明らかな経済成長を生み出した。

出生率の低下：中国はこの10年の半ばに人口がピークに達し、米国のピークは早ければ2040年である（失業率による。それは出生率に影響する）。何十もの国の人口がすでに減少しており、これは経済成長に明白な影響を及ぼす。

気候による環境難民の爆発的増加：2017年には、6850万（注2）の人々が気候変動と地域紛争によって、すでにやむを得ず自らの地を追われていた。2050年にはその数字は10億人にまで高まる可能性がある。ここまでの章で述べたように、海面上昇からだけでも3

図6－2 ● ファラージは移民について「コントロール不能だ」とツイートしている

出典：Twitter@Nigel_Farage、2016年5月26日

億人が家を失う。

移民が及ぼす経済効果

過去40年以上にわたり、複数の政治的ポジションをまたがった複数の研究が、移民は米国のような国々(注3)に経済的に明らかな恩恵をもたらすことを見出してきた。アメリカンエンタープライズ研究所(AEI)の最近の研究が示しているのは、移民に関する複数の事実は、トランプや英国独立党が述べたような移民に関する主張を支持していないということだ。同調査は、英国は移民なしでは20%低い経済成長となっていたであろうことと、EU全体でも20〜30%低かったであろうことを示している。2008年には世界金融危機があったが、危機後の米国経済の拡大のほとんど全てが、移民と関係している可能性がある。

新米国経済調査基金(The New American Economy Research Fund)は2019年、米国で上場しているフォーチュン500企業の45%が移民によって設立されたことを見出しており、2011年の40%から増加している。これらの企業は2018年だけでも売上高16・1兆ドルを稼ぎ出しており、それを含むGDP全体は20・58兆ドルである。移民なしでは、米国経済は明らかに大きく異なるものとなっていたであろう。

経済に対する移民の影響は、長い間、熱のこもった論争の対象だった。ほとんどの経済学者は、移民は成長に対して、正味で強いプラスであることに合意している。トランプの母校であるペンシルバニアのウォートン・スクール・オブ・エコノミクスは2016年6月に長期影響調査研究を刊行した。調査が示しているのは、移民（合法・不法の双方）はより多くのイノベーション、より質の高い教育を受けた労働力、より大きな職業専門化、より高い職とスキルのマッチング、そしてより高い全体的経済生産性をもたらしていることだ。また移民は、連邦、州、地域の予算合計に、差し引きでプラス効果をもたらしている。しかしながら調査は、低教育で低所得の移民人口が多い地域では、公共サービスのコスト全体にマイナスの影響があることをみつけた。特に教育に関してはそうだ。調査が結論づけたのは、米国への不法移民は経済に対してわずかにプラスであり、一方で合法移民をみると、結果は非常に大きくプラスであった。

図6-3 ● 近年、米国のフォーチュン500企業を率いる移民の人々の例

移民の創立者／共同創立者

イーロン・マスク（テスラ／スペースX）
セルゲイ・ブリン／ラリー・ペイジ（グーグル）
ピエール・オミダイア（イーベイ）
ギャレット・キャンプ（ウーバー）
エドゥアルド・サベリン（フェイスブック）

移民のCEO

サンダー・ピチャイ（グーグル）
サティア・ナデラ（マイクロソフト）
ジェームズ・クインシー（コカ・コーラ）
ダラ・コスロシャヒ（ウーバー）
アジェイ・バンガ（マスターカード）

出典：様々

OECD（注4）は複数の国にわたって複数の異なる指標と手法を使って行った調査で、移民に関係した大きな経済的恩恵が存在することを見つけた。具体的には以下の通りだ。

●移民は雇用人口のシェアを押し上げる

移民を通じた経済における労働者の比率の上昇、または人口の成長は、いずれも1人当りの所得の増加につながる。高度教育を受けた移民によって特化が推進されることは、1人当りの所得をさらに刺激する。

●移民の付加価値への貢献は、その人口シェアを上回ることが多い

外国生まれの労働者の経済に対する貢献度は、GDPの1％（ガーナ）から19％（コートジボワール）近くまでの広がりがある。調査対象国のほとんどでは、GDP付加価値推計は外国生まれの労働者の雇用に占める比率と相関している。

●計量経済学モデルが外国生まれ労働者のGDPへの貢献を示す

移民たちが低スキル労働者の場合も、彼らが経済に参加すれば低スキル労働者全体の生産性は上昇する。南アフリカのような国では、高スキルの外国生まれ労働者が1人当りGDPを2・2％押し上げ、低スキル労働者はGDPを2・2％押し上げている。

●個々の企業レベルでは、移民は文化と生産性を向上させる

移民を雇用する企業はそうでない企業よりも成長が速く、社員1人当りの資本使用率が低い傾向がある。移民は現行社員に新しいスキルを移転する傾向があるので、生産性が向上する。労働力のわずか5％が移民の場合でも、全体的な生産性向上は25％にも達する。

米国は、移民に基づく成長と、明らかに移民がもたらす経済刺激の上に成り立っている。19～20世紀にかけての移民比率は、常に米国人口の15％が外国生まれであることを示していた。20世紀の前半にはかなりの減少がみられたものの、現在の米国は、長期的な15％という数値に戻ってきている。

現在のオーストラリア人口の半分近く（49％）は、移民か移民の子供である。オーストラリア

図 6－4 ●米国人口に占める外国生まれのシェア（1850～2017年）

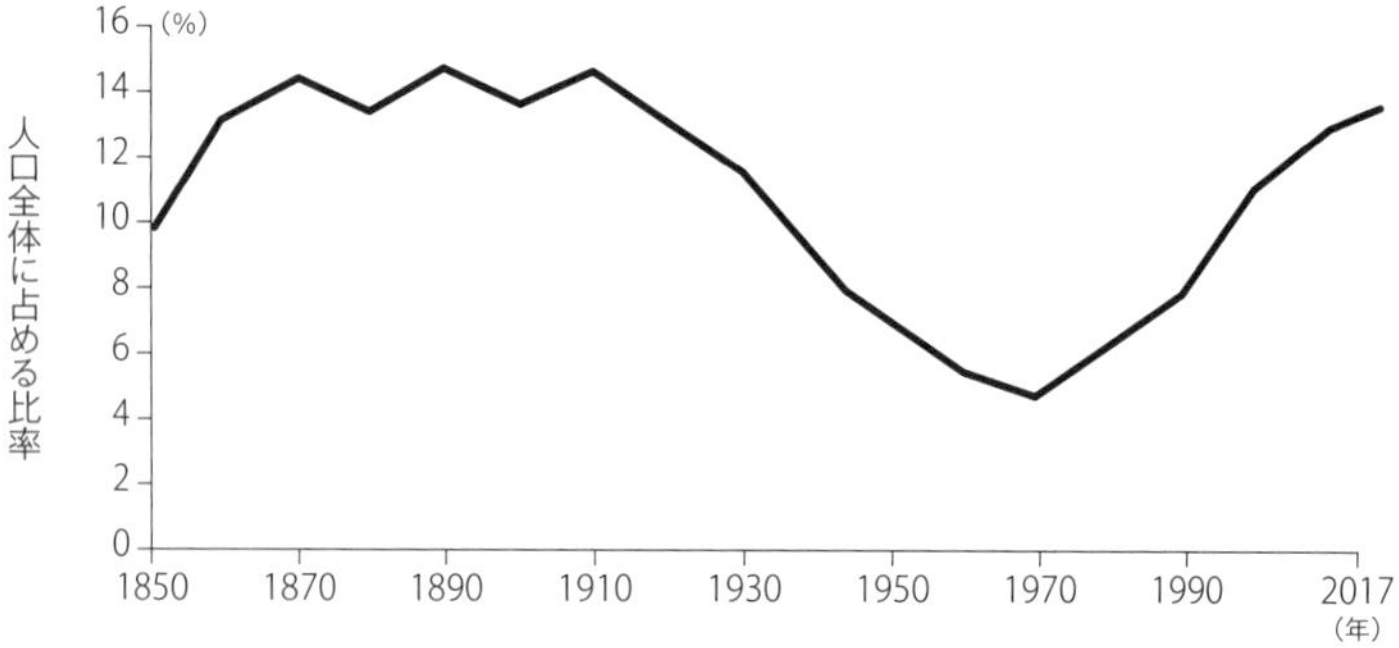

注：1850～1990年データはギブソン＆ユング（2006年）より。2000～17年のデータはACSより。
海外生まれの米国市民および米国領住民は自国生まれと見なす

出典：ブルッキングス研究所、American Community Survey（ACS：米国国勢調査局、国勢調査 2000-17）、著者計算、ギブソン＆ユング（2006年）

の人口予測は、2050年に3800万人で、その時点で移民はオーストラリアのGDPに対して1・6兆ドルほど貢献している。全体的にみれば、2050年には、個々の移民は、国内生まれの住民よりもおよそ10％多く、オーストラリアの経済に貢献している。

2018年、オーストラリアの財務省は、移民の国に対する長期的影響について詳細なレポートを作成した。レポートで見出されたのは、移民が社会に対して圧倒的に強いプラスの影響をもたらしていることだ。実際、保守派の自由党政権は2019年の選挙時に移民政策を攻撃したが、それは、オーストラリアへの移民を減少させれば、国家予算の何十億ドルもの費用がかかり、雇用の成長が大幅に減少することを十分に理解した上でのことだった。

「移民はオーストラリアに経済的配当をもたらしている。それは現行政策設定が、経済に貢献するスキルを有する労働年齢の移民者を優遇しているからだ。このことが、労働参加率を高めることにつながっており、おそらく生産性向上の恩恵も得られている。それが巡って、オーストラリアのGDPと1人当りのGDPを増加させており、生活水準にプラスの影響をもたらしている……移民は彼らが求める社会的サービスや他の政府支援以上に、税収に貢献していると見られる」

——「国の形作り：経年的な人口増加と移民」、オーストラリア財務省、内務部ウォートンの研究者たちはさらに進んで、移民が「米国のイノベーションと創意工夫の最前線にいて、そのことが、特許申請、科学とテクノロジーの大学院卒業生、ベンチャーキャピタルの出資を受けるトップ企業の役員ポジションにおけるシェアが異様に高いことを説明している」と示した。税収に関して同調査が見出したのは、「多くの移民が政府サービスの消費より多くの生涯税金を納めているため、政府の財政状態を改善させている」ことだ。

失業への影響はどうか？　移民は市場への労働供給を増加させるが、住宅の購入と建設、食料、テレビ、電化製品や他の商品・サービスの購入は、国内生まれの米国人にとっての幅広い雇用の成長につながっている。移民は常に、世界で最もイノベーティブな国家をつくり出すための米国の秘密兵器の1つだった。50年もの間、私たちは素晴らしいアメリカンドリームと、移民が米国に移る理由を耳にし続けてきた。このハリウッド由来のメッセージ発信は非常に成功して、世界中の最高のタレントの一部を惹きつけた。

２０２０年6月22日のトランプの大統領令は、非移民労働ビザで入国しようとする個人を制限するもので、それは20万人近くの外国人労働者とその扶養家族の入国を差し止めることになった。ブルッキングス研究所はその直接的効果を試算して、米国トップ企業が１０００億ドルの価値を失ったとした。それらの企業はＨ－１Ｂビザに依存していたのだ。

ギャラップ社の２０２０年7月のレポートでは、米国人の34％が移民の増加が望ましいとしているが、28％は減少が望ましいとしている。米国人の77％は、移民は国のためによいことだと述べている。しかし、移民数は平均で年間100万人近くから、2019年には約20万人へと急落した。理由の多くは政権による移民政策変更と、移民に対する公的立場に関するお粗末なPRによるものだった。もし移民数が今後10年間、この減少した水準にとどまれば、米国GDPは少なくとも1兆ドルのマイナス影響を受けるだろうと、ムーディーズ・アナリティクスは推計している。

移民は、何十年にもわたって政治家から攻撃を受けているものの、21世紀には重要な要素となり、各国経済は移民を惹きつけようとさらに競争するようになるだろう。

競争力を持つ移民

部屋の中にいる最大のゾウ（訳注：誰もが認識しているが直面しようとしない問題）に戻ろう。移民を悪者扱いしていることは問題だ。第1に、移民はそれがどんな種類のものであれ、一般的に経済にプラスの効果を及ぼし、職を破壊するのではなく創出する。しかし大きな問題は、気候変動と自動化の双方が、膨大な数の人々の移動を誘発してしまうことだ。先進国で出生率が低下するにつれて登場した疑いのない1つの戦略は、高スキルの移民を競って誘い込もうとすることだ。特にAIのようなテクノロジー、エンジニアリング、再生可能エネルギー、そして気候変動対応能力の分野の人々である。その理由は？　それは気候変動による住居喪失で生じるよりレベルの高い移民を、先進国が受け入れざるを得なくなるからだ。そしてどの国も、その中で高スキル労働者を最も多く獲得しようと先を争っている。

現在目にする世界的移民数の20～50倍に対応する計画がなければ、私たちは深刻な問題に直面することになる。それらはどんなものだろうか？

●国境の抜け穴の拡大

新しい生活の場を求める移民や難民の水準が増加すると、国境管理機能の停止も増加する。不法移民削減策につきものの国境閉鎖が長期的に成功した例は見られていない。トランプ大統領任期中には厳しい移民政策がとられたにもかかわらず、米国が目にしたのは、国内に居住する外国生まれの人々の数が４３７０万人から４

図6－5 ● CO_2排出量の世界シェア

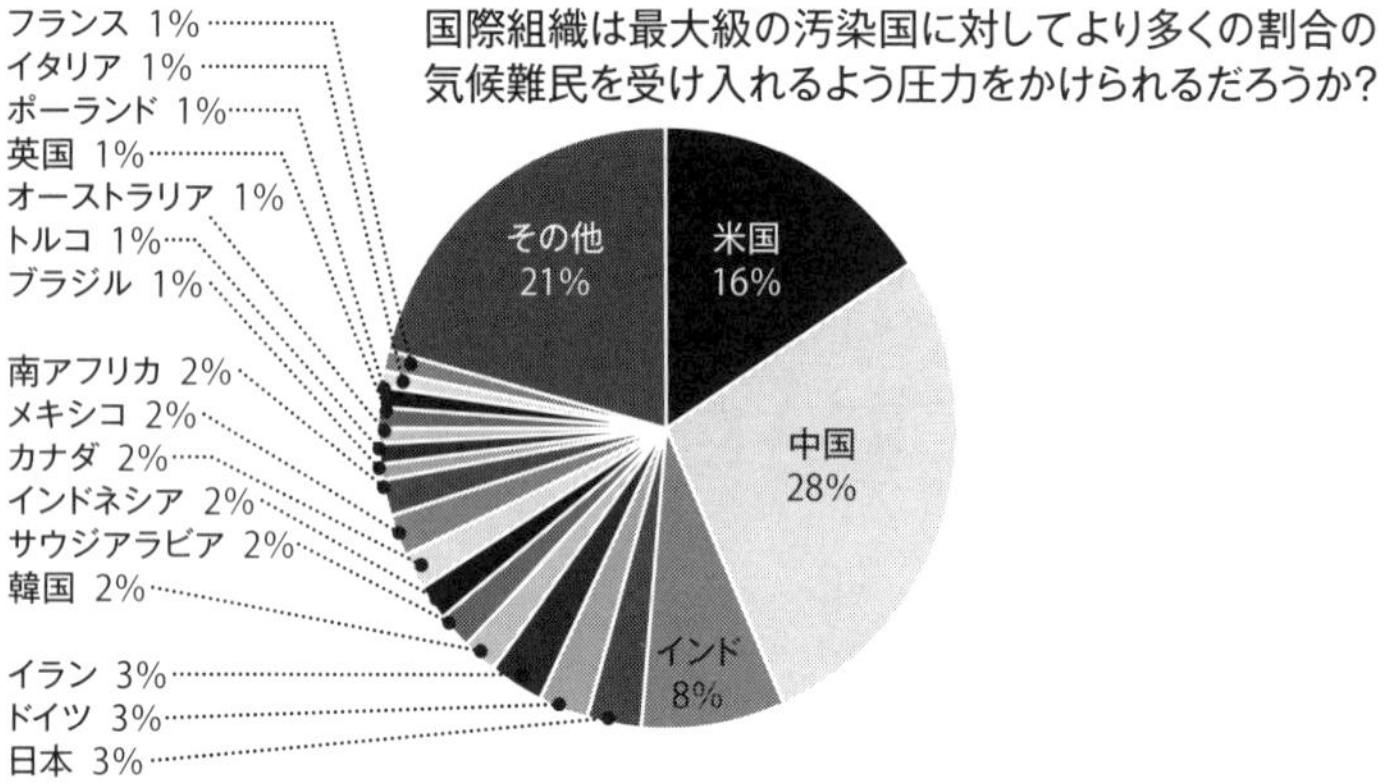

出典：憂慮する科学者同盟、2020年（注5）

500万人へと増加（約3％）したことだった。それでも、米国に来るよりも米国を離れるメキシコ人の数の方が多かったのだ（主な理由はメキシコの経済成長の改善）。

●**難民プログラムに対する世界的圧力**

国際連合、WHO、OECDが歴史上最大のCO_2排出国の面々に対して、受け入れる気候難民のシェアを高めるよう圧力を強める可能性は高い。おそらく炭素の総排出量とリンクまでするだろう。実は、ビル・ゲイツがその大きな推進者である。

●**資源を巡る対立**

大量の気候難民の発生と、史上最も大きな人類の危機を緩和しようとする世界の試みから、難民対策への資源配分は、世界のGDPの15％にもなりうる。地球温暖化で耕作可能な農地が減少し、食料不足が増加し、資源需要が高まる中で、厳しい対立が起こることが考えられる。

結論として、2050年には、移民を吸収するためのグローバルおよび個別国家の計画立案が必要となるだろう。

高等教育のグローバル化が国を潤す

世界の高等教育市場の規模は年間2兆ドルを上回っており、急速に成長している。2030年には、世界の教育・訓練支出は10兆ドルに達するだろう。発展途上国が成長し、先進国ではテクノロジーがリスキリングやアップスキリングを推進するからだ。それは世界のGDPの6%近くに相当する。2020〜2030年の間に、中等教育終了者は3億5000万人増加すると予想され、幼稚園〜高校教育の終了者は8億人に近づくだろう。アジアとアフリカが最も大きな自然増が起こる場所だ。

2017年に、世界の外国人学生市場は学生数で530万人を上回った。2000年の200万人からの増加である（ユネスコ、2019年）。その半数以上が6ヶ国の教育プログラムに就学している。米国、英国、オーストラリア、フランス、ドイツ、そしてロシアだ。主要な出身地国には、中国、インド、ドイツ、韓国、ナイジェリア、フランス、サウジアラビア、およびその他中央アジアの数ヶ国が含まれる。

米国は、過去40年にわたって、才能ある者を米国の学校や大学に非常にうまく惹きつけてきた。1950〜2020年にかけて米国では、外国人学生が全大学の学生数に占める比率で600%の増加をみた。外国人学生は2018年の米国経済に対して、450億ドルの貢献をしている（出所：米国商務省）。これらの学生は一般的に、国内学生よりも高い授業料を支払っており、そのため現在多くの米国の大学で、収入を外国人学生に依存する比率が上昇している。その多くはアジアからで、２０１８年にはカリフォルニア州だけでも16万２０００人近くの外国人学生がカレッジや大学に通っている。

　トランプ政権下では外国人学生の登録数は着実に減少し、２０１５年から約10％低下した。パンデミックがこのトレンドをさらに加速して、外国人学生の新規登録は43％の低下が見られる（注6）。

　オーストラリアは米国よりさらに外国人学生への依存度が高い。高等教育への全登録者数の21％が外国生まれの国際奨学生であり、全体で年間約40億ドルに相当する現金がオーストラリア経済に注入されている。オーストラリアの教育相によれば、オーストラリアの教育は「最大

図６－６ ● 国際学生の米国での入学に対する「トランプ効果」（2016～2020年）

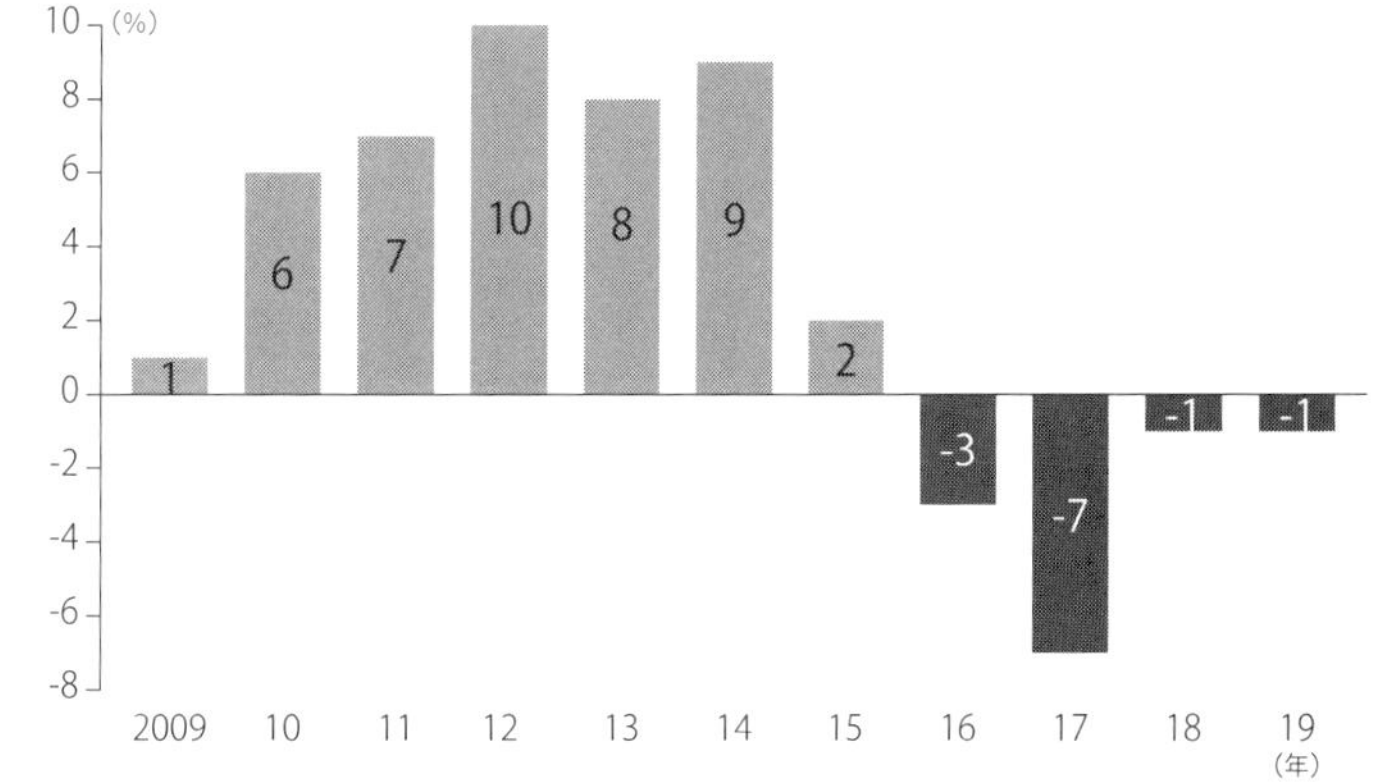

のサービス輸出であり、24万の職、ビジネス機会、経済成長を支えている（注7）」とのことだ。

2010年代、英国は外国人学生にとって、米国に次いで世界で2番目に人気の渡航先だった。2017年には、海外の大学で学ぶ全ての外国人大学・高等教育学生のうち、米国は26％を受け入れた。英国は12％だった。しかしより最近になって、外国人学生市場における英国のシェアは徐々に低下している。それは、オーストラリア、ニュージーランド、カナダのシェア上昇に伴うものだ。2014〜2015年の英国大学の推計では、外国人学生は英国経済総生産に約260億ポンドの貢献をしている。外国人学生は、ほとんどの近代経済国家で、サービス分野における激しい争奪戦の対象となってきている。

2014年にユネスコは、グローバルな教育ニーズに対応するために、2030年に世界で6900万人の教師が新たに必要になるとレポートしている。しかし教育でも、構造的変革の機が熟している。現在の高等教育市場は、ほとんど、グローバリゼーションの速度に追い付けない教育機関で占められたままだ。たいていの大学は、学習ニーズや行動の変化、テクノロジーの変化、市場の変化に追い付いておらず、そのためほとんどの雇用主が求職学生の求めるものを提供できていない。

大衆教育の発展プロセス

産業革命以前は、現在の学校で見られるような教室はほとんど存在しなかった。古代エジプト、中国、ギリシャ、ローマの教育システムは主にエリート訓練に限定されていて、中世のヨーロッパでは、多くの場合は修道院か、学者でなく親方職人の下で訓練を受けるものだった。大学が登場し始めたのは11～12世紀の欧州である。モロッコのフェズにあるアル＝カラウィーイーン大学が最古のもので、8世紀以降ずっと運営を続けており、世界最初の学位授与型教育機関であった。9～13世紀の最も評価の高い学習の場はバグダッドの大図書館で、「知恵の館（House of Wisdom）」として知られた。

「天文学、数学、農業、医学、哲学に関する著作が翻訳された。ペルシャ、インド、ギリシャの原本を参考に、学者たちは世界の偉大な知識のコレクションを積み上げていった……その館は人間の、そして科学、数学、天文学、医学、化学、動物学、地理の研究において比類なき中心であった。バグダッドは世界最大で最も豊かな都市であり、当時の知的発展の中心として知られており、人口は100万人を超えていた」

――ウィキペディア：教育の歴史、「知恵の館」

文化と宗教への配慮はあったが、ほとんどの教育システムでは、リテラシーを得ることが主な教育上のゴールであり、芸術、音楽、彫刻、建築についても教えられた。教育はほとんどが私的なものか教会が運営するものだったが、18世紀になると、政府が教育の制度化に目を向け始めた。フランスでは1880年代に、宗教色のない国の教育が登場したが、それは国民教育大臣の設置に対応しており、若い人々をカトリック教会と君主主義のくびきから解き放とうとするものだった。

政府出資の大衆教育システムは、産業革命時の社会の近代化と足並みをそろえてその姿を現し始めた。仕組みとしての教育システムの実用化は、児童労働法の導入と軌を一にして進んだ。以前の教育は主に、教える側の学者としての敬虔さ、学問的造詣、家族の富裕さ等に基づくものだったが、大衆教育システムでは、はるかに高い一貫性のあるカリキュラムと方法論が必要とされた。政府もまた教育を、整然とした社会的・政治的行動をつくり出すメカニズムととらえていた。多くの人がそう考えるのは、こんにち私たちが目にする近代の教室のつくりは、本質的には、20世紀前半に登場した工場生産ライン向けの供給システムであるということだ。小学校や中・高校に通う生徒たちは、従順な働きバチとして訓練され、上司の指示を受け、工程や一連のルールを記憶し、決められた作業を実行し、生産ラインの次の対象に移動する。意見を言うためには手を挙げるよう教えられ、試験や小テストが、創造的に考えるよりも丸暗記のプロセスを強化する。

未来に向けた教育の姿

過去150年間、総じて明らかに有効だったとは言え、こんにちの教育システムは、私たちの子供たちに対して今後20年とその先に向かわせる準備をさせていないようだ。教育分野には変化を促すいくつかの力が存在している。それには現行モデルの冗長性、新しいテクノロジー、新しい市場、雇用者の需要の変化、学生の需要の変化、そして教師と組織の現在のケイパビリティと市場ニーズとの乖離などがある。

教育が持つユビキタス性と民主化は、「より多くはより少なくにつながる」という状況を招いてきた。プログラム、学生、学習時間はより多く、長くなっているが、適切な教育課程、現在・未来の世界で働くために身につける必要のあることを実際に学ぶ学生、AI駆動型経済の中で持続可能で有用なスキル開発に使われる時間といったものはより少なく、短くなっているのだ。こうした不具合の理由は、一部は金融面、一部は社会面、そして一部は学生教育の行く末を左右する多くの人々の無関心にある。

2014年のこと、イーロン・マスクは彼の5人の子供を、ロサンゼルスの英才教育学校であるマーマン・スクールから密かに退学させた。マスクは、カリフォルニア州ホーソーンにあるスペースXの基地内に、新しいタイプの教育キャンパスを作ろうと動いていた。それは自分とスペースXの職員の子供たちを、来るべき世界に備えて教育する場だ。マスクはマーマン・スクールのトップ教師の1人であるジョシュア・ダーンをリクルートして、新しい学校の運営を任せた。学校名はアド・アストラである（注8）。

「現在は、7歳から14歳までの30名以上の学生（マスクの子供たちを含む）が、科学、数学、エンジニアリング、ロボティクス、そして人工知能に重きを置いたカリキュラムに参加しています。実質的にアド・アストラのあらゆるものは、慣例にとらわれていません。それは学年（存在しない）から入学選考プロセスの秘密の内容にまでわたるものです」

——イーロン・マスクのプライベートスクールへの志望に関する3つの質問、コリン・パーティル、『クオーツ』誌、2018年11月

マスクの非営利学校では、体育、音楽、言語の授業を廃止した。マスクは、2年のうちにテクノロジーで翻訳は即時に行われるようになるので、ヒトの言語よりもマシンの言語を学んだ方がプラスだと主張する。子供たちは火炎放射器とロボットの構築、気象観測気球の発射などと並行して、原子力政策や、邪悪なAIの撃退といったプロジェクトに取り組んでいる。米国国税局に対する非営利学校設立申請では、アド・アストラの設立趣意は「独自のプロジェクトベースの学習経験を通じて、あらゆる必要なテーマについて従来の学校の基準を超える」とさ

れている。

学生はカリキュラム作成に参加し、毎年行われるレビューで、次のカリキュラムは前年と大きく異なるものになる。フォリオと呼ばれる週次のアサインメントに対応するには、ある特定のテーマについて集中的なリサーチが必要だ。ある週はクルーズ業界、次の週は中産階級化について、といった具合である。アド・アストラの卒業生は、米国の平均的な中学校の卒業生とは大幅に異なるスキルセットを持つことになるだろう。だがとりわけ、彼らは適応能力が高く、エンジニアリング能力を持つことになる。

寄付金額が多く、適応能力を備えた数校のグローバル大学にとどまらず、現在の多くの大学が、以下のような理由で後れをとっている。

1. 世界基準のコンテンツへのアクセスは、次第に無料か低価格となりつつある。コーセラ(Coursera)、ユダシティ(Udacity)、カーンアカデミー、コードアカデミー、マスタークラスその他の教育組織はすでに、どうすればトップクラスのコンテンツを遠隔で教えられるかを実証している。
2. 現行の講義モデル、すし詰めの教室、硬直的な時間割は問題となるだろう。人づての経験やネットワーキングが差別化要因となる非常にまれな例を除けば、クラスルーム型教育の有効性は次第に問題と見なされるようになる。コロナウイルス・パンデミックがこのトレンドを加速させている。

3. 学術賞は、次第にその意味が薄れていき、時代に合わないズレたものと見なされるようになって、大学院生にとっては見栄えのしない目標となるだろう。

4. コミュニティと卒業生ネットワークの構築は、大学の売りのポイントであり続けるだろうが、それがうまくいくケースは非常に少ないだろう。現在それに相当するのは、ソーシャルメディアやオンラインの専門家コミュニティの場である。

5. 仮想現実（Virtual Reality：VR）のような新しいテクノロジーは、クラスルーム型モデルを、キャンパス内教育よりも安価で、より有効なものに拡張しうる。将来、最も早くて安価に教育を拡大する方法は、物理的なキャンパスを育てるのではなく、テクノロジーを通じたものになる。

多くの教育機関は、コンテンツ作成者になろうとするよりも、コンテンツ集約者としての役割を受け入れる必要があるだろう。教育を、より時代に合ったものにするためには、革新的な提供者が新しい教育プログラムを生み出し、世界的に認知された組織がそれに学位の箔をつけ、同時に、世界的に専門化組織および類似のコンテンツリッチな機関が就職学生向け学習プログラムを市場化する。この方法ならば、学生は適切なコンテンツを学習し、学位を取得できる。同時に適切な専門分野における賞（アワード）を獲得して、自分たちやそのニーズに沿った専門化コミュニティに直接つながることになる。

しかし、この新しい世界で現実に大学が重要かどうかには、多少の疑問もある。アップル、グーグル、IBM、テスラ、スペースX、バンク・オブ・アメリカ、ヒルトンや他の企業はこの何年か、大学卒の要件を除外しているのだ。

「素晴らしい大学を卒業すれば、それはその人がすごいことを成し遂げる能力があることを示しているかもしれないが、必ずしもそういうわけではない。例えばビル・ゲイツやラリー・エリソン、スティーブ・ジョブズのような人たちをみれば、彼らは大学を卒業しなかった。しかし彼らを雇用する機会が得られるなら、それはいいアイデアだ」

――イーロン・マスク、テスラ／スペースX

世界で最も才能豊かな起業家の2人が、子供たちに来る世界での雇用に向けた準備をさせるのに、大学就学は重要な要因ではないかもしれないと主張している。

マスクは最近、スペースXとテスラでの職に応募するよう勧誘した。大学学位は要件ではないが、その代わりに「素晴らしい能力のエビデンス」を求めた。アド・アストラ校の入学試験の質問（注9）とともに、スペースXのインタビュープロセスのフィードバックから見られるように、マスクと彼のチームは問題解決のスキルと思考力を非常に重視しているのだ。

グーグルはさらに一歩先を行く。2020年7月14日、グーグルは、データ分析、プロジェクトマネジメント、UXデザイン分野で、一連の新たなプロフェッショナル認定プログラムをコーセラと共同で開始することを発表した。コーセラは通常、月額49ドルの手数料を課するが、グーグルは費用を肩代わりするために、10万件の奨学金を応募に基づいて提供する。例えば、ITサポートスペシャリスト認定には3〜6ヶ月を要し、卒業生の80％は新たな仕事に就くか、昇給の恩恵を受ける。費用300ドルで6ヶ月の受講を終えると、卒業生は年間9万3000ドルの雇用にアクセスできるのだ。これで誰が大学を必要とするだろうか？　グーグルのコーポレート・アフェアーズ担当上級副社長のケント・ウォーカーは、ツイッターを通じて、「私たちの採用では、あらゆる職業認定を、関係役職に対する大学4年卒学位と同等に取り扱います」と発表した。

グーグルの発表の2週間前、マイクロソフトは2020年6月30日のブログ投稿を通じて、2500万人の専門スキルを向上させる、グローバルな取り組みを開始すると発表した。

ジャック・マーもまた、現行の教育システムは、今後20〜50年の繁栄のために必要なスキルへの対応準備がひどく遅れていると述べている。マーは、より幼い子供たちに対して、もっと多額の投資がなされるべきだと示唆する。子供たちがスキルと価値を積み上げるのはその時期であり、大学で得るものははるかに少なく、重要なものはその前にすでにハードコードされているというのだ。マーは、アリババとアント・フィナンシャルでは大学卒業生を定常的に再訓練していると述べており、大学学位は「授業料の領収証」以上のものではないと示唆したとされている。

私たちがこの本のためにジャック・マーに行ったインタビューの中で、マーは19世紀の教育の仕組みと21世紀のそれとの間にある相違点は、マシンが持つ力と人間を差別化する能力であると強調した。したがって、マーはマスクと同様に、現行の教育システムは暗記による知識の詰め込みを強化するもので、その知識を活用する知恵を強化するものではないと主張している。

「未来で重要なのは知識ではなく、知識を適用する知恵です。AIと人間の間の競争力の差別化のカギは、私たちのミッションとバリューに入っています。人間の知識は間違いなく爆発的に拡大していますが、私たちの知恵は何千年もの間、向上していません。知識はアルゴリズムに移せますが、知恵は経験の総和に基づくものです。学習に基づけば博識にはなるでしょう。しかし、経験を自分のものとして、初めて賢明になるのです」

——ジャック・マー

これについての証拠は、すでに現在、欧州で確認されている。包括的な学校システムではフィンランドがEUランキングのトップにあり、それはこの16年間変わっていない。フィンランドでは、子供たちは他の学校システムよりもかなり遅く学校に通い始め、7歳になるまで小学校に行かないケースも少なくない。入学以前には、子供たちは算数や読み書きを全く教わらない。重視されているのは、創造的な遊びと、友達を作って他人を尊重するといった良好なソーシャルスキルを伸ばすことだ。教師はこれを、遊びを通じた学習と強調している。これが巡って、学年に相応の理解力の獲得よりも、生涯を通じて学習を重視する姿勢が作られることになる。学生は大学に入るまで、座って試験を受けることは全くない。

教育の側面で重要となるのは、人工知能に対する競争である。現在私たちは、STEMすなわち科学、テクノロジー、エンジニアリング、数学の能力を話題にすることが多い。しかしながら近い将来、テクノロジーは独立した分野ではなくなり、あらゆるプログラム、あらゆる課程に組み込まれることになるだろう。

先進世界では、ロボットと生活し、働けることが差別化スキルとなるが、アフリカのような発展途上経済においては新しいインフラストラクチャーを装備することも重要だ。都市はスマートになるだろう。医療、交通、農業、サプライチェーンは全て、大規模の自動化されたスマートシステムによって支えられる。それなら、教区もスマートにならねばならないだろう。ジャック・マーが述べたように、創造性、EQ（情緒指数）とLQ（Love Quotient：愛情指数）のようなソフトスキルが、私たちをマシンから差別化する。

しかし、誰もが何らかの分野でAIと共に働く必要があるだろう。したがって、学生は非常に早い年齢からテクノロジーに触れることになる。そしてテクノロジーを独立した学問として選ばなくなり、コーディングは現在の数学のようになるだろう。それらは全て、基礎的な学校教育のあらゆるレベルで教えられる。

マーは、愛情と人間の仲間意識と思いやりが、最終的には私たちをＡＩの論理性や知性と差別化するものだと主張する。

「そう、ＡＩは神経回路に組み込まれた驚異的な知性を持っています。しかし人間だけが素晴らしい心と人を愛する力を持っているのです。マシンは素晴らしい精密さと正確さを持っていますが、人々は色彩、ニュアンス、温かみを持っています。ＡＩの時代は人間の連帯の時代への幕開けとなるでしょう。世界がテクノロジーによって拡張されていく中では、人々はこういう方向でのみ、排除されないでいられるでしょう。マシンはベビーシッターに取って代わることができるかもしれませんが、子供に対する母親の愛情に代わりはありません。マシンはすでに薬を調剤する看護師や患者に手術を行う外科医に取って代わりつつありますが、ケガ人、病人、衰弱した人に対するいたわりや思いやりの心を模倣することはできません。ＡＩの時代に、もし愛や人間性がビジネスに吹き込まれなければ、テクノロジーへの依存が強まれば強まるほど、それはより冷たく、有害で、不公平なものとなるでしょう」

――ジャック・マー

しかしながら、教育の未来について真に期待が大きいのは、コストの飛躍的な低下と教師の有効性の向上である。教師がVRのようなテクノロジーベースの配信システムにつながれば、教育支援システムを使ってより大きなクラス規模が実現でき、教師はその収入を増やせるだろう。

対面でのコラボレーション、ソーシャルスキル、チームビルディングが求められるものについては、今後も学生が物理的に集まることが求められるだろう。しかしこれも、登録制や組込み型のコミュニティ・メンタリングやファシリテーションをベースにできる。今世紀後半には、幼稚園はクラスルームベースだが、9～16歳の中間年齢の教育の多くは、対人とバーチャル教育システムを組み合わせて実施されるだろう。こうなると、国ベースの教育はコストの面ではるかに改善されるだけでなく、はるかに包摂的になるだろう。

テクノロジーによる建設費用の低減とホームレスの終焉

サンフランシスコのような都市では不公平性の存在によって、住宅取得能力面で、低所得および中所得家計に非常に大きな困難が生じた。最も厳しいケースでは、これがホームレスのまん延状態に発展し、サンフランシスコのミッション地区や他の地域、ロサンゼルスのスキッド・ロウ（スラム街）を悩ませることとなった。しかし、ホームレス状態が問題となっているミッション・ディストリクトやスキッド・ロウのような状況は決して極端なケースではない。ハビタット・フォー・ヒューマニティ、国連および他の組織がまとめた国別レポートをまとめたものによると、世界で1億5000万人以上の人々が長期間のホームレス状態に苦しんでおり、16億人は適切な住居状態にないと推定される。これは世界の現在の人口の約20%である。

フィリピンの首都マニラは、世界で最もホームレスの密集度が高く、310万人（注10）が家を持たずに暮らしていると推計されており、これには120万人の子供も含まれる。

最近のエビデンスが示唆しているのは、米国では現在、コロナウイルス・パンデミックの経済的影響を受けて、200万人以上がホームレス状態にあるということだ。この全体の3分の1は家を追い出された家族たちだ。しかしそれ以上に深刻なのは、コロナウイルス・パンデミック期間中の米国では、何千万もの家庭が家賃を支払えなかったことだ。アスペン研究所の推計では、3000～4000万の家計が現在も立ち退きの可能性に直面している（注11）。

ホームレス状態は住宅取得能力との相関関係が強い。そのため、サンフランシスコやロサンゼルスのような都市は大きなホームレス人口を有している。米国における最近の調査が示しているのは、人々が所得の3分の1以上を家賃支払いに使うような都市では、ホームレス状態への深刻さが増している（注12）。

米国では、ホームレスの個人に対する取り締まり活動、食料供与、緊急時の肉体的・精神的健康サポートのコストは、1人当り年間3万5578ドルかかっていると報告されている。カリフォルニア州オレンジ郡と様々な都市の最近の調査（注13）では、住居を持てない人々に対して、より整った環境を提供することで、コストの劇的な低下が見られている。そこではそうした個人が有給の仕事に再就職する傾向がはるかに高くなった。実際、米国住宅・都市開発省は、ホームレスを支援住宅に住まわせることで、政府の平均コスト（ホームレスに関して）は49・5%低減すると報告している。

オーストラリアのメルボルン大学が実施した研究が示したのは、オーストラリアのホームレスで雇用されたのはわずか19%であり、統計的に彼らが職を離れる確率は、一般的なオーストラリア人よりも30%高いということだ。シアトルのあるキング郡では、2018年に調査対象となったホームレスの50・2%がそれに先立つ12ヶ月間無職であった一方、64%が現行のホームレス状態が1年間続いていたと回答した。

アイコン、サンコノミー、ベイビーステップス、Apis Cor、XtreeE、CyBeのような企業は、基本的な1~3ベッドルームの住宅を10~48時間で3Dプリントするテクノロジーを開発している。例えばアイコンは、家庭にあるような3Dプリンターに似たテクノロジーを使って、ラバクリートII（独自の配合物を含むポルトランドセメントベースの混合物）を押し出す。それは6000psi（ポンド/平方インチ、圧力：応力の単位）の圧縮強度を有しており、それは現在の標準的な建築素材のほとんどを十分に上回るものだ。実際、3Dプリント住宅の建設はより安価で早く、エコフレンドリーで、一般に現行の施工方法よりも強度があり、地震や火事のテストでは同程度の結果である。

スタートアップ企業のＡＩスーパーファクトリは最近、ＮＡＳＡの３Ｄプリント・ハビタット・チャレンジで優勝した。彼らは30時間未満で初期的な火星の住宅のデモ製品を３Ｄプリントした。その火星住宅コンセプトはMarshaと呼ばれ、火星の環境から得られるリソースを活用するよう設計されており、火星に送られたロボットがバイオポリマー玄武岩複合素材を３Ｄプリントすることが可能で、硬化すればコンクリートよりも50％強く耐久性がある。この素材はリサイクル可能でもある。

The Additive Manufacturing Integrated Energy（ＡＭＩＥ）のデモは、米国エネルギー省のオークリッジ国立研究所のプロジェクトだ。この３Ｄプリント住宅の狙いは、エネルギー独立型住宅のデザインをハイブリッド電気自動車に接続して、統合エネルギーシステムを生み出すことだ。統合された太陽光発電の太陽電池が住宅にエネルギーを供給し、日中は自動車を充電する。そして自動車は蓄電デバイスとして機能して、夕方のエネルギー使用時間を延長するのだ。

マイクロ・アパートメントも、都市計画向けに次第に流行となりつつある。都市の人口密度とともに家賃も上昇したためだ。香港、シドニー、ニューヨークとテキサス州オースティンの都市では、10～16平方フィート（1～1・5㎡、または刑務所の監房より小さい）から70～２５０平方フィート（6・5～23㎡）のサイズのマイクロ・アパートメントが試行されている。香港の鳥カゴ住宅（cage home）は平均わずか4平方フィート（0・３７㎡）だ。しかしながら、開発中のマイクロ・

図6−7 ● 3Dプリントされた地球用と火星用住宅

画像：Icon/AI SpaceFactory

アパートメントは次第にテクノロジーをふんだんに活用するようになり、そのスペースをより居住可能なものにしている。

要は今や、地球上の何十もの企業が、建設・設置がコスト1万ドル以下の住宅（多くはその半分以下のコスト）を生み出しつつあるということだ。ホームレスが社会に及ぼす金融面の影響を考えれば、このことは、ホームレスゼロが現在の世界のあらゆる先進国の目標となるべきだという、非常に強い論拠となる。また私たちは、都市人口の増加と、都市スペースの高度活用の計画を策定して、増加する人口に生活の場を供給する必要がある。

建設コストが低下を続ければ、基本的な住居へのアクセスがないホームレスの人々を放置し続けることの方がまさに非経済的となるポイントに達する。政治的スペクトラムのどこにいるかに関係なく、何百万ものホームレスを路上に放置するよりも、住宅に住まわせる方が安価なのだ。

金融包摂に必要なのは銀行支店ではなくデジタル包摂

現在、世界で約20億人もの人々が、規制金融機関と銀行が提供する基本的な金融サービスへのアクセスを持っていないと推計されている。歴史的にはこの数字はもっと高かった。わずか10年前までは、世界の半分がアンバンクト（訳注：銀行口座を持たない／持てない人々）であり、ほとんどの金融機関は銀行取引が不可能だと考えていた。彼らは標準的な収益性基準に届かなかったからだ。

2005年にケニアに住んでいたなら、銀行口座のない人の確率は70％で、おカネを安全に置いておくこともできず、十中八九は貯蓄自体が存在しなかった。現在では、ケニアに住む成人であれば、98％の確率で、モバイルマネー口座（電話のSIM内に格納されている）を使ったことがあるはずだ。そしてケニアの他の成人の誰にでも、おカネを瞬時に送金できる。データが示すのは、ケニア人は安全性と実用性の点で、現金よりも自分の電話を信頼していることだ。人々はSIMカードを自分の衣服に縫い付けるか靴の中に隠して、自分のおカネをより安全に持ち運ぶことが可能なのだ。この全てが可能になったのは、M－PESAと呼ばれるモバイルマネーサービスが、通信業者のサファリコムによって生み出されたことによる。現在、ケニアのGDPの少なくとも40％がM－PESAが敷いたレール上を走っている（注14）。

「現在は約2600万人のモバイル顧客ベースのうち、約2200万人の顧客がいます。現在のケニアの人口が4500万人だとすると、その半分が成人なので、現在国の成人のほとんど全員を捕捉できていることが分かるでしょう。私たちは国のGDPの40％に相当する金額をシステムを通じて送金しています。そしてピーク時には1秒当り600取引を処理しており、それは他のどのバンキングシステムよりも速くて量が多いのです」

――ボブ・コリモア、サファリコム／M－PESAのCEO（注15）

金融包摂（全ての人々が金融サービスにアクセスできるようにする仕組み）に関して言えば、ケニアは過去10年の間に、多くの一般大衆の状況を改善させるために、米国が過去50年間に行ったよりも多くを実現してきている。現在のケニアはまさに、米国よりも高度の金融包摂状態にある。驚くべき、そして明らかに都合のよくない統計数値だ。

米国では、米国家計の約20％がアンバンクト（銀行取引がない）かアンダーバンクト（十分な銀行取引ができない）状態にあると、連邦準備制度がレポートしている。それでも、米国は銀行支店が世界で最も密集している国の1つなのだ。世界で最も密な銀行支店を持つ国の1つでありながら、家計の5分の1がアンダーバンクトのままというのはどういうことだろうか？　その答えはアイデンティティ（本人確認）だ。

現在の金融排除の主な理由の1つは、バンキングへのアクセスではなく、銀行口座の開設や投票で求められる本人確認書類へのアクセスである。9・11以降、米国で銀行口座を開設するための書類要件はより厳しくなった。それは愛国者法と軌を一にして、顧客本人確認プログラム（Customer Identification Program：CIP）が、米国銀行法と規制に組み込まれたからだ。しかしながら、米国人口の半分以上はパスポートを所有しておらず（2018年時点でわずか42％）（注16）、運転免許証を持つのは人口の76％に過ぎない。銀行支店に足を運べるにしても、銀行口座を開設することはできないかもしれないのだ。

インドでは2014年まで、銀行口座を保有するのは人口の30％未満だった。インド準備銀行は支店へのアクセスを増やそうとしていた。実際、彼らは規制を導入して、成長中のインドの銀行に対し、新しく支店を設置したければ、新支店の4分の1をその時点で支店のない地方の地域に配置するようにした。この政策はほぼ10年間実施されたが、ほとんど金融包摂の針を動かすには至らなかった。そこで、ナンダン・ニレカニ（インフォシスの共同創業者）がモディ首相に対して、問題は銀行支店へのアクセスだけではなく、銀行口座が開設可能な、条件を満たす本人確認書式へのアクセスなのだと説明した（注17）。

これが、金融包摂の実現に向けて、政府が国民全員に発行する身分証明書アーダール（Aadhaar）カード導入への取り組みが非常に重要だったことの理由だ。それはゲームを変えた。2017年時点で、アーダールカードプログラムには11億7000万人以上が加入している。インドの人口の88％である。インドにおけるアイデンティティ改革の効果は、金融システムに含まれる人々の数の飛躍的増加に現れた。旧来のバンキングシステムから最も排除されていた人口セグメント、つまり低所得家計と女性は、その数がアーダールカード施策の開始から毎年100％増加した。2015年時点で3億5800万人を超えるインド人女性（61％）が銀行口座を保有しており、それは2014年の2億8100万人（48％）からの増加である。これは、南アジアとアフリカの8ヶ国中で最大の、「バンクト（銀行取引のある）」女性数の飛躍的増加だ。

本人確認要件を緩和したり、新しい本人確認の仕組みを生み出して金融包摂を進めようとすることはできるが、運転をせず旅行もしない人々に対して、運転免許証やパスポートを必要とするような本人確認要件を作ることは不可能だ。こうしたシナリオでは銀行支店の意味はない。金融排除されている人が銀行支店にやってきても、銀行口座開設の要件を満たさないからだ。アンダーバンクト状態にある米国家計の25％はすでに、このモデルは金融排除の処方箋であることを知っている。

スタンダードバンクとアクセンチュアが2016年に実施した調査が結論づけたのは、サブサハラアフリカでは約10億人がアンバンクト状態にあり、それら個人の70％は物理的に銀行支店に行くためだけに、丸々1ヶ月分の給料を使う必要があるということだ。この数字は、伝統的な銀行頼みでは、この大陸の金融包摂を解決するのに、大きな構造的問題があることを明確に示している。

ケニアでは、GDPの約48・76％がM－PESAを通じて流通しており（注18）、ケニア人は現金を使っていた時に比べて26％多く貯蓄しているとレポートされている。その結果現在は、ケニア人の60％が現金よりもM－PESAを信頼している。犯罪は減少し、貯蓄は増加した。

しかしより興味深い効果は、貧困、信用アクセス、雇用に対するものだ。例として、モバイルマネーへのアクセスは、ケニア家計の2％（19万4000家族）を極度の貧困状態から引き上げ、18万5000人の女性を自給農業からビジネス界へと移行させ、事業開始や非常時対応に向けた基本的な信用供与へのアクセス（注19）を増加させた。

金融包摂が世界経済システムの基本的な目標であるべきなのは明らかだ。しかし、銀行はこの目標に踏み込めない。その理由は、低～中所得セグメントへの対応から収益を上げられないことと、デジタル包摂が欠けていることだ。

商取引が存在し続ける限りは、平等性の点からだけでも基本的な金融サービスへのアクセスが全ての人に必要だと言える。しかしながら、14世紀のイタリアでメディチ家が生み出したバンキングシステムは、500年以上の間、金融サービスへの基本的アクセスという問題を解決してこなかった。バンカーたちは銀行支店が金融サービスへのアクセスの解決策だと言ったが、米国、スペイン、フランスのような最高レベルの銀行支店の稠密さをもってしても、現在のケニアよりも低水準の金融包摂状態が続いているのだ！　ケニアとインドは旧来のバンキングシステムに含まれる成人人口が3分の1未満のところから成長して、わずか片手の年数の間に90%台後半に到達した。しかしそれは、銀行や銀行支店によるものでは全くなかった。これら2つのメカニズムは、世界が過去にみた中で最も偉大な金融の可動化なのだ。

この革命の次のステージは、モバイルインターネット上のみで展開される商取引の創出だろう。金融包摂、商取引そして成長がスマートフォンとインターネットの進化と緊密に連動しているのを理解すれば、デジタル包摂は今や、世界の政府の主要なゴールの1つとなるべきものだ。デジタル包摂は、電気、衛生、水道、教育、そして基本的な医療と並んで基本的な人権となるかに思えるものだ。

2030年には、世界人口の95%以上がモバイル経由でのインターネットアクセスを行っていると予想される。

スマートフォンの製造と配備は次第に安価となってきている。現在、インド、南アフリカ、ナイジェリアの街頭で目にする新型の基本的なスマートフォンは40米ドルを下回る。2030年には、スマートフォンは基本的に、無償でインターネットに接続できるサブスクリプションサービス付きのものが入手可能になるだろう。

2025年にはナイジェリアのスマートフォン普及率が65%に達する。フェイスブック、グーグル、テンセント、アリババ、アマゾンのようなテック巨大企業は、個人にスマートフォンを与えて、そのインフラストラクチャーを通じて基本的なサービスにサブスクライブしてもらうようになるかもしれない。2050年には基本的なインターネットインフラへのアクセスは、地球全体でユビキタスとなり、それは誰もがデジタルエコノミーで利用できるサービスに参加

図6-8 ● 2030年のインターネット普及率

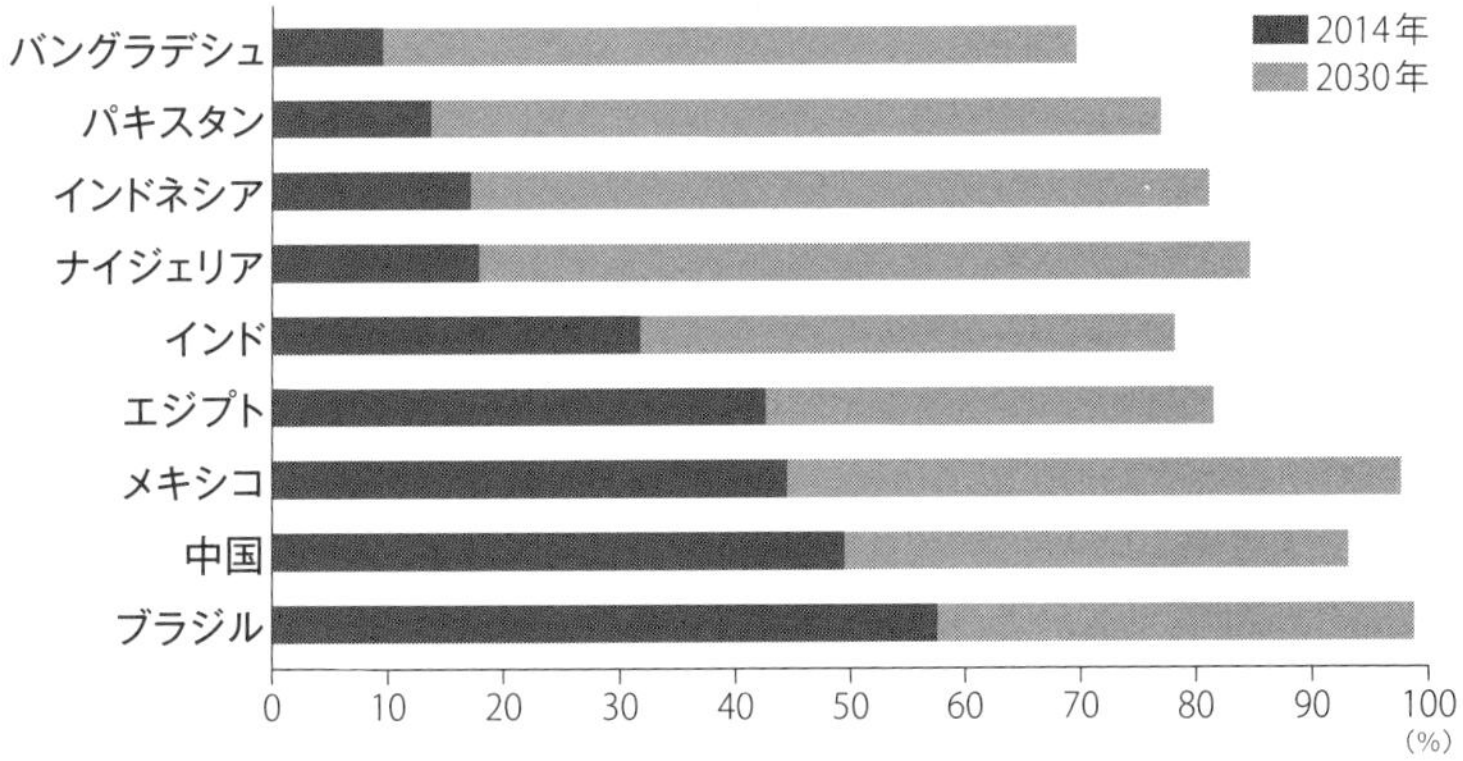

出典：国連／Wikimedia

することを意味する。

データと疾病の見直しを通じた国民皆医療

先進世界を通じて過去100年間、基本的な医療はほとんどの市民に対して向上してきている。幼児死亡率は急落している。平均余命は1850年以来2倍を超えた。かつて不治と思われた、小児マヒのような疾病はほとんど根絶され、一方でエボラのような他の病気にも今やワクチンがあり、何万人もの死を防いでいる。医者や病院へのアクセスは、クルマを運転して街に行くのと同じくらい簡単だ。ほとんどの人にとってはそうだ。

米国は医療へのアクセスと費用の改善という点で、このトレンドに反している。世界で唯一国民皆保険システムを持たない先進国であり、現在どの国よりも高価な医療コストを抱えている。米国の破産全体の65％以上に、何らかで医療費用が関係しているとされる(注20)。世界の歴史の中で最も裕福で最も繁栄している経済圏にいながら、医療費用を賄えないから死ななければならない人などいてはならないという主張はもっともだ。それでも、米国では毎年4万5000人(注21)が、単に基本的な健康保険がないとか薬代が払えないという、避けられたはずの状況下で命を落としていると推計されている。

ユニバーサルヘルスケア(国民皆医療)の実現可能性について考えている国は、米国だけではない。オーストラリア、英国や他の国のように、医療コスト上昇との戦いに身を置いている国もあるが、いずれどこかで挫折するかもしれない。

国際連合は医療を基本的な人権と考えている。世界の国々の半数以上が、人権協定か国内法のいずれかを通じて、医療に対する市民の権利を保護することを誓約している。２０１８年にピュー・リサーチは、60％以上の米国人が、医療支援を保証するのは政府の義務であると考えていることを示した。G20の他の国々とは異なり、米国には国民皆保険制度がなく、国民健康保険制度がある。それは雇用者と個人が、個々で自分たちの健康の面倒を見ることに依存するものだ。政府ではない。

米国では個人が医療費を賄えないのは十分働いていないせいだという政治的議論が、しばしば耳にされた。しかしこの議論の中心にあるの

図6－9 ● 世界の平均寿命

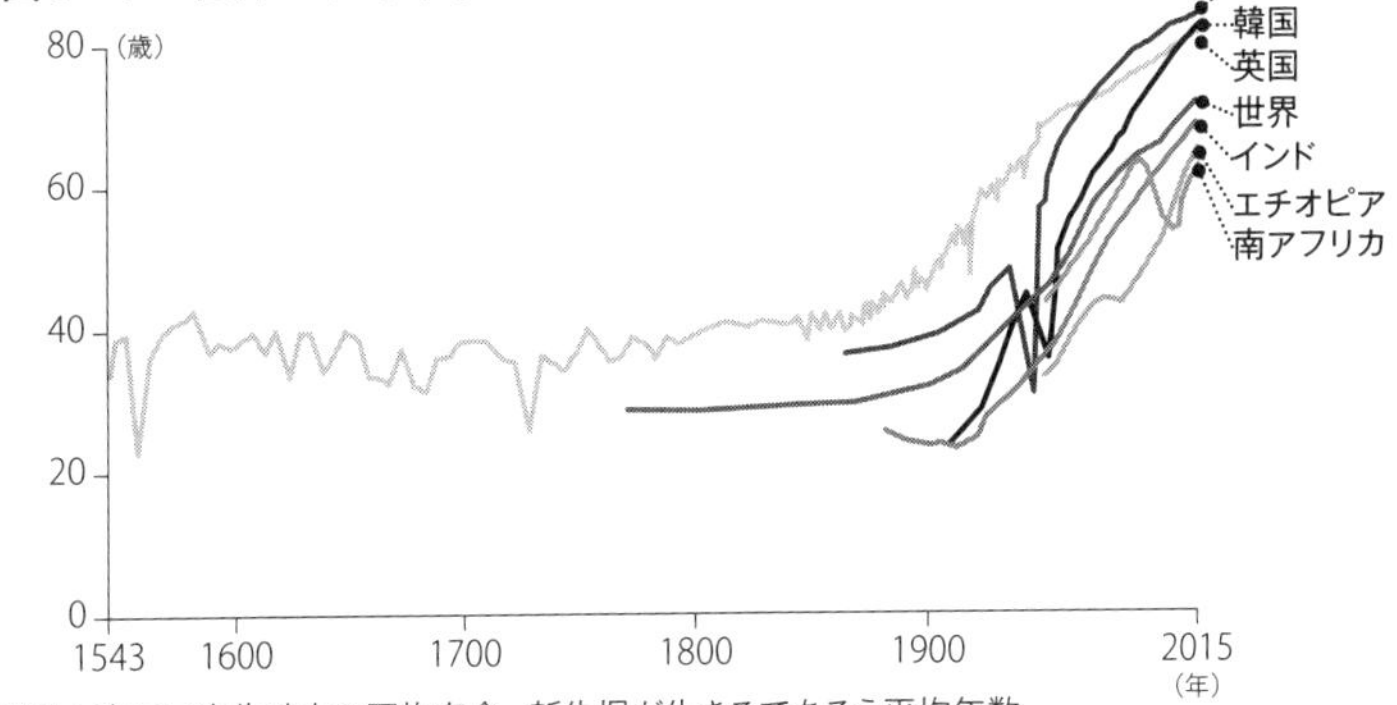

注1：表示は出生時点の平均寿命。新生児が生きるであろう平均年数
注2：その年における死亡パターンがその余命中ずっと一定だとする
出典：OECD Health Data 2014、Riley (2005)、ClioInfra (1025)、国連人口ディビジョン (2019)、Our World in Data.org／平均余命・CCBY

は、民間の治療コストの高さのために、人口の大部分がアクセスできないシステムなのだ。3つの仕事を掛け持ち、毎日16〜18時間働き、それでも基本的医療が賄えない人々がいる。それで、十分働いていないなどとは言えないだろう。

2020年には、米国の健康保険の平均費用は1人当り月額456ドル、家族当りでは1152ドルであった。1時間当り7・50ドルの最低賃金の場合、それは個人の月給の91・5％に相当する。しかしそれも、最低賃金の人は現在の米国のどこであっても1ベッドルームのアパートさえ家賃が払えないということを計算に入れていない。

米国の多くの人々にとって雇用主は、個人が医療にアクセス可能かどうかの唯一の決定者だ。ウォルマートのような多くの大手雇用主企業は、パートタイム労働者を高い比率で雇用して、医療コストを回避できるようにしている。ウォルマートでヘルスケアに適格となるには、少なくとも1年間は在籍しなければならず、週36時間かそれ以上働かなければならない（注22）。そうすると、現在のウォルマートの労働者の約半分が除外されてしまう（注23）。世界中の最も発展した国々では、週30〜35時間の労働は福利厚生目的からフルタイム雇用と見なされる。

米国の医療コストが膨れ上がり始めたのは1980年代のことだった。それ以前は、メディケア（訳注：高齢者および障害者向け医療保険制度）と保険会社が手続きコストにひもづけられていた。虫垂切除で5000ドルの入院費用の場合、それが病院が支払われる金額だった（多少の利益マージンを含む）。しかし1980年代前半、保険会社とレーガン政権が金融リスクを医療従事者に転嫁し始めた。保険会社のメディケアは病院に対して、訪問1回当りの固定価格を支払い始めた。これが利益を劇的に搾り取ってしまったため、病院と医者はあらゆるところに収入を求めた。

1990年代の米国のヘルスケア改革では、医療提供コストが加速度的に上昇し続けていたために、政府の予算上の項目として大きく問題視された。システムの民営化への動きは当初はうまくいくと主張されたが、その後コストは膨れ上がり続け、大量の市民が基本的な医療カバレッジから排除されるに至った。

米国で医療コストがGDPの17％まで増大した主要な理由の1つは、必ずしも医療の質の向上ではなく、患者1人当りの治療回数の増加である。米国では営利目的の医療が台頭してきたため、結果として正当な根拠のない治療が増え、新たなサービスと手数料が増えた。例えば米国は、侵襲的（でリスクも高い）心臓治療の比率が世界で最も高い。次点の国より45％も高いのだ。しかし、こうして診断法が追加されても、米国人の心臓の健康は買えなかった。現実には、他の先進経済諸国と比べて、米国は次のような多くの指標で後退している。

- 米国の医療へのアクセスと品質は、オランダ、オーストラリア、スウェーデン、日本、ドイツ、フランス、英国よりも、同じ1人当り支出でみて低い（注24）
- 慢性病の負荷は、年齢で標準化した人口10万人当りの障害調整生存年数でみた場合、他の先進経済国と比べてはるかに高い（日本のほぼ2倍）――肥満は慢性病比率の高さの顕著な原因となっている

図６－１０ ●過去50年の総医療費支出とOECD諸国の比較

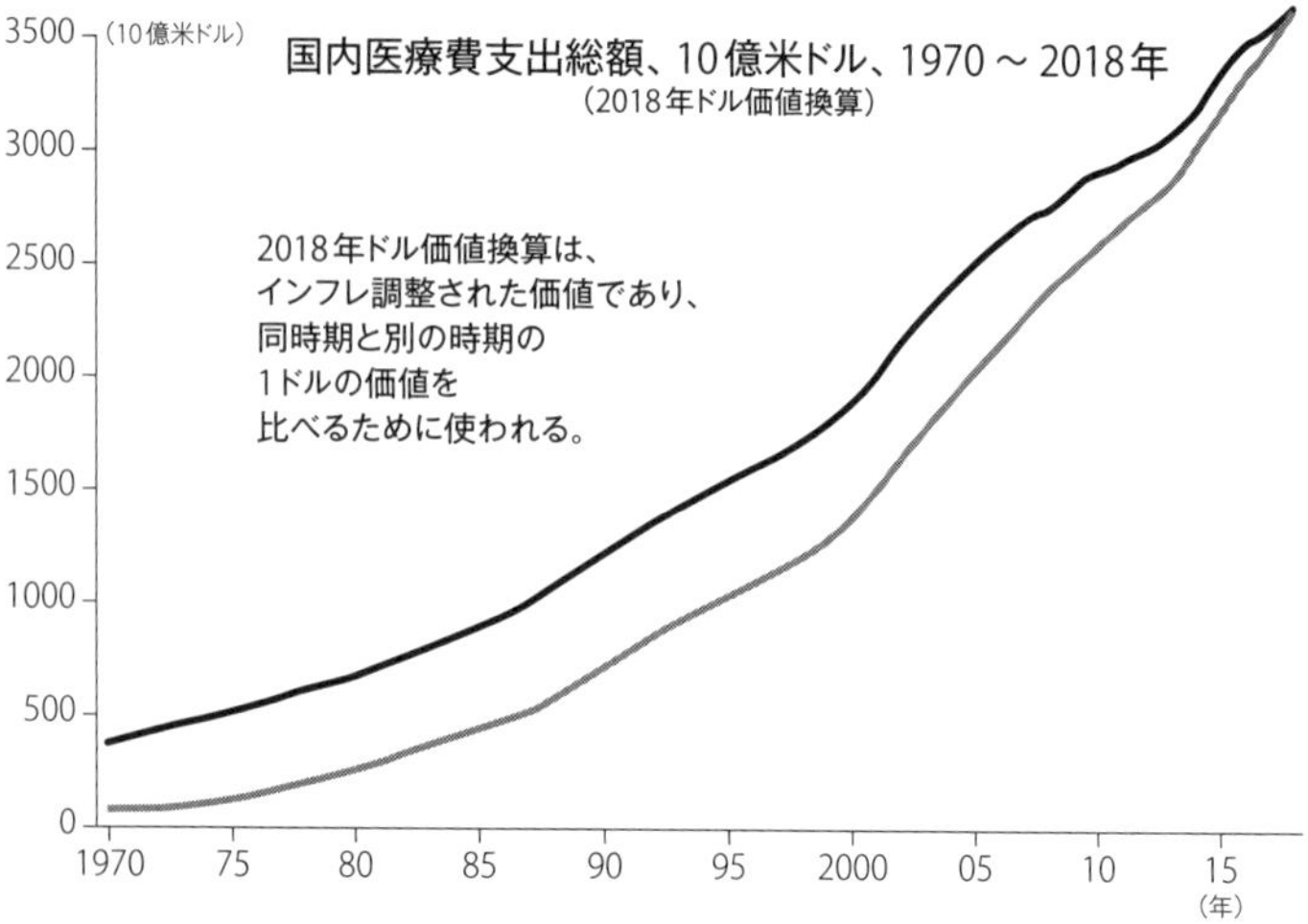

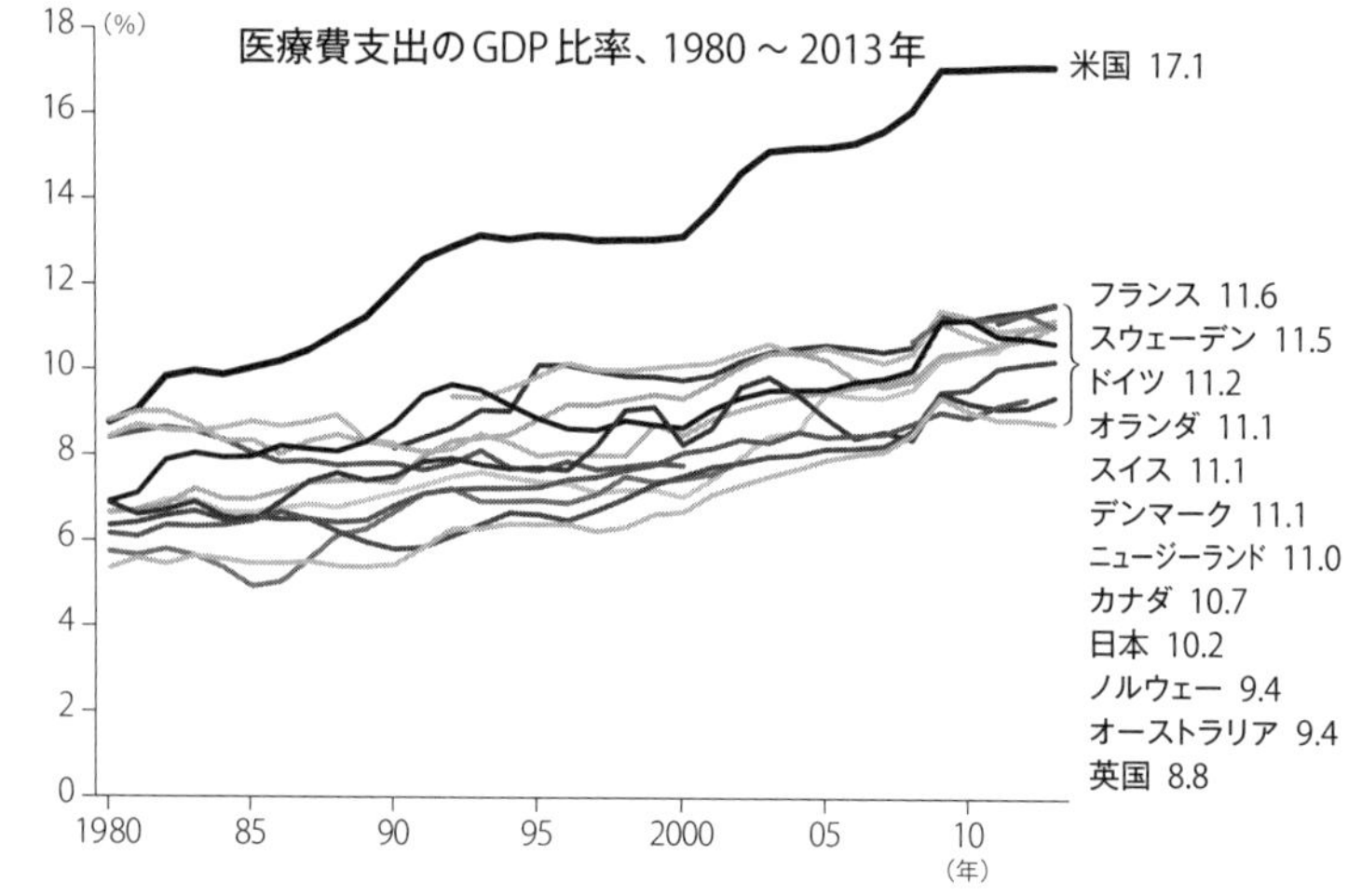

出典：NHEデータ、OECD、KFF Analysis of National Health Expenditure (NHE) data, Get the data, PNG

・予防可能な疾病での入院（デイケアとの対比として）は、4つの主要疾病カテゴリー（鬱血性心不全、喘息、高血圧、糖尿病）において米国が37％高い（注25）
・医療、投薬、検査のエラー比率は他の先進経済国よりも米国が高い。米国成人の19％に及んでいるのに対して、ドイツやフランスのような国ではわずか7％（注26）
・呼吸器系疾患での死亡率は他の比較対象国よりも米国の方が高い
・ほとんどの先進経済国の成人は、米国よりも介護へのアクセスが早い
・米国における病院の救急部門の利用（通常の総合診療医で治療可能な状況）は、フランス、英国、オーストラリア、オランダ、ドイツよりも3倍高い
・米国の事務プロセスは年間医療コストの35％を占めており、OECD諸国平均の倍である

ほとんどの先進国では、医療は政府の基本機能であり、そのために税金が払われるべきものと見られている。それは教育、道路、空港、衛生、エネルギーといったものと同様だ。経済的用語では公共財とされる。社会の基本的な要素で、政府が市民に提供するものだ。米国では、そして最近のポピュリスト的政策では、右寄りの保守主義者が、医療を基本的または公共財の分類から外して、個人が自分で責任を負うものに入れてしまおうとした。

医療は社会にとって最も大きな社会的影響コスト項目の1つであり、より効率的な政府形態にとってさえ、背負うにはカネのかかりすぎる重荷であるということだ。そのため、課税を低くして政府をより小さくして、一般大衆向けの医療のようなサービスを維持することは不可能

であり、効率的な政府（より低い税金の、と読む）の場合は、包括的医療がうまくいく確率は低いことを受け入れなければならない。この議論は、医療コストが上昇し続けるという前提を置いている。有り難いことに、現在私たちは、2030年から先はそうでなくなりそうなことが分かっている。もしかしたら、もっと早いかもしれない。

世界的に増大する医療コストの重要イシューは次のようなものを含む。

❶誤診

誤診は米国経済に推計年間7500億ドル（GDPの約3・5％）のコストを強いており、年間4～8万人の死亡の原因となっている

❷診断遅延

最近の調査では、早期診断は総治療コストを劇的に低下させることが示された

❸医薬開発コスト

必要ではあるが、規制のために米国での医薬の開発とFDAの認可を得て一般利用に至るまでのコストは劇的に高くなっており、1新薬当り26億ドルに跳ね上がっている。そのうちわずか12％が臨床試験をクリアする

❹事務コストと閉鎖系システム

オプタム（Optum）社の研究では、年間２００億ドルの行政上のムダが発生しており、米国の医療費支払者と医療提供者は自力でそれを減らすことができないが、ＡＩには排除可能かもしれない

❺人口高齢化と長寿化

あなたが65歳だとして、平均医療コストは現在１人当り年間１万１３００ドルである

❻肥満とお粗末なダイエット

ミルケン研究所は、米国における肥満と体重超過が原因の慢性病の総コストは１兆７２００億ドル（２０１９年の米国ＧＤＰの９・３％に相当）と推計している

『拡張の世紀（原題：Augmented）』（注27）で述べ

図６－11 ● 医療の発展はコンピューティングによって加速された

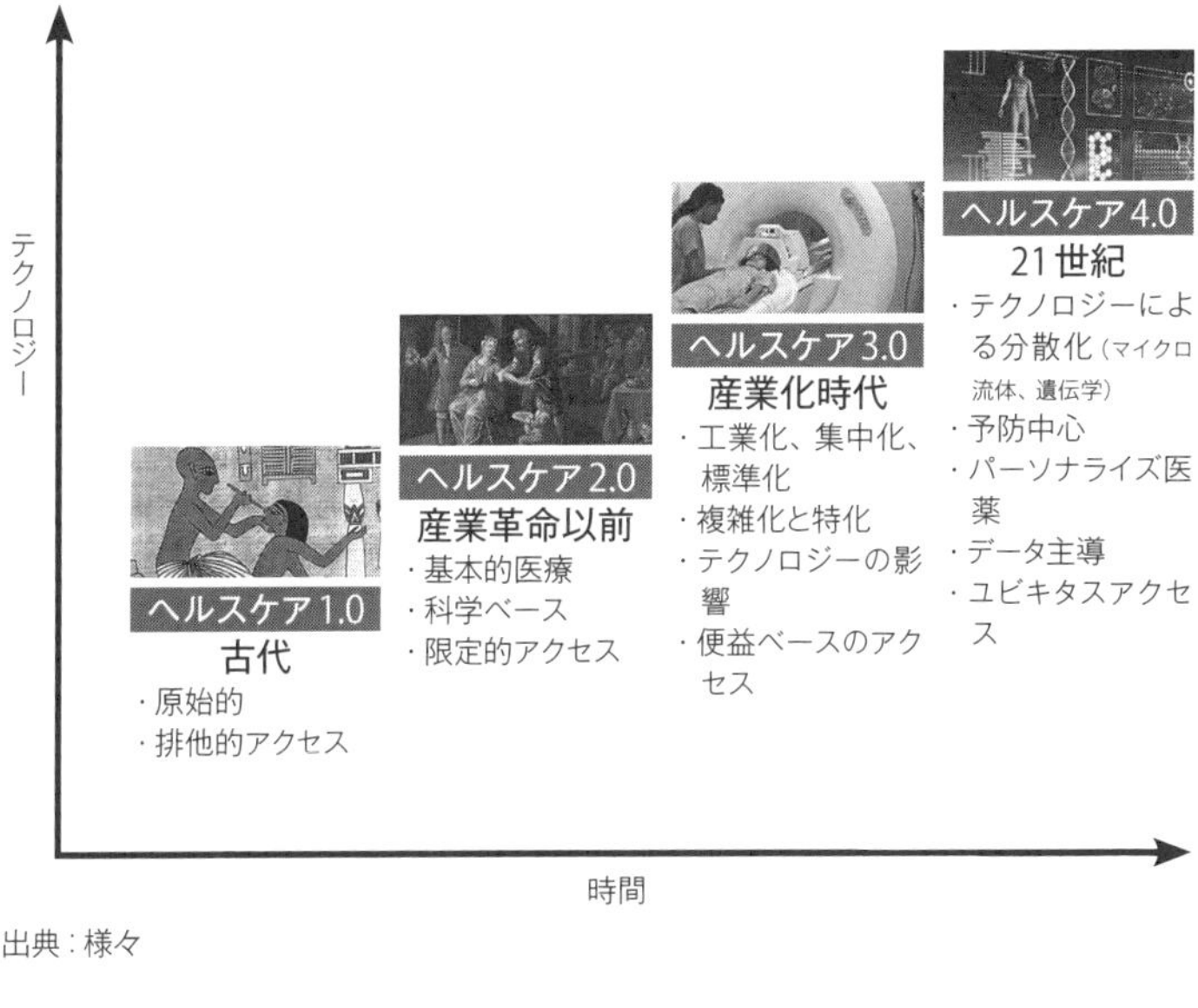

出典：様々

たように、ヘルステックは現在爆発的に成長しており、それが医療とそれに伴うコストを私たちが望む方へと変えてくれることが期待される。しかしながら、これらのコストベネフィットを得るためには、医療分野、政府規制、大手製薬会社について根本的な再編成が必要となる。

テクノロジーが実現する大幅な医療改善とコスト低減

医療における最初の大変化は、遺伝子治療の分野から到来しつつある。以前は、私たちは症状をみて病気を診断していた。こうした症状は覆い隠されていることもよくあり、正確な病気の診断を難しくしている。または現れていた症状が、他の何らかの疾患にもあてはまる可能性がある。しかしながら、ウイルスや細菌の感染を排除すれば、遺伝子にプログラムされた遺伝病の診断は次第に、大幅に容易となるだろう。もしある種の遺伝子が見つかり、それに症状を突き合わせれば、診断の精度は著しく上がる。

２０１９年11月、当時の英国の保険大臣であったマット・ハンコックは、国民健康保険適用病院で誕生する全ての新生児の遺伝子配列を解析する計画を発表した。まずは2万人の子供に対してパイロット運用を行うことから始める。ハンコックはこの計画を「遺伝子革命」と呼び、ゲノム解読全体とゲノム分析が、あらゆる子供が「予測的、予防的、パーソナル化された医療」を受けられるようにするために巨大な役割を果たすであろうと約束した。

中国、日本、韓国のような国々はすでに生まれてくる全ての子供のゲノム解読プログラムを開始しており、将来の市民医療に向けた基礎的なデータセットを獲得しようとしている。ゲノム解析のコストは過去10年間で1万分の1に引き下げられており、さらに低下を続けている。

ゲノム解読によって診断は劇的な改善が可能となった。そのため症状を先天的な遺伝子特性と関係づけることが可能になり、最終的にそれで遺伝子治療が実現され、遺伝子由来のよく知られた疾病を排除することになる。

2つめの大変化は、診断、データ収集とモデリング・テクノロジーの分野である。コンピュータ画像処理、微小流体、レーザー分光干渉、モデリング技術と人工知能の利用とが組み合わさって、診断能力に革命を起こしつつある。ヘルステックのスタートアップとして論議を呼んだセラノス（Theranos）は、結果的に微小流体診

図6－12 ●遺伝子（ヒトゲノム）**解析コストの劇的な低下**

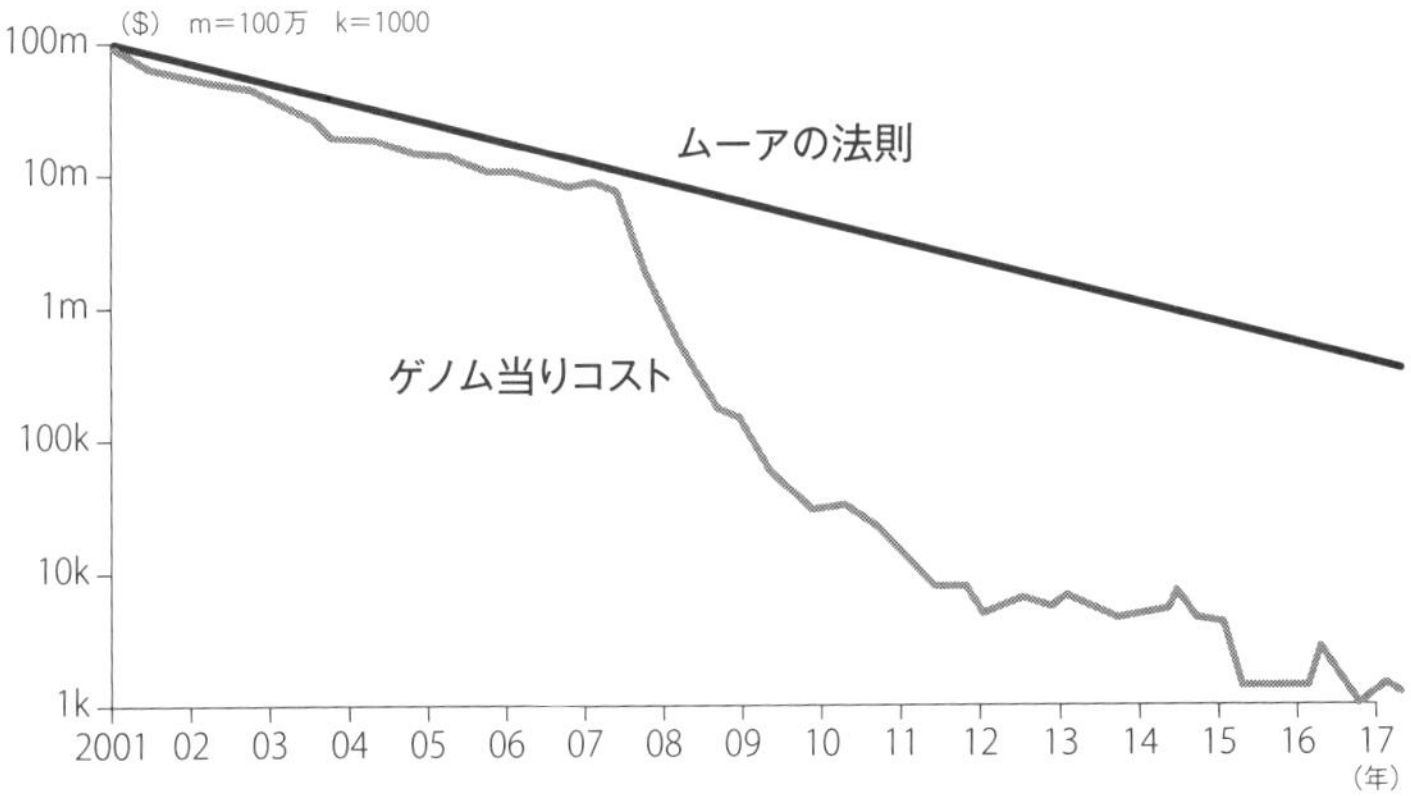

出典：米国国立衛生研究所、国立ヒトゲノム研究所、2018年4月25日

断の商業化に失敗したが、ＨＰのような企業が現在、様々な血液感染性状況をリアルタイムで瞬時に診断可能な、手持ち型分析機の開発に取り組んでいる。私たちは、バクテリア、腸内マイクロバイオーム、プラーク、そして毒素が様々な条件下で果たす役割を理解し始めている。その多くは、データとコンピューターモデリング能力が向上したことによるものだ。急速な診断能力の向上は、ムーアの法則がもたらした。コンピューティングパワーの向上が、医療研究における革新に次ぐ革新につながっている。

医学に根本的な変化が起こりつつある3つめの領域は、治療アプローチである。遺伝子解析と定期的で安価な血液検査、身体に装着および内蔵するセンサーと人工知能が組み合わさって、これらのデータをつなぎ合わせることで、医学は大きく予防型アプローチへとシフトすることだろう。症状が出るのを待つ必要はなくなる。

図6－13 ● スマートフォン内に統合されたHPの診断分析機

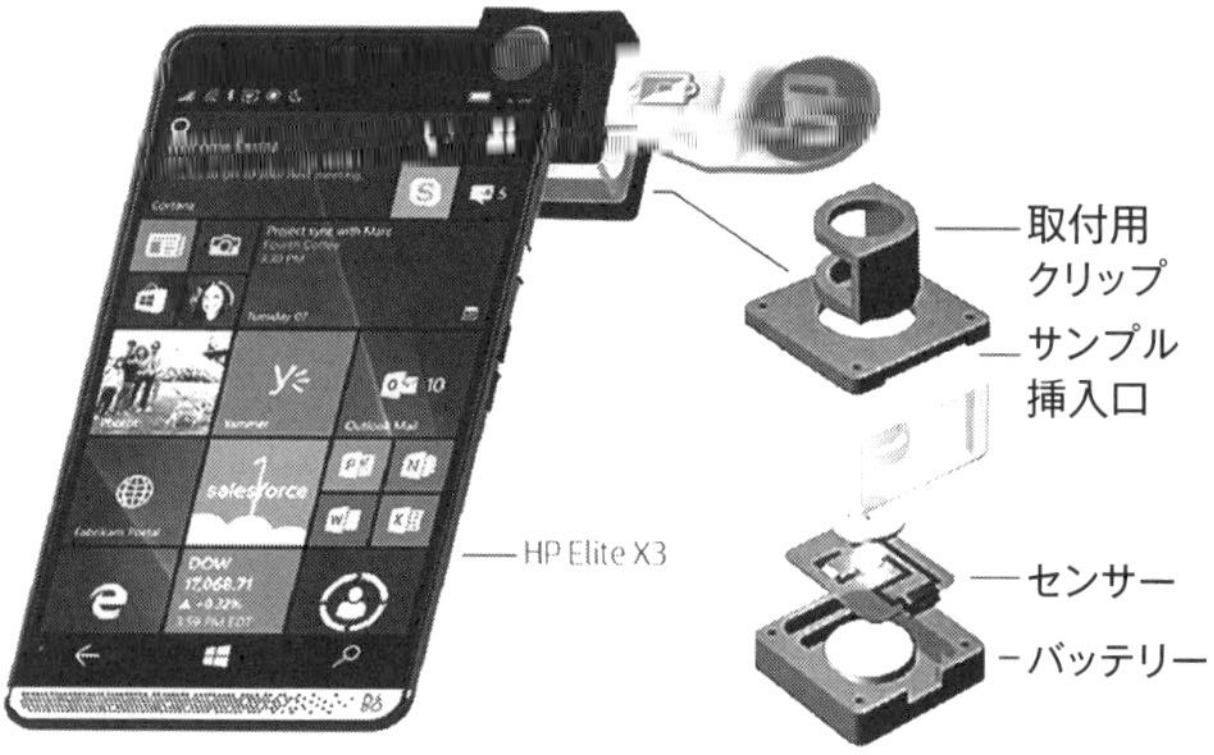

画像：HP Healthcare

実際、10年のうちには、現在のスマートフォンに相当するものが、私たちの病気を私たちより先に察知することになるだろう。健康上の問題が生じた場合の治療に関しては、原因となるたんぱく質のオン・オフを行う遺伝子治療と、DNA由来で起こる深刻な状況を排除する遺伝子スイッチの双方を使い、身体自体のシステムを介して抗体と必要なたんぱく質を生成し、病気の悪化を防ぐ。ガンや深刻なウイルス感染のように治療介入が必要な場合は、個人の遺伝子とガンやウイルス自体の遺伝子をもとに、パーソナライズされた医薬を作成することが可能になるだろう（これはゲノム薬理学：pharmacogenomicsとして知られる）。個人向け医薬の時代は、現在薬局の棚にある大量生産の特許付き医薬とは明らかに大きく異なるものだ。

多くのテクノロジーはとんでもなく高価で、過去20～30年の間はそれが医療コストに追加されてきた一方で、人工知能は診断と治療コストを急速に引き下げるカギとなる。全身に起こる反応と、個人に最も有効な治療法の理解が大幅に向上するからだ。アクセンチュアのリサーチは、医療におけるＡＩの能力が開花すれば、米国だけで２０２６年には年間１５００億ドルの節約が実現されることを示している。

私たちは幅広いテクノロジーを活用して、治療コストを大幅に低減し、診断力を向上させる。それには以下のようなものが含まれる。

●仮想・拡張現実（VR、AR）テクノロジー

外科医が拡張現実メガネをかけて脊椎、心臓、ガンの外科手術の精度を向上させることから、

PTSD、ストレス、メンタルヘルス状態向けの仮想現実を使った新しい治療法まで利用範囲が広がる。

●ロボティクス

ロボット手術とロボット支援手術から、病棟を移動して医薬を届け、患者のチェックを行う遠隔操作のロボット看護支援ユニットに至るまで利用が進む。

●ウェアラブル／インジェスティブルセンサー

すでにある心臓状態の異常を検知して生命を救っている時計内蔵型のウェアラブル心拍センサーから、血圧、血糖、インシュリン調節までトラッキングする服用可能センサーまで、リアルタイム健康データとＡＩの組み合わせは、治療と早期検知のコストを大きく改善するだろう。

●遠隔医療とリモート健康管理

American Journal of Emergency Medicine（注28）の調査によれば、遠隔医療を使った救急病棟からの患者移転によって、来院１件当り１５００ドル以上の節約が可能となる。スマートエコシステム内の個人医療アプリを使って、遠隔医療のコンサルテーションを使うか、救急医療室に移送するかを決められれば、システムの効率性が大幅に改善する。

●AI診断

様々な分野でのAI診断が、すでに人間と同じ水準の成果を上げており、近い未来には精度が大幅に向上するだろう。『ランセット・デジタルヘルス』は、25件の診断用AIを分析調査し、機械学習が疾病を正しく診断する比率は人間の医療プロフェッショナルと同等かそれ以上であることを見出した。ディープラーニング・アルゴリズムの精度は93%であり、比較対象としてヒトは91%だった。

●医療用携帯分析装置（トライコーダー）

グーグルのVerily（訳注：ライフサイエンス分野の兄弟企業）というムーンショットからDxtER Medical（デクスター・メディカル）のトライコーダーデバイスまで、携帯型コンピューターの計算力とセンサーの能力向上によって、実用的な診断デバイスの実現が間近になっている。これにより、手持ちユニットを使って、遺伝子、家族の医療履歴、リアルタイムのセンサー情報に基づいた、何百もの健康状態の診断が可能になる。

●3Dバイオプリンティング

2020年代の終わりには、3Dバイオプリンティングによって、臓器の置換、整形外科的復元、臓器機能の拡張が可能になる。すでに膀胱、食道、腎臓の3Dプリント製造には成功しており、顔面再生手術にも3Dプリンティングが使われている。2020年には、外科医の練習用に、エンジニアが初の完全3Dプリント心臓モデルを作成した。しかしこの10年間の後半には、心臓や肝臓のような複雑な臓器に必要な細かい血管系への対応が可能になるはずだ。

●ナノテクノロジー

2030〜2050年にかけて、私たちは医療用ナノロボットの試行と完成を経験することになるだろう。それは非常に小さい、顕微鏡的なロボットで、体内から治療を行えるものだ。実験中のナノロボットはすでに、高度に狙いを絞った医薬を特定の部位に運ぶことができる。例えば、ガン治療薬をガンの増殖箇所や腫瘍まで運ぶという具合だ。2050年には、ナノロボットは細胞損傷の修復、骨折、筋断裂、欠陥損傷といったものの修復をリアルタイムで行えるようになるかもしれない。

図6－14 ●外科医はすでに拡張現実を使って脊椎、心臓、ガン手術を行っている

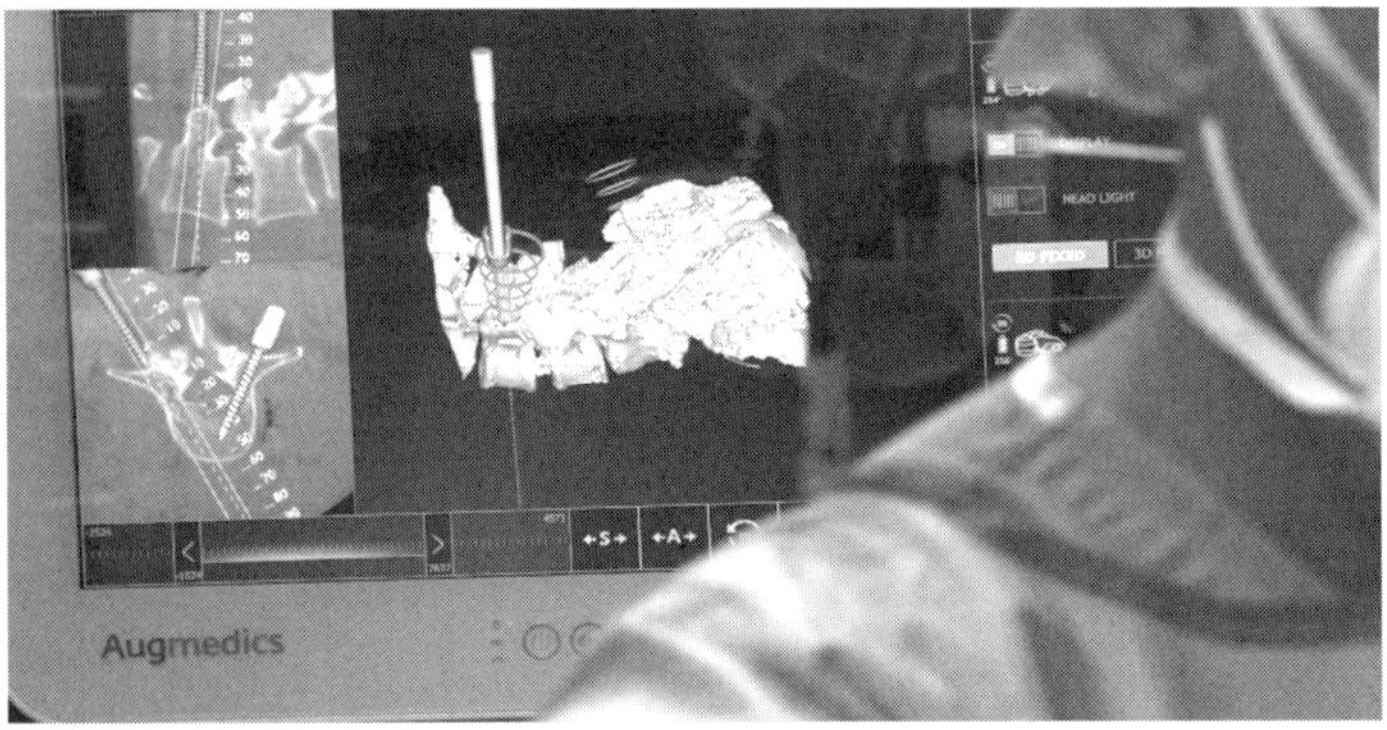

画像：Augmedics xvision™Spine System

医療の費用対効果全体の中で、最大の改善効果が得られるのは、治療のバラつきと医療施術者の時間が削減される点だ。米国におけるある種の医療手当では、全体コストの30％がわずか1％の患者に対するものとなっている（注29）。

診断における人工知能の活用ではすでに、ディープラーニングによってエラー率が大幅に低下し、ガン、心臓血管画像診断、そして心臓エコー分析のような基礎的な分野でさえも、95％の医者よりもよい成果を上げている。医療データの共有もまた、不要な医療行為と誤診の発生を低減させる。医療履歴がはるかに正確なものになるからだ。歴史的な遺伝学と組み合わせれば、生殖細胞系列の状態とウイルスや細菌感染の状態を照合することによって、治療法の絞り込み能力は、現在私たちが使っている方法論よりもはるかに優れたものになる。正確さがケタ違いに上がるのだ。

「医療のムダは多くの形で存在します。1つの明確な原因は、間違った治療です。臨床的に価値のない治療に支出がされ、予防的サービスには支出されていないからです」
――デビッド・カトラー、応用経済学教授、ハーバード大学

したがって、2030年代に国民の健康管理が飛躍的な最適化に至る可能性を考えるなら、データ中心アプローチでAIを活用すれば、私たちには健康管理の国家システムを生み出す力があるということだ。人々はより長く生きて、健康な生活を送るようになり、私たちは予防型

健康維持の医療へとシフトするだろう。それは、症状管理とマス市場医薬生産とは対照的なものだ。健康保険はサブスクリプションベースの健康管理サービスに置き換わり、個人の遺伝子データと医療データの共有によって異なる介護レベルが決まる。

現行のモデルでは、医療コスト増加は年率でGDP増加を0・8％上回ると予想されている。COVID－19以前の2000～2019年の間には、米国の医療支出の増加は年5・6％であった。政府支出の削減はその答えとはならない。国立衛生研究所のデータは、年間政府支出のわずか3・86％が事務費用であることを示している。しかし、テクノロジーベースの改革を行うなら、コスト低減の様々な可能性が存在する。

2030年代と2040年代前半には、国家医療データスキームを集中する国々で、市民1人当りの医療コストが、現在の半分になっている可能性がある。これは以下に述べるようなメカニズムを通じてのものだ。

①慢性病に対する遺伝子治療（年間介護費用総額から18～30％減少）（注30）
②事務作業の自動化（10～15％の節約）（注31）
③繰り返し作業と診断へのAIの適用（20～60％の節約）（注32）
④より適切に絞り込んだ治療とパーソナライズ化された医薬（20～30％の有効性向上）
⑤予防的／早期治療による改善（30～40％のシステム全体コスト削減）（注33）
⑥肥満関連問題の減少（4500億～1・7兆［2018年］の節約可能性）

⑦慢性病治療管理の向上（メディケアコストだけでも20〜30％の削減）

最も先進的なスマート経済国家では、もはや医療コストの上昇を目にすることはないだろう。テクノロジーベースの医療改革が行われるからだ。実際、これら中核テクノロジーとシステムへの投資が行われれば、国家データプールと民営化された健康管理サービスとの組み合わせで、医療コストを国レベルで年間30〜50％削減しうるだろう。その間ずっと、成果の有効性も大幅に増大する。

これによって、私たちは21世紀最大の疾病上の課題に目を向けられるようになる。それは高齢化だ。２０４０年には、私たちは「longevity escape velocity（訳注：寿命脱出速度）」に到達して、初めて高齢化が中和され、その後は加齢に伴う健康への影響は逆転する。２０１５年に、国際

図 6−15 ● テクノロジーを活用した国家医療コストの削減可能性

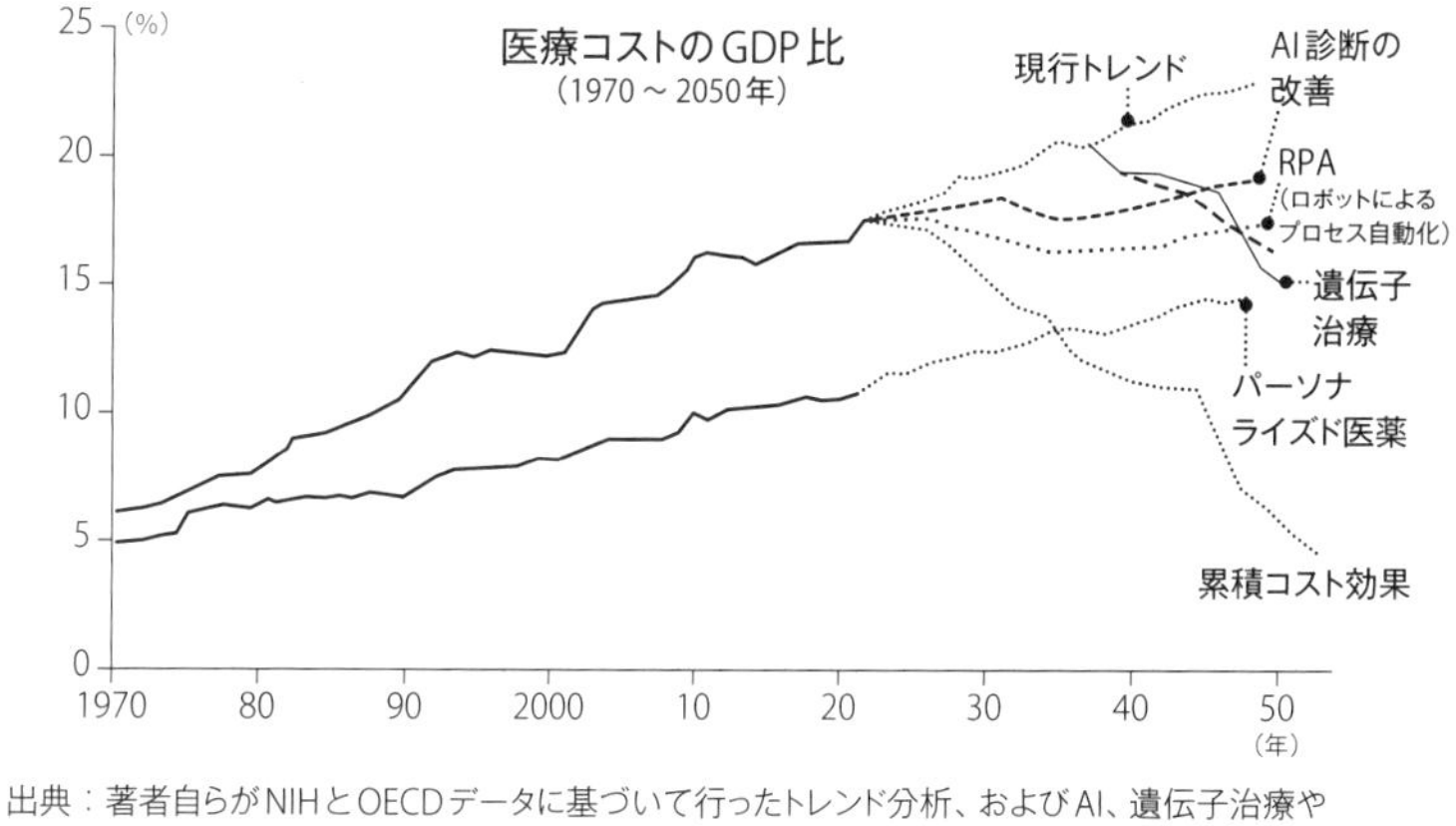

出典：著者自らがNIHとOECDデータに基づいて行ったトレンド分析、およびAI、遺伝子治療や関連テクノロジー進歩から得られるコスト効果計算

的な遺伝学者と科学者たちが「生物学的加齢を病気として分類すべき時がきた」（Bulterijs ほか、2015）と題する論文を書いた。彼らが主張したのは次のようなことだ。歴史的に高齢化は自然のプロセスとして見なされてきたが、過去20年の科学研究が示したのは、私たちがその自然プロセスの要素を遅くしたり、逆転できるということだ。そうなれば、臨床的な加齢は、最終的には他の予防可能または管理可能な状態のように扱われるだろうというのだ。

　2018年にWHOはこれを確認して、国際疾病分類データベース上に、「加齢関係」疾病を表す特定の拡張コードを追加した。その定義は、「高齢状態にあって有機体の適応や成長能力の持続的喪失につながる病理学的プロセスによって引き起こされる」ものとされる。

　長寿治療のインパクトと老化の終焉については丸々1冊の本が書けるほどだが、今はそれは

図 6－16 ●オーブリー・デ・グレイ、世界最先端の長寿学者の1人で、2036年を脱高齢化（de-age）年であると予測している

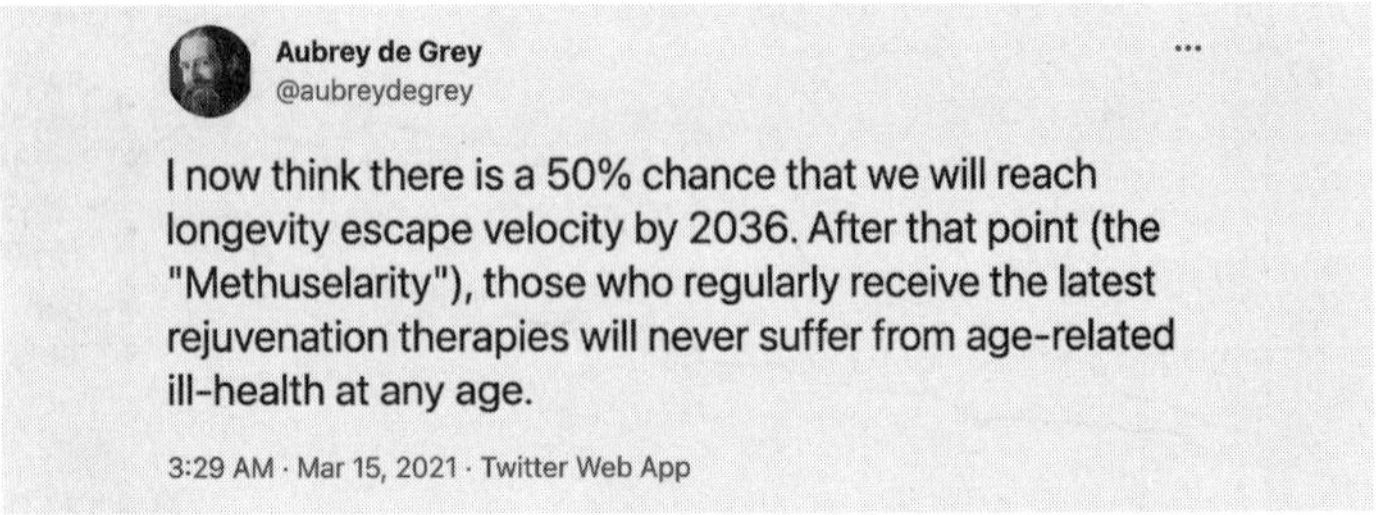
Aubrey de Grey
@aubreydegrey
I now think there is a 50% chance that we will reach longevity escape velocity by 2036. After that point (the "Methuselarity"), those who regularly receive the latest rejuvenation therapies will never suffer from age-related ill-health at any age.
3:29 AM · Mar 15, 2021 · Twitter Web App

「現在私は、2036年には寿命脱出速度に到達する可能性が50%あると考えている。この時点（超長寿点）を過ぎると、定常的に最新の若返り医療を受けている人々は、何歳になっても年齢由来の不健康に悩まされることがなくなるだろう」

出典：ツイッター @aubreydegrey

置いておこう。私たちは長寿を社会の一構成要因として本書後段の章で深堀りする。

ある種のサービス、例えば長寿命化治療は、不公平性の影響が大きいと私たちは考えている。富裕な人ほどそうした高額の治療を最初に受けるアクセスを持ち、自宅での診療を受ける余力があり、ドローンによる個人向け医薬品の配達を受けるアクセスがあり、バイオプリントされた臓器交換のオプションがある等々というわけだ。しかしながら、私たちがはるかに低いコストで市民の健康を管理できる能力は、こうしたシステム全体の変革の重要な結果としてもたらされるものであり、その証拠は明白だ。業界全体に対してテクノロジー改革を実行すれば、医療は飛躍的に安価なものになるだろう。

1975年以降、GDP比で見た国の医療コストの比率は、OECD諸国を通じて上昇してきた。2030年には上昇が止まり始めるだろう。2040年にはほぼ間違いなく低下傾向にあるはずだ。

これは社会主義ではなくビジネスケースである

結局のところ、これは経済学に過ぎない。

1980~2010年の時期の先進国では、富裕層向けの民間医療、民間教育、そして金融システムの極端な繁栄が見られた。それに対し、こんにち私たちが、社会全体を通じて明らかに失敗だったと認識しているのは、自由市場は次第に二極化を生じさせる傾向があり、その違いは経済的地位によるということだ。これは経済自体の中心目的と人類全体の哲学面での推進力からすれば、直観に反するものだ。

私たちの時代の最大級の社会的問題、具体的には教育、医療、金融包摂、ホームレス状態に対しては、技術的・戦略的ソリューションが存在しており、それが市民の基本的ニーズを満たすためのコストを今後20年にわたって劇的に低下させそうだ。この2020年代後半には、かつて社会主義者のレッテルを貼られた政治家たちが、国民国家は大量のデータセットとＡＩに基づいた大規模システムを活用すれば社会的問題は根絶可能だと主張できるようになる時期が訪れるだろう。これらの解決策が税負担を増やさずとも実現可能であることをほとんどの人々が信じるようになれば、より社会主義的な政策に対する抵抗感も減少するだろう。

テクノソーシャリズムの原則下で国民皆医療とホームレスへの住居提供を行えば、動機づけと有効性に欠ける民間市場に任せるのに比べて、はるかにコストが効率的になるだろう。2035年には、教育へのアクセシビリティは非常に高くなって、より質の高い教育がずっと簡単に受けられるようになる。テクノロジーを活用することで、こうした生活必需品・サービスの提供コストは最終的に、1人当りのＧＤＰで現在よりもはるかに低くなるだろう。

自動化が雇用に影響を及ぼすため、病院倒産、民間医療へのアクセス減少、基本的な住居・教育・食料へのアクセス不全が起こる可能性は非常に高い。社会的騒乱の発生を抑えるためには、これらのサービスを経済生産の基本要素として全国民に提供することに国家が取り組むことが求められる。単に自由市場に運営を任せるのではなく、テクノロジー改革に投資して、医療、住宅、教育のような基本財をより低コストで提供することが可能だという選択肢があるのに基本的な問題を解決できない政府は、民衆から次第に見放されるようになるだろう。不公平性や疎外に立ち向かう政策形成が行われない状況を市民が受け入れる可能性は次第に低くなっていく。インターネットが私たちに高い水準の透明性を提供してくれたことで、より情報武装し、自ら関わろうとする市民は著しく増えている。これら基本的サービスが経済に組み込まれなければ、革命は、起こるかもしれないのではなく、起こりそうだという状況に至ることになる。

注1：Grand Old Party（グランド・オールド・パーティー）、別名共和党として知られる。
注2：出典＝ブルッキングス研究所、「気候変動危機、緩和、難民」、２０１９年7月25日、https://www.brookings.edu/research/the-climate-crisis-migration-and-refugees/
注3：Centre on Budget and Policy Priorities を参照のこと：「政権の『生活保護者』ルールの理由付けとは逆に、移民は米国経済に大きく貢献している」、２０１９年８月15日
注4：出典＝ＯＥＣＤ報告書、「移民の発展途上国経済への貢献」、OECD/ILG 2018（5章：移民と経済成長）
注5：出典＝憂慮する科学者同盟（Union of Concerned Scientists）、国際エネルギー機関、*Earth Systems Science*

Data 11号、１７８３〜１８３８、２０１９年、２０２０年、https://www.ucsusa.org/resources/each-countrys-share-co2-emissions

注６：出典＝国際教育研究所（Institute of International Education：ＩＩＥ、米国）報告書、「秋期国際入学者数スナップショット報告」、２０２０年11月

注７：出典＝文部大臣、メディアリリース、２０１９年11月22日：https://ministers.dese.gov.au/tehan/international-education-makes-significant-economic-contribution

注８：ラテン語で「星々へ」の意。

注９：Quartz.comを参照のこと：「イーロン・マスクの私設学校への申込に関する３つの質問」、コリンヌ・パーティル、２０１８年11月30日：https://qz.com/1480109/the-three-questions-on-theapplication-for-elon-musks-private-school/

注10：出典＝ロイター

注11：出典＝アスペン研究所、「ＣＯＶＩＤ－19による住居立ち退き危機：推定で米国の３０００〜４０００万人が危機に」、ベンファーほか、２０２０年８月

注12：出典＝「賃料が所得の3分の1を超えるとホームレス増加が加速」ニューハンプシャー大学クリス・グリン（ジロウ・リサーチフェロー）、ボストン大学トーマス・バイン、ペンシルバニア大学デニス・カルヘインの分析、２０１８年12月

注13：次を参照のこと：「オレンジ郡におけるホームレス――コミュニティへのコスト」２０１７年６月、カリフォルニア大学アーバイン校、ユナイテッド・ウェイとジャンボリー

注14：出典＝『エコノミスト』誌、「東アフリカの新しいキャンペーン」、２０１５年７月９日

注15：出典＝BreakingBanks、フィンテック・ラジオ番組

注16：出典＝センサス・データ、ＶＯＡ／フォーブス、https://www.forbes.com/sites/niallmccart

hy/2018/01/11/the-share-of-americans-holding-a-passport-has-increased-dramatically-in-recent-years-infographic/#a7050043c167

注17：「ナンダン・ニレカニ、ナレンドラ・モディとアルン・ジェイトレイを動かし、アーダールをライフライン化」、*The Economic Times*、2014年7月24日

注18：出典＝*Payments Cards & Mobile*、2019年1月25日：https://www.paymentscardsandmobile.com/mobile-money-transactions-half-of-kenyas-gdp/

注19：出典＝MDPI Research、「M－PESAとケニアにおける金融包摂：決済に貯蓄が続くか?」ホーヴとダバス、2019年1月22日

注20：CNBC、「アメリカ人の多くが破産申請する真の理由はこれだ」、ローリー・コーニッシュ、2019年2月11日、American Journal of Public Health、2018年11月も参照のこと：https://ajph.aphapublications.org/doi/10.2105/AJPH.2018.304901

注21：出典＝国立衛生研究所とハーバードメディカルスクール（2009年研究）：https://news.harvard.edu/gazette/story/2009/09/new-study-finds-45000-deaths-annually-linked-to-lack-of-health-coverage

注22：出典＝ウォルマート：https://one.walmart.com/

注23：出典＝ロイター：「ウォルマート労働者の半分はパートタイム」、2018年5月25日

注24：出典＝『ランセット』：391巻10136号、2018年6月2日

注25：出典＝OECD保健統計：https://www.oecd-ilibrary.org/social-issues-migration-health/data/oecd-health-statistics_health-data-en

注26：出典＝コモンウェルス・ファンド報告書（2017年）、E・C・シュナイダー、E・O・サルナック、D・スクワイア、A・シャー、M・M・ドティ、ミラー、2017年：「国際比較が示す米国医療改善の課題と機会」

注27：『Augmented：Life in the Smart Lane（邦題『拡張の世紀』）』、ブレット・キング、アレックス・ライトマン、アンディ・ラーク、Ｊ・Ｐ・ランガスワミ（２０１５年）

注28：出典＝ＡＪＥＭ（*American Journal of Emergency Medicine*）、「オンデマンドで同期のＡＶ遠隔医療による往診はコストが効率的」、ノードほか、２０１８年8月、２０２０年11月

注29：*The Journal of American Medical Association*を参照のこと：「腰部および下肢痛の新規診断を受けた成人の支出と医療サービスの利用」、２０１９年5月10日

注30：再生医療アライアンス（Alliance for Regenerative Medicine）による予測。

注31：出典＝オプタム（Optum）（訳注：ユナイテッド・ヘルスの1部門。データ分析などの医療サービスを提供）、「ＡＩを年間２００億ドルの医療廃棄物削減に役立てる方法」：https://www.optum.com/business/resources/ai-in-healthcare/artificial-intelligence-reduces-waste-health-care-costs.html

注32：多数の出典＝ＰｗＣ、マッキンゼー・アンド・カンパニー、UIPath、CiGen、KPMFリサーチ等。*Health Affairs*も参照のこと：「管理支出が過剰な米国医療支出を押し上げている仕組み」：https://www.healthaffairs.org/do/10.1377/hblog20200218.375060

注33：ＭＤＰＩ（スイス、バーゼルの出版社）参照のこと：「初期ガン診断からのコスト低減試算」、カクシャゼほか（２０１７年9月4日）、初期ガン検知だけでも年間２６０億ドルの節減。

CHAPTER 7

革命リスクの緩和

Revolution Risk Mitigation

「貧困は革命と犯罪の母である」

――アリストテレス

香港からイラク、そしてチリまで、ニューヨークからロンドン、モスクワ、シドニーまで、近年、世界中の抗議者が街頭に出て政府に反対する集会を行っている。これはトレンドなのだろうか、それとも一時の異常な出来事なのだろうか？ 歴史上ではいくつかの大きな抗議活動が見られたが、大衆のデモ行動はほとんどが最近の現象である。

ツイートされる革命と革命を引き起こす原因

デュラント夫妻は、昔の人が現在の金融の不公平性のようなものを目にしたら、一般的に2つの結果のうちのどちらかにつながると述べた。それは政治的変革をもたらす革命か、あるいは革命を早めるような立法的対応と富の再配分への動きで、その後は革命につながる。しかしながら現在では、ツイッターの140字で革命が煽動され、暗号を使用したアプリが抗議活動を組織し、ビデオストリームが私たちを現場に連れていってくれるので、デュランが観察したような力は増幅されている。

アラブの春は、一般に信じられているのとは逆に、アラビアで始まったものでも、エジプトで始まったものでもなく、チュニジアという地中海とサハラ砂漠に接する国からだった。チュニジアは、その後に続いたアラブの春として知られるアルジェリア、ヨルダン、エジプト、イエメンでの抗議活動が起こるより以前に、何度か紛争を経験していた。抗議活動全てに共通していたのは、一種の混沌とした集団主義であった。活動には中心となるリーダーシップがなく、単なる一般的な幅広い不満の表明だった。初期の抗議活動は、集会、座り込み、ストライキという形で始まり、暴力、死亡、傷害そして逮捕へと発展していった。

チュニジアの都市シディブジッドにおける初期の

図7－1●2014年の世界の抗議活動の激しさ

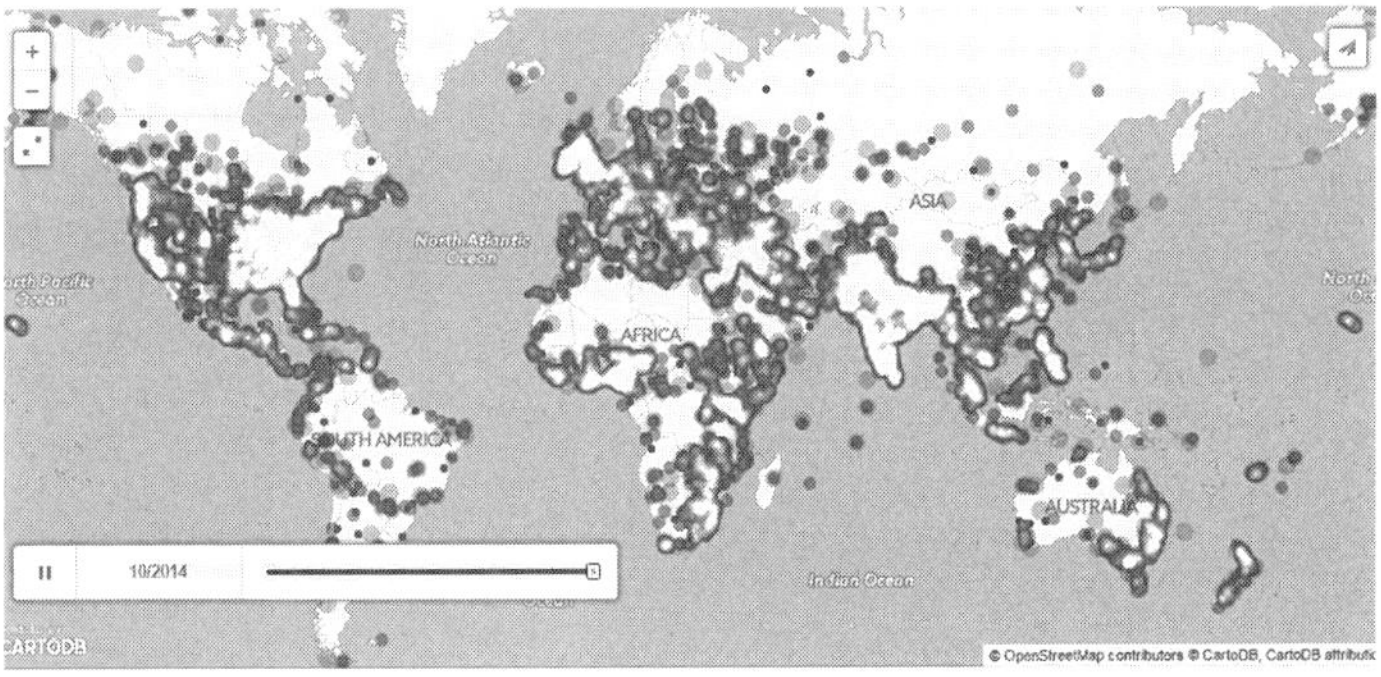

出典：GDELTプロジェクト

抗議活動が急速にエスカレートした中心には、ターリク・アッ＝タイイブ・ムハンマド・アル＝ブアジジの死があった。彼は露天商であり、2010年12月17日に焼身自殺した。ブアジジは「バスブーサ（訳注：アラビア料理の伝統的なケーキ）」というニックネームで知られており、何年もの間、地域の警察と自治体の役人に標的にされて不当な扱いを受けていた。死の前日、彼は、営業許可を出さないことをちらつかせて賄賂を欲しがる警察に、嫌がらせをされていた。しかしそれは法的に必要なものではなかった。その何分か後、45歳の女性自治体係官のファイダ・ハムディが現れて、彼の商品を没収し、手押し車を押しやって顔に平手打ちをして、暴言を浴びせた。それは彼が「罰金」の支払いを拒絶したからだった。

彼はその前日に200ドル（1ヶ月分の給料に相当する）を借りて商品を仕入れていたが、その商品は警察に取り上げられてしまった。彼はすぐに知事のオフィスに駆け込んで不満を述べ、自分の商品を返してくれるよう求めた。役所の幹部に面会を拒絶されると、彼は叫んだ。「会わないなら、焼身自殺してやる」

彼はその場を立ち去ると、ガソリン1缶を買って知事のオフィスに戻り、人通りの中、正面玄関の前に立って叫んだ。「俺にどうやって生きろというんだ?!」。彼は自らにガソリンを浴びせかけ、マッチで火をつけた。時刻は11時30分、彼が警察と言い争ったちょうど1時間後のことだった。

数時間のうちに抗議活動が始まった。アラブの春はチュニジアからリビア、エジプト、イエメン、シリア、そしてバーレーンへと広がった。そのいずれもで、暴動と政府に対する集団抗議運動が起こった。さらに街頭デモが発生したのは、モロッコ、イラク、アルジェリア、イラン、レバノン、ヨルダン、クウェート、オマーン、スーダンで、それは2012年まで続いた。

2011年のエジプト革命が頂点に達したときには、インターネットとソーシャルメディアが情報流通の円滑化において巨大な役割を果たした。エジプトで30年にわたって大統領であり、支配権力であったホスニ・ムバラクは、彼の支配に対してインターネットとソーシャルメディアが持つ人々の動員力を恐れて、インターネットを遮断した。

1年もたたないうちにこの抗議運動は世界中に広がり、2011年9月には、「Occupy Wall Street（ウォール街を占拠せよ）」運動がニューヨークのズコッティ公園を拠点として展開された。ズコッティ公園の新たな住人たちが持つアジェンダは様々だったが、社会的・経済的不公平性が許容水準を超えたという点では皆が一致していた。

「ウォール街を占拠せよ」運動の抗議参加者たちの64％は35歳未満（注1）で、26・7％が学校か大学に在籍していた。保守的な報道機関は彼らを、不満を持ち錯乱気味の大学生であるとしたが、実際には過半数が2008年の世界金融危機で悲劇的な影響を受けていた専門職労働者たちだった。彼らは明らかに怒り、怯えていたのだ。

香港では、現地の若者が持つ怒りとやるせなさが、より強い勢いで抗議活動として表出した（注2）。火種となったのは引き渡し条例改正案の提出だったが、それに油を注いだのは、不公平性の拡大が何十年も続いたことと、生活費の高騰だった。

それまでの10年間、香港の不動産価格は世界最高であった。香港における外国人が支払う比較的小さなアパートの家賃の平均は、月1万ドルを超えていた。平均的な地元民はベッドルーム1室のアパートに約2200ドルを支払っていた。香港で37・1㎡（400平方フィート）の小さなアパートを買うのにかかるおカネ（注3）があれば、フランスのシャトーかイタリアの城が買えるのだ。シドニーと東京は不動産価格が非常に高い都市だが、それでも同じ予算があれば、少なくともベッドルーム2つで面積が2倍のアパートが買える。現在は中国領土として返還されたこの地で生まれた子供にとって、自分の家を持てる可能性は低い。

「逃亡犯条例」改正が法制化されるまでは、香港での抗議活動は妨害されることなく1年以上続いており、それは2019年3月に始まった。この期間中に4000人以上が逮捕され、最も衝突が激しかった時期には、香港警察はたった1日で1500発もの催涙ガス弾を発射したとされる。こうした抗議活動のもともとの焦点は、大陸政府の指示の下に、香港立法評議会が容疑者引き渡し条例を通そうとしたことだった。2019年6月9日、100万人以上の抗議参加者（人口の約7分の1）が条例改正案に反対を表明した。群衆はエスカレートして、レンガ、ビン、傘を警察に投げつけて、警察はそれに催涙スプレー、警棒、催涙ガスで反撃した。警察の攻撃的な対応が刺激となって、わずか1週間後には200万人の抗議活動家が街頭に戻ってきた。

抗議活動が高まるにつれて、立法評議会本部が突入を受け、空港は閉鎖され、香港行政長官は改正案を取り下げざるを得なくなった（一時的にだが）。大学は学生と警察との戦場となり、抗議者たちが撃たれた。

２０１９年11月24日、区議会選挙が実施され、それは香港の未来についての住民投票だと広く見なされた。90％の議席が民主主義支持の反北京候補者のものとなった。

選挙後の2日間、北京には動きがなかった。中国外務大臣の王毅は「何が起ころうとも、香港は常に中国の一部であり、香港に混乱を生み出し、その繁栄と安定を脅かすどのような試みも、成功することはないだろう」と、日本を公式訪問した際の記者会見で宣言した。

ソーシャルメディアはこれら抗議活動の中心にあった。２０２１年5月21日には、香港住民のかなりの部分が反対であったにもかかわらず、香港基本法23条の反煽動条項が法律化された。

２０１９年9月23日のニューヨークの晴天の下、国連総会が行われて国連気候行動サミットが開催された。イベントを取材した報道によれば、その日のハイライトは、若いスウェーデン人の気候活動家であるグレタ・トゥーンベリだった。その情熱的で劇的なパフォーマンスが終わると、彼女のスピーチを巡るソーシャルメディアが爆発して、いわゆる「#howdareyou」運動が誕生した。

気候行動サミット以前のグレタは、インスタグラムに４５０万人のフォロワーを抱えていた。サミット以降はそれが倍以上となり、しばらくするとフォロワー数（フェイスブック、ツイッター、インスタグラム）は２０００万人を超えた。しかしもっと重要なのは、彼女のスピーチが環境活動家の活動をソーシャルメディア、特にインスタグラムとツイッター上に集めたことだ。

２０１９年にスーダン、アルジェリア、ボリビアでは、抗議活動が成功して長くその座にあった大統領が職を離れた一方で、レバノンとイラクでは支配者が辞任した。イラン、インド、香港の暴動は12月になっても続き、２０２０年前半に持ち込まれた。

２０２１年１月６日、トランプ大統領の支持者が米国議会議事堂を襲った。彼らの要求は、選挙結果を覆すこと、選挙人団の投票セッションを止めようというトランプの訴えを支持しなかった副大統領のマイク・ペンスを絞首刑にすること、そして民主党のナンシー・ペロシとチャック・シューマーを国家反逆罪で逮捕することであった。襲撃の結果、５人が死亡、１３８人の警察官が負傷、そして少なくとも15人が入院、重傷を負った者もいた。１人の警官が片目を失明し、別の警官はろっ骨を、２人が頸椎を骨折した。他にも、鉛管や他の武器で殴られて脳に損傷を負った警官もいた。議会議事堂の損害額は３０００万ドルを上回った。

過去20年間、私たちは世界的にアクティビズムと抗議運動が盛り上がるのを目にしてきた。それは地政学的に比較的安定した期間を経た後のことだ。ＧＤＥＬＴ（Global Database of Events, Language and Tone）プロジェクト（注４）とForeignPolicy.comのデータに基づけば、アラブの春が原因となって、世界中での抗議活動が25％増加している。この抗議活動レベルの上昇は２０１０年代の半ばには安定するかにみえたが、その後ポピュリストと気候変動に関する運動が再び急速に増加した。このことは、市民の抗議活動がかつてなく世界の政治に大きな役割を果たしていることを示している。それはソーシャルメディアやインターネットベースの報道機関へのアクセスによって力を増している。

多くの人が主張するのは、ポピュリスト運動自体は、伝統的な政治的イデオロギーと政治概念に対する抗議票の上に成立している面が強いということだ。しかしながら、気候変動とＡＩのプレゼンスが次第に大きく感じられるようになる中で、こうした動きは、市民を蔑ろにしてきた政治システムと、より大いなる善のために活動しないリーダーたちに対する怒りに基づく部分が大きくなっている。

こんにちみられる怒りの伝染は明らかにグローバルなものであり、腐敗、人種差別、反エリート主義そして他の地域課題がトリガーの役割を果たしているが、現在私たちが目にしている運動が求めているのは、より自分たちの意見が代表される社会と、経済的階層を超えた社会的・経済的自由である（注５）。

過去20年間にわたって、抗議活動の頻度は倍増し（注６）、群衆規模や参加者の総数では大雑把にみて１０００％増加している。21世紀の抗議活動は、例えば１９６０年代に、ベトナム戦争と米国公民権問題が幅広い市民の行動を巻き起こしたのと比べても、その性質においてははるかにグローバル性を増しており、何らかの出来事がトリガーになる度合いも増えている。過去20年間の全ての抗議活動が反政府的な性質を持つものではないが、反政府的センチメントは、抗議活動の年平均増加率が11・５％となっていることの原因となっている。これをより広い観点でみると、アラブの春と、「Ｏｃｃｕｐｙ」運動はそれぞれ独立した動きではなく、不当さに対する怒りを表すツールとして抗議活動を使うケースが増加する始まりであった。そしてそれは、ソーシャルメディアによって可能となった。

現在の社会にとってのリスクは、こうした抗議活動が単なる政治的変化にとどまらず、革命の大混乱が起こった歴史時期により似てくることだ。世界中で大衆の抗議活動が何十年にもわたって増加しても、実際に政策に与える効果はほとんどなかったと主張することもできる。そうだとしても、こうした抗議活動の頻度と支持が強まる可能性が高いため、いずれは政治システムの変革を余儀なくされるだろう。トランプのポピュリズムと英国のブレグジットはこのことが実際に起こった例だ。

革命的な変化は人類にとって新しいものではないが、「Ｏｃｃｕｐｙ」運動や他のポピュリスト運動が１９６０年代や70年代にみられた抗議活動よりも、はるかに急速で劇的に拡散しうる状況であることはすでに確かめられている。テクノロジーは次第に不満を抱える大衆を動かす要因となっており、ミレニアル世代が政治世界に足を踏み入れ始めれば、彼らはソーシャルメディア、インフルエンサー、バイラル原理などのテクノロジーを駆使して、政策変更支持のうねりを手にするだろう。しかし、革命的な大混乱はリモートでも起こりうるものだろうか？それはむしろ歴史的遺物ではないのだろうか？

過去に何が革命につながったのかをみてみよう。

図7－2 ● 抗議活動の規模と頻度の拡大

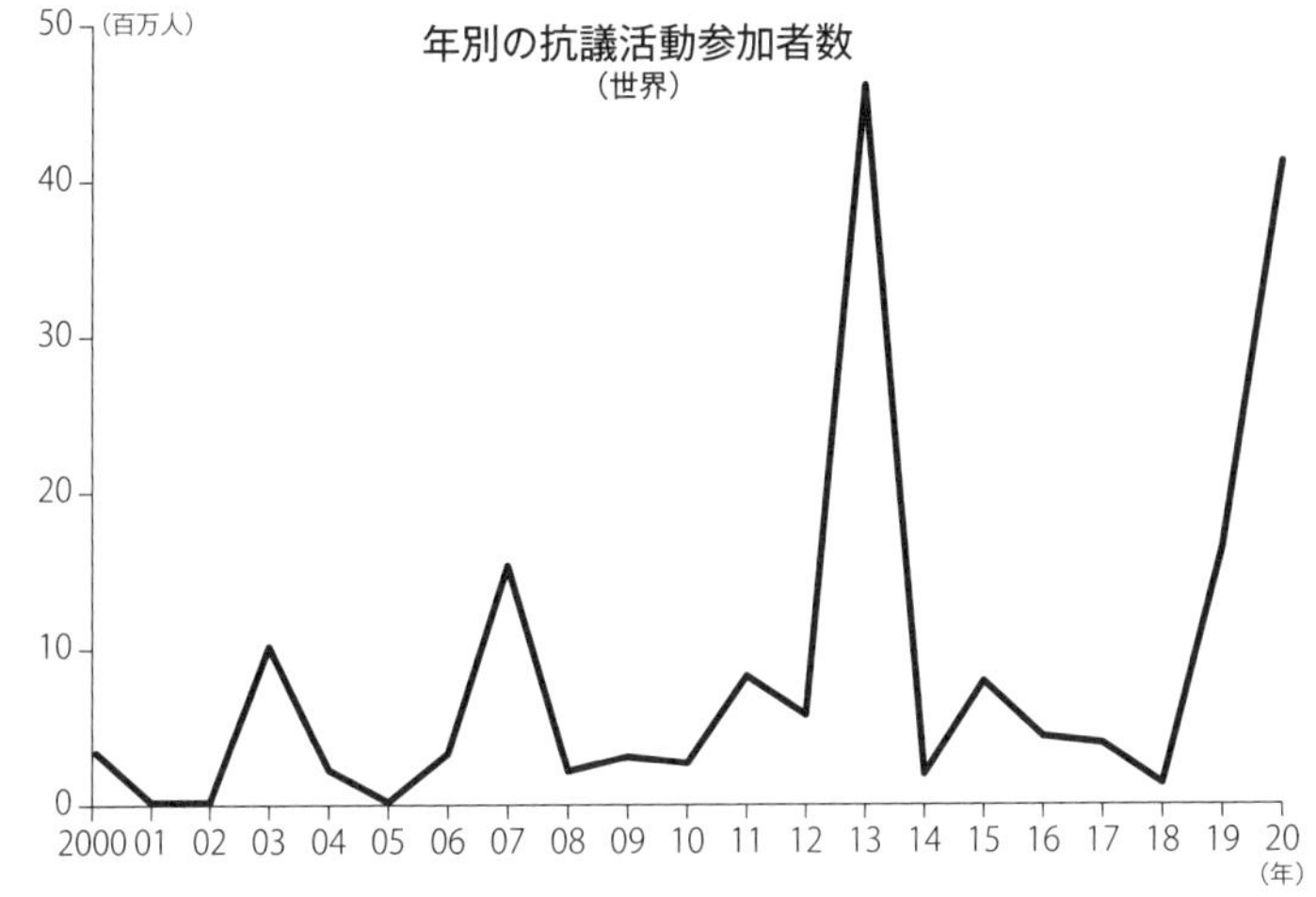

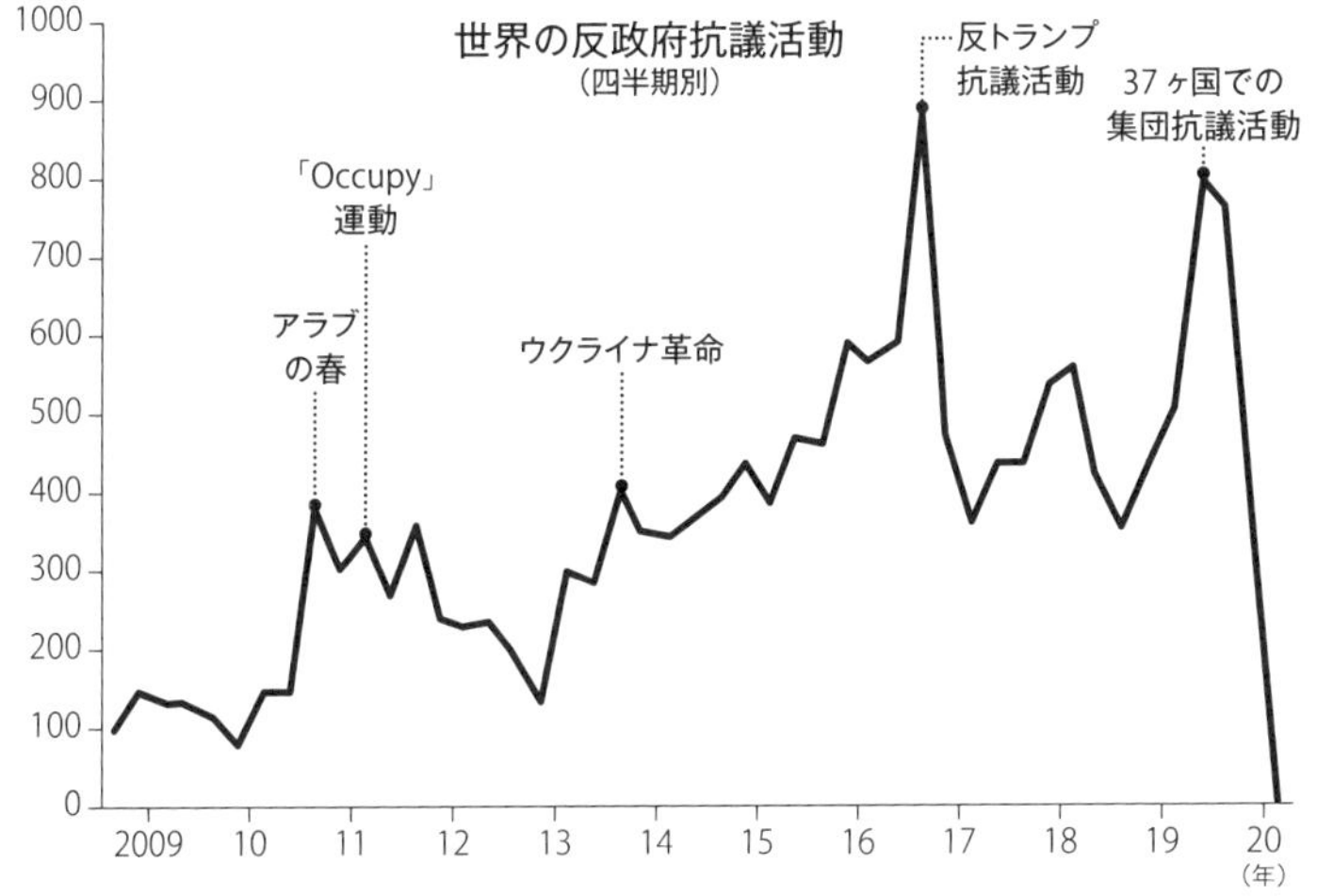

出典：GDELT、ウィキペディア、その他

「革命は複雑なプロセスであり、多くの分野で同時に社会秩序が急速に綻び始めることで始まる。社会的均衡の不安定性を作り出す要素は5つある。経済または財政的緊張、疎外とエリート間対立、不正に対する大衆の怒りの広まり、説得力があり共有された抵抗の物語、そして国際関係という追い風である。革命を引き起こす要因には、構造的なものと一時的なものがある。構造的要因は長期的で大規模なトレンドで、社会的機関や関係性を蝕んでいく。そして一時的な要因は、偶然の出来事や特定の個人またはグループによる活動であり、それが長期的なトレンドの影響を露わにして、しばしば革命的な反対勢力を刺激してさらなる行動を誘発する」

――「何が革命を起こさせるか」、ジャック・A・ゴールドストーン（2013年）

彼の言葉が誰よりもうまく説明している。革命は歴史的に、以下に示す広い領域で始まり、劇的な政治的変化に帰結する。

①極端な経済的不公平や経済的圧力
②富裕者に対する不満とエリート間での意見の相違
③大衆の怒りの高まり、特に不正に対するもの
④現状に対する抵抗の強まり
⑤国際的な接続性と協力

全部の基準を満たそうとするなら、それは明らかに難しい。最初の2つは経済的不確実性そのものだ。不正に対する怒りに対応するためには、長期的な社会改革が必要であり、それは社会が成熟し、発展すれば実現するものだ。世界的な接続性は気候変動の影響への対応でも重要となるだろう。

不公平性と政治エリートに対する不満は分断の原因となる。政治的イデオロギーの双極性の高まりも同様で、特に経済問題を解決しうる方法に関してはそうだ。しかしながら、解散総選挙や国の貿易不均衡改善の試みなどは機能しないことに、人々はいつか気づく。経済成長があるとしても、それはほとんどの人々の実質賃金の上昇や生活の質の改善には結びつかない。中産階級は縮小を続けている。貧困層や不満を感じる層は増え続けている。そして世界金融危機の経済的影響とCOVID－19パンデミックは居座り続けている。

強い欲求不満がよくない結果に至るリスクはかなり現実的だ。私たちは、ソーシャルメディアのエコーチェンバーとフィードバックループが醜く、怒りに満ちた、分断的な影響力を生んで、それが私たちを引き裂くさまと、抗議活動の規模と頻度が増加しているさまを目にしている。近年はこの欲求不満が群衆行動につながり、政府が辞職に追い込まれる状況もみられている。これが先進民主主義国家で起こり得るとは本当に考えられないのだろうか？　米国議会議事堂襲撃が証明したのは、抗議活動の世界的なエスカレートが、諸国の中で最も「民主主義的な」場においても問題であり続けるということだ。

さらに、自動化レベルの高まりによって引き起こされる大規模な失業、気候変動の影響と気候難民数の増大、農業収穫量と農地の劣化、沿岸都市における「100年に1回」タイプの洪水の毎年の発生、毎年起こる山火事と森林火災、大規模生態系の喪失（珊瑚礁と熱帯雨林）、食料不足の増加等々が加わる。私たちはこの世界的な抗議活動のトレンドがさらに悪化することを認めなければならない。しかも大幅にだ。

革命が起こらないようにする唯一の方法は、ソーシャルメディアの煽動やフェイクニュースが増幅する怒りの伝染が関係している、最も根本的な問題のいくつかに対処することだ。私たちは急いで不公平性を減らし、社会的包摂を保証し、雇用に対する自動化の影響の高まりに向けた戦略を開発する必要がある。幅広い市民の不満の原因に対して、選挙サイクルの度に絆創膏を貼るだけでなく、きちんと対応する必要が

図7－3●「抗議活動」に関するグーグル検索は、最近の明確な急増を示している

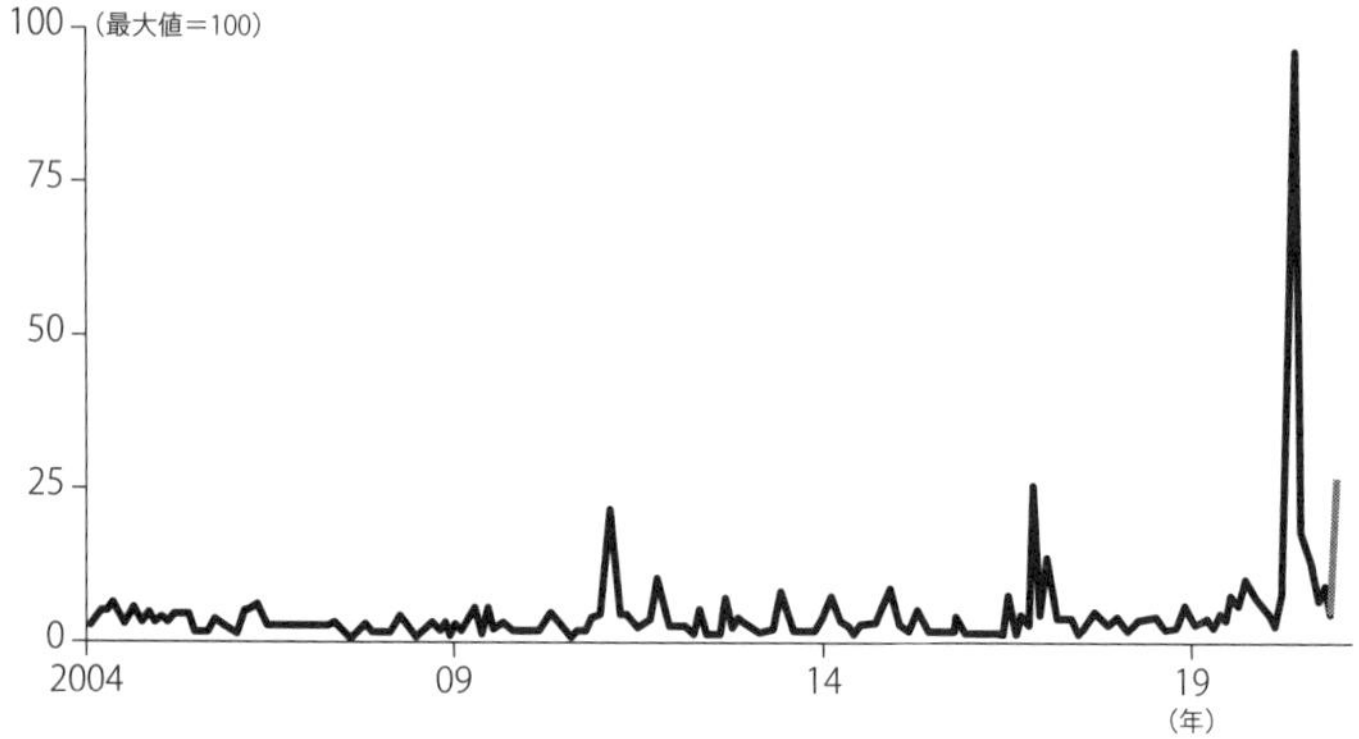

出典：Google Trends

ある。政策、需要、そして統治能力の間にあるギャップは、縮小ではなく拡大しつつあるようにみえる。

こうしたリスクを緩和できなければ、21世紀の歴史書に書かれる次の章は、革命のような形のものになるかもしれない。

ベーシック・インカムのケース――課題となるテクノロジー失業と不公平性の緩和

オーストラリアでは、仕事に就かずに政府支援で生活する人は「Dole Bludger（失業手当怠惰者）（注7）」とレッテルを貼られる。米国では「Welfare Queen」「welfare parasite（寄生虫）」「mooch（たかり屋）」「leech（ヒル）」「freeloaders（居候）」「welfarian（福祉族）」などという言い方を耳にするかもしれない。「政府のミルク補給で生活する」人々を形容する言葉だ。英国では失業手当に頼る「lazy scrounger（怠惰なたかり屋）」だが、スコットランドでは、失業保険依存者は「going on Pogey（手当暮らし）」と呼ばれる。いずれにせよそこには、失業状態につけられた社会的烙印とともに、給付金を受け取ることに対する一般に強いネガティブな含みが存在する。

これがベーシック・インカム（Universal Basic Income：UBI）、または何らかの形の基本的な資産支援の構想につながった。それは簡単に認められそうにないコンセプトだ。しかしそれが続くのは、AIに仕事を奪われてしまい、失業状態となって次の食事や家賃を支払う十分なカネがなくなるまでのことだ。あるいは、パンデミックがやってくるまでのことだ。

2017年のマッキンゼー・グローバル研究所のレポートでは、2030年には7300万もの職がなくなると推計されている。レポートではまた、職を失った約2000万人は再訓練やリスキリングで状況が緩和されうると仮説を立てている。2019年のブルッキングス研究所のレポート（注8）が示しているのは、米国では少なくとも職の25％が自動化の打撃を受けそうで、特に「退屈で繰り返しの多い」ものがそうなるとしている。プライスウォーターハウスクーパースは、今後15年で仕事全体の38％が自動化によってディスラプトされるだろうとする。

オックスフォード大学がより広範な研究を行って至った結論は、米国のような市場では仕事全体の47％が失われて自動化されるというものだ。オックスフォードの研究は2013年に完了したものが2018年に改訂され、700を超える職種が詳しく調べられた。それらは米国労働力の97％を占めている（注9）。専門家の一団の中には機械学習の専門家もいて、アルゴリズムがこれら700の職種に与えうる影響を調べた。5年後の改訂で同じ研究者たちが予測したのは、機械学習とディープラーニングの向上が実現されるため、AIによるディスラプションはより激しいものになる可能性が高いということだった。

賃金の伸びが停滞して生活費が着実に増加する中で、今後20年で昔からある職が排除される可能性があることを考えれば、緩和措置や社会的セーフティネットの必要性は不可欠と言える。

私たちは、大規模な失業が起こって革命の脅威につながるまで座して待つことも可能であり、あるいは最悪のケースの影響を緩和しうるシステムを設計することも可能だ。

資本主義は環境・労働問題を自ら修正できるか？

頑固な資本主義者は、資本主義は私たちが直面するほとんどの問題を解決できると主張する。その資本主義は不公平性に対応してこなかっただけでなく、資本市場は株主利益によって動いているのであり、世界中で見られる抗議活動の源となっている社会問題を解決するインセンティブを持っていない。そして自由市場は世界的に不公平性を加速する政策が行われても、それを何ら問題としない。

自由市場が不公平性と気候変動に対処すると主張する資本主義者たちにとって最大の問題は、これまで、資本主義によるこれらの問題への対応の手際が悪かったことだ。

確かに、もし再生可能エネルギーが化石燃料より安価であれば、投資家はエネルギーインフラストラクチャーの再構築に投資するかもしれない。しかし、米国、インド、ロシア、オーストラリアでは、再生エネルギーに対して、現在も市場の抵抗がみられる。太陽光と風力が「歴史上のエネルギーで最も安価な形態（注10）」であるにもかかわらずだ。それと同じ業界プレーヤーたちは、公害がすでに毎年何百万もの人々を死なせてきたことをおそらく知りながら、それに対して20世紀の間、ほとんど何もしてこなかった。現在の大気汚染は、脳卒中、心臓病、肺ガン、そして急性・慢性呼吸器疾患による年間700～900万人の死亡の原因となっている（注11）。これは、喫煙とCOVID－19を合わせた年間死亡者数よりも多い。

化石燃料企業（大手石油・石炭企業等）と市場は、その道のりの1歩ごとに、化石燃料がもたらすリターンと利益のために、幅広い社会的ニーズと戦ってきたと言ってもおかしくない。黒肺塵症（注12）を認めない医療専門家への資金提供から、気候変動を否定するシンクタンクや、正統派の気候科学（注13）の足元を揺るがすPR施策への資金提供まで、自由市場はエネルギー市場を劇的に再構築するような介入（その市場自体の許諾がない限り）を拒絶してきた。

とりわけ公害と気候変動に関して言うなら、

図7－4 ● 資本主義が気候変動に対処すると考えるのはひどくナイーブに思える

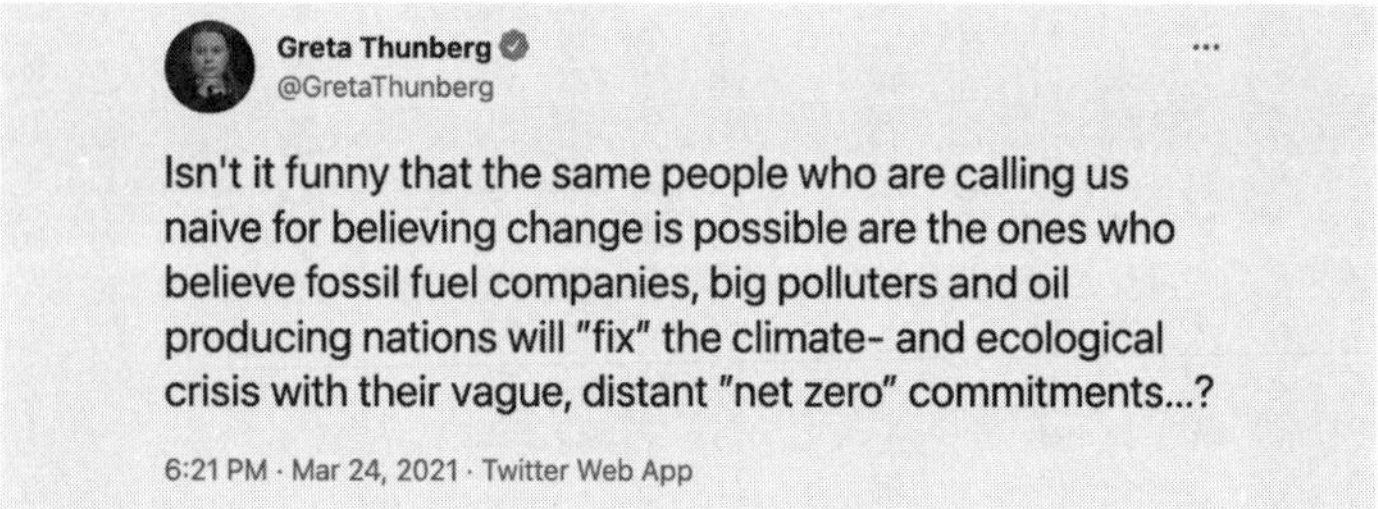

「変革が可能だと信じる私たちのことを無知呼ばわりするその同じ人たちが、化石燃料企業、大規模環境汚染者、産油国が気候と生態系危機の問題を『解決する』として曖昧で非現実的な『ネット・ゼロ』に取り組むと信じるのは滑稽なのでは？」――グレタ・トゥーンベリ

出典：ツイッター

市場から一歩引いて、エネルギーとこの地球の健全さの必要性との間にある明らかなトレードオフをみれば、これはほとんど筋が通らない。評価基準がＧＤＰ成長か株主利益しかないにしても、公害に関連した事象で９００万もの人々が死亡していることを、株主利益を増やすために受け入れられるコストであると本当に主張できるだろうか？　計算してみれば分かることだ。

化石燃料を原因とする世界の大気汚染のコストは、１日当たり80億ドルまたは年間２・９兆ドル、あるいは世界全体の経済産出の３・３％に相当すると推計されている（注14）。中国、米国、インドはそれぞれ年間９０００億ドル、６０００億ドル、１５００億ドルの責任を負っている。エネルギー・クリーンエア研究センター（The Centre for Research on Energy and Clean Air：ＣＲＥＡ）のレポートでは、大気汚染微粒子は毎年約４５０万人の早死にの原因となっている。そのうち１８０万は中国、１００万はインドである。これはＷＨＯが以前に推計した４２０万人とも一致している。

年間２・９兆ドルのマイナス影響に対して、業界の年間売上は１・２兆ドル、利益で２０００～２６００億ドルを上げている。それには、２０１７年で総額５・２兆ドルとなる世界の補助金は含まれていない。それには、気候変動がもたらしている何兆ドルものマイナス影響は含まれない。そして、そのマイナス影響はこれら企業が負うべきものだ。したがって、２・９兆ドルの健康影響に５・２兆ドルの納税者が支払う補助金を加えて、それを約２５００億ドルの年間利益と比べることになる。このことが示すのは、社会が負担する世界で８兆ドルの機会コストが、化石燃料産業からの純損失として毎年控除されているということだ。

この計算はただの足し算ではない。社会に対するコストと市場への長期的影響に基づくなら、私たちは、自由市場に任せて収益性でみてどのタイミングが適切かを判断させるのではなく、化石燃料の使用からできるだけ早く抜け出すことを要求するべきだ。


同様に、ロボットと自動化が企業の生産性を向上させるにつれて、配当と所得が等比級数的に増加することについて、市場は何も文句を言いはしないだろうが、その一方で、人間の労働者は何百万人もレイオフされていく。ウーバーが、待望の自動運転車の配備と人間のドライバーを減らしていくという事実を発表した際に、株式市場で同社の株価が下がることを想像できるだろうか？　アマゾンの倉庫が完全自動化されるとベゾスが発表したら、同社の株価は下がると予想するだろうか？　アップルが自社工場を米国に戻すと意思決定して、それらの企業が実質的にロボット工場で劇的に雇用を増やすことがない場合に、市場や政府はヒトの雇用を増やすように抗議するだろうか？

過去の例に基づけば、高水準の自動化によって雇用環境を変えて人間の労働力を排除する動きに基づいて、自由市場が自らの修正を行うような証拠は全くない。それは、現在の気候変動による影響の低減や、個々の市民の健康改善についても同様だ。

大規模失業が発生した場合、ベーシック・インカムをどう賄うのか？

ビル・ゲイツは、ロボットに課税してベーシック・インカムの財源を作る必要があるだろうと述べているが、そう言っているのは彼1人ではない。実際、起業家たちがベーシック・インカムの支持を主張するのは次第に当たり前になってきている。2020年大統領選挙の民主党候補のアンドリュー・ヤンは、ベーシック・インカム、または彼の言葉では「自由の配当」を主要綱領に掲げて選挙戦を戦った。

ベーシック・インカムの概念は、2020年の民主党候補や現代の起業家たちが発案したものではない。マーティン・ルーサー・キングJr.、元大統領のリチャード・ニクソンと経済学者のミルトン・フリードマンは皆、過去にベーシック・インカム的なものを支持した人たちの例だ。

ベーシック・インカムの形式を不公平性と雇用ディスラプションの解決のために支持した起業家たちを以下に挙げよう。

・**イーロン・マスク**（テスラ／スペースX）：「それは必要になるだろう」（注15）
・**ジェフ・ベゾス**（アマゾン）：「（ベゾスは）現在の経済の考え方に見切りをつけた。（アマゾンは）アメリカのアイデンティティの柱である、高賃金の仕事を支持する」（注16）
・**ジャック・マー**（アリババ／アントフィナンシャル）：「ベーシック・インカムもまた重要な役割を演じるべきだ……それは貧困と失業を劇的に減らすだろう」（注17）
・**マーク・ザッカーバーグ**（フェイスブック）：「あらゆる人に新しいことに取り組むためのクッションを提供するベーシック・インカムのようなアイデアを探求すべきだ」（注18）
・**ジャック・ドーシー**（ツイッター）：「……ベーシック・インカムの考え方に魅了された。おそらく彼の富を再分配する最も効果的な方法だ」（注19）
・**ピエール・オミダイア**（イーベイ）：49万3000ドルをGiveDirectlyというアフリカのベーシック・インカムの実験に寄付した（注20）
・**レイ・カーツワイル**（グーグル／シンギュラリティ）：「未来には自分が楽しいことをやることになる」（注21）
・**リチャード・ブランソン**（ヴァージン・グループ）：「ベーシック・インカムはヨーロッパとアフリカに導入されるべきだ」（注22）
・**トム・オライリー**（オライリー・メディア）：ベーシック・インカムは「仕事自体の定義を変える。そして人々に最も自分が充足されることを行うより高い柔軟性を付与する」（注23）
・**クリス・ヒューズ**（フェイスブック）：「1950年代のようにみえるこの経済を立て直そう

とするよりも……何百万もの職が消滅するなら、私たちが作り出す必要があるシステムについて考えるべきだ」（注24）

・**サム・アルトマン**（Yコンビネーター）：低・中所得層に毎月2000ドルを贈与するトライアルを実施（注25）

・**スチュワート・バターフィールド**（スラック）：「大きなものでなくてもよいが、人々に小さくてもセーフティネットを与えることが、人々の起業家精神を大きく解き放つだろう」

・**アンドリュー・ヤン**（Coursera／百度）：「あらゆる人のダウンサイドを制限するために、これまでになくベーシック・インカムが必要だ」（注26）

これらは皆、非常に優秀で競争力の高い起業家、そして事業者たちだ。合わせれば何兆ドルの価値がある企業群を保有するスマートさを持つ彼らは、ベーシック・インカムをマルクス経済学者が推奨したとんでもないアイデアとして否定したりはしていない。彼らはベーシック・インカムの可能性を真剣に考えており、その必要性を支持してもいるのだ。なぜだろうか？

これらの起業家たちは、自動化のせいで大規模な雇用のディスラプションが起こる可能性に気づいているだけではなく、同時に、これからの未来で人間の労働者にますます依存しなくなるビジネスを積極的に構築しつつあるのだ。自動化が積み上がって職が失われると、変化に最も大きく影響を受ける人々の怒りを鎮めるプランが必要となることを、彼らは十分理解している。それがベーシック・インカムでなければ、他に何があるだろうか？

ベーシック・インカムはまた、幅広い大衆の支援を受けている。オックスフォード大学の最近の研究では、欧州人の71％が何らかの形のベーシック・インカムを支持する一方で（注27）、欧州人の84％が最低保障賃金の義務化をも支持したことが示されている。ローマ教皇のフランシスコまでが、2020年のイースターに世界のカトリック信者に向けて発したレターの中で、「最低賃金保障を考えるべき時」かもしれないことに同意している。

前述したように、過去10年くらいの間に、雇用者からみて人間の労働は次第に魅力を失ってきた。それは労働者の生産性が上昇しなくなったからだ。労働生産性は2007年の第4四半期（世界金融危機の始まりの時期）から2016年の第3四半期までの間に、平均年率でわずか1・1％しか上昇していない。実際、1990～2007年の生産性向上のほとんどは、IT支出とテクノロジー向上によるものであって、人間の労働生産性によるものではない。したがって、企業が人的労働プロセスの改善ではなく、テクノロジーを活用して効率性改善を求め続けると考えるのは、理にかなっている。

現在の米国では、給与税は年間連邦予算の3分の1以上、約1・3兆ドルに相当している。2019～2020年、英国の歳入関税局の税金受け取り金額は、およそ6346・4億ポンド（8900億ドル）だった。もし労働力の半分がロボットに置き換わった場合、税収の減少は世界の主要経済国にとって大きな打撃となるだろう。新しい収入源がない中でベーシック・インカムのファンドを得ようとすれば、政府は厳しい予算制約に直面することになる。21世紀には、所得税と労働が連動しているというパラダイムの変革は免れられない。このままでは維持不可能なのだから。

試行でみえたベーシック・インカムの効果

スペインでは、最低生活所得（Ingreso Mínimo Vital：IMV）がヨーロッパ初の国家最低所得保障制度として導入される。その承認は、コロナウイルス・パンデミックの社会・経済的影響に対応するために早められたが、IMVはすでに、スペイン社会労働党のPSOEとポデモスとの間の連立政権の政府協定の中で認められていた。2020年5月、スペインにおけるベーシック・インカム導入のアセスメントを行う調査が実施されて、スペイン人の56％が導入を支持した。所得が月間1000ユーロ未満の人々の67％がベーシック・インカム賛成派だった。

IMVプログラムは、非拠出性の現金給付である。給付は勤務歴とつながっておらず、一般に認められている課税最低所得を下回る家計を主に対象としている。この最低所得は貧困ラインを下回っているが、100万家計近くを支援するよう設計されており、現状は最貧の230万人の人々を対象としている（人口は4700万人）。スペインの社会保障機関は、スペインのおよそ55万家計が最貧状況にあり、その所得は月230ユーロ（275ドル）未満である。IMVが最終的に、スペインの国全体の最低所得スキームとなる可能性はあるが、現状は国の最も貧しい人々に対するベーシック・インカムである。これがスペイン人全体に向けたベーシック・インカムにつながるだろうか？　それは時間だけが知っている。現在プログラムを利用可能な人々にとってそれは、人生を変える出来事だ。

2019年のカリフォルニアでは、ストックトン市が小規模のベーシック・インカム試行を行った。フェイスブックの共同創立者でテクノロジー起業家のクリス・ヒューズが、このアイデアの主である。そして彼のシリコンバレーの仲間たちが試行に資金を供出しており、税金は全く使われていない。プログラムでは、年間所得が4万6033ドル（市の中位所得水準）を下回る、無作為抽出した個人に毎月500ドルを送った。引き換え条件はなく、平均所得を下回ること以外の要件はなかった。

試行が始まった時、選ばれた対象の28％はフルタイム雇用の人たちだった。プログラムの最初の年が終了する時には、40％以上が職を手にしていた。プログラムが同じ期間のストックトン市の一般雇用の増加をそのまま映したものだったら、わずか24％に届いただけだっただろう。試行の結果としては、グループの62％が今や負債を順調に返済していた。1年前はそれがわずか50％だった。

参加者はデビットカードを通じてベーシック・インカムを受領した。トランザクション分析では、月次支出カテゴリーのナンバーワンは食料で、2番目に高かったのがウォルマートやターゲットのような小売業者での一般的な買い物だった。そこではもちろん食料雑貨類も売っている。それ以下は公共料金、自動車支払い、そして旅行だった。最後がタバコとアルコールで、それは支出の1％未満だった。
フィンランドは世界最大のベーシック・インカムの試行を行った、もう1つのヨーロッパの国だ。フィンランドの2年にわたるベーシック・インカムの試行は2017年と2018年に実施され、フィンランド国中から無作為に選んだ2000人の失業中の人々に対して、毎月560ユーロの所得を支払った。そしてこれが、フィンランドの標準的な失業給付プログラムに乗っている17万3000人の人々と比較された。フィンランド政府が実施した研究で示されたのは、ベーシック・インカムの支持者と批判者の双方にとって良し悪しの入り混じった結果だった。しかしそれは、福利の面からは標準的な失業給付プログラムよりも大幅な改善となった。

「ベーシック・インカムの受給者は比較対照グループと比べて生活により満足しており、精神的緊張の経験はより少なかった……また経済面での福利についてはよりプラスを感じていた」

——フィンランドのベーシック・インカムプログラムに関するヘルシンキ大学のレポート（注28）

ヘルシンキ大学の研究者は、スキーム参加者に対して81件のデプスインタビュー（訳注：深層面接）を実施し、参加者の経験にはかなりの多様性があるものの、受給者は一般に生活についてより満足しており、精神的緊張、抑うつ、悲しみ、孤独感の経験は、比較対照グループよりも少なかった。皮肉なことに、ベーシック・インカムへのアクセスは、特に子供のいる家庭のようなあるカテゴリーにおいて、雇用面でプラスの刺激効果があった。それはベーシック・インカムが働く意欲を減じてしまうという主張に反するものだった。また参加者は、福利の他の指標でよいスコアを示す傾向があった。それには自律性、金融面の安全性、そして未来への自信の向上といった感覚の向上が含まれる。

またこのスキームから、「夢に挑戦して生きる可能性」を与えられた参加者もいる、と研究をリードしたヘレナ・ブロムベリ＝クロール教授は述べた。「フリーランスとアーティストと起業家は、ベーシック・インカムの効果についてよりポジティブな見方をしています。それが彼らにビジネスを始める機会を与えてくれたと

図7－5 ● ベーシック・インカムの試行が成功裡に実行された場所

感じる者もいます」。ベーシック・インカムを使って、ボランティアでコミュニティベースの仕事を行うことで、社会により関与するようになった人たちもいる。

要約すれば、ベーシック・インカムは参加者の経済的不安定状態を取り除き、最低生活賃金に依存した最低限の生活を超える選択肢を与えた。気候変動、自動化、パンデミックの繰り返しの中での経済的不確実性を前提とすれば、ベーシック・インカムは中期的に利用可能な最も人間的な解決策にみえる。ただし市民に幸せで充実していてもらいたい場合に限るが。唯一残る疑問は、それをどうやって賄うかということだ。

ベーシック・インカムを賄う方法

❶ビッグテックの資金供与?

ベーシック・インカムを賄うことができるかもしれないと思われる方法が4つある。それは、単純に、通常の政府予算アプローチでベーシック・インカムを賄うより優れた方法だ。
CHAPTER 3では、トップのテクノロジー企業の価値が増大して何十兆ドルにも達する可能性があり、その創設者たちがおそらく1兆ドル長者の地位に近づくだろうとしたが、こうした企業が、テクノロジーを使った自動化を通じて、雇用に及ぼすマイナス影響をとらえた悪しきPRの対象となることが想像できる。現在でも、グーグルとアップルのような企業が、一般人を対象とした訓練に投資を始め、ベーシック・インカムの試行を支援してベーシック・インカムのロビイングを行い、早期のＳＴＥＭ能力開発へのアクセスを改善したりしているのが見られる。これは彼らが、自分たちのテクノロジーのエンドユーザーとなる人たちの味方となる必要性を理解しているという明確な兆候だ。そうした人々の一部には、ＡＩの導入とテクノロジーによるディスラプションから悪影響を受ける可能性があるからだ。

　気候変動の影響が本格的に打撃となり始めると、私たちは、ビル・ゲイツとメリンダ・ゲイツ、ウォーレン・バフェット、イーロン・マスク、ジャック・マー、マッケンジー・スコット、ジェフ・ベゾスといった大物が、何千億ドルもの資金を気候変動緩和プログラムに投資してくれるのを期待できる。２０５０年には、気候変動緩和プログラムは最大の雇用純成長領域の１

図7－6 ● ベーシック・インカムを賄う方法

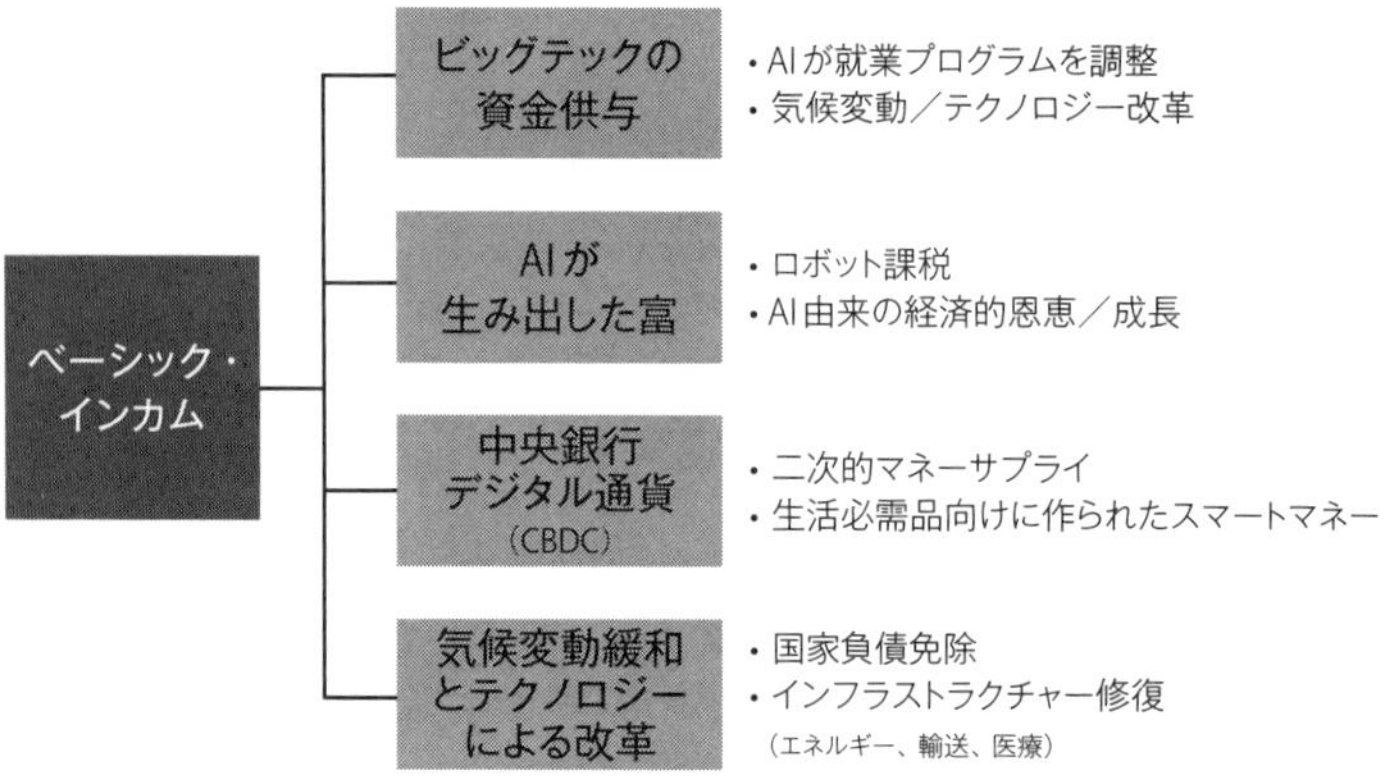

つとなるだろう。
イーロン・マスクは、2021年4月22日（アースディ）に開始されて4年間推進される、ギガトン炭素除去プログラムに、1億ドルの資金供与を行うことを発表した。その賞品には学生チームに参加する学生への奨学金20万ドル25件が含まれ、トップ3のテクノロジーデモ作成者たちには5000万ドル、2000万ドル、1000万ドルの賞金が授与される。

ビル・ゲイツとメリンダ・ゲイツは以前に、2030年だけでもアメリカ人の3分の1が仕事を替える必要があると述べた。それはマッキンゼーの研究でも裏付けられている。2018年のあるイベントの場で、メリンダ・ゲイツは、ロボティクス、機械学習、AIといった新興産業で、2020年代を通じて就職可能な職のタイプがすでに明確になりつつあると発言した。彼女が主張するのは、新しい産業における専門

図7－7 ● マスクはすでに1億ドルを炭素隔離技術開発に投資している

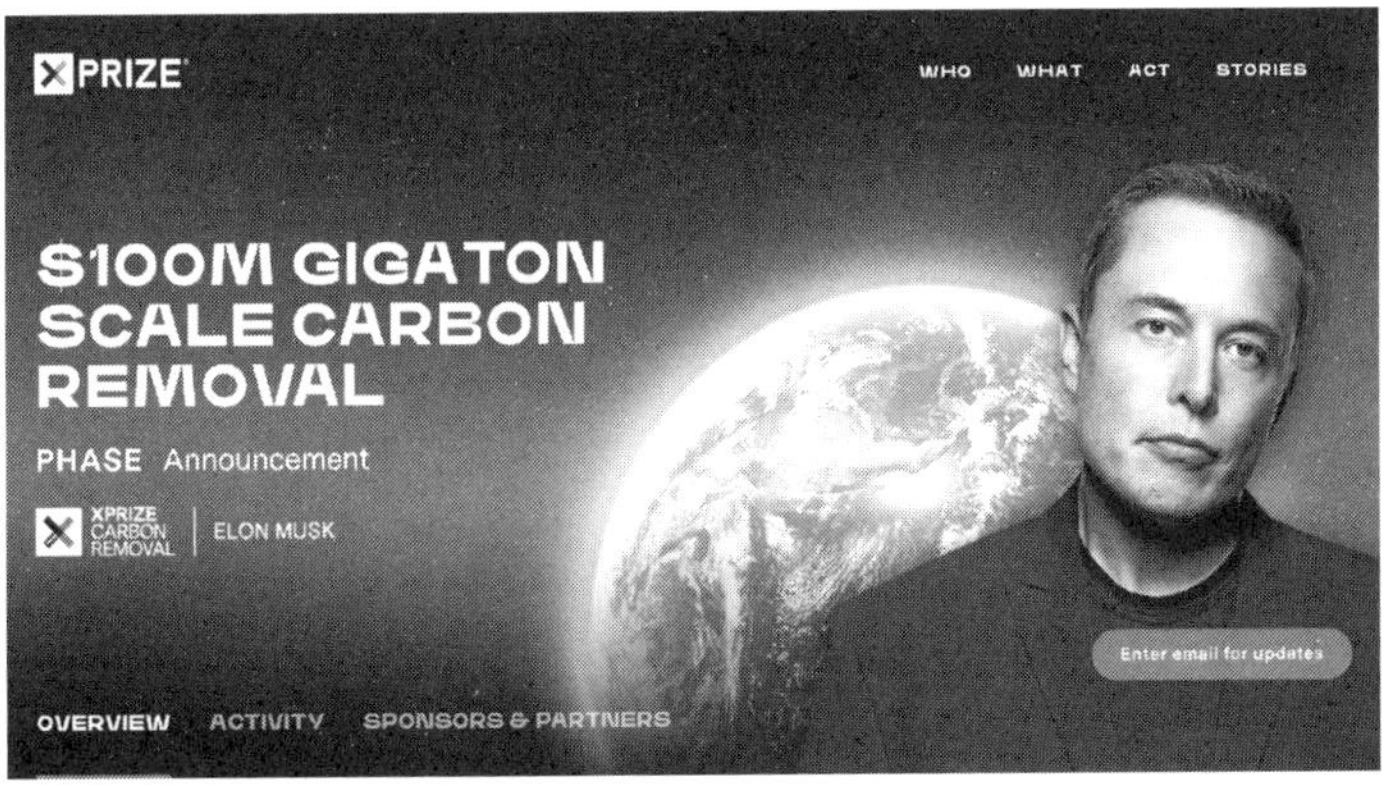

画像：XPRIZEウェブサイト

性を身につけることが、未来に職を得続ける能力を決定づける重要要因だということだ。彼女たちの基金はすでに548億ドルの贈与を行い、135ヶ国に仕事を生み出している。

❷AIが生み出した富

新しいコンセプトをご紹介しよう。仮にAIのおかげで職を失った人がいたとして、その人が失った仕事で給与をもらい続けるが、実際には仕事はAIがやっているとすればどうなるだろうか？　誰かこれに反対する人はいるだろうか？

OpenAIのサム・アルトマンは、ベーシック・インカムを賄う方法について心配する必要はないと言う。彼の主張によれば、AIはグローバル経済のために膨大な収益を生み出すので、人々にベーシック・インカムを支払うという問題が簡単に解決できるだけでなく、気候変

図7-8 ● OpenAIの共同創立者、サム・アルトマンはAIがベーシック・インカムを賄うと主張する

Sam Altman @sama · Mar 17
AI is going to change a lot of things. The world is going to get phenomenally wealthy.
I wrote about what I think will happen, and an idea for how we could change our economic system in light of it:
moores.samaltman.com
206
997
3.6K
Reply
Sam Altman @sama · Mar 17
I think most value in the future will flow to companies and land, and we should consider adapting our system to tax those assets (and importantly, taxing companies in equity).
We can then give that money to citizens and let them decide what to do with it.
34
75
592
Sam Altman @sama · Mar 17
Incentives are superpowers. If we can design a new system where everyone has aligned incentives, we'll be in good shape.
44
77
728

「AIは多くのものごとを変えるだろう。世界はとんでもなく富裕になる。私は自分が今後起こると考えることと、その観点から経済システムをどのように変革できるかのアイデアを書き記した」

「未来のほとんどの価値は企業と土地に流れ込むと私は考えており、システムをそれに適応させてこれらの試算に課税することを考えるべきだ（そして重要なのは、企業のエクイティに課税することだ）。
そのおカネを市民に与えて、それを使って何をするかを決めてもらえばよい」

「インセンティブには素晴らしい力がある。誰もがインセンティブを調整できるシステムを設計できれば、全てがうまくいくだろう」

動などの人類が直面するであろう最も重要な問題について、私たちが「インセンティブを調整する」ことも可能になるという。だから、ＡＩに職をとられることは心配することではないというのだ。

アルトマンは、２０３０年には、ＡＩは米国に住むあらゆる成人１人に年間１万３５００ドルを提供できるようになると言う。しかし同時に彼は、そのためには、これが機能するように政府の政策を根本的に変革する必要があるとも言っている。アルトマンはこの数字を算出するのに、２０３０年には主要米国企業の価値が50兆ドル（時価総額で計算）で、米国の私有地の価値が30兆ドルに相当すると推計している。アルトマンは、米国エクイティファンド（American Equity Fund）を設立するために、巨大企業に対して時価総額の２・５％（エクイティの形で）、そして全土地の時価の２・５％（ドルの形で）ほどを課税することを主張している。ＡＩを活用する10億ドル以上の企業もファンドに資金提供する。

開発ペースが加速するにつれて、ＡＩは「膨大な富を生み出す」が、同時に労働の価格は「ゼロに向かって落ちていく……夢のように聞こえるかもしれないが、それはテクノロジーがもたらしうるものだ（そしてすでにそうなっているものもある）。住宅、教育、食料、衣服等々といった全てのものが、２年ごとに半額になっていく世界が何十年も続くと想像してみよう」。

これがテクノソーシャリズムであることは、明らかだ。

❸中央銀行デジタル通貨

現在、中央銀行デジタル通貨（Central bank digital currencies：ＣＢＤＣｓ）が勢いを大きく増しており、世界の注目を集めている。中国のデジタル元が全能の米国オイルダラーの支配を転覆する可能性について、多くの人が議論している。中国のＣＢＤＣは全く異なる目的で設計されたものであるが、消費を直接デジタル通貨に結び付けるのがうまくいくことを示した例となっている。

中国のＣＢＤＣは４つのタイプの政府運営のモバイルウォレットを創出し、導入に際してはアリペイとウィーチャットペイの支援を受け、取引高の上限を次第に引き上げて多段階での導入を行ってきた。現在までに、４つの個別の大きな試行が２つのフェーズに分けて実施されてきている。

ＣＢＤＣは中国の４つの都市で試行されている。深圳、蘇州、成都、雄安新区である。ウォレットは大部分が無記名で決済上限額は５００元（77ドル）であり、１日の上限は１０００元（１５４ドル）、１ヶ月では1万元（１５３６ドル）となっている。香港に面する最南端の都市である深圳では、すでに3度目のｅ中国元ＣＢＤＣの試行に入った。最新の試行では、最初に10万の人々が１人２００元を与えられている。

デジタル元ウォレットは、美団（Meituan）と青矩（Qingju）のシェアサービスで自転車を借りる試行が行われている。より最近では、スーパーアプリでライドシェアサービスの滴滴出行（DiDi Chuxing）が、タクシー、フードデリバリー、小包発送、劇場予約、旅行等々でのｅ中国元支払いをサポートしている。ｅコマース業者である京東商城（JD.com）も、そのグループ購買アプリのJingxiとビデオシェアリングサービスのBilibiliも併せて積極的に参加している。

マカオ政府は地域経済に対して経済刺激資金を注入した。それは、非接触のマカオパスというスマートカードを住民に配布するもので、カードは３０００パタカ（３７７ドル）が事前チャージされており、２０２０年の5〜6月に使えるようになっていた。8月〜12月の期間には、さらに追加で５０００パタカ（６２９ドル）が発行された。カードはカジノ、質屋、金融機関では使えないようになっている。また航空券やフェリーのチケット購入、マカオ外への旅行、公共料金支払いにも使えない。ベーシック・インカムに焦点を当てたＣＢＤＣは、スマートマネーとして簡単にプログラム可能であり、家賃、食料品、医療支出、衣料、教育などの生活必需品の購入だけに使えるようになっている。しかしながら、時間とともにベーシック・インカムも、失業の影響を受けて、現在のような制約がない低・中所得家計向けの基礎所得となっていきそうだ。

ＣＢＤＣは実際には、ベーシック・インカム向けに作られた二次的なマネーサプライであるが、必ずしもより広い通商や商業に影響するものではない。ＣＢＤＣは実質的に閉鎖エコシステムを生み出すことが可能だ。そこではベーシック・インカムに基づいた通貨が日常ニーズ向けに使用されるが、域外の一般消費向けに使用されることはない。

❹気候変動緩和とテクノロジーによる改革

前述のように、私たちは世界的な国家債務の免除を提案している。その国家債務は今後30年に向けた気候変動緩和施策に投入される（CHAPTER 9も参照のこと）。これは2つの大きな目的に対応するものだ。1つめは、世界を気候変動対応活動に真剣に向き合わせること。そして2つめは、自動化で職を追われ、スキルセットを変える必要のある人たちに仕事を作り出すための国家インフラストラクチャープロジェクトを提供することだ。しかしながら、単純なベーシック・インカムによる景気刺激を行う代わりに、気候変動緩和関連の大規模な国家労働力投入プログラムを動かす方を選ぶことは考えられない。他の方法としては、こうした新しい気候変動セクターで働くことを選ぶ労働者に、より大きなインセンティブを与えることだ。

国際再生可能エネルギー機関（International Renewable Energy Agency：IRENA）は、2050年には4200万を超える新エネルギーインフラストラクチャー関連の仕事が生み出されると予測している。それは、巨大な費用便益が存在するのと、エネルギーインフラストラクチャーの変革と近代化プログラムに対応することになるためだ。それは広く、エネルギー移行に分類される。

21世紀の終わりには、石炭、ガス、原子力で動く発電所は地球上に1つもなくなっていると予想される（火星や月にいくつか原子力発電所があるかもしれないが、そこでも長期的なソリューションとしては現地に即した太陽光利用の方がありそうだ）。実際、2050年代のどこかで発電の100％が再生可能になっていることは十分にありそうだ。それには、分散型の太陽光、風力、地熱、水力発電に合わせて、全体の電力グリッドを再整備することが必要になる。世界中の蓄電（バッテリー）工場が時間差利用のために電力を蓄える。溶融塩電池のような革新的なテクノロジーによって、グリッド全体にわたる蓄電能力は、リチウムイオン電池の5～20倍の能力を持つことになる（注29）。

リチウムイオン電池では、テスラが南オーストラリアのアデレードの蓄電所で100MWの電力供給に成功している。蓄電所は、イーロン・マスクが、当時の首相だったマルコム・ターンブルと現首相のスコット・モリソンと、ツイッター上で公開の賭けを行った結果のものだ。彼らは南部州で繰り返される停電を、再生可能発電のせいだと非難した（注30）。議論の的の1つは、バッテリー蓄電では電力網のピークロード需要に対応できないということだった。そして、化石燃料発電所だけが急速に能力を上げて、需要に対応できるというのだ。南オーストラリアは嵐の来襲時には電力ネットワークの料金が跳ね上がっていた。

マスクは100MW（129MWh）のテスラ・ギガバッテリー蓄電所を、求められた100日以内に設置しただけでなく、ピーク対応と平均分配において、蓄電施設が天然ガス発電プラントに置き換わりうることを初めて証明した。専用蓄電所は3万家庭に対して1時間まで電力供給可能であり、それは暑い夏の日中という最も問題が起こりやすい時期の電力網の負荷を軽減する。この負荷円滑化能力のおかげで、南オーストラリアの人たちは2019年だけでも、電力網コストを1億1600万豪ドル（7600万ドル）節約できた。また蓄電所の導入によって、南オーストラリアの電力網の制御コストは91％削減されたと、電力運営業者Neoenの南オーストラリア開発担当の長であるガレス・ヘロンが述べている。２０１９年後半、蓄電所をさらに50％増加することを政府が決定することになったのは、おそらくこのことが理由だ。

以下に示すのは、気候変動のために世界的な大規模投資が求められる領域であり、それは全く新しい成長産業を生み出すことになる。

①炭素分離：ＩＰＣＣは２１００年には大気から１００〜１０００ギガトンの炭素を抽出する必要があると推定しており、それは過去20年間の炭素排出量を逆転させる水準でしかない。The Trillion Treeのキャンペーン、マスクの炭素分離に向けたＸＰｒｉｚｅ等は、全てこれに関する世界的な推進運動の例だ。

②海防壁：２０１４年にニューヨークは3億３５００万ドルの海防壁構想（注31）を打ち出した。ハリケーン・サンディはニューヨーク市に１９０億ドルの損害をもたらしたが、そのような出来事からニューヨーク市を守ろうとするものだ。

③気候変動耐性インフラストラクチャー：沿岸都市にとっては、現行の重要インフラストラクチャーを強化して、頻発する洪水に対応することが不可欠となる。インフラには、電力、衛生、水道、道路、橋、公共交通システム、病院と救急サービスが含まれる。

④グリーン産業改革：２０１９年11月、ビル＆メリンダ・ゲイツ財団は、ヘリオゲン（Heliogen）という太陽熱ステルス技術のスタートアップを支援した。同社は太陽光をソーラーオ

ーブンに集めて1000℃を上回る加熱が可能で、ガラス、セメント、鉄鋼生産と、その他の化石燃料に依存している製造プロセスに必要なブレークスルーを提供する。

⑤住居や産業の移転：2050年には、北ジャカルタの95％は水面下となってしまうため、2019年8月に、インドネシア大統領のジョコ・ウィドドは洪水の懸念に言及し、330億ドルのプロジェクトの開始を発表した。東カリマンタン州に新しい首都を建設するものだ。

⑥サステナブル消費：実験室生成食品と高次元リサイクリングから、菌糸体ベースの代替皮革によるヴィーガンレザー（注32）まで。世界が非サステナブルな材料製の製品をみる目は、現在、ブラッドダイヤモンド（訳注：紛争資金調達に使われるダイヤモンド）や核燃料ゴミに注がれる視線と同じようになると予想される。企業はリサイクル能力で格付けされて、サステナブルな材料を透明性のある方法で使用し、株式市場は株価と純利益以上に気候親和度による格付けを反映する。

しかし前述したように、雇用により大きな影響をもたらすのは、ハイレベルのテクノロジーに基づく失業だろう。経済の中で専門技術的な部分に労働力不足は残るだろうが、現在ある多くの職はテクノロジーによって原形をとどめないほど変化することになる。成熟した経済国家においては、自動化はどれくらい幅広く仕事の役割に影響を及ぼすだろうか？　その問いに答えるためには、歴史をみてみる必要がある。

未来の仕事はどのように変わるか

フルタイムの仕事（注33）は、歴史上は例外的なものだ。産業時代以前は、そのようなものは存在しなかった。初期の産業事業家には、効率のために労働者たちを生産ラインに同時に就かせる必要性があったため、そこから規則立った1週間の労働時間というコンセプトが生み出された可能性が高い。過去100年間にわたって、週40時間労働は職業生活の中心にあるものだった。それは単に、人々が1ヶ所に集まって同時につながり、協働し、生産物を生み出すのにもっとよい方法が他になかったからだ。

ほとんどの人々は、一生涯に9万〜12万時間を労働に費やした。それは24時間を7日間ノンストップで、13〜14年働くのに相当する。起きている間に「私たちがやること」という問いに対する答えが仕事になるのは無理もないことで、それがまさに、私たちが自分自身を他者と区別するための最も通常の方法だった。仕事とアイデンティティは結びついていた。それが経済において雇用と労働が重要な指標であり続けた理由であり、人々が自尊心を見出した場所だった。自動化が次第に社会に影響を与えるようになれば、この問いに対する答えは根本的に変わらざるを得ない。

自動化とその社会に対する影響について私たちが正しければ、２０５０年には社会の大部分は、現在一般的な9時～5時、週40時間も働いていないだろう。基本的な生活手段、エネルギー、食料、衣料、教育といったものは、高能力のスマートシティのインフラの一部として提供されるため、フルタイムで働かなくても、基本的な生活上のやりくりは可能となると思われる。もちろん、旅行したり、最新の遊び道具を買ったり、高級なレストランで食事をするといったことをしたければ、おそらくそうしたものなしで大丈夫な人よりも多くの労働貢献をする必要があるだろう。中核となる問題は、私たち皆が、今より働かなくなることだ。しかしそれは、どれほど少なくなるのだろうか？

長期トレンドが歴史的ペースで続くなら、２０５０年にはほとんどの人が働くのは、週25時間かそれより短くなっているだろう（注34）。

先進国では平均寿命が90～95歳まで上昇すると推計されている事実と、生産労働年齢が20～70歳のレンジのままであることを加味すれば、30年後にはリタイアという命題が大きく異なるものとなっているだろう。1つには、貯蓄を、現在の引退シナリオにおける予測よりも実質的に2倍長く持たせ続ける必要があるだろう。2つめに、労働年数にわたる労働時間が減少することは、手取り給与が少なくなって、長期的な貯蓄が減少することにつながる可能性がある。人工知能とテクノロジーベースの失業の影響のいかんにかかわらず、私たちにはこれからも、社会的なセーフティネットのインフラストラクチャーの強化が必要なのだ。特に高齢の人々のために。

歴史上の雇用者数を詳しくみると、人口に対する雇用の比率は一般に一貫した水準を維持している一方で、1950年代以降、労働時間は継続的に低下を続けており、ここ50年だけを取り出すと、低下率は25〜30％になる。

これは現行のトレンドに基づいたものであり、テクノロジーベースの失業は要素として組み込んでいない。米国労働統計局の調査が示しているのは、労働力への参加は1970年代のピークの年2・6％増加から減少を示しており、今後10年間は0・5％まで低下する。加えて、人口増の減速が労働力の高齢化をもたらし、特に2050年には55歳の労働者の比率が倍増する（13％から24％へ）（注35）。

日本は2019年に、国の退職年齢を65歳に引き上げた。オーストラリアや他の国々は、2023年には国家年金スキームの利用年齢を67歳に押し上げる。それは人口の高齢化と年金資金プールの減少によるものだ。米国だけをとっても、米国立法交流評議会（American Legislative Exchange Council）の推計では、年金基金のリターンのトレンドに基づけば、年金積立不足額は近い将来6兆ドルを超えるとみられている。

どこかの時点になれば、雇用継続に依存することで労働力が高齢化することによって、労働時間の削減継続、テクノロジーベースの失業の増加、90歳になるまでの生活の貯蓄依存度の高まりといった相矛盾するトレンドが全て互いに衝突し合って、政策的混沌という悪夢のような状態に陥ることになる。非常に込み入った計画立案と政策的先見性がない中では、社会で最も

図7－9●世界の労働力人口比率と年間平均労働時間（米国）の推移

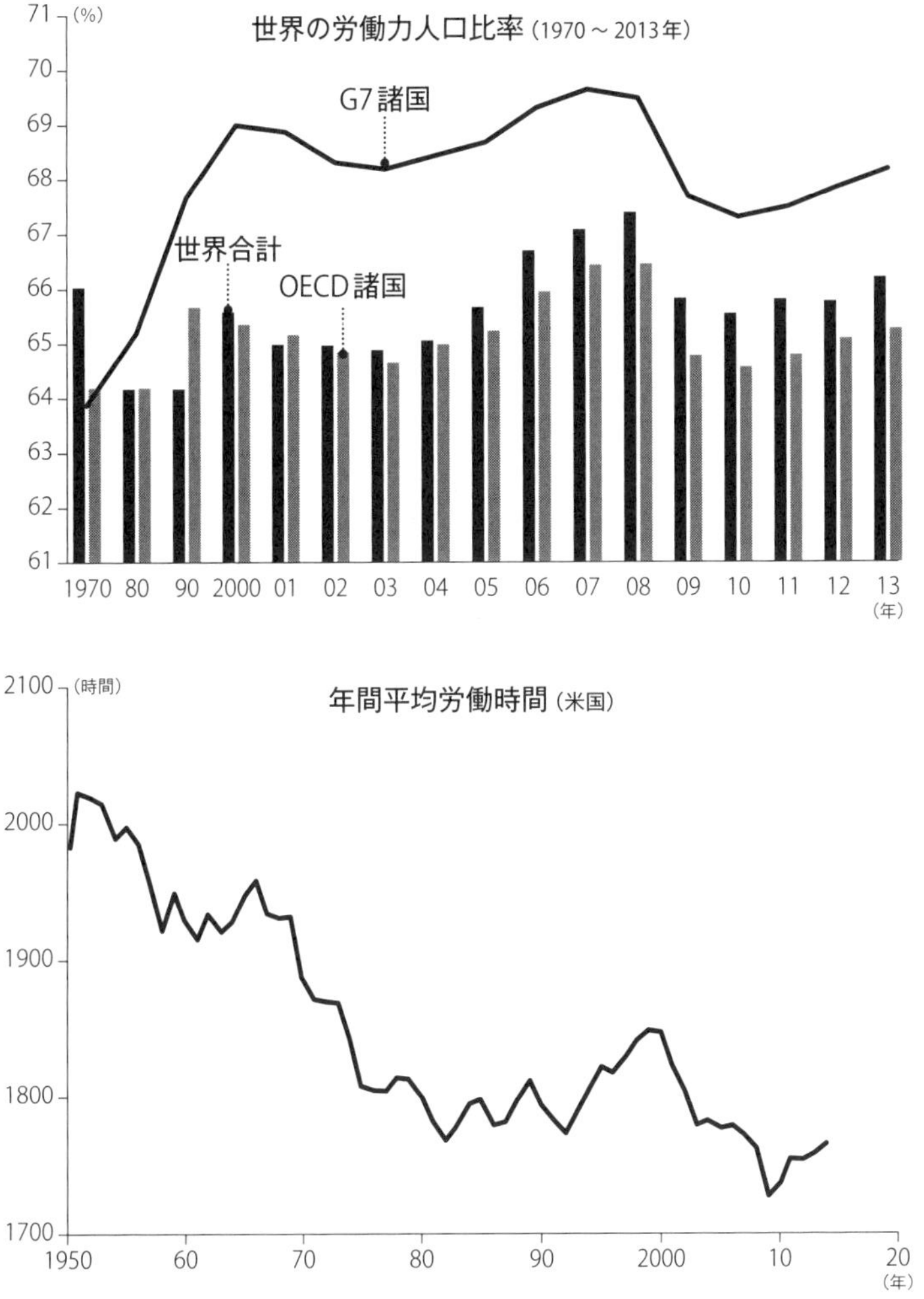

出典：OECD、フローニンゲン大学

大きい高齢の人口セグメントが、大量に見捨てられることが起こりうる。それは、システムの変化の段階を予測する力が資本主義に欠けていることによるものだ。

こうしたトレンドをみると、全ての人に十分な仕事があるとは結論づけられないだろう。仕組みを考え直さない限りは、雇用と仕事全般は必要とされる成果を上げられなくなってしまい、社会が秩序立って公正に機能しなくなるだろう。それは、ハードワークの覚悟ができているかとか、今あるもので満足する気持ちがあるかどうかとは関係ない。

仕事を見つけられたとしても、それなりに十分な給料で十分な時間働けて、けっこうな生活賃金をもらえるわけではないかもしれない。CHAPTER 1とCHAPTER 2でみた数字を忘れないことだ。それらが示しているのは、現在の米国では、最低賃金で週40時間働く人は、基本的な2ベッドルームのアパートの家賃さえ払うことができないのだ（注36）。

「ご職業は何ですか？」

将来、この質問にどう答えるべきだろうか？

2050年にはこの答えは、現在よりもはるかに複雑なものとなっている可能性が高い。失業中のロサンゼルス在住のプロフェッショナルが、自己紹介の際に自分のことを、プロデューサーで、ライターで、ディレクターで俳優だと説明するように、将来、私たちは時間を費やす多数の仕事を持つようになるかもしれない。自分のベーシック・インカムを増やすような仕事をしているかもしれない。生涯学生かもしれない。幅広い社会活動や信念に情熱を持って打ち込んでいるかもしれない。あるいは、この惑星が負ったダメージの回復に人生をかけているかもしれない。

仕事の役割は、私たちほとんどにとっては二次的なものとなるだろう。それは主に、AIが生み出す豊かさと、産業革命以来支配的だった、伝統的なプロセスベースの仕事が崩壊することによる。しかし仕事を超えて、21世紀の価値システムを形作るものは何だろうか?

新しい世代が持つ新しい価値システム

1929年の大恐慌は世界経済をどん底に突き落とした。米国の全銀行の3分の1が破綻した。1933年には、米国の1人当りGDPは47%落ち込んだ。世界の経済大国のほとんどが、20~25%の失業率を経験した。英国の製造業と鉱業では、失業率は70%近くに達し、350万人の英国人が失業状態だった。ホームレス状態の人が爆発的に増加した。米国では住宅価格が67%も下落し、国際貿易は65%落ち込んだ。一方英国では貿易は半分に減少した。そんな状況で、株式市場が回復するにはほとんど25年を要した。

1930年代の金融崩壊を受けて、経済政策ははるかに集団志向になった。経済学者たちは今もそうであるように、様々な政策アプローチを熱心に主張した。ほとんどの国の政府は、20

世紀初期の保守的政策から距離を置こうとした。そうした政策は、大恐慌時の市場の失敗と関係が強いと見なされたからだ。典型的な政策は、雇用喚起のために労働コストを低く維持し、通貨価値を安定させるものだった。米国ではニューディール政策が実行されて、膨大な公共事業プログラムで失業者を吸収することで、国内雇用を回復させようとした。

大恐慌を経験した世代は、その社会へのインパクトによって完全に変わった。1930年代の不景気と第二次世界大戦とが相まって、人々は非常に貯蓄志向になった。消費主義が流行にカムバックするのは、1960年代半ばになってのことだ。大恐慌を経験した人々には、銀行システムの崩壊によって財産を失った人々のことが忘れられず、これが20世紀後半に入っても埋め込まれた記憶として残った。2008~2009年の大不況は最近のパンデミックと組み合わさって、大恐慌のように21世紀の市民の行動を変化させるだろう。インターネット、気候変動、そして「フェイクニュース」のようなものの影響もまた同様だ。

2030年には、Y世代が人口の大部分を占めるようになり、彼らがマクロ経済政策も決定するようになる。でなければ少なくとも、自分が議決の席に着くことを求めるだろう。自分自身の家を持つという素晴らしい夢（白い柵のオプションの有無にかかわらず）は、Y世代、Z世代そしてアルファ世代（2010年代前半以降の生まれ）の大多数にとっては明らかに実現不可能だ。リタイアまで働いてやっと自分の住宅ローンを払い終えられることが、私たちの子供たちの人生を通してのミッションではないとしたら、それはどのようなものだろうか？

私たちの子供たちは、その人生においてあまり資産を重視しない。その代わり、自分の経験を最大化しようとする。そして世界中がつながっている種としてよりよい未来を築くことにはるかに強く意を用いるだろう。この世代は、経済状態、人種、ジェンダーそして性的指向を巡る多くの分断を目にしながら育ってきたが、そうした差別と戦うのに大きな役割を果たしてもきた。この世代は、移民、プライバシー、高齢者世代の福祉を巡る激しい論争を目にしながら育ってきたが、一方で、インターネット、ソーシャルメディア、ゲームがあることで、世界中の友人とつながっている。彼らははるかに集団志向であり、何世紀にもわたる環境的不作為と抑制のない資源搾取の果てに自分の親たちから手渡されようとしている世界について、懸念を持っている。彼らの親たちは、資本主義対社会主義について議論し、そして経済の目的とは、億万長者がその銀行口座にゼロを増やす前に、まず自分たちの基本的ニーズを満たすことだと考えている。

この世代は、自分たちが世界で最も強力な経済国であり、最大の軍隊を有し、貿易戦争に勝利していることに興奮したりはしない。国としてのプライドは持っているが、それはグローバルでつながった家族の一部であり、不安定な共存を超えてお互いに依存し合っているものだと見なしている。彼らは今世紀初頭の20年間に起きた2つの金融危機を経験しており、経済政策が無用のものだと理解している。その間自分たちは、両親の元を離れられず、学卒の資格を得るのに10万ドルの学生ローンを抱え、それでも仕事が見つからない状況にあったのだ。彼らは経済学者がGDP成長と何兆ドルという価値の企業について話すのを耳にしながらも、教育、医療、住宅市場が壊れつつあり、それが運営のずさんさ、システム全体が持つ偏り、開発と資金融通の欠如の拡大の下で起こっているのを目にしている。

21世紀に入って生まれたデジタルネイティブ世代の何が違うかというと、彼らは20世紀が人類として失敗の世紀だったと概ね考えていることだ。彼らは富の蓄積の偏在が近代史の中で最悪の不公平性を招いたことを目にしている。世界金融危機の期間中に住宅価格が急落し、パンデミックの期間中には何百万もの家族が家賃を払えず立ち退きに直面した一方で、裕福な「ベビーブーマー」たちが大金を儲けているのをみている。

しかしそれよりもとりわけ、6回目の大量絶滅のイベントが自分たちの周りで加速しつつあり(注37)、協働行動が必要だと叫び声が上がっているにもかかわらず、自分たちの親の世代が気候変動が本当かどうかと議論しているのを彼らは目にしているのだ。

アブラハム・マズローの「欲求段階説」(1943年)は、心理学における動機づけの理論だ。このモデルは、もともとの説明では、人間のニーズを5層に分けて、通常は階層的なピラミッド構造で示している。マズローは後からさらに3つの階層を暫定的に付け加えたが、伝統的なモデルは5層で、下の4層が足りないものに対する欲求であるのに対して、第5層(自己実現)は成長欲求となっている。残り4つの不足欲求は、承認、愛と所属、安全とセキュリティ、生理的充足である。

不足欲求は、昔から人間が不足しているものを感じる領域（例：子供が生まれるから大きな家が必要だわ／お腹が空いた／私は孤独だ／不安に感じる／体重が多過ぎると感じる、等々）をマズローが分類したものだ。マズローの主張は、人々がピラミッドの層を能力の限界まで登るためには、自分の心を占めている不足感のギャップを埋める必要があるというものだ。基本的なニーズが満たされない時間が長いほど、そのニーズを満たそうとする動機がより強くなると彼は示唆した。

X世代以降の世代については、彼らのニーズは自分たちが生まれてきた世界によって枠組みができている。現在では、生理的ニーズは非常に容易に満たされうる（おカネへのアクセスがあればだが）ので、推進力としてのこれらの基本的なニーズの追求は、形を変えてきている。その原因は、テクノロジーの利用、インターネットへのアクセス、より大きな透明性とコミュニケーションであり、より大きな社会的圧力と経済的不確実性もある。マズローの階層は、個人の哲学的信条を理解する枠組みを提供してくれる。マズローのフレームワークは上昇志向と、継続的に自身を改善していく能力を考慮して設計されている。しかしマズローは、まずこれらの不足に対応しなくてはならないことが、個人の成長において制約になると主張している。

コロナウイルス後の世代は、人類に対して気候によるディスラプションが広がり、ＡＩベースの変革が起こっている時代を迎えることになるため、資産と富の蓄積速度を鈍化させようとする一方で、自分たちの未来に向けた安定性を求めようとするだろう。SnapMunk（訳注：テクノロジーとスタートアップ関連のデジタルメディア）のベンジャミン・マンは、ミレニアル世代のセグメントに現れつつある行動に基づいて、マズローの欲求階層を再検討している。

このマズローのフレームワークの21世紀版再解釈では、ミレニアル世代の優先順位が明らかに大きく変化している。

マズローは階層モデルについての後の著作で「ピーク経験」について語っている。それは、ピラミッドをより上に登るほど、満足経験はより深くなるというものだ。オリジナルのモデルでは、心理的ニーズと安全ニーズを分けていたが、ミレニアル世代については、その区別はもはや存在しない。安全は幸福感に先立つものであり、そのため、食料、暖かさ、住まいという根本的ニーズと見合っている。これは安定性（stability）として括られている。こんにちの環境では「経済的不確実性」がピークにあり、ミレニ

図 7-10 ● 21世紀向けに再構築したマズローの欲求階層

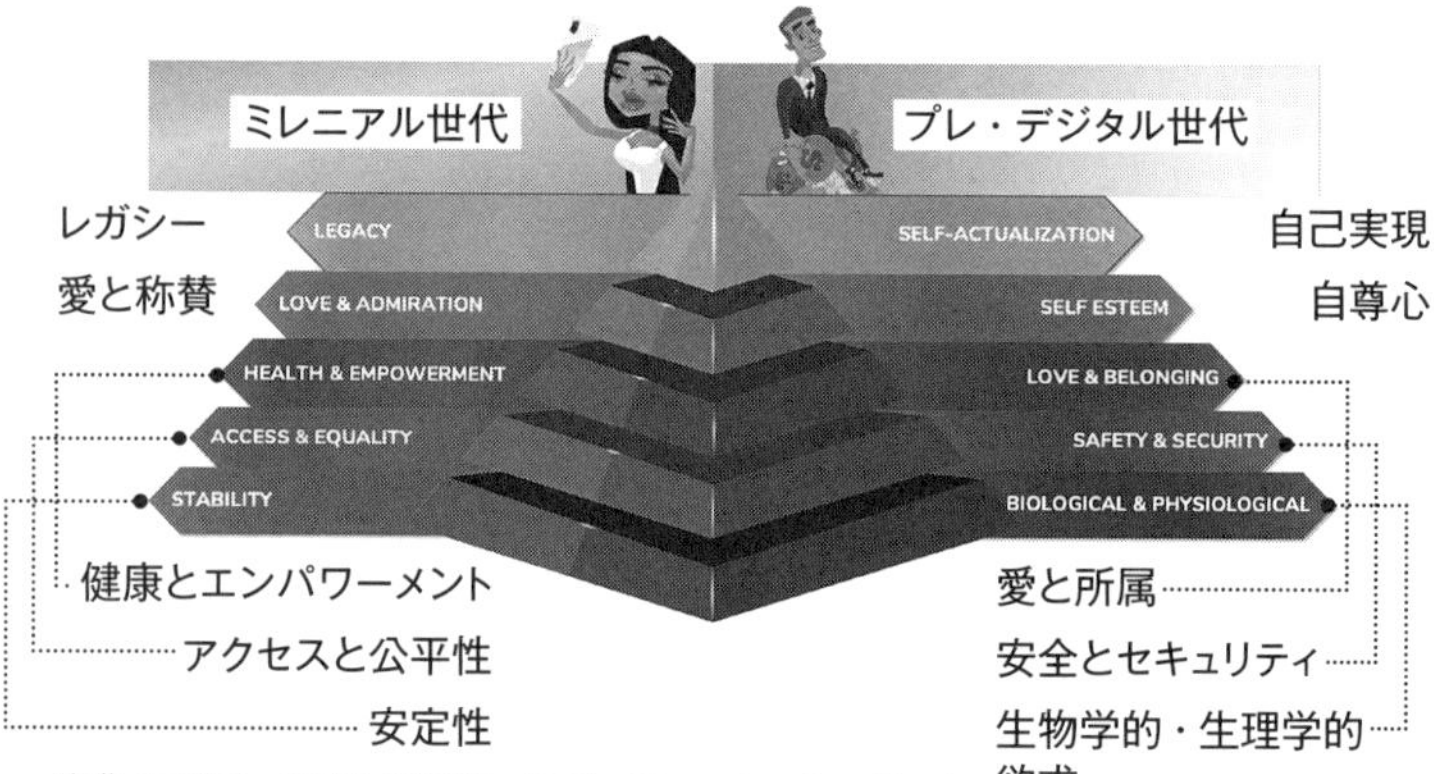

出典：マズローモデルの改訂：ベンジャミン・マン、SnapMunk

アル世代はおカネと富に関する不安を排除する術を探している。

次の層はデジタルとソーシャル双方のアクセシビリティである。ミレニアル世代はマズローの時代にはなかったコミュニケーションツールを通して1人ひとりが世界とつながっている。しかし彼らの目に明白に映っているのは不公平性、バイアス、そしてアクセスの欠如である。

ミレニアル世代の健康に対する見方は、単純に病気かそうでないかよりもはるかに大きなものだ。それはメンタルヘルスと個人の進歩と成長のためのリソース活用能力に関係が深い。現実問題としては、基本的なサービスへのアクセス制限があると、成長機会が制限されることが少なくないことだ。

インターネット上に出現しつつあるソーシャル世界は、より若いミレニアル世代にとってフィードバックループを作り出した。そこでは彼ら自身の自己肯定感がＴｉｋＴｏｋのフォロワー数やインスタグラムでの成功とある程度関係している。ここでは、デジタルネイティブにとって愛とより広い社会的承認が重要だ。コインの反対側にあるのは、これが成長への強い動機づけとなりうるということだ。

そしてこれが最後の層であるレガシーにつながる。しかしながら、私たちが話しているのは、大統領の任期の終わり近くにあるような種類のレガシーではない。私たちの種が持つ集団的なレガシーにより関係している。個人を超えた最終超越状態である。これは、この世代が持っている強い思いであるが、彼らの個人的経験がこの惑星をよりよい場所として残して人類を幸福にするために、人類はよりうまく協働すべきであることを示している。

このことが、21世紀に際立つ大きな経済的行動変化の中核につながる。

「モノ」に関する経験

最新のｉＰｈｏｎｅやゲームコンソールを持つのに夢中のティーンエージャーをみて、その中心的な行動要因は、いちばん新しくて、スゴいものを手にする必要性なのだと思えるかもしれない。しかしそうではない。そのようなものではないのだ。

高機能のスマートフォンを持つことは、必要な食料を十分持つこと、あるいは暖かいベッドのようなものだ。それは選択できるオプションではなく、ミレニアル世代がつながって反映する方法なのだ。しかし、自動車や住宅のような高額資産については、彼らはあまり興奮したりやる気を出したりしない。

ハリスレポート（注38）と呼ばれる研究は、ミレニアル世代の72％が、資産や何か欲しいものを購入する際に記憶に残る経験をすることを重視していると示した。ミレニアル世代がＦＯＭＯ（Fear of Missing Out：機会を逃すことの恐れ）について語る場合に、彼らは新型のプレイステーションＰＳ５を買えないことについて話しているのではない。彼らが話しているのは、経験する機会を逃すことなのだ！

このことが、「経験経済」に関するサービスの成長に火をつけた。ウーバー、Ａｉｒｂｎｂ、

WeWorkが、昔からあるリテール業者に勝利し、彼らは今やチャプター11（米連邦破産法11条）の破産を宣言している。これがマクロ経済的変化であることは明白だ。過去20年間にわたっての中国の高度成長期を、そして米国の1950年代と1960年代を振り返るなら、住宅と不動産は経済成長と消費の巨大なドライバーだった。しかし、経験経済には、ハイレベルの自動化を伴うテクノロジー主導経済が適合しているのは明らかだ。

次の世紀の人類の未来を推進するのは、生活の安定、気候変動の逆転、そして不公平性の解消となるだろう。しかしその中心にいてやる気のあるミレニアル世代は、根を下ろしてとどまるよりも人生経験を追い求めるだろう。住宅はいつか、全ての人において、社会的ソリューションとして共有されるものとなるだろう。単純に毎年iPhoneの最新版を欲しがるのではなく、購入した財の長期利用、再利用性、リサイクル性に注目するようになるだろう。これら全ては、財の消費の減少とサービスの消費の増加につながる。このことが経済行動の中心的変化であり、ミレニアル世代がそれを主導する。また、その先には必然的に、はるかに強く統一された世界が訪れるだろう。それはより多くの人々が多文化主義、文化の違いの豊かさと、真につながった経験の共有を受け入れるようになるからだ。共に世界を修復し、共に世界を経験する。それが私たちのミッションなのだ。

しかし、そうだとしたら、経済成長はどのように測られるべきだろうか？　再利用可能でサステナブルな経済が重視されるため、消費が支持されないことは十分あり得る。インフラストラクチャー投資と基本的ニーズは成長するだろうが、それは収益性の点ではスマートフォンのグローバル販売や月間アクティブユーザー数のように測定可能ではない。黒字と赤字は炭素中立性に置き換わり、不公平性と気候損失を逆転するのに資するだろう。同時に、経済は非常に内省的でグローバルなものになるだろう。それは考えてみれば美しいと言えるものだ。これまで私たちに通商と市場を与えてくれたものは全て、人類の未来の向上のために活用されうる。

21世紀の経済は単なる富の創造よりも、市民の基本的なニーズを優先しようとするものになるだろう。

注1：「ウォール街を占拠せよ」抗議活動参加者の構成：https://theweek.com/articles/480857/demographics-occupy-wall-street-by-numbers

注2：『サウス・チャイナ・モーニング・ポスト』、「香港の怒りと幻滅した若者が声を上げる理由」、2019年7月22日、トマス・ピーター

注3：40㎡（431平方フィート）のアパートが約93万ドル：https://www.reuters.com/article/ushongkong-economy-property/hong-kong-private-home-prices-rise-at-fastest-pace-in-a-year-inapril-idUSKCN1IW0CD

注4：イベント、言語、トーンのグローバルデータベース（Global Database of Events, Language, and Tone）

注5：「トルコ、ブラジル、ブルガリアその他で、中間層の怒りが抗議運動に発展」、『ワシントン・ポスト』、アンソニー・フェオラ、ポーラ・ムーラ、2013年6月28日

注6：次を参照のこと：「大規模抗議運動の時代：グローバルトレンド拡大を理解する」、ヘイグ他、戦略国際問題研究所（Center for Strategic and International Studies）（リスク・展望グループ）、２０２０年3月

注7：「失業手当（dole）」は第二次世界大戦後の給付金で、受給者に少額ずつ渡された（doled out）。

注8：「自動化と人工知能：マシンがヒトと場所に与える影響」、ブルッキングス研究所（２０１９年）

注9：「自動化と未来の仕事――数字を理解する」、オックスフォード・マーティンスクールブログ、マイケル・オズボーン教授、カール・フレイ博士、２０１８年4月13日

注10：次を参照のこと：「太陽光発電は歴史上最も安価な電気とＩＥＡが認める」、カーボン・ブリーフによる、２０２０年10月13日：https://www.carbonbrief.org/solar-is-now-cheapest-electricity-in-history-confirms-iea

注11：出典＝ＷＨＯ（４２０万人）、国連（７００万人）、New Scientist（９００万人）

注12：次を参照のこと：『ピッツバーグ・ポスト・ガゼット』、「黒肺塵症への給付金を求めて、炭鉱労働者がキャピトル・ヒルへと昔ながらの行進」、ダニエル・ムーア、２０１９年7月23日

注13：次を参照のこと：エクソン「気候変動否定の歴史：年表」、出典＝Greenpeace.org：https://www.greenpeace.org/usa/global-warming/exxon-and-the-oil-industry-knew-about-climate-change/exxons-climate-denial-history-a-timeline/

注14：出典＝エネルギー・クリーンエア研究センター（Center for Research on Energy and Clean Air：ＣＲＥＡ）およびグリーンピース東南アジア報告書、２０２０年2月12日：https://phys.org/news/2020-02-air-pollution-trillion-year-ngo.html

注15：出典＝ビジネス・インサイダー、「イーロン・マスク、ベーシック・インカムに倍賭け：『必要になる』と」、クリス・ウェラー、２０１７年2月13日

注16：出典：『ウォール・ストリート・ジャーナル』、「アマゾンが世界を征服する」、スコット・ギャロウェイ、

２０１７年9月22日

注17：出典＝世界経済フォーラム２０１８

注18：出典＝CNN Business、「マーク・ザッカーバーグが支持するベーシック・インカムとは何か?」、パトリック・ギレスピー、２０１７年5月26日

注19：出典＝YouTube、「ツイッターの共同創立者、ジャック・ドーシーとのチャット」、the SAAD Truth、２０１９年2月5日

注20：出所＝ビジネス・インサイダー、「イーベイ創立者、おカネをタダで配る実験に50万ドルを投資」、クリス・ウェラー、２０１７年2月8日

注21：出典＝YouTube、「ベーシック・インカムはいいアイデアか?」、Singularity University Channel、２０１６年８月11日

注22：出典＝ＣＮＢＣ、「米国は所得不公平性を正すためにフリーキャッシュを提供すべきだ」、キャサリン・クリフォード、２０１８年7月2日

注23：出典＝Medium、「仕事は所得の源泉以上のもの（Work is more than a source of income）」、ティム・オライリー、２０１５年9月28日

注24：出典＝Medium、「皆に現金を、という議論について（The Case for Cash for AI）」、クリス・ヒューズ、２０１６年5月17日

注25：出典＝Quartz、「Yコンビネーター社長は、暗号資産がベーシック・インカム導入を円滑化できると考える」、マシュー・デ・シルバ、２０１９年2月28日

注26：次を参照のこと：ツイッターのステータス更新 @AndrewYNg、２０１６年11月9日、11:12am.

注27：出典＝オックスフォード大学、「パンデミック危機の中、欧州人の71％がベーシック・インカムを支持」、２０２０年5月

注28：次を参照のこと：Valtioneuvosto Stasrädet、社会保険省、「Suomen perustulokokeilun arviointi」、オリ他、２０２０年5月

注29：Ambriの液体金属バッテリーを例として参照のこと：https://ambri.com/technology/

注30：次を参照のこと：SBS News、「再生可能エネルギー v 石炭：南豪の停電継続に関する非難合戦」、２０１７年2月9日：https://www.sbs.com.au/news/renewables-v-coal-blame-game-over-sa-blackouts-continues.

注31：出典＝The Verge、「デンマーク企業がニューヨークに3億３５００万ドルの海防壁を建設」、２０１４年10月

注32：以下を参照のこと：ステラ・マッカートニー、菌糸体製の衣服を発表：https://www.cbc.ca/news/technology/mycelium-fungi-green-materials-1.5954664.

注33：歴史を通じた勤務形態についての追加情報は次のサイトから：https://eh.net/encyclopedia/hours-of-work-in-u-s-history/

注34：ロックフェラー大学、「労働は短く、人生は長く：労働時間と生活時間の長期トレンド」

注35：出典＝ＢＬＳ、「１９５０～２０１０年の労働力概観と２０５０年までの予測」

注36：出典＝米国住宅・都市開発省、US Newsで報道あり、「米国全土の手の届かない金額の住宅」

注37：出典＝Earth.org、「山火事の加速が引き起こす第6の大絶滅——調査」、２０２０年6月：https://earth.org/sixth-mass-extinction-of-wildlife-accelerating/

注38：出典＝The Harris Group、「ミレニアル世代が経験経済を加速」、２０１８年7月

CHAPTER 8

テクノロジーが全てを変える

Technology Changes Everything

「民主主義が完全で賢明だなどと思っている人は誰もいない。その通り、民主主義は最悪の統治方式だと言われてきた。これまで試されてきた他の全ての方式を除いてのことだが……」

――ウィンストン・S・チャーチル、1947年11月11日

ソクラテスとプラトンは「フェイクニュース」の台頭を予言していたと言えるだろう。ソクラテスは、民主主義に参加するためには、最低レベルの教育と問題に対する思慮深い考察が投票に求められる。そうでなければ民主主義はすぐに腐敗してしまう、と主張した。

デジタル時代の民主主義

プラトンの著書『国家』第6巻では、ソクラテスがアデイマントスと議論して、統治形態としての民主主義が有効ではないことを説いている。彼は国のメタファーとして船を用いて、論点を明らかにした。そのメタファーの中でソクラテスは人口全体を、強いが教養に欠け、航海

の知識が限られた船主になぞらえた。船の航海士（哲学者）は船を操る能力が高いが、彼はいつも星空を見つめているため、船乗りたちに役立たずだと非難されている。船乗りたち（民衆煽動家と政治家たち）は、自分たちの船を操る能力についてあらゆる種類の要求を並べ立て、あらゆる方策を駆使して自分たちを船長の座につけさせようとする。彼らは船主（民衆）に薬や酒をせっせと運んで味方につけようとする。そして彼らは星を見つめる航海士を追放するが、その航海士だけが、危ない海域を抜けて船を導くのに必要なスキルを持っている。

ソクラテスにとっては、民主主義における投票と参加は生まれながらの権利ではなく、市民権に基づいたものでもなかった。彼が主張したのは、市民たちの教育水準が非常に高く、政策について思慮深く関与しなければ、国家に影響を及ぼすような意思決定に関わるのに重要な思考スキルの欠如から、民主主義は失敗するということだ。

トマス・ジェファーソン（1743～1826年）もまた、民主主義をうまく機能させるために、強力な教育システムが不可欠であると考えていた。ジョン・シャープ・ウィリアムズは、ジェファーソンが教育に対して顕著な影響を及ぼしたと書いている。なぜなら「民主主義と教育とは相互依存的」であり、そのため「（民主主義の）成功のためには教育が必要であるから、成功する民主主義は教育を提供しなければならない（注1）」とジェファーソンは見なしていたからだ。過去20～30年間の米国では、政策と政府が利益団体の影響を受けて、比較教育学的な測定・計量が大きく衰退してしまった。これは、国の教育品質に対する関心の欠如が民主主義を弱体化させるというジェファーソンの見解を支持するものだ。

ソクラテスとプラトンが、彼らのような哲学者が最も有能なリーダーであると主張していたことはさておき、姿を現わして到来しつつある危機にうまく立ち向かうためには、世界にわたって「大局観のある」リーダーシップが必要であることは明白だ。リテラシー、計算能力、科学知識が多くの近代民主主義国家で衰退してきていること、平面地球論や月着陸「偽装」論のようなフェイクニュースと陰謀論的なものが幅を利かせていることは偶然ではない。ソーシャルメディアとインターネットのおかげで、一般大衆は事実とナンセンスの双方に同じようにアクセスして利用できるようになり、どちらにも一定の等価性がもたらされた。トランプの報道官であるケリーアン・コンウェイが名付けた、オルタナティブ・ファクツ（訳注：もう1つの事実）とは、本来の事実とは同じものではないが、現在はその双方が広く流布している。実際、2016年の大統領選挙では、フェイスブック上でシェアされたトップ20のフェイクニュースが、大手主流報道機関が流したトップ20のまともなニュースを凌駕した。シェアされた数で言うと、870万件対730万件である（注2）。

トランプは、メキシコ人が米国人の職を奪いにやってきて、犯罪も一緒に持ち込むと主張したが、そのいずれもが証明されていない。トランプは石炭労働者の職を回復させると公約し、それは経済にとってよいことだとして、「Big Coal is back !」と宣言した（注3）。彼が発言した時には、補助金のないソーラーエネルギーが石炭ベースの電気のコスト（注4）の6分の1に急低下していて、再生可能エネルギーの新規雇用は石炭発電の新規雇用を100倍上回り、石炭利用は35％縮小していた（米国石炭業界の雇用である10％は除外）。

私たちは現在、フェイクニュース、オルタナティブ・ファクツや単なる誤報の拡散を的確に制止する仕組みを持っていない。しかしそうしたものは必要になるだろう。特に将来、情報の整理や文脈化における人工知能の役割を強め、政府とメディアのような中核組織への信頼を再構築するためには必要だ。

デジタルコンテンツの問題は、評判に関する説明責任が欠如していることだ。昔は、ジャーナリストやニュースアンカーが偽情報を投稿すれば、アウトになるか、解雇されるか、座を追われたものだ。情報源は秘匿されていた。それは情報源を反感の嵐から守りたいためだけではなく、その情報源が信頼できる情報をもたらしてくれるからだ。FBIへの情報提供者で「ディープスロート」として知られたマーク・フェルトを例に考えてみよう。彼はボブ・ウッドワードとカール・バーンスタインを助けてニクソン政権のウォーターゲート事件を世に出した。ジェニューヨーク市の警察官であったフランク・セルピコは、警察の腐敗まん延を暴露した。ジェフリー・ワイガンドは1996年にテレビ番組の「60 Minutes」で、タバコに含まれるニコチンの中毒性をタバコ会社が長い間認識しており、その効果を助長するよう動いていたことを公にした。ジャーナリストとしては、検証可能な事実と信頼できる情報源がなければ、そしていかなる代償を払っても彼らを守らなければ、こうした大きなストーリーを公表することはできなかっただろう。

しかしながら現在、主流メディアは最新ニュースと調査報道にあまり力を入れなくなり、より視聴率向上に注力するようになっている。このことが、最大手のケーブルニュース網が起こしたいくつかの誤報につながった。「クリックベイト（訳注：「釣り」情報）」を使い、彼らの「スピン（訳注：情報の意図的な曲解）」を当てはめ、果ては全くの嘘を提示して、特定の視聴者の支援を獲得しようとするのだ。情報源の中には、陰謀論者が提示する突飛な見解もある。例えばそれを、人生を自分の研究分野に捧げてきた科学者の情報と並べて発表するのだ。

その他の懸念としては、フェイスブックやツイッターのようなテクノロジー・プラットフォームは明らかに市民の理解度低下を助長していて、フェイクニュースやオルタナティブ・ファクツの拡散者を生んでいることがある。情報を無分別に増幅するというソーシャルメディアの力がなかったら、メキシコ人や中国に対して腹を立てている米国のセグメントに対するトランプの取り込み工作は、はるかに効果の低いものとなっただろう。ボルチモア大学とイスラエルのサイバーセキュリティ企業ＣＨＥＱの研究で、フェイクニュースが世界経済に対して、年間７８０億ドルのコストをもたらしていることが明らかにされたのは、驚くべきことではない。

完全に参加型で透明な民主主義を実現するためには、私たちは既得権益集団、虚報そして政治に対して科学の力を用いる必要がある。その実現のためには、全く新しいレベルの透明性と正確性が必要になるだろう。ＣＯＶＩＤ－19の期間中、科学は再三再四、政治の攻撃を受けてきた。同じことが気候変動についても言えるが、これに既得権益集団が何十億ドルもの資金を投下して事実を覆い隠してしまうため、透明性に対しては強い逆風が吹いている。インターネットは商業と人類の知識の集積へのアクセスが与えられる点では恩恵となったが、同時に、現実世界を流れる流言や虚報に対抗して事実をうまく用いるための基本的な考え方も揺るがされた。

ソーシャルメディアは、ユーザー増加とエンゲージメントに向けては素晴らしい道具を生み出した一方で、非常に分断的な活動、デジタルいじめや村八分、自殺への誘導、ヘイトクライムやもっと悪いものも同時に生み出した。フェイクニュースや「オルタナティブ・ファクツ」は、平均的なフェイスブックやツイッターの小さなユーザーよりも、主要な有名人の推奨を得て、大きく力を拡大する。Qアノンは確かにフェイクニュースが大騒ぎを生み出した例だが、「地球平面論者」、月着陸とコロナウイルスの否定論者たちの数の急増も同様である。

また現在では、スマートフォンを持ったアフリカの農夫が、ビル・クリントンが大統領任期終盤に持っていたよりも多くの情報をその指先に持っているということも事実だ。

Webでは、周辺のオンライン・サブカルチャーのアイデアが主流プラットフォームや報道機関の多くの視聴者に広がるさまを指す用語もある。それはnormieficationというものだ。Qアノン現象に関する素晴らしい研究（Zeeuwet他、2020年）（注5）が、Qアノンが「ピザゲート（訳注：2016年アメリカ合衆国大統領選挙の期間中に広まった、民主党のヒラリー・クリントン候補陣営の関係者が人身売買や児童性的虐待に関与しているという陰謀論）」（注6）について掲示板の4chanに掲載された奇抜な説として始まったものが、大統領自身によって推奨される大運動へと転換していったさまを示している。

こうした偽データに対する解決法はどんなものだろうか？

テクノロジーによって、安価で高品質の教育へのアクセスを向上させることが、人類全体としての前進のために不可欠であるのは明らかだ。20世紀のほとんどを通じて、総体としてのＩＱスコアは改善している。10年当り3ポイント、ＩＱが上昇している（フリン効果を参照されたい）。しかし1975年以降、このトレンドの逆転がみられている（注8）。私たちはこのトレンドに対処する必要があり、またテクノロジーを使って私たちの知性を拡張する必要もある。とはいえ、イーロン・マスクが言うように、私たちは、周囲にあるデバイスを通じて常時インターネットにアクセスすることで、すでにそれを実行しているのだ。

より高品質で手頃な価格の教育があれば、私たちがフェイクニュースと戦えるようになるのは確かだ。

しかし同時に、より高い透明性とより大きな

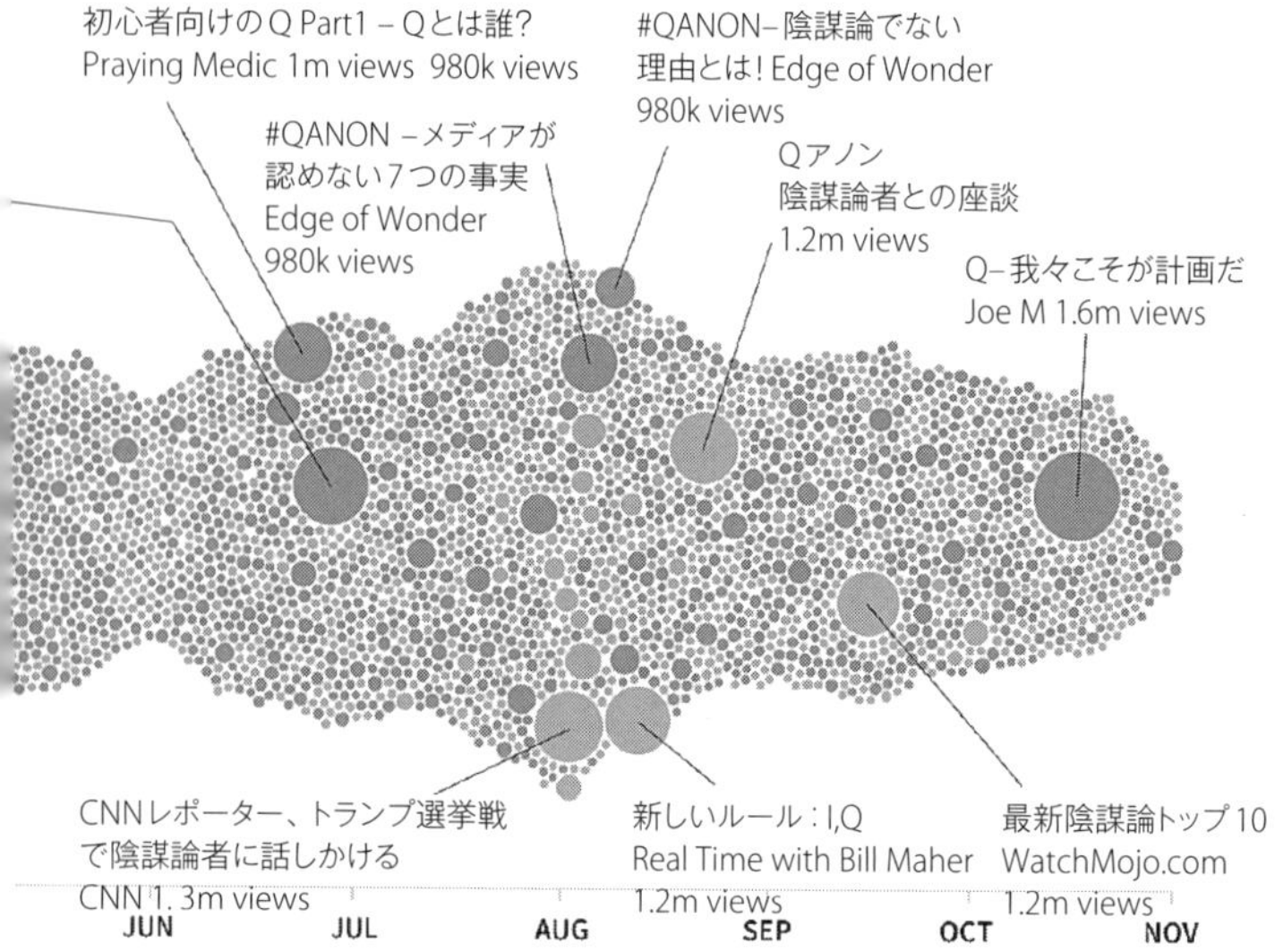

説明責任も求められる。繰り返し投稿される偽の情報やプロパガンダが検証可能になれば、その影響力という特権は失われる。私たちは情報の出所についても、透明で明白にする必要がある。

現在ほど透明性が実現された時代はない。しかしこの透明性には、情報とデータの源に関する新しい枠組みが必要だ。それは、中核に倫理的構成概念を据えて、それに沿って真実性、正確性、事実性を評価するものだ。ここでの倫理は政治と商業的利益関係から分離していなければならない。それは人類全体のために、嘘偽りなく最適化されていなければならない。また私たちは同じ透明性を持って、人工知能を偏りがなく公平なものにする必要がある。

図8－1 ● YouTube上のQアノンのビデオのビーハイブグラフ

データは2019年12月2日にYouTube v3 APIのエンドポイントでサーチしたもの。大きさはビデオ閲覧数。

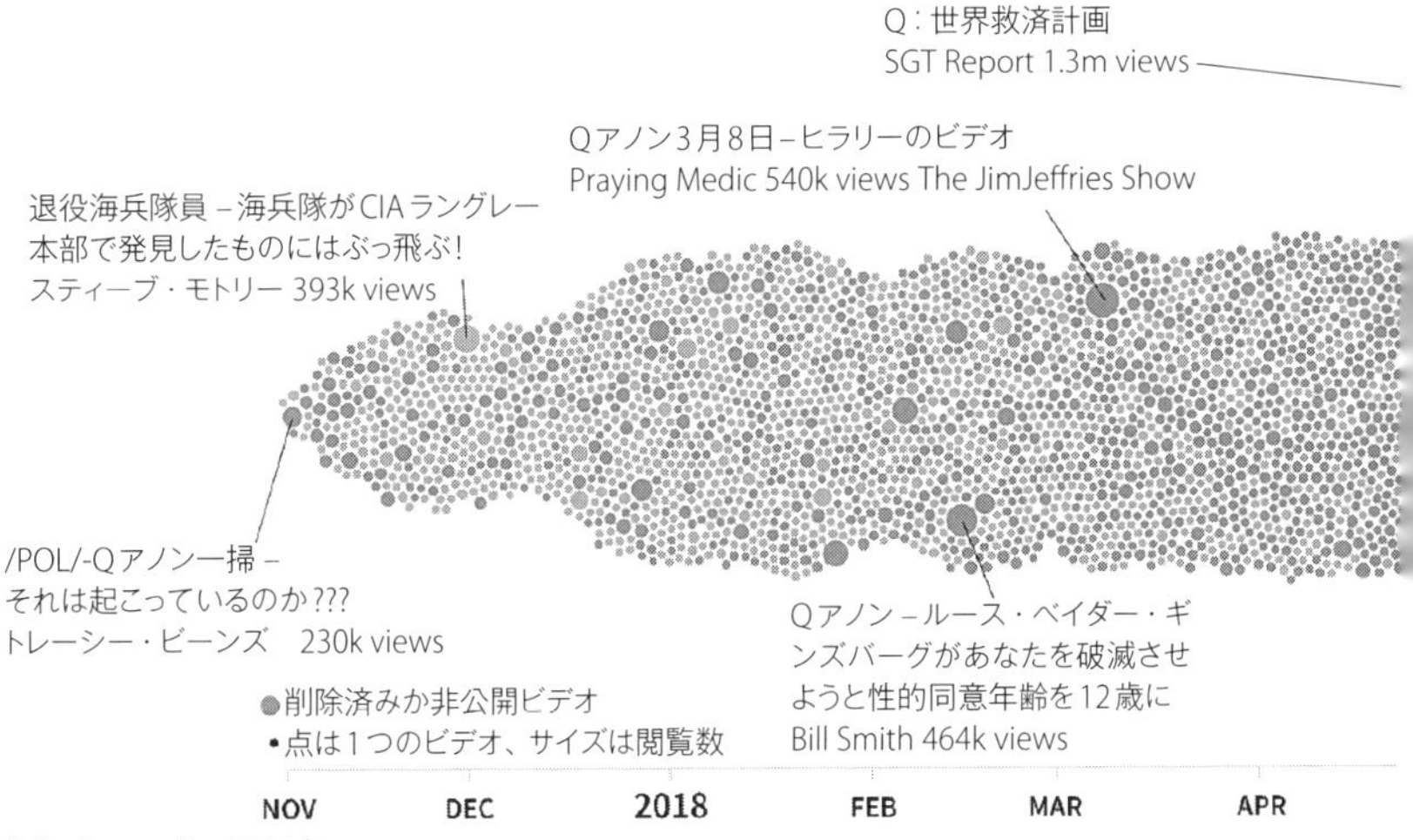

出典：Zeeuw他、2020年（注7）

最適な人類の進歩に向けた原則の組成

プラトンが示唆したような穏健な独裁主義は、人類の進歩のためにうまく機能するものだろうか？　それは可能だ。例えばシンガポールは、プラトンが概要を述べたようなやり方で概ね機能しており、経済的には非常にうまくいっている。シンガポールは教育のランクが高く、科学、数学、文学のスコアで強みをみせている。シンガポールは過去50年間のアジアで最もよいパフォーマンスを上げている経済国家の1つでもある。興味深いことに、研究が示しているのは、シンガポールが同期間にアジアで最も高い水準の経済発展（同時に1人当りＧＤＰは米国よりも高水準）を実現したのは、膨大な資本蓄積と、それに続く労働力への投資に基づくところが大きいということだ。その一方で、生産性の向上については、西洋の多くで経済成長の指標として好まれるが、それがシンガポールの経済的成功に果たした役割は小さい。

とはいえ、よいことばかりではない。シンガポール人の60％は政府に対して概ね満足しているが、世界幸福度ランキングでは、米国やオーストラリアのような国々を下回る。政府に満足していると回答した米国人がわずか17～18％であることは覚えておこう。

世界幸福度レポート（ギャラップ、オックスフォード大学、コロンビア国の持続可能な開発センターその他がサポートする年次報告）では、デンマーク、ノルウェー、スウェーデン、フィンランド、アイスランドを含む北欧諸国が一貫して地球で最も幸福な国であるとのスコアを記録している。そしてそれは、長い冬と多額の税金とＡＢＢＡがあるにもかかわらずだ。

では、何が市民を幸福にするのか？　自由が幸福の基本にあるのだろうか？

国際ＮＧＯ団体「フリーダム・ハウス」は「世界の自由」という年次報告を発刊しており、それは国ごとの自由の度合いの変化を記録したものだ。２０２０年は、１４１ヶ国が「自由」か「部分的に自由」とランク付けられ、54ヶ国が「自由ではない」とされた（注9）。ニュージーランドは、コロナウイルス・パンデミックの期間中は称賛すべき結果を示しており、２０２０年には自由について最高位の国々の１つだった（自由度スケールで99点）。フィンランド、ノルウェー、スウェーデンはいずれも１００点で、米国は83点だった。米国はその自由を誇る国だが、「自由（freedom）」に関してはトップの20ヶ国にも入っていない。

残念なことに、世界でみると「自由」は低下しつつあり、２０２０年にはコロナウイルス・パンデミックが引き金となって、過去15年で最大の自由の減少が計測された。このことは、21世紀の世界にとっては問題の兆しだ。危機が繰り返すと、過去になかったような政治的操作が可能となることから、パンデミックの兆候が少しでもあると、自由が制限されることになった。

つまり、こういうことだ。パンデミックは政治的権力の濫用を可能にした。それはコロナウイルス自体によるものではなく、科学的な優先順位によるものでもない。それは最悪ならば単に機会主義的な政治であり、よくても行政の無能である。

北京は不干渉主義（彼らが内政と表現するものについて）と、香港基本法23条の反煽動条項の適用を宣言して、香港を最も自由な国の1つから、部分的自由レベルへと移行させた。米国は過去10年で大幅な後退をみせ、フリーダム・ハウスの得点で93から83に低下した。それは政治的腐敗、政府の透明性の欠如、そして最近の過酷な移民および亡命対応政策によるものだ。ハンガリーでは、首相のビクトル・オルバンがパンデミックを利用して非常時権限を強め、報道機関を拘束し、政権に対する批判を排除しようとした。フィリピンでは、ドゥテルテ大統領が彼の政権が行うコロナウイルス危機対策を批判する「偽情報」を禁止した。

これがなぜ重要なのだろうか？　自由は、市民の幸福度と非常に強く相関している。最も自由とされている20ヶ国のうち12ヶ国は、住んでいて最も幸福な国のトップ20にも入っている。

図8－2●民主主義ギャップの拡大・減少の15年

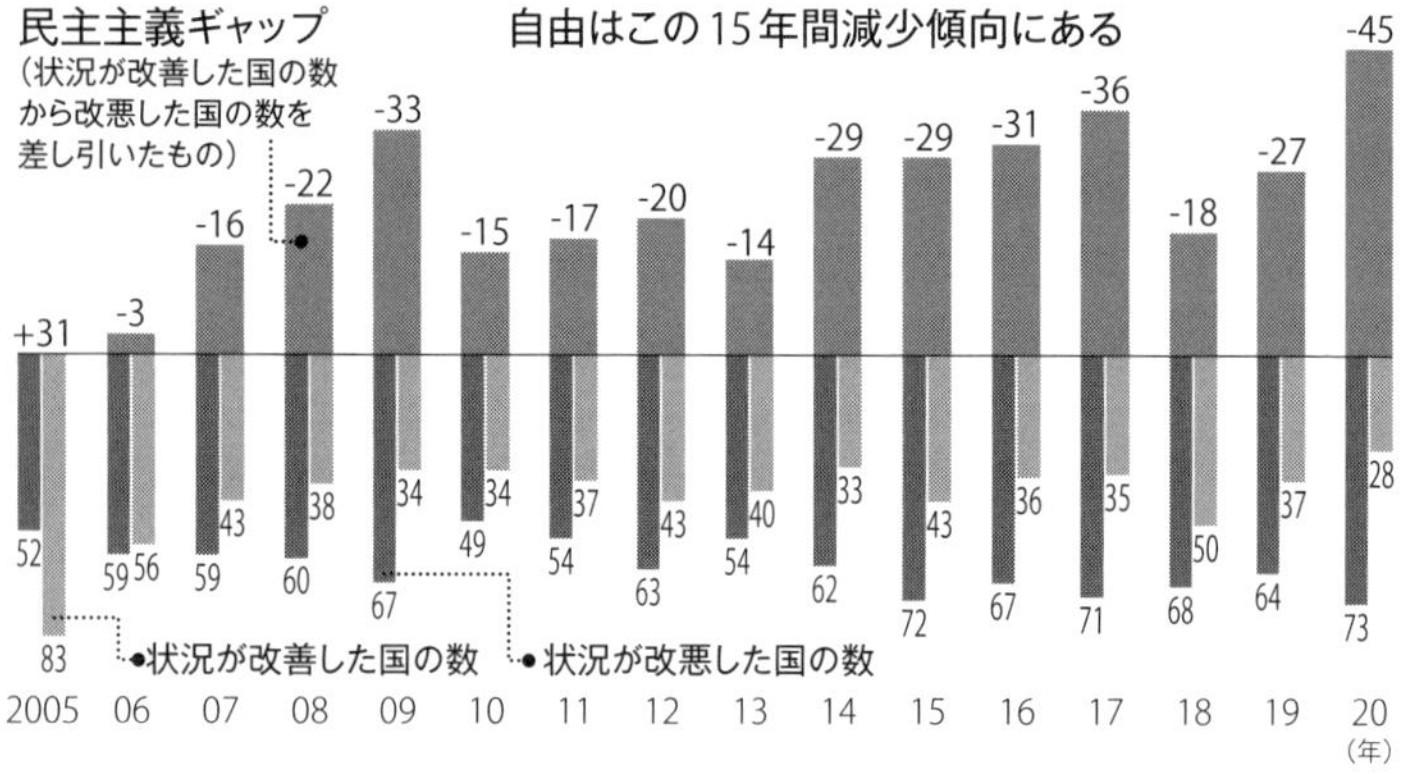

出典：フリーダム・ハウス

表5 ●自由度、1人当りGDP、幸福度でみた上位20ヶ国（地域）

自由度			経済		幸福度	
順位	国	スコア	国	1人当り GDP	国	スコア
1	フィンランド	100	リヒテンシュタイン	139,100	フィンランド	7.809
2	ノルウェー	100	カタール	124,100	デンマーク	7.646
3	スウェーデン	100	マカオ	122,000	スイス	7.560
4	ニュージーランド	99	モナコ	115,700	アイスランド	7.504
5	カナダ	98	ルクセンブルク	105,100	ノルウェー	7.488
6	オランダ	98	バミューダ	99,400	オランダ	7.449
7	ウルグアイ	98	シンガポール	94,100	スウェーデン	7.353
8	オーストラリア	97	マン島	84,600	ニュージーランド	7.300
9	デンマーク	97	ブルネイ	78,900	オーストリア	7.294
10	アイルランド	97	アイルランド	73,200	ルクセンブルク	7.232
11	ルクセンブルク	97	ノルウェー	72,100	カナダ	7.232
12	ベルギー	96	フォークランド諸島	70,800	オーストラリア	7.223
13	日本	96	アラブ首長国連邦	68,600	英国	7.165
14	ポルトガル	96	クウェート	65,800	イスラエル	7.129
15	スイス	96	香港	64,500	コスタリカ	7.121
16	バルバドス	95	スイス	62,100	アイルランド	7.094
17	スロベニア	95	ジブラルタル	61,700	ドイツ	7.076
18	キプロス	94	米国	59,800	米国	6.940
19	エストニア	94	サンマリノ	59,000	チェコ共和国	6.911
20	ドイツ	94	ジャージー	56,600	ベルギー	6.864

出典：著者

それでは、経済実績と幸福度の相関はどうだろうか？　マクロ経済は、自由と幸福度のどちらともほとんど全く関係していないようだ。上位諸国インデックス3つ（自由度、1人当りのGDP、幸福度ランキング）の全てに顔を出しているのは、わずか2ヶ国である。その2ヶ国とは？　ノルウェーとルクセンブルクだ。偶然ながら、世界の2大経済国家である米国と中国は、自由度、経済、幸福度のいずれでもトップ10に入っていない。

経済パフォーマンスの重要性は、政治的・社会的自由、良好な統治、健康、長寿そして社会支援システムよりもはるかに低いようだ。それでも例えば中国市民は、明らかに西洋民主主義諸国よりも少ない個人の自由を経験しているが、彼らは政府に対しても概ね満足しており、過去に比べればはるかに大きな自由を得ていると感じている。その大半は経済状況の改善によるものだ。ハーバード・ガゼットはアッシュ・センターの調査に基づいた研究を出版した。それは2003年から2016年までの中国中央政府に対する満足のレベルに目を向けたものだ。そこで確認されたのは、中央政府に対する高いレベルの満足度であり、回答者の95・5％が北京に対して「まあまあ満足」か「非常に満足」としていた。

「世界幸福度レポートが国々の年間ランキングを刊行する度に、北欧の5ヶ国——フィンランド、デンマーク、ノルウェー、スウェーデン、アイスランド——はどれもトップ10に入っていた。民主主義の状況と政治的権利、腐敗のなさ、市民間の信頼、安全の感覚、社会的統一性、ジェンダー平等性、

所得の公平配分、人間開発指数、または他の多くの世界比較でみて、北欧諸国はトップクラスにいる傾向がある

――「北欧例外主義：北欧諸国が常に世界で最も幸福な国々に含まれる理由」、世界幸福度レポート、２０２０年

幸福な市民のいる最も成功した経済国家群をみても、国の魅力であるとメディアが形容するものが、調査やその結果と実際に一致しているという認識にはならない。北欧に住む人々は、折に触れて税金の高さに文句を言うが、彼らは概して、その税制が生活の質へのアクセスを与えてくれていて、それが他のどこでも実現できていないことを理解している。これは、中国に住む人たちも似ている。彼らは世界をリードする経済力として中国が示してきた前進を大きな誇りと感じているが、それ以上に、平均的な中国人は、政府が中間層の生活と豊かさを向上させようと真剣に取り組んできたことを理解しているから誇りを感じるのだ。

●幸福のために優先されるべきこと

未来の主要な経済国家は、人々に幸福な生活水準を提供するだけでなく、仕事や純資産と関係なくより大きな自由を与えようとするだろう。そのためには、生活の質、幅広い経験、そして充足を得るための自己開発の機会が人々に提供される必要がある。

国連開発プログラムの人間開発指数（ＨＤＩ）はこの目的に向け、純粋な経済学を超えた生活

水準に関する特性を把握しようと試みている。それは、長寿、健康、教育、知識の豊富さ、妥当な生活水準といったものの評価を組み合わせて、どの場所が現在最良の人間開発水準を提供しているかの全体図を作るものだ。

ノルウェーは2019年のHDI（注10）で全体の1位となり、アイルランドとスイスが同率2位、香港とアイスランドが同率4位、ドイツ6位、スウェーデン7位、オーストラリアとオランダが同率8位でデンマーク10位となった（注11）。

香港とスイスはいずれも、HDIと2020年のグローバル知識インデックス（Global Knowledge Index：GKI）（注12）の双方でトップ10に入った。最新のフレーザー研究所の経済自由度の世界ランキングと、最新のHDIである。香港とスイスは、現在の知識経済において、他国が見習うべき国々である。

表 6 ●国連開発プログラムの人間開発指数（HDI）

順位	国・地域	HDI値（2019年）	出生時の平均余命（年）	想定就学期間（年）	就学期間中央値（年）	1人当り国民所得（$）
1	ノルウェー	0.957	82.4	18.1	12.9	66,494
2	アイルランド	0.955	82.3	18.7	12.7	68,371
2	スイス	0.955	83.8	16.3	13.4	69,394
4	香港	0.949	84.9	16.9	12.3	62,985
4	アイスランド	0.949	83.0	19.1	12.8	54,682
6	ドイツ	0.947	81.3	17.0	14.2	55,314
7	スウェーデン	0.945	82.8	19.5	12.5	54,508
8	オーストラリア	0.944	83.4	22.0	12.7	48,085
8	オランダ	0.944	82.3	18.5	12.4	57,707
10	デンマーク	0.940	80.9	18.9	12.6	58,662

人間開発、知識、経済的自由の世界ランキングでよい成績を上げている国々は、生活の質についても、その労働力を比較的幸せにしている傾向があり、そのことは、世界中を動き回るプロフェッショナルを惹きつけることに利用可能だ。その場所がより面白く、知的で、創造的な人々を惹きつけるほど、雪だるま効果が発生しやすくなる。より多くの才能ある人々をその地に惹きつけて、そのことが、成功が持続する可能性を高める。

市民のために築かれる最適な経済とはどのようなものだろうか？ 第一の基準は、市民の基本的ニーズを満たすことが優先されるだろうということだ。19世紀の用語でこのモデルを共産主義または社会主義と呼びたくなるところだが、これが志向するのは社会的な優先順位づけである。

しかし純粋な経済学的用語で言えば、これは本質的にデュラントのダイヤモンド型モデルに似ており、経済刺激は単なる富の創造というよりも、雇用、消費そして幅広い賃金成長を生み出すように設計される。ダイヤモンド型経済は、1950〜1970年代の米国でみられたものなので、まだ資本主義的過ぎるかもしれない。しかし第二次世界大戦後の米国は、兵役従事者を仕事に戻すこと、インフラストラクチャーを整備して競争力の基礎を提供すること、そして戦時中は緊縮的施策がとられた経済を中間層に向けて動かすことを優先していた。

私たちは、最適な経済ウォーターフォールモデルは、富裕層と企業を優先するものよりも、全体としてよい成果を上げるというしっかりとした論拠を示すことができる。特に、ラッファーカーブ（効果が中間層に流れ落ちてくるのを意図した富裕層と企業向け減税）が、一貫して米国中間層の成長をうまく誘発できなかったことを考えれば、市場の最上層における富の蓄積が、経済全体にわたるシンプルな賃金成長と比べて、必ずしもGDPの成長を生み出さないことは簡単な推論の問題だ。

　市民のための最適な経済の、もう1つの重要な構成要素は、未来像に向けた投資を行うことだ。世界経済は明らかに、アダム・スミスやジョン・メイナード・ケインズが経済論文を書いた時代には決してあり得なかったやり方で一体化しつつある。そして、フリードマンは存命中に商用インターネットの誕生を目にしたが、それが彼の最もよく知られた著作である『資本主義と自由』（1957年）には要素として入っていなかったことは確かだ。もちろん、フリードマンは保守主義者に好まれる経済学者である。それは、最小限の政府介入という彼のポジションと、福祉国家に反対する彼のスタンスからくる

図8-3 ● 市民のために最適な経済の機能のしかた vs. 現在の経済の機能のしかた

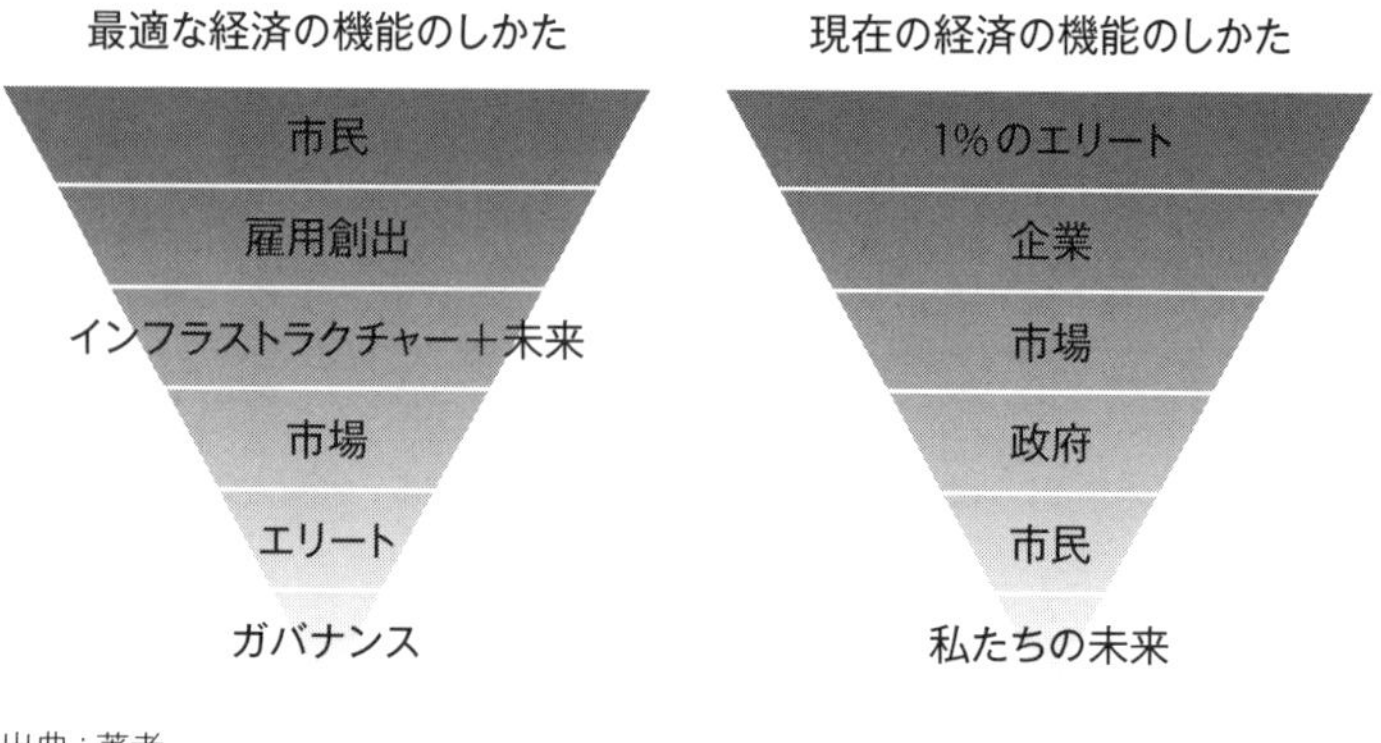

出典：著者

ものだ。貧困と不公平に対するフリードマンの回答は、より金持ちで裕福な人々は皆、何かを提供することに同意すべきであり、そうすれば彼らはもう自分たちの近所で貧しい人々を目にする必要はないというものだ。それは議論の単純化だが、彼の主張の大筋は、経済を最優先で最高位とすれば、所得が生み出され、政府が社会的問題を気にするのは後でよいということだ。

しかし、インターネットに話を戻そう。これは明らかにグローバルな通商が標準の世界であり、例外的なものではない。この世界では、アメリカ人がアマゾンで何かを注文して、アマゾンのリセラーはその注文にアリババ経由で対応し、中国から米国へとわずか24時間で空輸することが可能だ。これはグローバルに相互接続した経済であるが、明らかに大量のテクノロジー投資とインフラストラクチャーに依存して栄えている。

再生可能エネルギーに基づいた経済は、よりクリーンで安価なものとなるだけでなく、次第に将来に向けて有効性を高め、一方で新たな強い雇用成長を生み出す。よりよい政策、人口全体のゲノム解析のような目的を持ったデータマネジメント、そしてAIの活用を通じて経済がコミュニティの保健に投資すれば、市民はより健康で長寿となるだろう。これらの投資はフリードマンのモデルと反対のものだ。その理由は、市場は、現行システムが最高のリターンを生まなくなって初めて、中核的な労働環境と産業投資をシフトさせるからだ。

21世紀に競争力を持つためには、テクノロジーとAIとスマートインフラストラクチャーが根本的に重要であることから、必要なのは前述のシステムへの投資を優先し、経済と個人のスキルセットの積極的な改革をサポートすることだ。求められるのはフリードマン方式の資本主義で可能なものよりはるかに大きな先行投資である。このことが、米国経済が中国経済に急速に後れをとりつつある理由の説明になるかもしれない。消費だけでなく経済的インセンティブも重要なのだ。

自由、不公平性そして民主主義について多くの論争が存在する経済諸国は、公平な競争環境の提供に現在も苦労している場所であり、一般の人の環境が後退している場でもある。中国はこうした論争がより少ない。それは、平均的な有権者がシンプルに幸福だからだ。フィンランド、ノルウェー、デンマークそしてスウェーデンもまたそうした論争が少ない。それは、自分たちのニーズが企業や富裕層のそれよりも優先されていると市民が分かっているからだ。

米国における使い古された議論で、ホームレスの人々が本気で自分の頭の上に屋根が欲しいなら彼らはもっと働くだろうとか、医療コストで破産したのなら、よりよい仕事に就けるようにもっと勉強すべきだったのだとかいうものは、不完全な前提の上に立っている。それは、ほとんどの米国人が働く経済は、人口の小さなパーセンテージの人々を豊かにするために設計されており、経済が成長するとともに中核的なサービスへのアクセスが改善されるようには設計されていないという事実の上に立っているのだ。

勝者と敗者――21世紀の中国の優位性

現実を見つめよう。現在私たちがアクセス可能なリソースでは、自分を向上させる機会か、自分自身と家族のために健全な生活水準を提供する機会なくしてやっていける市民はいない。地球の富の総量は、2019年で360・6兆ドルと推計されている。それは1人当りにするとわずか5万ドルであるが、経済が個々人に付加する価値はそれとは別の異なるものだ。私たちがCHAPTER 1とCHAPTER 4の双方で尋ねたこの根本的な疑問に戻ろう。経済の真の目的とは何か？　それは経済成長を生むことか、それとも人々の要求を満たすことか？　幸福で充足された市民を求めるなら答えは後者だ。21世紀の経済の成功を望むなら、皮肉なことにそれもまた後者だろう。この見方を支持するものは何だろうか？

前述したように、第二次世界大戦の終わりから1970年代前半までの期間は、世界の歴史において、偉大な経済拡大時期の1つだった。米国のGDPはわずか30年で2280億ドル（1945年）から約1・7兆ドル（1975年）にまで成長した。1975年には、米国経済は世界全体の工業生産の35％を占めており、日本（世界第2位の経済国）の3倍の規模があった。

米国が経験したこの経済成長は、経済全体にわたってかなり均等に配分された。それが消費、住宅、製造業、自動車産業、そしてエレクトロニクス業界を刺激した。成長の多くは、低所得の農業労働者が都市部のより高給の仕事に移動したことから来るものだった。米国は月に人を送り、医学とテクノロジー進歩において素晴らしい発展を見せた。人口全体が可能性の広がりに刺激を受け、自分の子供たちがよりよい生活を送ることになることを知っていた。

1950年代には、世界の中間層の90%が欧州と米国に住んでおり、中国の比率は無視できるほどだった。しかし現在は、世界の中間層の約20%が中国に住んでいる。2027年には、12億人の中国人が中間層に分類され、世界合計の少なくとも25%を占めるようになる（注13）。中国はすでに最大の単一消費市場であり、それは中国が、幅広い民衆の成長という点で、第二次世界大戦後の米国経済に非常に類似し始めているということだ。そうだとすれば、中国は70年前の米国経済に対して大きな優位性を有しており、21世紀のインフラストラクチャーとスキルセットに明らかにはるかに高いレベルの投資を行って、その経済を時代に合わせて維持しようとしている。中国は旧式のピラミッド型の経済（20世紀半ばまで）からダイヤモンド型経済へと変身しつつある。それは私たちが歴史的に調べてきた中で最も利益を生む経済を形作るものだ。

ここで米国、中国、日本、インド、EUについて簡単な比較を行ってみよう。インフラストラクチャー開発、AI、研究開発、コアスキル開発、そして中間層の成長についてみてみる。

世界に広がる中国のインフラストラクチャー開発とその狙い

インフラストラクチャー投資については、中国が日本とインドのほぼ2倍を支出しており、米国とEUの3倍を超える。習近平主席は、遡ること2013年の2つのスピーチで一帯一路政策を提案した。現在、中国は世界中の70ヶ国、2881件のプロジェクトに約3・5兆ドルを投資している（注14）。2050年に一帯一路政策が完遂すれば、中国は8兆ドルオーダーの支出をしたことになる。それは現代における、最大で最も野心的なインフラストラクチャーのメガプロジェクトとして宣伝されてきた。完成すれば、それは東アジアから東アフリカ、そして中央ヨーロッパまで及ぶものとなる。

プロジェクトには明白な貿易ルート開発が含まれており、それは、鉄道網、道路網、海運能力と投資といったものだ。一帯一路政策はユーラシア大陸を変貌させ、世界貿易を再編成し、米国のドルベース貿易に対して人民元が挑む激しい競争へとつながる。一帯一路のインフラストラクチャーは70ヶ国に達し、世界人口の60％以上と世界経済産出の40％に影響を及ぼす。

比較対象として、ジョー・バイデンの新インフラストラクチャー計画は、約2兆ドルを支出して米国のインフラストラクチャーを更新することを提案している。

「（バイデンの）遠大なアメリカ再強化計画には、老朽化した道路と橋の修復、輸送活性化プロジェクト、そして学校校舎と病院の建て直しが含まれている。また電気自動車利用の拡大、全鉛管の交換と国の水道システムのオーバーホールも行う……クリーンエネルギー労働力を構築し、製造業を拡張して、高齢者と障害者に奉仕する職業として介護を促進する」

——『USAトゥデイ』、「ジョー・バイデンがインフラストラクチャーと雇用に2兆ドル支出を希望」、ハビエル・ザラチーナ、ジョーイ・ガリソン、ジョージ・ペトラス、2021年4月2日

大規模深水港、高速鉄道、グリーンエネルギー発電所といったインフラストラクチャーへの資金供給のほとんどは、中国の国有企業の金庫から出ている。一部は贈与だが、多くは融資の形をとり、国がデフォルトになると、その結果は重いものになりうる。2006年から2017年の間、ケニアは中国から約98億ドル（1兆4377・7億ソマリアシリング）のインフラストラクチャーの借款を受けた。現在、中国への負債はケニアの対外負債の約5分の1を占めており、ケニアの双務貿易負債の3分の2を超える。資金は高速道路、道路、そしてモンバサとナイロビを結ぶ鉄道等のプロジェクトに使われた。

2018年12月後半、ケニアは最大かつ収益的なモンバサの港の開発に向けた中国の借款に対して、ほぼデフォルト状態に近いと伝えられた。デフォルトすれば、港の管理権を手放して

中国に渡さざるを得なかったかもしれない（注15）。

同様にパキスタンでは、グワダルの深水港建設に中国の銀行からの借款を受け、それは160億ドルもの大金だった。問題は金利が13％を超えていたことで、それはデフォルトリスクが大きいことを示していた。デフォルトになった場合、中国は、補償としてあらゆる種類の担保を要求できた。すでに中国企業の手にある担保の中には、炭鉱産出の全て、空港と高速道路から石油パイプラインと鉄道までが含まれる。

しかし中国は、例外的な状況を除いては、こうした借款の回収には向かいそうにない。中国は一種の新経済植民地主義としてインフラストラクチャーを所有したいとは思っていない。彼らは世界貿易を支配したいのだ。世界経済に対する中国の関与を強めるインセンティブは、率直にいって、他の国々よりもはるかに強い。そ

図8－4 ● 世界のインフラストラクチャーニーズと支出、GDP比

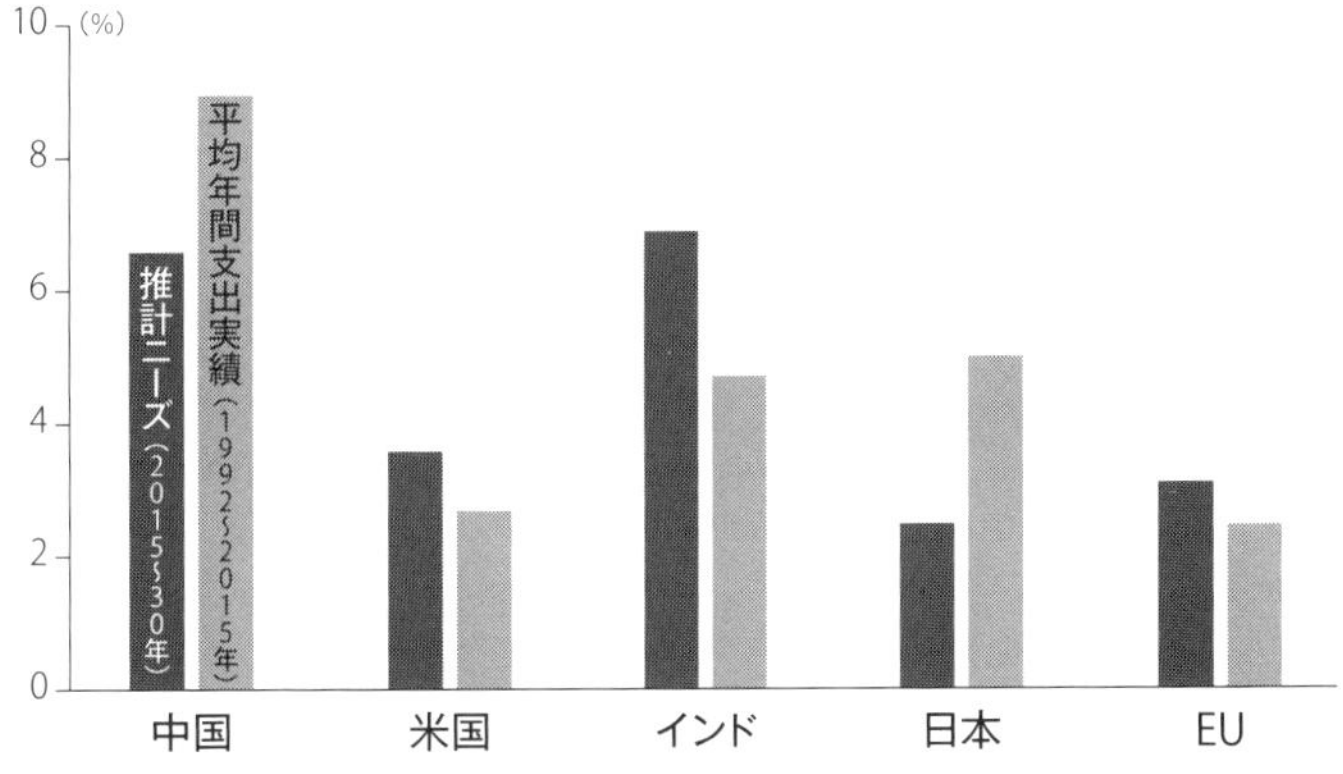

出典：著者

してそれは、地域レベルの国有資産とインフラストラクチャーの管理を握る機会の獲得よりももっと強い。明らかに多少のデフォルトは発生するだろうが、中国が理解しているのは、デフォルトが増えれば増えるほど、一帯一路政策が長期的に中国との貿易を促す効果は低くなるということだ。もし自国の中核的な経済資産を中国が奪ってしまうと発展途上国が考えれば、彼らが疑心暗鬼になってしまうからだ。

中国はまた、貿易と開発が、ＡＩ能力の配備と非常に強く結びついていることも理解している。実際、中国が進めつつあるインフラストラクチャー開発の一部にＡＩを見ることもできる。それは単なる研究開発支出とスタートアップ投資という面だけでなく、彼らが主に大学生年齢の学生を通じて、ＡＩとそれが生活に及ぼす影響の可能性の基礎について教えるという手法にみられる。

人工知能への投資と社会への普及

２０１７年、中国国務院は人工知能開発計画（注16）を発表した。これは中国の未来経済計画の中核であり、同時に一帯一路投資と並行するデジタルシルクロード政策に不可欠のパートとなっている。文書は中国の目的を非常に明確に述べている。２０３０年かそれより早い時点で、人工知能の利用、開発、適用において世界をリードすることである。

「人工知能の迅速な開発は、人間の社会生活と世界を深く変革するだろう。人工知能開発という大きく戦略的な機会の捕捉、人工知能開発における中国の先行者利益の構築、革新的な国々と世界の科学とテクノロジーの力の構築の加速に向けて、中国共産党中央委員会および国務院の要求に従って、この計画は実行に供される」

——国務院発行の新世代人工知能開発計画に関する通告、2017年7月8日

いくつかの研究は、米国の人工知能向け支出は過去5~10年にわたって中国をわずかに上回っていたことを示しているが、これらの研究は、米国のAIスタートアップへのベンチャーキャピタル投資と、その軍事利用AIの開発に向けた投資等に焦点を当てている。社会にまたがるAIへのより幅広い投資（明らかに中国がリードしている）は考慮に入れていない。米国国防省は繰り返し懸念を表明して、米国がAI投資において大きく後れをとりつつあることを指摘している。米軍では、中国のAI支出が2020年には少なくとも700億ドルまで増加したと推計している。対照的に、ペンタゴンの計画では、2020年のAIと機械学習の研究開発投資は約40億ドルである。

『エコノミスト』誌は2017年7月、中国がディープラーニング能力の重要な利用方法に

ついてすでに米国を追い越しつつある（注17）と懸念を表明し、それを「データのサウジアラビア」（データを新しい石油に見立てる）と呼んだ。中国には7億3000万人のインターネットユーザーがおり、それは米国の3億1200万人の2倍以上である。そのため、ディープラーニングやAI能力の活用の段になると、中国の方がAIベースのテクノロジーの普及が一貫して大幅に速い。

例えばモバイルウォレットを考えてみよう。アップルは、2025年にモバイルウォレットへの支出が1兆ドルに近づくと予想している。その一方で、中国ははるか前の2013年にその金額を超えており、モバイルウォレットの普及で、米国は中国よりも12年遅れている可能性がある。2020年には、アリペイとテンセントのウィーチャットペイだけを合わせたモバイル決済金額は52兆～58兆ドルと推計されている。

図 8－5 ● 中国のモバイルウォレット成長

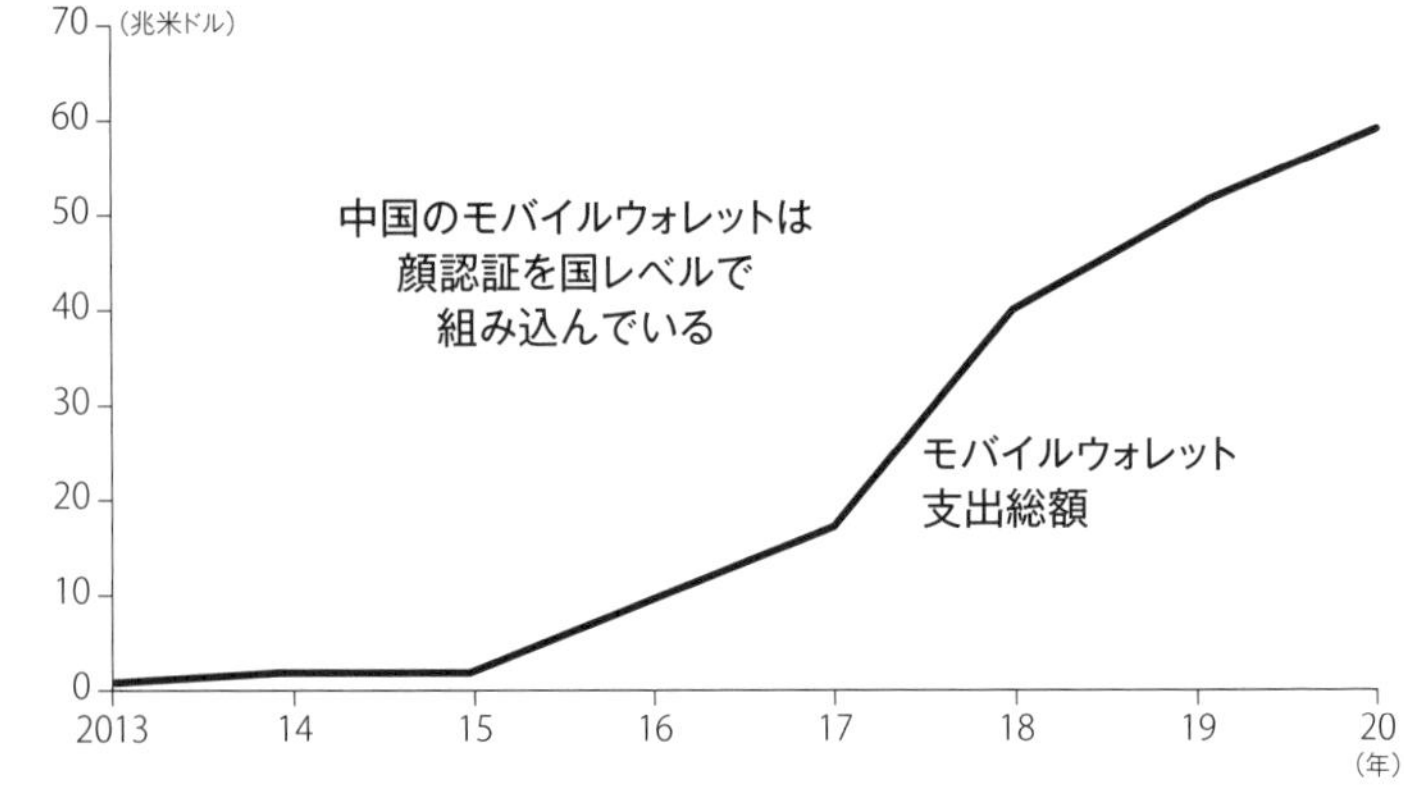

出典：著者

対照的に、世界のプラスチックカード決済（クレジットカード、デビットカード、プリペイドカード、ギフトカードを含む）は２０１７年に25兆ドルの頂点に達し、最も野心的な予想では、カード支出総計が２０２３年で45兆ドルとなっている。計算してみれば、中国は、世界全体のプラスチックカード決済の2倍近くをモバイル決済で処理しているということだ。

モバイル決済における中国の巨大な成長は、明らかにそのインターネットの接続性に依存しているが、モバイルウォレットの成長はまた、顔認証テクノロジーがうまく使われていること、そしてＡＩが不正やなりすまし犯罪の追跡に使われていることも示している。２０１１年11月11日、アリババは1日だけで５６０億ドルの売上を計上し、過去の全ての記録を破った。これら取引の大多数は、アリペイのモバイル決済ネットワークを通じ、生体認証セキュリティを使

図 8-6 ● ジャック・マーによる顔認証決済テクノロジーのデモ、2014年

画像：アントグループ／アリペイ

って実行された。この方式のＡＩテクノロジーの使用が意味するのは、アリペイがピーク時に毎秒45万9000件の取引を処理していながら、記録した不正はわずか0・0006ベーシスポイント（bps）だったということだ（注18）。

これと比較すると、米国のクレジットカードは過去10年間で、「カード提示」取引では2・92bps、「カード非提示」取引（通常はオンラインeコマース決済）で11・44bpsの不正を受け付けている（注19）。これに基づくなら、顔認証テクノロジーは、プラスチックカードで行われるチップと暗証番号やサインベースの取引よりもケタ違いに安全である。これが意味するのは、私たちは次の10年間には、現金とプラスチックから移行しなければならないということだ。でなければ、不正率と犯罪には対応不可能となる。米国とEUが現状では顔認証テクノロジーを公式には認めていない（公民権イシューが原因とされる）

図8-7 ●過去20年間の世界のR&D支出

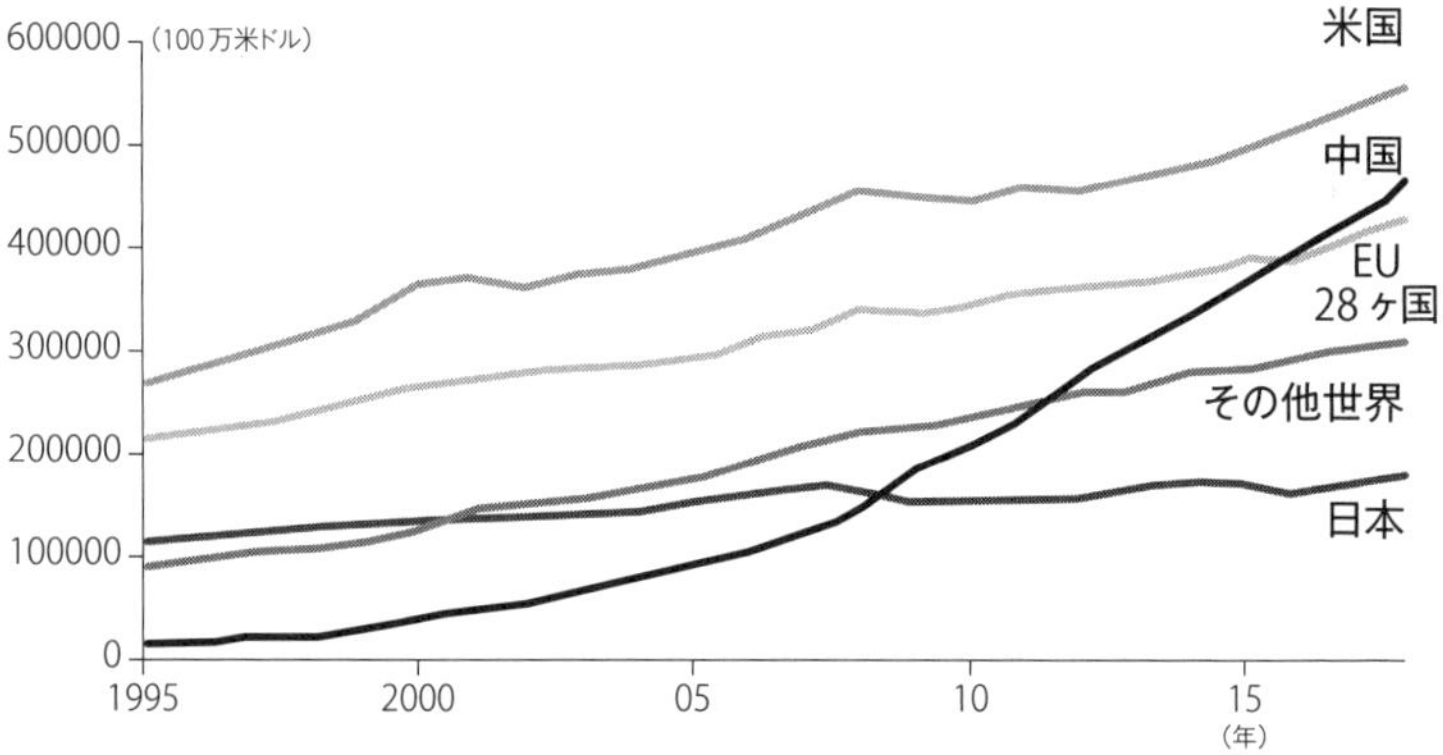

注：購買力平価修正済み
出典：公的・民間情報源を含む。OECD Main S&T Indicators、2020年10月

が、現実には、警察と運転免許証、パスポート、国境管理ではどちらも幅広く使用している。平均的な市民はおそらくこれを理解していない。

2030年には、国の生体認証ベースの本人確認スキームが世界中で標準となり、日常的なサービスへのアクセスはインターネットを使うようになり、パスポートも顔認証やブロックチェーンのようなテクノロジーに基づくものになるだろう。西洋世界がそこに辿り着く頃には、中国はすでにこのテクノロジーの利用で15年の経験を積んでいることになる。

人工知能と研究開発に関する中国の野心はほとんどの場合は明白だ。1999年に世界知的所有権機関（WIPO）が、中国から受け付けた特許数申請はわずか276件だった。2019年にはそれが爆発的に増加して、5万8990件の特許数となった（注20）。米国は同年、5万

図8-8 ● 中国のAI

❶コンピュータービジョン
マシンベースの画像・パターン認識

❷チップ、エッジコンピューティング
ニューラルネット・チップセットがエッジコンピューティングをサポート

❸自然言語処理
発話インターフェイス向けの自然言語処理

❹汎用AI
汎用AI

❺音声認識
セキュリティおよび自然言語処理向け音声認識

７８４０件の特許を記録していて、３位に来るのは日本で５万２６６０件である。ファーウェイは単独で４４１１件の特許を申請した。中国のＡＩ投資と申請は、図８－８に示すようなＡＩベースの領域が優先されていることを示している。

２０２０年８月、中国は提出科学論文数でも米国を追い抜いた。中国は科学論文の19・９％を占め、２位の米国は18・３％だった（注21）。現在中国は、研究開発支出で世界のナンバー２となっているが、２０２２年には米国を追い抜くと予想されている。

テクノロジーがもたらすスキルギャップの拡大

中国が真に世界的に卓越している分野は、将来を見据えた市民育成への取り組みである。大学生の総数では、インド（７８００万人）が中国（７７７０万人）と米国（６７４０万人）を押さえているが、２０１６年には中国が毎週１つ、新しい大学に相当するものを建設していた。これは、テクノロジー主導の製造業とサービス経済に向けて、学生教育に生じるギャップに対応しようとするものだ。

世界経済フォーラムの報告では、２０１６年に中国のＳＴＥＭ（Science, Technology, Engineering, Mathematics）卒業生は４７０万人だったが、同じ年にインドは２６０万人で、米国のＳＴＥＭ卒業生はわずか56万８０００人だった。２０２０年以降、中国のＳＴＥＭ卒業生は年間４０００

万人近くになるだろう。中国の科学とエンジニアリング課程は米国のものほど洗練されて先進的なものではないと主張する向きもあるが、現実には中国の学位卒業生の40〜50％はＳＴＥＭ領域を学んでいる。一方、米国ではそれは１ケタ台のパーセンテージである。

このことは、２０３０年には中国のＳＴＥＭ労働力は３００％増加し、対する米国は30％の増加であることを意味する。そしてその時点でも、米国がまだＨ－１Ｂビザの移民に大きく依存して総数を埋めている（通常は米国大学卒労働力のわずか０・５〜０・７％を占めるのだが）という事実がそこに含まれている。

飛躍的に技術優位へと向かう経済、製造能力の自律型オペレーションへの仕立て直し、国にまたがるデータセットによるディープラーニングを使った大規模システム設計、エネルギーシステムのスマート分散蓄電と再生可能エネルギーへの組み換えといったことに向けて、国が生み出せるＳＴＥＭ能力者の数は、未来の労働力の準備における第一の懸念である。米国では、ＳＴＥＭコミュニティのハイエンド部分がＨ－１Ｂビザの移民に依存しているのは非常に明確だ。米国の有名な理論物理学者のミチオ・カク博士は、Ｈ－１Ｂプログラムのことを米国の経済秘密兵器と呼んで有名になった。それには以下のような理由がある。

米国の博士課程化学者の３分の１以上は米国市民でもなく、市民権を与えられた外国人でもない。外国生まれで、米国の科学とエンジニアリングの博士学位取得者の76％が米国に残ることを希望する。そして米国特許の24％は、発明者として少なくとも１人の非米国市民がリストに挙がっている。２０１７年時点で、米国の科学およびエンジニアリングの全労働力のほぼ30

%を大学で学んだ外国生まれの科学者とエンジニアが占めている（注22）。

前述したように、米国は一般に数学と科学の教育が下手である。直近の２０１８年のProgramme for International Student Assessment（ＯＥＣＤ国際学習到達度調査：ＰＩＳＡ）の結果では、米国は数学において79ヶ国中36位だった。科学では24位、読解で13位である。ＯＥＣＤ（ＰＩＳＡの主要スポンサー）35ヶ国中では、米国は数学で最下位から5番目だ。より大きな問題は、ＰＩＳＡの標準化された採点システムが、米国学生の成績が非常に広範囲に分布していることを示していることだ。そしてそれは経済環境に依存している。

米国では、最貧の学校の平均スコアは、最富裕のものから93点も離れている。これは3学年分、もしくは代表的な10年生の結果と7年生の結果の差に相当する。読解におけるトップクラ

図8-9 ● 在米の外国生まれの科学者とエンジニアの職業別比率、2017年

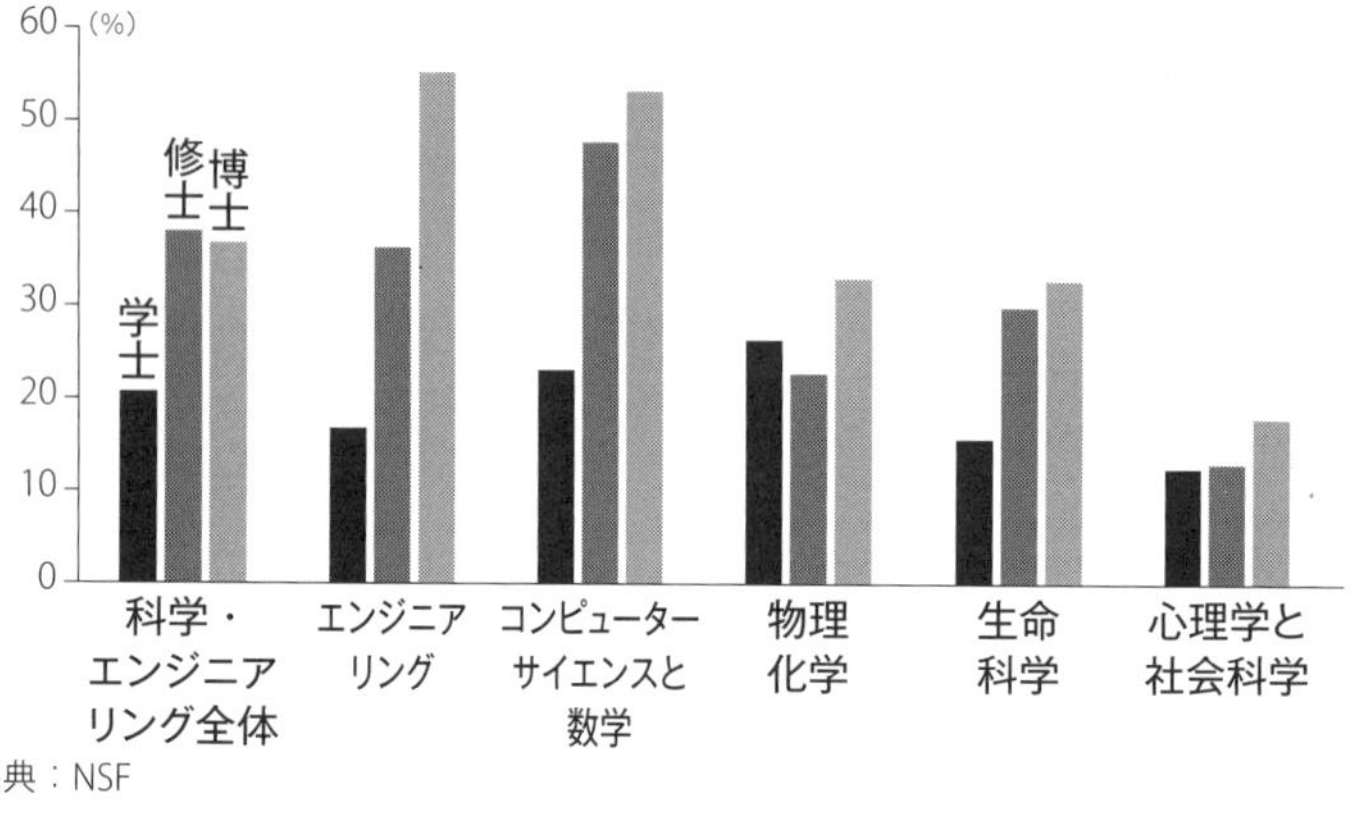

出典：NSF

ス成績者（最も高い習熟度水準のうちの1つに到達）は、米国の恵まれた生徒たちでは約27％だが、そうでない生徒ではわずか4％だった（OECD平均ではそれぞれ17％、3％）。

STEMスキルを通じてみた経済の未来耐性の面で、米国は問題を抱えている。それは、この領域の米国教育の相対的品質が、過去30年間のPISA実績で改善していないということだけではなく、外国生まれのSTEM労働者への労働力依存度が顕著に上昇していることだ。H－1Bビザプログラムのおかげで米国最大級のテクノロジー企業が繁栄している一方で、最近はこの方式の移民にかかる圧力が深刻なものになっている。これは、米国は自国で育成したスキル労働者に頼らなければならないということだ。米国がこの状況を急速に反転させる唯一の方法は、国全体でSTEM教育プログラムへの無償アクセスを幅広く提供して、トップクラスのテクノロジー企業への就職プログラムを活性化させることだ。これは現在ほとんど実施されていない。

一方で中国は、STEMとAIに関して、彼らが「中核的能力（core competencies または hexin suyang）」と呼ぶものに非常に幅広く取り組んでいる。中国の教育の目標は、AIと人間の知性との関係の根本的な実現、人間とマシンのコラボレーション、そしてAIと緊密に連携した未来開発手法の下に設定されている。

中国の教育は、学問知識の網羅に重点を置いた伝統的システムから、生徒の能力と思考の質、そして問題解決能力に焦点を当てたスキルの訓練により重点を置くものへと変化している（注23）。例えば中国の高等学校のITカリキュラムは、もはや単にコンピューターとインターネットを中心としたもの（米国、オーストラリア、英国の学校システムでは一般にＩＣＴと呼ばれる）ではない。その代わりにデータ、アルゴリズム、情報システムと情報社会に焦点が当てられている。中国の学校教育カリキュラムの適応、Ｒ＆Ｄ、特許、ＡＩ配備とテクノロジー統合への積極的な支出は、「中国は単に米国の知的資産をコピーや模倣しているだけだ」と主張する人々の背景にある頑迷な無知とは相反するものだ（注24）。

いずれにせよ、経済を21世紀に適合したものにしたければ、先を走る中国を追いかけることだ。基本的なスキル、インフラストラクチャー、次の10年とその先に向けた基礎的なテクノロジーの開発に注力するという取り組みは、世界の他のどこでもみられないものである。だからこそ中国は、２０３０年には世界最大の経済国家になるだけではなく、今世紀の残りを通じて世界で使われる最重要テクノロジーの中核的な製造者となるのだ。世界最初の１兆ドル長者は、結局のところ中国人ＡＩクリエイターになるかもしれない。

発展途上国はなくなる

４つの主要ないわゆる「発展途上」国は、ブラジル、ロシア、インドそして中国である。頭字語化すればＢＲＩＣｓ経済諸国だ。しかし２０５０年には、これらのいわゆる「発展途上」経済国家は、世界のトップＧＤＰ諸国という点では、米国を除く他の全ての国を追い抜いているだろう。

2050年の米国はそれでも世界第3位の経済国でいるだろうが、中国の経済よりはるかに小さい。その時点での中国経済は、おそらく米国の1・5～2倍の規模になっているだろう。ゴールドマン・サックスは、2027年には中国のGDPが米国に肩を並べ、その後も順調に拡大すると予測している。インドもまた、2030年に米国と同等となるか追い越しているだろう。

2032年には、BRICs4ヶ国のGDP合計が、現在の先進西側諸国の合計と肩を並べるだろう。世界銀行の予測では、米ドルは2025年にはその世界的優位性を失い、一方でドル、ユーロ、中国人民元が「マルチカレンシー」貨幣システムの中で同格となる。

21世紀には「先進国」と「発展途上国」の構成の見直しが必要になることは明らかだ。国連

図8-10 ● 世界の準備資産に占める米ドルのシェア

出典：ブルームバーグ

経済社会局は、「世界経済情勢と展望（World Economic Situation and Prospects：WESP）」という経済発展水準の分類システムを開発した。それは1975年に開始した経済調査に基づくものだ。現在G7に含まれるのは、主要先進経済国であるカナダ、日本、ドイツ、フランス、イタリア、英国、米国である。2018年に、WESPが他に先進経済国として掲げたリストには、オーストラリア、韓国、オランダ、スペイン、スイス、台湾が含まれていた。G20にはWESPでは現在も発展途上国に分類される世界最大級の経済国家として、ロシア、中国、ブラジル、アルゼンチン、インドネシア、メキシコ、サウジアラビア、南アフリカ、そしてトルコが含まれる。G20は世界の主要経済国が毎年集まって、マクロ経済政策形成と協力について議論する国際フォーラムである。現在のG20メンバーは、世界のGDPの80%以上、世界貿易の75%、そ

図8-11 ● 2050年のGDP成長とランキング

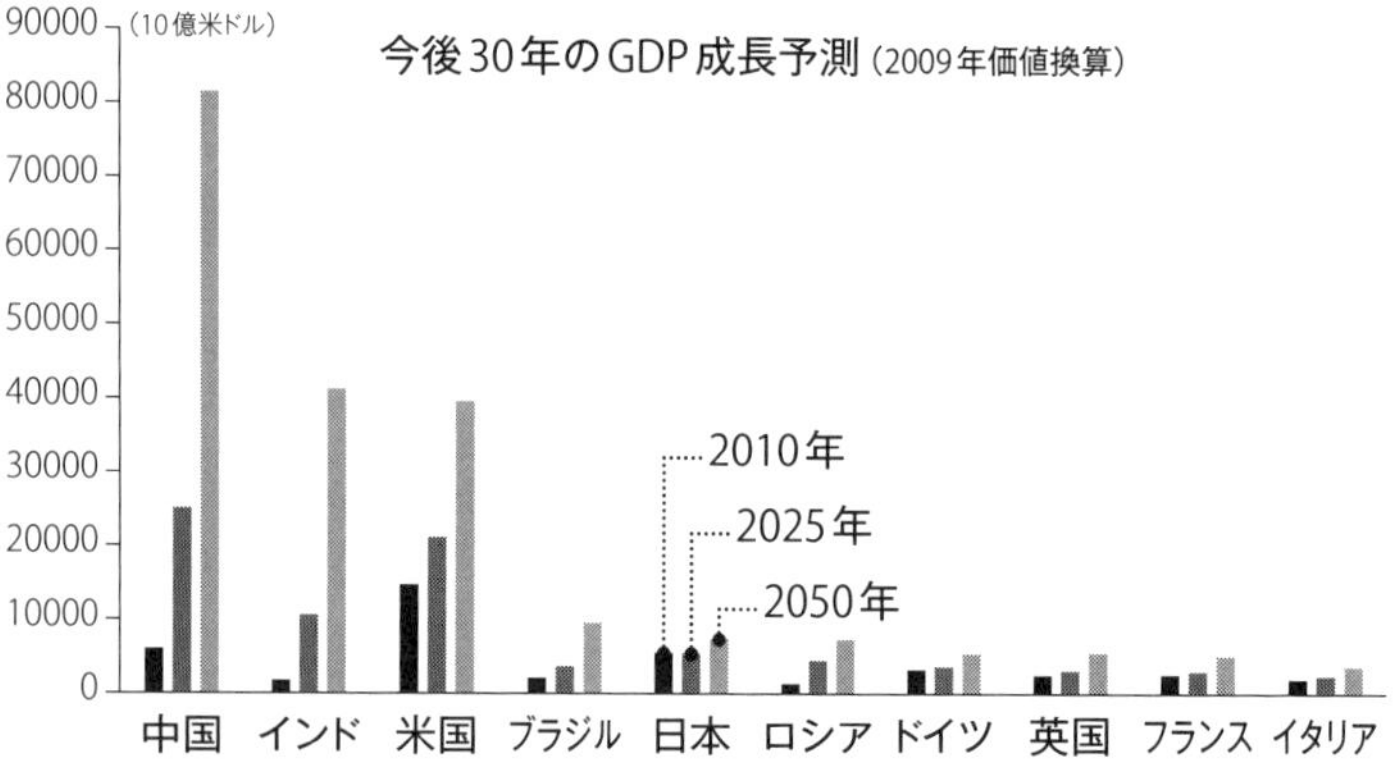

出典：PwC、WEF、OECD

して世界人口の60％を占める。

しかし、今後30年という長期的な視点に立てば、何か変わる可能性があるだろうか？　どの経済国が、第二次世界大戦後の米国経済のようにターボ加速が可能だろうか？

中国は明らかに複数の重要指標でリードしている。すでに世界経済で支配的となる道を歩みつつある国というだけでなく、また、世界貿易と経済における支配力を将来長きにわたって支える世界のインフラストラクチャーに、多大な投資を行っている。一帯一路政策は中国にほとんど無敵のプラットフォームをもたらし、それによってサプライチェーン管理の強化と、経済パートナー諸国への強力な経済テコ入れが可能になる。テコ入れ策には、大規模インフラストラクチャー開発の投融資と、幅広い国際貿易にまたがる最恵国待遇が含まれる。

今後20〜30年にわたってAI経済と産業をどのように特徴づけるのかについて、中国は、米国や欧州よりもはるかに理解しているとみられる。つまり、今世紀の残りの期間において、中国の経済面でのリードは揺るぎないということだ。

テクノロジーが作る未来

私たちの推計では、2050年にはAIが世界GDPの25％に関わっているだろう。国単位で、AIから最大の経済的利益を受けるのは、中国（2030年で26％のGDP押し上げ効果）と北米

（14・5％の押し上げ効果）で、10・7兆ドルに相当し、これら2つの国家群で人工知能がもたらす世界経済への影響のほぼ70％を占める。全体でみれば、業界として最大の利益を得るのは、小売、金融サービス、そして医療になるだろう。そこではAIが生産性、商品価値そして消費を増大させるからだ。

気候変動の影響は、2050年には少なくとも年間7・9兆ドルに相当するが、それは洪水のような気候変動に関連した天候インシデントのみだ。農業への影響、大量移民の数、成長産業としての気候変動緩和等々は考慮に入れられていない。世界の年間GDPの3〜7％が失われるというのは、経済成長に対する気候変動のマイナス影響予測としてはかなり保守的なものだ。2050年には政府のあらゆる主要政策は、気候変動を考慮に入れたものになるだろう。Y世代とZ世代は政策形成にしっかりと取り組み、世界の気象災害に対応した国際協力、関与そして支出を加速させているだろう。この段階では、世界経済の20％がすでに気候変動関連の対応と緩和に充てられている可能性は高い。

実際、次の10年間のうちに、GDP実績の次に来るのが、カーボンニュートラル、グリーンエネルギースコア、透明性のあるサステナビリティへの取り組みとなることは明白だ。国々は巨大な国際圧力を受けて、カーボンニュートラルに向かい、気候変動緩和プログラムに対して、国内外双方で積極的に貢献することになるだろう。サステナブル生産、リサイクルテクノロジー開発、カーボンニュートラルなスマートエネルギーマネジメント、水源からのプラスチック除去、そして大気と水の品質向上はいずれも、国々がグローバルコミュニティから評価され、責任を負わされるものとなるだろう。

　重要なポイントは次の通りだ。経済国家の成功に必要な基本要素は明らかにシフトしている。テクノロジー、科学、エンジニアリングスキル、そして投資が21世紀の競争における経済国家の中核要素となるだろう。そのために必要なのはニューノーマルへの適応であるが、コロナウイルス・パンデミックを通じてみてきたように、この適応に激しく抵抗する向きもある。米国、英国、オーストラリアの一部では、政治的に保守的な見方が台頭している。それは、私たちはよりシンプルな時代に戻る必要がある（１９５０年代と１９６０年代のノスタルジアに動かされている）という見方であり、そうした心理は、テクノロジーへの適応を市民全体に受け入れてもらうことを次第に難しくするものだ。しかし、適応しないままでいれば、経済国家が秩序を持ってＡＩと気候変動と共存していくことはできない。無秩

図 8－12 ● 21世紀の経済構成要素

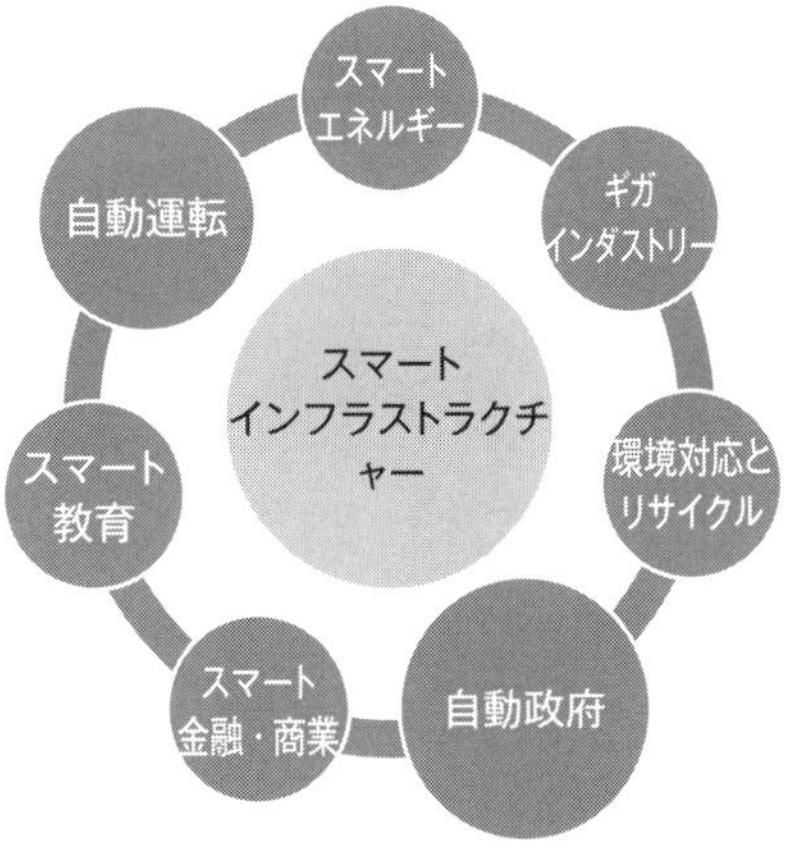

- 人工知能
- 組込み型テクノロジー
- スマートインフラストラクチャー
- スマートヘルステックと長寿
- 気候変動防御／緩和対応
- ユニバーサルインカムと資産サポート
- 能動的な移民支援

典型的な21世紀の「スマート経済」は、
競争に対する考え方と投資の面的な見直しを必要とする。

出典：著者

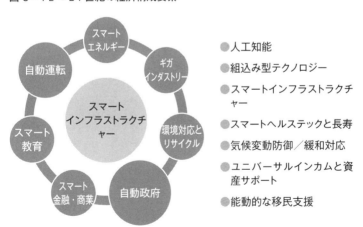

序な抵抗は長期にわたって経済を弱体化させる。政策が重要経済推進要因とぶつかり合うからだ。トーマス・フリードマン（ミルトンではない）はそれを次のように述べている。

「最も強いものが生き残るのでも、最も賢いものが生き残るのでもなく、最も適応したものが生き残るのだ……私たちは巨大な適応課題の只中にいる……個人レベル、コミュニティレベル、そして企業レベルのいずれにおいてもである」

――トーマス・フリードマン、『フォーチュン』誌の Brainstorm Tech Conference にて、２０１８年7月19日

ここまで述べたように、２０５０年の世界経済の概観がどのようなものであるかについて、明確な像が得られつつある。科学とエンジニアリングスキルの大量投入は、全期間を通じて続くだろう。次の世紀のいつであれ、テクノロジー寄りのスキルセットに対応しないままで労働力が成長することはないだろう。ただしそれが気候変動に対する耐性や緩和のプログラムに関係する場合は例外となる。気候変動緩和は新たな労働需要を生み出す恩恵として巨大なものになる。しかしここでも、スキルの大部分はＳＴＥＭ教育に依存したものになるだろう。経済国家はその方向性を、リソース利用からリソース最大化へとシフトさせるだろう。それは、持てるリソースをサステナブルでポジティブな方法で使うということだ。

ＧＤＰ成長は経済国家の成功を測る唯一の物差しではないとしても、中核的なＳＴＥＭ能力

に大きく依存することになるだろう。中国はそれを知っている。米国、英国そしてEUもそれを知っているかもしれないが、その教育システムと市民への投資は、今のところはそれを反映したものではない。

21世紀の経済国家は、第一にその市民たちに奉仕し、とりわけ私たちの子供たちや孫たちは、20世紀の経済学に疑問を抱きながら、政策策定に積極的に関わるようになるだろう。基本的な要件としては、経済国家は第一にその国民、第二に環境を政策運営の対象として、企業、軍産複合体、政治家はそのはるか後ろに置かれる。自動化で職を失った労働者を配置転換する積極的なプランを持たない企業は、不買運動と大きなブランドと評判の問題に直面することになる。同じことは企業の気候変動対応についても言える。

万里の長城が築かれていた時代の中国、月に人を送る競争をしていた頃の米国、あるいは第二次世界大戦中の世界のように考えよう。当時の国家経済は、経済成長以外の何かに注力しており、素晴らしい進歩が急速に実現された。もちろん、世界経済の目的は、種としての人類の生存とその長命化でなければならない。

次のように考えよう。

２０３０年代から今世紀後半までを通じて人類が悟るであろうことは、地球を守り、環境を再活性化し、絶滅種を救うか復活させ、人類と自然界の間に均衡をもたらすために努力することが、単に「そうであればいいね」というものではないということだ。それは、人類の中核的哲学となるものであり、私たちが地球に対して破壊を働いてきたことの結果として、必要だから生まれてくるものだ。
適応か死かではない。適応か種としての絶滅かなのだ。選択の余地はほとんど存在しない。

注1：「トマス・ジェファーソン：米国組織に対するその永続的な影響」、ジョン・シャープ・ウィリアムズ、1967（266ページ、286ページ）

注2：出典＝Vox.com、「2016年選挙戦終盤にリアルニュースを打ち負かしたフェイクニュース、トップ20」、ティモシー・B・リー、2016年11月16日：https://www.vox.com/new-money/2016/11/16/13659840/facebook-fake-news-chart

注3：*New York Times*を参照のこと：https://www.nytimes.com/2020/10/05/us/politics/trump-coal-industry.html

注4：出典＝Lazard、均等化エネルギーコスト分析：https://www.lazard.com/media/451419/lazards-levelized-cost-of-energy-version-140.pdf

注5：*First Monday*（訳注：査読付きオープンアクセス学術ジャーナル）、「規範化の追跡：Qアノンの陰謀論のクロスプラットフォーム分析」、ダニエル・デ・ゼーウ、サル・ヘイゲン、スティン・ピータース、エミリア・ヨクバウスカイテ、25巻11号、2020年11月2日：https://firstmonday.org/ojs/index.php/fm/article/download/10643/9998

注6：マーク・フィッシャー、ジョン・ウッドロウ・コックス、ピーター・ハーマン、2016年、「ピザゲ

ート：噂からハッシュタグ、そして首都での銃撃へ」、『ワシントン・ポスト』：https://www.washingtonpost.com/local/pizzagate-from-rumor-to-hashtag-to-gunfire-in-dc/2016/12/06/4c7def50-bbd4-11e6-94ac-3d324840106c_story.html

注７：クレジット：ゼーウ他、RAWGraphs によるビジュアル化：https://oilab.eu/normiefication/#beehiveyoutube

注８：出典＝Science Alert、「20世紀の知性ブームの『懸念される』反転の中、ＩＱスコアが低下」、ピーター・ドックリル、２０１８年６月13日

注９：出典＝フリーダム・ハウス、「２０２１年の世界の自由度」：https://freedomhouse.org/countries/freedom-world/scores?sort=asc&order=Country

注10：国連開発プログラム、人的開発報告２０２０、ニューヨーク、２０２０年

注11：世界の経済的自由度：２０２０年年次報告、フレイザー研究所

注12：詳細はグローバル知識インデックス（Global Knowledge Index：ＧＫＩ）第９章を参照のこと。

注13：出典＝ブルッキングス研究所、「世界の中間層に対する中国の影響」、２０２０年10月

注14：出典＝Refinitiv、「世界のインフラ投資のギャップ解消にはより良質のデータが必要」、シェリー・マデラ、２０２０年１月

注15：出典＝『*Taiwan News*』、「中国のアフリカへの債務の罠：北京はケニアのモンバサ港の掌握を準備」、ダンカン・デアス、２０１８年12月27日：https://www.taiwannews.com.tw/en/news/3605624

注16：英語版の報告はこちらで参照可能：https://flia.org/wp-content/uploads/2017/07/A-New-Generation-of-Artificial-Intelligence-Development-Plan-1.pdf

注17：出典＝『エコノミスト』誌、「アルゴリズム王国：中国はＡＩで米国に比肩するか勝つ可能性も」、２０１７年７月15日

注18：出典＝アント・グループ2020年アニュアルレポート、2021年3月入手
注19：出典＝Pymnts.com、「2つの虚偽統計の物語」、2014年8月
注20：出典＝世界知的所有権機関（World Intellectual Property Organization）、国連の専門機関
注21：出典＝Nikkei Asia、「中国は研究開発力を示して研究分野で米国を凌駕」、2020年8月8日：https://asia.nikkei.com/Business/Science/China-passes-US-as-world-s-top-researcher-showing-its-R-D-might
注22：出典＝全米科学財団、「米国の科学とエンジニアリングの状況、2020年」、2021年1月
注23：出典＝ECNU Review of Education（訳注：East China Normal University：華東師範大学）、「中国におけるAI教育の加速的な動き」、シャオシェ・ヤン、2019年9月
注24：この件についてより微妙な議論については、カイフ・リー（李開復）のAI Superpowersを参照のこと。

CHAPTER 9

未来の経済学

The Economics of the Future

「教育は未来へのパスポートだ。未来はそれに向かって現在用意している人たちのものだからだ」

――マルコムX

本書前段で私たちは、なぜ現在の経済システムがいくつかの本格的な変革なしでは機能し続けられないのかについて議論した。この章では、未来の経済が本来の機能を果たすためには具体的にどのような変革が必要かを考えたい。特に共有された持続可能な繁栄を生み出すという観点からである。

未来は私たちが想像するほど不透明なものではない。未来の経済国家を形作る可能性があるトレンドや力を考えれば、部分的に像を結ぶことができる。人類にとって最高の経済成果を実現するために必要なことを要素として組み込めば、それははるかに明確なものになる。私たちはプロトタイプモデルを作って、CHAPTER 1で議論したような様々な力に関して必要な検討を進めた。まず中核的な前提から始めよう。

経済の目的は、持続可能な方法で、幸福で健康な市民を生み出すことだ。より高次の目的に欠ける単なる経済成長ではない。私たちはこれがゼロサムゲームではあり得ない理由を説明することで、長期的な経済の不確実性を排除するためにどのような行動が求められるかを結論づける。

私たちが検討するアイデアのいくつかは、過去に他の人たちが掲げたものなので、解決すべき大きな問題の観点から、それを足場に組み立てればよいと思っている。

また、私たちは新しいアイデアも持ち込む。その目的は、議論や検討を活性化することだ。私たちは最も厄介な問題に対して現実の解決法の提示を試みる。ノーベル平和賞受賞者のベティ・ウィリアムズが言ったように「解決策について話さない限りは問題について話す意味はない」と考えるからだ。

世界経済の未来が、包摂的で、皆が貢献したり目的意識を持てる機会を提供するようなものでなければ、私たちは分断された種であり続け、結局は闘争と社会崩壊に向かうだろう。確かに、そうなればよりよいシステムが登場するかもしれない。しかし革命と国としての破綻は、秩序ある移行を実現し、人類のガバナンスと生産性を最適状態に向かわせるものではない。

資本主義についてみてみよう。資本主義は多くの国々にとって、長い年月にわたって支配的な経済モデルであった。しかし、それは唯一無二のモデルではない。最良のモデルではないかもしれないし、あるいは更新が必要なだけかもしれない。1000年後になっても、資本主義の現在の形が、人間の力を組織化し、報酬を与えるために作られたこの上ない最良のシステムだと考えるのには無理がある。現行の経済システムに対する変化は不可避なものであり、それは、こうした変化がいつどのように起こるのかというだけの問題だ。ならば、よりうまく機能するシステムの設計を今試みてはどうだろうか？　システムが崩壊するまで待つ理由があるだろうか？　私たちは、過去の経済に対する考え方や政策の足枷を取り払い、過去によって制約を受けないようにする必要がある。

混沌とした暗い未来を防ぐためのカギは、未来を計画するにあたって、以下のような成功のために必要な柱を持つことだ。

・機会均等性
・包摂性
・世界が提供可能な富と豊かさの共有
・短期的で一過性の魅力を持つものよりも、人類を前進させるものの価値評価の重視
・地球と有限の資源を尊重するシステム

魔法の薬も応急処置もないが、正しい道を選択すれば、それは人類と地球にとって最適な結果につながるものとなる。

差し迫った経済面の課題

世界金融危機とCOVID-19が、現行システムの欠陥を際立たせたことは、非常に明白だ。現在それに含まれるのが、インフレを加速する量的金融緩和、景気刺激策、そして旅行や通商の世界的な「ロックダウン」であり、これらが我々の子供たちに、一生ついて回る巨大な過剰債務を残すことになる。2008年と2020年の外的ショックがなければ、インフレと負債は現在ほど問題となってはいなかったかもしれない。しかし不公平性とその他の問題は欠陥点として残っただろう。

パンデミックはいくつかのトレンドやイシューの加速要因となった。その中には、不換通貨以外の通貨の登場、デジタルファースト産業への移行、政治面と貿易面での緊張の高まり、グローバリゼーションの変質とそれに対する企業や政府の計画立案方法、そしてAI、テクノロジー、接続性の躍進が含まれる。

2つの危機が示したのは、規制面での協調の必要性だった。より多くの人々をより長く労働力にとどまらせること、そして特に、AIが普及するに伴って、よりテクノロジーに対応可能なスキルを労働力に持たせること。それは手よりも頭を使って働くことだ。私たちが必要とするのは、労働力がイノベーティブでクリエイティブであり、21世紀の問題解決の助けを過去に求めない経済圏だ。ＡＩの配備は大幅に生産性を上昇させて富の生成を増進するが、それは必ずしも全員の福利のためでないことは忘れないでおこう。

富の不公平性と環境の劣化の進行は、何十年もの間議論されてきた問題だが、最近はそれらにより鋭い注目が集まっている。それはＣＯＶＩＤ－19によって多くの人々が、そうしたイシューと本当に大事なことについて、より深く考えるようになったためかもしれない。そして大多数の人々の意向を受けて、双方のイシューに政治レベルで取り組む動きも強まっている。過去に政治的意思と市場能力の欠如のために、こうした問題に対処できなかったことは、ある意味で人類に対する起訴状であるが、同時に世界の経済国家が問題をこれほどの重要性を持って扱うことがなかったことの証左でもある。

すでに考察したように、デジタルで「重さのない」経済にあっては、昔の道具箱に入っている器具だけで修復することは不可能だ。その理由は、それらは異なる時代の異なる課題と能力に基づいて設計されているからだ。

もしシステムを変えずに、20世紀の経済政策をさらに強化するだけだとしたら、どうなるだろうか？　以下にいくつか挙げたような、より幅広い課題が待ち受けている。

①損害が大きく管理の困難なインフレーションの時代。貨幣政策はもはや過去のように有効でない
②生産性の低下

③グローバリゼーションの停滞からくる経済大国間の分断
④完全に管理不可能なレベルとなる世界的債務。債務が例えば気候変動に対応して積み上がったものであればともかく、現在存在する債務の一部は、不作為とマネジメントの失敗によるものである（注1）
⑤貨幣の死（すでに私たちが知るところである）
⑥環境の急速な悪化とそれが招く生活の質の低下と、防げたはずの何百万もの犠牲者
⑦テクノロジーシフトを原因とする所得の不公平性拡大の加速
⑧世界人口の増加と長寿化
⑨プロセス指向で問題解決型の活動に従事していた労働力の、ロボット、アルゴリズム、AIによる代替の進行と、その結果起こる大規模の解雇
⑩STEM教育と移民の不足から生じる、新たに生まれる職に対する厳しい労働力不足
⑪大規模なテクノロジー失業とベーシック・インカムの登場が、雇用を失った人々のモチベーションと情熱の喪失を招く可能性（注2）

目にみえる解決策についてみてみよう。それと併せて、人間の潜在能力の最適化と、世界的に持続可能な繁栄という結果をもたらすいくつかの急進的なアイデアについてもみる。

未来の経済を形作る力

ブロックチェーンとそれが可能にしたデジタル経済を別にすると、この章で検討する全てのトレンドと力は、世界金融危機以前から何らかの形で明らかになっていた。サトシ・ナカモト（あるいは彼を見出した人）がビットコインに関する最初のホワイトペーパーを書いたときには、それが10年のうちに1兆ドルを超える経済活動を創造するなどとは、誰もがほとんど知らなかった。しかし、一方で、21世紀にはマネー、市場そして資産についての再考がいずれ求められていた可能性が高い。

●ブロックチェーン：幅広く産業を変革

もしデータが新しい石油であるなら、エッジコンピューティング、AI、ブロックチェーンは石油の精製所とパイプに当たる。ブロックチェーンの発明は、歴史的には大事件だろう。ブロックチェーンによってデジタルマネーの急速な台頭が可能になった。それには暗号通貨、中央銀行デジタル通貨、スマートコントラクト、分散型金融（DeFi）、そして非代替性トークン（NFT）が含まれる。

しかしながらブロックチェーンは、ほとんど全ての産業にとってより広い意味合いを持っている。エネルギーから所有権、医療、政府サービス、物流、バンキングまでが、ブロックチェーンテクノロジーによってディスラプトされるか、形を変えられることになりそうだ。サプライチェーンと商業のデジタル化がサイバーセキュリティ面で混乱なく、安全に機能するためには、ブロックチェーン的なモデルが必要になるだろう。金融セクター、不換通貨、そして予測可能なものの1つの側面だけでも考えてみればよい。

すでに議論したように、不換通貨は政府に対して、経済を流通しているおカネの量を管理する能力を与えてくれた(注3)。この仕組みは長い期間にわたって、自由度と相対的な経済の安定性を生み出してきた。不換通貨は銀行に預けるのが簡単で、何兆ドルという金融システムの成長を支え、人々にとって理解しやすく、借りたり使ったりも簡単だった。信頼される価値交換メカニズムとして、その時代には機能していた。

より最近では、ドル価値の継続的な低下が見込まれ、不換貨幣の適応性、監査適性そして安全性という課題の解決にテクノロジーが挑んでいる。このことが、貨幣自体の機能のあり方を進化させるよう私たちに迫っている。より多くの紙幣を印刷することがその答えではないのは明らかだ。

「彼は現金を持っていたが、それで食べものの代金を払うことはできなかった。
それを持っていることは実際には違法だった。
それを使って合法的なことをした人などいなかったのだ」

――ウィリアム・ギブスン、『カウント・ゼロ』

不換通貨の断末魔の声が聞こえるのがいつかを予想するよう求められたら、その答えは特定の年ではなく、影響力が徐々に衰退するということだ。不換通貨の死が議論の的となるからではなく、――貨幣の未来は明らかに不換通貨ではない――組み合わせの変数があまりに多く、未知のこともあまりに多いため、いつその鐘が鳴るかを正確に予測することはできない。ウィリアム・ギブスンが描いてみせた未来は、最もありそうなシナリオとして私たちが想像するものだ。ただし不換通貨が不法になるのではなく、日常的な利用がよりよい選択肢に取って代わられてしまうということだ。

とはいえ私たちは、不換通貨に知的に固執する人々の強い意思や、その人たちが動かせる巨大なリソースを過小評価してはいない。ありそうなのは、不換通貨が長い下り坂を辿ることだ。それは、現行の代替物が人気を増し、テクノロジーが発展し、世代の交代が起こり、そして、政府、規制当局、政策立案者が、不換通貨以外への移行が自分たちの政治的・経済的理想に最も資すると考え、それを許容して時間を買うといったことが起こるためだ。しかし、間違ってはならないのは、価値交換の中核メカニズムはすでに進化していることだ。

利点をさらに加えるなら、ブロックチェーンテクノロジーは生産性を引き上げ、本人確認、医療、サプライチェーンマネジメントに革命をもたらす。そしてそれらはごく一部の例だ。

●21世紀の経済における生産性の役割

生産性の向上には、所得と富のギャップを小さくする力があることが示されてきた。そして過去には、それによって得られるプラスが、より公平に経済階層全般に分配されてきた。例えば、T型フォードの生産ラインは、歴史上、最も急速な中間層の成長へとつながるモデルを生み出したことで高い評価を受けている。時間経過とともに、生産性測定の面で、先進国経済と発展途上国経済を収れんさせる必要が生じてきた。テクノソーシャリズムにはそれが必要だ。そうでなければ、先進経済国が生産性向上から得られる富を蓄積し続け、発展途上経済国はさらに後れをとってしまうことになるからだ。

一般的に、生産性は投入に対する産出として計測される。物理的生産性は、単位投入、例えば労働1時間当りでの産出量である。多要素生産性では、アウトプットの価値を、その生産に使われた資本と労働の投入の合計に対して比較することで経済パフォーマンスを測定する。したがって、もし労働者が機械を使って1時間に5個の製品を生産して、製品1個が20ドルなら、多要素生産性は100ドルとなる。

デジタルファースト産業に移行して大量の人的労働力がアルゴリズムに置き換わることは、需要と供給の理解と、生産性の計測のしかたを変えつつある。21世紀の経済はその多くが無形財とサービスによって成立する。少なくとも価値と支出の点ではそうだ。需要が増加すれば、供給はギガファクトリーの生産サイクルを調整するだけで可能だ。管理は人間がしていても、もはや人間の労働者に生産性向上を依存することはない。インプットが例えば医療手当だったとして、それがある人の職業人生を延長するものだった場合、生産性をどう計測すればよいだろうか？　長くなったキャリアの価値だろうか？　職業人生の長期化を可能にする医療手当を、他の変わりゆく変数、例えば労働、関係性、環境あるいはアルコールの節制等とどう分離すればよいだろうか？

これは難しいことであり、こうした疑問は、社会的要因と文化的要因が生産性向上に果たしうる役割が何であるかを研究者に考えさせることになった（注4）。生産性そのものが再定義される必要がありそうだ。確かに、例えば集団主義と世界は1つという感覚のある場所と、個人主義とナショナリズムが支配する場所との間にどんな生産性の違いがあるかを観察することは面白いだろう。社会が高度に自動化されて人々が長く生きるなら、労働自体の役割に課題が生じるのは確かだ。富と機会についての考え方もまた同様だ。

21世紀には、ハードとソフトのインフラストラクチャーの双方が必要だ。労働力には、必要な道具を使って効果的で効率的に働くことが求められる。しかし同時に労働力が生産的であるためには、教育されて健康でなければならない。そして、人々がより生産的になれば、より大きな仕事上の満足を得られるはずであり、より多くの精神的エネルギーを新しいアイデアとイノベーションに注ぎ込むことになるだろう。

●求められる雇用の構造的変革とそれに向けた長期的計画

CHAPTER 1では、未来の経済にとって唯一の最も大きな課題は、テクノロジー失業すなわち労働者がAI、マシン、テクノロジー革命に置き換えられることで起こることを確認した。

ある産業における自動化は急発展を生み出すが、それは確実に他の産業の崩壊を強いることになる。初期の産業化時代に、農場の自動化が農業セクターに大きなダメージを与えたのに似ている。こうした変化が全体に与える影響がGDPにどう表れるかはまだ分かっていない。21世紀の国家経済の再構築で劇的なものの2つめは、気候変動とその影響による地球の変化に対する世界的および国家的対応になるだろう。このことは経済の優先順位を変え、イノベーションの大きなチャンスがある新しい産業と企てを生み出すだろう。

これら2つの要因が、産業革命以来、私たちが直面してきたものよりも大きな労働力管理と雇用のディスラプションへとつながる。経済の1つの機能領域であり、長期的な投資がみられるのが確実であると私たちが考えるのが、タレントマネジメントである。私たちはより多くのデータとより高い処理能力を持つようになり、それが人々を理解し、自分の最も得意なことを行うよう仕向けてくれるだろう。しかし私たちは同時に、仕事と産業が進化するのに合わせて、労働力を定常的に適応させ、再訓練し続けることになる。おそらく21世紀に成功する人々の最も重要なスキルは、適応能力になるだろう。

これはよいことだ。なぜなら未来の経済では、人々はより長い期間働かなければならなくなるからだ。平均余命が延び、医療が進歩し、ライフスタイル要因が変化して、人々がより長く生き、より長い期間健康で活動的でいられるようになるにつれて、60代、あるいはそれより早くに仕事を辞めて社会に貢献しなくなる人々を抱える余裕はなくなる。予想される社会とは、誰もがより長い間生産的であって、現在通常のリタイアメントと考えられているものを超えて社会に貢献しなければならないものだ。ミレニアル世代は、人生の間に複数のキャリアを持つことが当たり前と考えられ、継続的な学習、訓練と開発がより重要になる最初の世代となるだろう。より多くを行い、より長く貢献した人々を褒賞するという年齢インセンティブが存在することになるかもしれない。

可能性のあるシナリオを1つ挙げよう。2050年に一般的な平均寿命が130歳に達するとすれば、どれだけの期間を学校で過ごすことになるだろうか？　市民はキャリアの最初の数年間は何らかの形の国家気候変動サービスに参加して、それが市民権獲得あるいは将来のベーシック・インカムの条件とされるようになるだろうか？　より長く生きるのならば、私たちは、学生から労働力への移行について従来と大きく異なる考えを持たなければならないだろう。シングルキャリアから複数キャリアへといった具合に。

それでも、成功する未来の国家経済は、こんにち、経済的不確実性に対応して、社会の安定に取り組みながら、不確実な未来に備える必要がある。そのために必要なのは、教育、訓練、労働参加（より多くの人に働いてもらうこと）、より多くの女性の労働力参加の奨励、退職年齢の引き上げ等への投資と同時に、インフラストラクチャー投資、研究開発、市場開放と貿易増加等だ。イノベーションと効率性は中核的な経済のベンチマークとなり、それが競争力を増進する。経済生産性の構造的強化のゴールは、十分にサステナブルな国家経済を作り出すと同時に、21世紀の運営原理を下支えするものでなければならない。

読者の皆さんの中に、誰がそのカネを払うのだろう？ と疑問を持つ人がいることは疑いない。米国のような経済国家が持つ金融という武器は、自国が世界的な危機を潜り抜ける際に活用されてきた。広範な経済イノベーションに向けられてきたのは、その支出のうちのごく一部だ。そこで私たちは再び、税金を使ってインフラストラクチャーを更新し、影響を受けた労働者たちを再教育し、新たな研究開発やテクノロジー進歩を刺激するプログラムに資金供給するという可能性の前にいるわけだ。この戦略のカギとなる問題は、一般的に、こうした税収が政治的ご都合主義によって捻じ曲げられ、長期的な計画への対応が割を食うという状況がみられることだ。

何が可能か、その可能性に経済がどう対応するかについて、私たちにはより大きな視野が求められる。GDP成長は世界をみる方法としてあまりに限定されている。未来の経済における最も重要な要素は、人類の生存と繁栄の可能性である（アリストテレスが教えてくれたように）。その目標に向けて私たちには、21世紀に人々が行うことについて新しいビジョンが必要となる。ここでのカギは、最も成功する可能性が高い経済モデルと、その未来に十分参画するために個人と市場が行う必要があることの2つを理解することだ。

「知識――イノベーション――創造」の経済

本書は人類とその未来に関するものだ。そこで、まずはKnowledge-Innovation-Creative（知識――イノベーション――創造：ＫＩＣ）経済と私たちが定義するものについて論考することから始めよう。

未来においては誰もが知識労働者となる。おそらくプロのアスリートとアドベンチャーツーリズムのプロを別にすれば、21世紀の後半には、自分の肉体的な労働で対価を受け取る人はほとんどいないだろう。創造性、自発性、クリティカルシンキング、ユーモア、論理的思考、判断力、洞察力、芸術性、リーダーシップ、発想力、調整スキル、コラボレーションスキル、マネジメントスキル、研究調査スキル等が求められており、全ての仕事で一定の創造力あるいは知的能力が求められる。

これは、誰もが量子物理学や衛星ランデブー軌道の計算方法を理解する必要があるという意味ではない。また、誰もが料理長になる必要もない。しかし働きたい人は誰でも、腕力（bra wn）の代わりに、脳みそ（brain）を使ってデジタル通貨を稼ぐことになる。私たちは多くの人が考えているよりもKIC経済における生活の近くまで来ている。そして人類はそれによって、より自由になり、より課題に向き合うことになるだろう。

KICの労働は素晴らしい均一化装置だ。肉体的特性はもはや関係なく、ジェンダー、民族、年齢も考慮されない。発想力、知性、そしてスキルが重要だ。これは女性とマイノリティグループをさらにエンパワーする。それはずっと以前に実現されるべきものだったとはいえ、未来の経済の重要部分を強化する部品とならねばならない。

また、KICの労働によって空いた職は編集されたアルゴリズムが埋めることになりそうであり、そのアルゴリズムはジェンダー、人種、身長、体重やその他もはや関係ないあらゆる項目を考慮に入れないものになる。今までのところ、政治はこうした結果をうまく生み出せていない。

現行のプロセス、行動、方針を単純になぞるだけの機械学習からバイアスを取り除くことは、明らかに必須要件である。しかし、それは困難なことだろう。その理由は、知性、クリティカルシンキング、ソーシャルスキルは依然として重要だからだ。こうした人によって異なるスキルは見返りのあるものであるため、持っていなければ、その労働者は仕事を見つけるのがより難しくなる。

しかしながら、頭を使わない仕事の排除とは、仕事についての考え方の概念変化に等しい。

仕事について考えなくてよいことをよしとする人々もいて、その人たちは建設的な無関心に心が向いているのだ(注5)。しかし、未来の経済では考えないと稼げない。そこでマインドセットを変えるか、あるいは働けない人を何らかの方法で支援する必要がある。

21世紀には、頭を使わない、人間によるプロセス指向の仕事はなくなる。長い間、私たちは人間をロボットのごとく働くように訓練してきたが、これからは、ロボットの仕事はロボットがするようになるのだ。

●テクノロジー優位状態ではヒトへの投資が求められる

資本主義は、時間経過とともに資金を最もリターンの高い投資へと振り向けるように作られている。21世紀においてこのことが意味するのは、人間ではなくテクノロジーに資金を投下するということだ。AIへの投資は、投資家、企業そして市場にとっては意味があるものだが、他の全てのステークホルダーは置き去りにされる。

人々に投資し、人々を重視する経済的インセンティブを作り出すことが、未来のテクノロジーの進歩のバランスをとる方法である。政府のインセンティブを別にすれば、このことは、自分が持つ可能性に高い意欲を持つ方法を人々に教えることでもある。

しかし、最も大きな課題は、未来の教育は無償でユビキタスである必要があるということだ。そうでないと、不公平性と格差を増進してしまうことになる。21世紀のブランドと企業は、単に人間をオートメーションに置き換えるのではなく、スタッフの再訓練が重要な構成概念であるという文化を育まなければならない。幸いなことに、この多くが自学自習可能だ。モチベーションとインセンティブがあればだが。

●過去の経済学では測れない豊かさと人々の幸福

知識、イノベーション、そして創造性は人類の経済発展のどの段階においても重要だった。現在異なるのは、KICに焦点を当てた企業が過去にみられたあらゆるものを大きくしのぐ経済的価値を実現していることであり、テクノロジーのおかげでその製品とサービスはユビキタスで、複製も、持ち運びも可能で、しばしば劇的に安価で再生産可能だ。だからこそ現在、私たちが市場リターンの話をするときは常に、FAANG、BATXや他の頭字語の話になる。

古典的な需給曲線は、この世界の価値のダイナミクスを捕捉または説明していない。総生産コストは必ずしも需要の変化と相関しない。少なくとも無形財についてはそうだ。経済学は実世界の動きに追い付いていない。米国では20年前（1999年）までは、GDPの計算にソフトウェア販売さえも含まれていなかったのだ！　富と繁栄を測るために現在使われている指標は、そのテーマに関する多くの市民のマインドセットに大きく後れをとっている。前章で示したように、国の繁栄度と国家経済の有効性を測定する際には、私たちは幸福、ウェルビーイング、健康、長寿、満足とその類いの要素を加える必要がある。

私たちの解釈では、ほとんどの人にとっては次のようになっている。

未来の繁栄＝f（有形資産、無形資産）

有形資産の割合は、ある人にとっては大きく、他の人には小さくなるだろうが、ほとんど全ての人にとって、無形資産の割合が、時間とともに有形資産を上回る。それが21世紀の特質なのだ。

こうして基本的な経済学が変わると、私たちはもはやモノを蓄積することだけで豊かだとは感じなくなるだろう。国家経済が互いにイノベーションを通じて市民の基本的ニーズを満たそうと競争する中で、人間は意味のある経験を蓄積する方へと自然に移行していくだろう。それには、健康でマインドフルで痛みのない状態で、より多くの意味のある経験を積み重ねられるようにしたいという現実的な望みが伴っている。

このＫＩＣ経済のモデルを開発していない限り、どんな国も次の時代の真の繁栄を望むことはできないだろう。デュラントの「ピラミッド型経済」の保守派たちは、このことが、自らの存在に対する根本的なチャレンジであることに気づくだろう。

●ＫＩＣ経済で真の価値が置かれる場所

21世紀のＫＩＣ経済では、高付加価値の製品とサービスに組み込まれている知的資産を通じて、価値が生み出される。結果として出てくる製品やサービスは、重量や体積当りで高価値を有する傾向があり、同時性があり——ＡＩやデジタルメディアのように——その外見とは関係なく潜在的に重量も体積も全くない。この「無重量経済（weightless economy）」の興隆が、仕事場所、接続性、価値を生み出し、アクセスする能力等にとって障害となる距離の支配を過去のものとする。

パンデミックが証明したのは、一定の基本的なテクノロジーへのアクセスがあれば、人々はかなりの程度、どこでも望むところに住んで働くことができるということだった。それはまた、都市生活という構造がなくても、遠隔医療やリモート授業のようなデジタルサービスが可能であることも証明した。人類のほとんどがこれからも都心で多くの時間を過ごすことを選ぶであろう一方で、彼らはより流動的な生活を送ることが可能で、気分によって望む場所にいることができ、そのことは個人の生産性に影響を与えない。

現在富を生み出している知識とイノベーションは、通常は価値を生み出す製品とサービスという形に落とし込まれ、それは模倣や代替することが難しい。容易に拡散する知識は、保護やアップグレードできないので、時間とともにその価値を失っていく。そのため、未来の国家経済の生死は、静的な知的所有権ではなく、新しい知識とイノベーションを継続的に生み出して活用する能力にかかっている。この部分では研究開発が重要であり、思想家や夢想家が高価値とされ、リスクテイキングと将来計画がいずれも不可欠の特質である（注６）。

ＫＩＣ経済であることは、「テクノロジーファースト」の産業と深みのある研究開発力を有することを意味するだけではなく、ガバナンスの効いたイノベーション、調整、協力、コミュニケーション、ビジネスシステム、業務プロセス、標準、訓練そして市場開発を伴っていることでもある。またそれは、世界に役立つかもしれない知的所有権やイノベーションが、世界経済に対してより大きなインプットとしてみられるかもしれないということだ。それは、単に生み出した者にもたらされるリターン以上のものだ。

ＫＩＣ経済の力を定義する単一の指標は存在しない。特許数、主要企業のプレゼンス、学業成績の指標、経済における「知識労働者」の比率の全てが、せいぜい部分的な指標でしかない。ならば、どうやって21世紀の最も豊かな国々を見分けられるのだろうか？

グローバル知識インデックスと国の豊かさの関係

国連開発計画のグローバル知識インデックス（Global Knowledge Index：ＧＫＩ）２０２０年版は、１３８ヶ国の「知識ステータス」について報告している。ＧＫＩについての報告書は、知識への投資は人間開発とウェルビーイングを前進させ、「デジタル経済のような分野における知識ギャップへの対処が、自然を保護し回復させるゼロカーボンの未来への移行という、私たちの集団的努力を加速するためには不可欠である（注７）」としている。

表7が示しているのは、GKI2020においてトップ10にランクされた国々であり、併せてトップ10入りしなかったOECD諸国のランクも示している。その中にはオーストラリア、カナダ、フランス、ドイツ、イタリア、日本、韓国、メキシコ、スペイン、トルコ、さらに世界で最も人口の多い2ヶ国である中国とインドが含まれる。残る4ヶ国であるブラジル、インドネシア、ロシア、サウジアラビアは、GDPでトップ20ヶ国に入っているという理由で含まれている。さらに比較のために最下位国のチャドが掲載されている。掲載された個々の国について、GKI2020インデックス全体の中でのランクが示されるとともに、100点満点での知識インデックスの得点が、2020年の人口と1人当りGDPと共に掲げられている。

2020年のGKIランキングは、ランキングの高い国々は1人当りGDPが比較的高い傾向があることを示している。最も知識集約型の経済国家が、最も豊かな国家の仲間入りをしていることは妥当なように思われる。しかし、富が唯一の要因ではない。他のKIC経済国家との近接性、接続性、重点産業、人口の大きさなども注目に値する要因であり、知識労働者、イノベーター、創造性に富む人々を生み出す教育投資も同様である。

スイスは、比較的人口が少なく、GKIのランキングが1位であり、人口でもGDPでもはるかに大きいドイツ(11位)、フランス(20位)、イタリア(32位)の国々と国境を接している。物理的な接続性は素晴らしい。また、インターネットのアクセシビリティでも高ランクであり、2021年のインターネット・アクセシビリティ・インデックスで世界9位となっている(注9)。スイス人労働者の過半数がサービス部門に雇用されており、その多くがバンキングと保

表 7 ◉グローバル知識インデックス（GKI）2020：スコア、人口、1人当り GDP（注8）

GKIランク 2020年	国（地域）	GKIスコア（全体）	人口（100万、2020年、概数）	1人当りGDP（2019年、米ドル）
1	スイス	73.6	9	85,135
2	米国	71.1	331	65,134
3	フィンランド	70.8	6	48,678
4	スウェーデン	70.6	10	52,896
5	オランダ	69.7	17	53,053
6	ルクセンブルク	69.5	0.6	115,481
7	シンガポール	69.2	6	64,103
8	デンマーク	68.3	6	60,657
9	英国	68.1	66	41,855
10	香港	66.8	7	49,180
11	ドイツ	66.2	8.3	46,232
12	日本	66.2	125	40,063
19	韓国	64.4	52	32,143
20	フランス	64.0	67	40,319
23	オーストラリア	62.2	26	54,763
24	カナダ	61.1	38	46,550
30	スペイン	57.9	1.41	29,816
31	中国	57.4	1,410	10,004
32	イタリア	56.6	59	33,090
42	サウジアラビア	50.9	34	23,140
45	ロシア	50.6	146	11,606
57	メキシコ	47.5	126	9,849
68	ブラジル	45.4	213	8,755
69	トルコ	45.2	83	9,127
75	インド	44.4	1,370	2,116
81	インドネシア	43.3	271	4,136
138	チャド	21.5	17	707

険で国のGDPの約10%を生み出しており、職員1人当りのリターンが非常に高い。スイスは周囲を囲む大きな経済国家に対してサービスを提供できることから恩恵を受けており、少数の高価値産業への注力、高い接続性、そして地理的に集中度の高い小さな人口を有していることから、プラスの経済波及効果を得ている。

KIC経済においてスイスが非常にいい位置につけている要因は、2020年GKIランキングでトップ10に入っている他の多くの国々にも当てはまる。フィンランド（3位）とスウェーデン（4位）は国境を共有しており、人口が少なく、広い内陸地域に経済的にサービスを提供し、2021年のインターネット・アクセシビリティ・インデックスではトップ12ヶ国にランクされている。両国はまた、人々の幸福度も高い。

シンガポール（7位）と香港（10位）は世界で最も成長の速い地域の先進経済国であるという優位性を持っており、香港の場合は、間もなく世界最大の経済国となるという中国のポジションが、その重要産業において巨大な需要と機会を生み出している。香港は2021年のインターネット・アクセシビリティ・インデックスでも4位となっている（注10）。

米国と英国は異なっている。米国は世界最大で、色々な意味で最も進んだ20世紀の経済国家であることが、GKIランキングの部分的な理由となっている。その巨大なリソースが世界をリードする接続性をサポートしており、世界で最も尊敬される教育機関と研究センターのいくつかを有している。英国は世界をリードする大学のいくつかと、他国から多数の学生を惹きつけ高度な競争力を持つあらゆるレベルの教育システムを持ち、米国と同じように、長い間先進経済国であったことの恩恵を受けている。したがって、教育と知識が世界的に遅れていないことが重要であるという考え方が、文化的に、そして社会的に、複数の世代にまたがって染み付いている。こうした土台が米国と英国にＫＩＣ経済の中で後れをとらない基礎力を与えている。しかしそれは未来の経済に向けて十分な投資が準備されている場合に限って言えることだ。20世紀の産業やスキルに依存していると、両経済国家は悲惨なことになるだろう。

中国（31位）は１９７０年代に市場開放を開始した国としては驚くほど成功しており、世界最大の人口と、広い国土を有している。ランキング75位のインドもまた、膨大な人口が広い国土に拡散しているという課題を抱えている。

中国では、深圳がデジタル経済におけるスマートシティのイメージキャラクターである。上海は非常に国際的な都市であり、世界最大級の多国籍企業が数多く地域本社を構えている。その他、少なくとも20都市が大きな産業経済を有していて、テクノロジーと価値のハシゴを着実に上ってきており、そこに住む人々を次第にＫＩＣ経済に組み込んでいる。

インドでは、ベンガルールとハイデラバードでデジタルトランスフォーメーションが順調に進みつつある。インドはＩＴとＢＰＭ（訳注：ビジネス・プロセス・マネジメント）サービスで世界ナンバーワンのソーシング先で、インターネット契約者数で世界2位であり、世界で2番目に大きなテクノロジースタートアップのハブを有している（注11）。

中国とインドについて、そこから浮かび上がってくる実態は、ＫＩＣ産業で働く何百万人ものスキルワーカーがすでに市場に出ており、急速に発展する土地や地域に集中していることだ。

AIがより一般的になれば、経済の大きなセクターがそれに急速に適応して、経済の仕組みを変革することにつながる。そのことが国全体の繁栄に貢献するのだ。

チャドについては、GKIランキングの最下位にあるが、同じ地域の他国も同様の状況だ。短期的にまず望むのは、より富裕な国々がインフラストラクチャーに投資してくれて、それによって貧困が克服でき、どんな人にもあるべき生活水準が提供されることだ。こうした国々にある1つの恩恵は、21世紀のインフラストラクチャーをゼロから立ち上げて保有することができ、それが成長のエンジンになることだ。

技術的能力が進歩していくどこかの時点で、私たちは同胞の人類を支援すべきであることを認識する必要がある。パンデミックはこの結果をある程度実現した。米国のような豊かな国々が、より深刻な影響を受けたより貧しい国々に対してワクチンを提供したからだ。これは行うべき正しいことであり、進んだ世界における1つの経済的配慮として終わるべきものではない。

しかし、手っ取り早い解決法はなく、それが問題となる。今、必要な投資が行われていても、非常に貧しい国々の市民たちが自分たちの経済を変身させるまでには2世代くらいを要するため、政治的・経済的次元で成功を判断する富裕な国々は、撤退してしまうかもしれない。それはROIがすぐについてこないからだ。未来の経済が全ての人類に対してうまく機能するためには、そしてそれに向けて私たちが直面する最大の課題を克服するためには、あらゆる人が団結して皆が同じ競争の一部を担っているように感じることが必要だ。低く見られ、隅に追いやられてきた人々が、その結果としてその貢献に価値も重要さもなくなっているということでは決してない。私たちが必要とする経済国家は、お互いの競争を助長するものではなく、全ての人類の前進という目的のために競争を作り出すものであることは明らかだ。それがテクノソーシャリズムへの哲学的移行である。

ＫＩＣ経済発展のためのチェックリスト

ＫＩＣ労働者の数が示しているのは、ＫＩＣ経済がまだ発生期の状態にあるということだ。それはそのまま自然に発展していくというよりも、ある程度は昔から守られてきた経済慣行によって制約を受けることになりそうだ。１つの国家経済がワールドクラスのＫＩＣプレーヤーとなるためには、最初に整備しておかなければならない要素があり、それは次のようなものだ。

●正しいスキル

スキルのあるＳＴＥＭ人材と創造力を備えたプロフェッショナルが、ＫＩＣシステムには不可欠だ。新しいテクノロジーの生成や適用のためだけでなく、生み出された知識を他のあらゆる場所で使用し、適応させられるようになるためでもある。米国、英国、オーストラリアのような経済国家は現状、ＡＩの影響を受けてその双方が失業状態にありそうだ。それと併せて、

ＫＩＣの発展に向けた適切な教育が欠如しているために労働力不足も発生している。

●すぐ職に就けるプロフェッショナル

ＫＩＣ経済ではいくつかのソフトスキルが次第に重要さを増している。それはチームワーク、分析的問題解決、コミュニケーションスキル、起業家精神、そしてリーダーシップといったものだ。そのため、インターンシップ等を通じて現実のビジネスシナリオに触れる機会をより多く教育カリキュラムに組み込むことが求められる。ドイツの技能修習プログラムは、教育、職業訓練、労働経験を組み合わせたもので、ＫＩＣの職に対する準備としては、通常の西洋の大学カリキュラムよりも優れている。

●継続的学習

現在大学にいる学生は、卒業後の最初の10年間で、３～10の異なる職を持つことが予想される。私たちは自分の時間のかなりの割合を、継続的な学習と開発に使わなければならないだろう。そしてそこには、企業と政府によるサポートが必要だ。特に自動化が加速する場合はそうだ。

●幅広い労働参加

成熟年齢者の労働参加と女性の労働参加が増加することで、その比率が控えめなものでも、ほとんどの国々では顕著なGDP増加がもたらされるだろう。それは、年金受給開始年齢の引き上げと、労働者がその年齢に到達するまで年金基金へのアクセスを制限することで実現可能になる。保育費用をより手の届くものにすることと、女性により大きな税制面の刺激を提供することもまた、女性の長期的な労働参加を促すだろう。

●頭脳流出 vs. 移民

国はその最高のタレントを失うわけにはいかない。そしてこれは、20世紀を通じて、世界的に求められるスキルを開発してきた国々によく当てはまる(注12)。「どこからでも仕事」の文化が台頭してきたこともまた、非常に優秀な人々に、グローバルな案件に取り組みながらも自国に残ってもらうための根拠となる。CHAPTER 6で議論したように、KICタレントの確保は、21世紀において非常に激しい競争となっている。多くの国々が、国家経済を前進させるためだけでなく、出生率が低下する中で消費と参加を増進させるため、スマートなタレントを惹きつけようと、大きなインセンティブを提供している。

●イノベーション・マントラ

イノベーションはKIC経済の活力源である。1つの組織や1人の個人が、21世紀に求められる重要なイノベーションを単独で生み出せるわけではない。そこで次善の策となるのが、他人の成功に乗っかることだ。まさに気候変動緩和対策のようなものに関しては、知的所有権法を棚上げにすべきであるとか、発明家は中核となる発明をオープンソースにすることにコミットすべきだと考えられる。テスラが数多くの特許についてそうしているように。

●ユニコーン大学

商業的なコラボレーションを構築してイノベーションを生み出したり、プロトタイピングの実験施設を作ることで、より多くの研究者にインセンティブや褒賞を与えて研究を行わせれば、商業化を加速させることが可能になる。このことは、アイデア創出の加速と、就職ルートの明確化とともに、多くの大学が直面する資金調達問題を解決することにつながりうる。これは、数が有限の学費を自己負担する学生を求めて競うために、カリキュラムの難度を下げてしまうという悪しきサイクルを止めることになるだろう。私たちは、大学で行われる研究を商業化して研究開発に興味を持つ学生を惹きつけるインセンティブを生み出し、こうしたプログラムを支援する企業に対し、課税軽減措置を作って学生全体にエネルギーとやる気を与えたいと望む産業リーダーとメンターを取り込まなければならない。デジタルプラットフォームを通じてこのケイパビリティを拡張することも、最初の世界的なユニコーン大学の誕生をもたらすことに役立つだろう。

●ベーシック・インカムと研究開発

ＫＩＣ経済国家は、研究開発投資を持続させるエンジンを生み出す必要がある。だからこそ、個人がおカネの心配をせずに、その創造性とアイデアを探求することを可能にするベーシック・インカムが、富とGDP成長への恵みとなると私たちは考える。ビジネスと人類は共に発展していくことが必要だ。AIは、人類をアップグレードして前進させるのに役に立つ。しかしAIが生活をより簡単で楽なものにすると、人々が退屈して落ち着けなくなるリスクが存在する。AIの進化の方向性は、私たち皆にとってより意味と目的のある取り組みを生み出すものでなければならない。

●キャパシティの移転とテクノロジー制約

20世紀のインフラストラクチャーに向けた補助金は排除されるべきであり、支援は種としての人類の前進を加速させるようなテクノロジーと能力に向けられるべきだ。例えば、化石燃料に対する補助金は即時廃止して、その資金を再生可能エネルギーとカーボンニュートラルなインフラストラクチャーに投資すべきだ。そうすることで私たちは、自由市場に任せるよりも10倍の速さでエネルギーグリッドを変革できるだろう。

●国家インキュベーションハブ

シリコンバレー、深圳、そしてその他一部の場所は別として、国家のイノベーション、創造性、テクノロジー開発、そして新たな起業家たちに十分な支援を提供するための投資は不足している。1つの解決法は、KICタレントのための国のインキュベーターを創設することだ。

そこでは政府の管理を受けず、官僚ではなく適切な分野で経験のある人々の管理の下に資金提供がされる。国家インキュベーション施設は他国の同様のインキュベーターとつながり、関係者全員が恩恵を得る形で競争的協業とアイデアの相互交流を行う。その中にはスポンサーの国も含まれる。

グローバリゼーション、ナショナリズム、集団主義

現在進みつつあるグローバリゼーションは、未来の世界経済のあり方に大きく関わるものだ。しかしそれは、10年前よりもよりバラバラで見通しの悪いものになりつつあり、世界が前向きにつながっていくだろうという、この千年紀の変わり目に思い描かれた確信が薄れている。その一方で、貿易額は世界のGDPの半分にまで成長し、世界経済に参加することで何億もの人々が中間層に到達している（注13）。グローバリゼーションの揺り戻しは、多くの経済国家を傷つけている。

グローバリゼーションは1980年代に加速した後、世界金融危機の前まで活気が続いたが、その軌道がふらついてつまずくリスクが増している。その中でナショナリズムが台頭して貿易戦争が慢性的となり、一方に有利な2国間合意が優先され、仲間うちで多国間協定が結ばれることによって、広範な多国間貿易協定が脇に追いやられている。

中国の一帯一路政策は他の国家と経済の主権に対する攻撃だとみる向きもある（注14）。その前のTrans-Pacific Partnership（環太平洋パートナーシップ協定：TPP、中国を排除した）も同一線上のものだとみる人々もいる。ファイブ・アイズのような組織は、対立的議論を激化させ、貿易を阻害し、また反グローバリゼーション的でもあるとして批判されてきた。

パンデミックがさらなる打撃となり、還元主義的ナショナリズムと、それと関係して、他者依存は悪で自己の決定が最上位であり、だからこそ可能な限り国内調達をすることがより安全だという考え方が増進した。

ナショナリスト政策は、経済原則は比較的静的であって、インターネットに基づいた通商とコラボレーションは効果的でなくなっていくという前提を置いている。これは明らかなフェイクニュースだ。だから私たちは疑問の声を上げなければならない。アイデア、タレントそして活動が世界中で細切れにされ、散り散りにされ続ける中で、誰がたたきのめされ、誰がたたきのめそうとしているのか？

他より優れている（相手をたたきのめす）経済国家は、テクノロジーの知識と世界市場、トップクラスの知識労働者を迅速に惹きつける力、そして新しいトレンドを特定するかトレンドを生み出す力を必要とする。同時に一方で、世界中の生産力の源へのアクセスと、あらゆるものを支援し調整できる能力が求められる。そうした国々は世界経済のスーパーアプリとなる。知識、イノベーションと創造性の中心となって世界中のタレント、投資、スタートアップ、そして世界の消費と参加を推進するサービスを取り込むのだ。

たたきのめす側の明らかな候補は、米国、中国そして少なくともある程度はほとんどの先進国だ。しかしながら、例えばインドネシアのような、「トップ3のデジタル興隆経済国家」の1つと見なされ、「スタートアップ1000社運動」のような長期ビジョンを伴った取り組みと、イノベーションと起業家精神への投資という支援（注15）のある国々は、自分たちが意味ある存在でいられるようなニッチを掘り起こす希望を持つことも可能だろう。

AIは中核的なインフラストラクチャーと見なされる。また、タレントと投資を惹きつける目的で、リモートで企業を立ち上げる能力も同様だ。現場と同じようにリモートのタレント向けにも機能するイノベーションとインキュベーションのハブもまた重要だ。

こうした「生まれつきグローバル（born global）」な企業がグローバルなベースを選ぶことを考えてみよう。それは20世紀の企業がオフィスビルを選ぶ際のやり方と、かなりの程度は同じだ。リモートのグローバルビジネス拠点を置く場所は、政府支援、ビジネスサービスのパッケージ（スマートバンキング／法律／会計／融資）と、タレントと世界の顧客のパイプラインが提供され、発送、請求、決済、導入の全てがスマートに行えるところならどの国でもよい。

もちろん、グローバリゼーションが生み出す勝者が市場総取りをするというリスクもある。そこではアイデアを生み出して知的所有権を握る国々が、生み出される価値のほとんど全部を取り込んでしまう。こうしてたたきのめされた国々は、アイデアや知識の利用者であることに甘んじて、それらの創造者となってタレントやインフラストラクチャーで競争力を持てるようなシステムを開発するという努力をしようとはしない。しかしそこには、こうした国々が利用可能な他の利点もあるかもしれない。例えば天然資源、誰もが行きたいと望む旅行先と生活の場、あるいは輸出可能な豊富な一次産品などだ。

グローバルハブとしてのスマートシティ

都市は、国内市場と国際市場とをつなぐ結節点だ。他の主要世界市場から離れた場所にあるほど、その都市の世界経済へのコネクターとしての役割は重要になる。イノベーションを実現するということは、都市で非常に多くの人々を活用するということだ。そこでは人々が世界とつながっており、知識が集中し、均一化されたサービスが質の高い生活を提供する。

大市場から遠い都市は、多くの人口が密集した国にある都市や、大きな国に隣接して、その国と貿易や他の分野での相互作用がある国の都市よりも機能が劣る傾向にある。例えばシドニーは、ロンドンやニューヨーク、香港のような規模や範囲を有していない。

しかし、シドニーがその経済の規模を近い将来大幅に変えることは不可能でも、都市構造・都市計画・インフラ投資の不足、ワールドクラスの接続性やワールドクラスのICTの不足、そしてハイレベルのスキルの不足といったものを克服することは可能だ。それらはシドニーのような都市がその潜在性をフルに発揮するのを妨げるものだ。

未来の経済では、スマートシティの方がはるかに時代に即していて競争力があり、経済的にも重要なものとなる。その市民は高い生活水準を享受する。

ワールドクラスのスマートシティになるためには、サステナブルで、再利用可能で、スマートで、デジタルなイノベーションと、市民が利用できる包摂的なメカニズムを備えていなければならない。

スマートシティは、人々がそこに住んで働きたいと思う場所だ。その都市は、金融、社会、文化、そして環境資本を有している。世界の先端タレントを惹きつけ、そのことが職住両面で魅力的な場所としての都市の地位を強化するだろう。

●「世界とつながっている都市」ランキング

「グローバル化と世界都市研究ネットワーク（The Globalization and World Cities Research Network：ＧａＷＣ）」は、英国ラフバラ大学の地理学部に創設され、「世界都市（world cities）」を、世界の他の場所と最適につながった都市であると定義して、多国籍企業の本社所在地、大手多国籍専門サービス企業のオフィスの存在、そして世界経済とのつながり方によって示した。ＧａＷＣによれば、トップ20のコネクテッドシティは表８の通りである。

表８が示しているのは、中国がトップ10のコネクテッドシティのうち３都市を占めていることだ。２つ以上がランキング入りしている国は他にない。トップ６のコネクテッドシティのうち４都市はアジアにあり、アジアの持続的な興隆とその重要性の新たな証左となっている。

トップ10に入っている米国都市は1つだけであり、ロサンゼルスが11位、シカゴは19位である。オーストラリア（シドニー10位）とカナダ（トロント12位）は、それぞれ1都市がトップ20に入っている。いずれも非常に大きな国であり、世界との競争において、1つの都市を通じてつながっている。これが示唆しているのは、これらの都市はインフラストラクチャー開発とタレント誘引の面で最前線に残るための注力を続ける必要があるということだ。

表8に掲載した20都市には、現時点で、スマートマネーがあり、そのことは、これら諸都市を未来の経済におけるリーダーたらしめるものだ。もし自国の大部分が同じ水準まで進まなくても、これらの都市が勝ち残る場合があるだろう。そうした位置にある国々にとってのチャレンジは、コネクテッドシティの強みを活用して、

表8 ●トップ20のコネクテッドシティ、GaWCによる、2020年

順位	都市	順位	都市
1	ロンドン	11	ロサンゼルス
2	ニューヨーク	12	トロント
3	香港	13	ムンバイ
4	シンガポール	14	アムステルダム
5	上海	15	ミラノ
6	北京	16	フランクフルト
7	ドバイ	17	メキシコシティ
8	パリ	18	サンパウロ
9	東京	19	シカゴ
10	シドニー	20	クアラルンプール

出典：World According to GaWC 2020、GaWC

富と所得の不公平性を解消する方法で、国全体の経済を発展させることだ。これに失敗すれば、都市とその他の地域の間の緊張がスパイラル的に悪化し、社会不安へとつながる。スマートシティは21世紀を通じて、国々の競争力の形を変えていくだろう(注16)。

●相互につながり、影響し合う経済地域

人類の課題がより相互につながったものになるにつれて、経済と政策も同じ道を辿る。インフラストラクチャー、リソースマネジメント、そしてサービスといった地域の問題は現在の国境の範囲内で対応可能だろうが、その他のイシュー、例えば公害、水質、気候変動行動といったものには、より広い協力と、共同での政策開発と投資が求められる。

香港は、都市境界の北からもたらされる汚染の影響に悩まされており、大気の質を改善する活動が地域全体に求められる。バンコク、ホーチミン、プノンペンにとって、ラオスと北ベトナムのサトウキビ農園から流れてくる重いスモッグの雲は、自国で解決できない問題だ。インドネシアとマレーシアのパームオイル採取目的での森林伐採と、周囲の国に広がる火事の煙は、国際政策イシューとなっている。隣国も考慮した政策改善によって、資本の流れを抑制しなければならない。つまり、汚染源となっている者にとって、域内にとどまって空気と生活の質の改善に取り組むインセンティブが生じるようなテクノロジーと産業を支援するということだ。

同じ地域にある都市の間でコミュニケーションと知識共有を行えば、交通、駐車場、台風警報、災害報告、街灯設置、公共施設管理、電子政府サービス、公共施設計画と管理、公共交通のGPS追跡や関連活動について、全体としての管理運営が可能だ。十分な先見性があれば、隣接の都市どうしが協働して互換性のあるプログラムを作ることで、知識と経験の共有の最大化と、より安価なシステムとインフラの開発を可能にするかもしれない。

環境、社会、ガバナンス（ESG）目標が市場を変える

ひたすら欲望主導の資本主義という特徴を持つ現行の経済システムへの幻滅、社会紛争と特権を持つマジョリティの身勝手さの拡大に対する不満が、複数の国と企業の運動を生み出すことになった。それが時間と資金、特に公的資金の投資環境、社会、ガバナンス（ESG）という目的に結びつけた。

サステナブルファイナンスは、ESG目標を投資意思決定とオペレーションの枠組みに統合して、サステナブルな開発という成果を引き出すための手法である。これには、気候変動の悪影響の緩和が含まれており、ESGに対する興味の高まりの多くは、気候変動の影響に対する認識の高まりによるものである。クレディ・ムチュエル（Crédit Mutuel）、UBS、ロシア貯蓄銀行（SberBank）、インドステイト銀行（State Bank of India）、インテーザ・サンパオロ（Intesa Sanpaolo）

といった銀行は全て、化石燃料金融を過去5年の間に50％以上減らしている。これはパリ協定に沿ったもので、取締役会がカーボンニュートラルのような中核的なESG目的にコミットすることを決定したことを受けてのものだ。

「2018年、全ての国の石炭火力発電所と炭鉱へのファイナンスを全て止めるという意思決定を行いました」

――クレディ・ムチュエル、フランスの協同組合組織銀行

スタンダード・チャータード銀行は2018年、全ての化石燃料関係プロジェクトを終わらせるという同様の公約を発表した。しかし2021年に『フィナンシャル・タイムズ』によって、世界最大の石炭採掘企業であるリオ・ティントに対して4億ドルのシンジケートローンの一部を供与していたことを暴露された（注17）。

大手石油企業の役員室と世界の裁判所で、記念碑的な一連の裁判がすでに始まっており、それが世界最大のエネルギー資源企業に強いインパクトを与えている。エクソンモービル、シェブロン、ロイヤル・ダッチ・シェルのいずれもが、自らの中核的運営原則に対する予想もしていなかった訴訟に直面した。エクソンモービルは、小さなヘッジファンドに率いられた株主訴訟を受け入れて、役員会を一新した。米国の投資家たちは、気候変動対応に関する極めて重要な投票に関して、シェブロンの経営陣に反対した。そしてオランダの法廷はシェルに対して、

同社の世界での炭素排出量をパリ協定に適合するレベルまで引き下げることを命令した。これら全てが24時間以内に起こった（注18）。社会的意識に対して腰の重い企業とその役員会に対する株主訴訟は今後も続き、次の10年間もその声は増して、さらなる変革につながるだろう。

「インパクト投資」は、社会のよりサステナブルな未来を目標とする投資アプローチで、それと同時に、受け入れ可能な金融リターンを提供するものだ。ここでも、気候変動がインパクト投資の推進要因となっており、所得と富の不公平性に対応したいという願望も要因に含まれる。ほとんどのインパクト投資は、ヘッジファンド、民間財団、そして年金基金といった機関投資家によって行われているが、社会意識の高い投資家ネットワークと金融サービス企業が次第に増えつつあり、より個人の投資家の参加が可能になってきている。このトレンドは拡大している。例えばReddit（訳注：米国の掲示板型ソーシャルニュースサイト）内のコミュニティであるインベスターアーミーが占拠した「民主化された投資」スペース（訳注：小口で個人投資家が始められるインターネット上の仕組み）が収益を上げたことがメディアに大きく取り上げられ、ESG方針に沿って投資しているアーミー内のメンバーたちが、平等主義的な仲間意識を持つようになったことなどだ。

サステナブル投資とインパクト投資の現在のフィルターは、プロジェクトや投資が社会に対して差し引きでプラスかマイナスかであり、単に投資が生み出すリターンではない。時間とともにこの判断基準は、社会、環境そしてコミュニティレベルの様々な要因への懸念を反映して拡大してきている。これが世界の数多くの場所で、公共政策が策定され、導入される方法を変えている。そして多くの公共部門投資が今や、利益と目的に適合するかを判断するにあたって、社会、環境、そして経済へのインパクトを考慮することを求められている。

将来、特に貿易とグローバリゼーションが拡大して労働力のモビリティが増大すれば、それを触媒として得られる恩恵により注目が集まるだろう。また、あらゆる支出や投資に対する富の分配と所得の公平性についても同様だ。

世界銀行は明らかに、この考え方をそのリソース配分の業務に入れ込もうとしており、2005年には、世界銀行が資金援助するプロジェクトについて、貧困を低減する可能性についてのアセスメントを義務づけ始めた。そして「……民族、ジェンダー、人種的な不公平性は貧困の原因であるという側面を有しているため、これらグループに対しての投資や政策変更の分配効果についても評価する必要がある（注19）」としている。

この考え方を拡大して、投資が何らかの害を及ぼすべきではなく、理想的には単なるマネーメイキングを超えて恩恵をもたらすべきという概念は、企業社会で広く受け入れられるようになった。それはこの考え方が倫理的であり、同時に収益も上げるものだからだ。

●周辺から主流へ

しばらくの間は、ＥＳＧの方向性に沿った投資は周辺的な試みとしてみられていた。プレスリリース用にあればよいものという位置づけだ。実際、最近まで中核的なミッションステートメントとしてみられておらず、単にPR部門が取材の雰囲気をよくするために持ち出す材料だった。しかし、インパクト投資の市場規模が現在推計7150億ドルとなり、さらに急増加しつつあるのを受けて、このマインドセットは変わりつつある。

事実、世界銀行グループの一部である国際金融公社(International Finance Corporation：IFC)は、適切な投資機会が得られれば、インパクト投資市場は、今後数年のうちに26兆ドルの規模になると推計している(注20)。

デロイトの「グローバル・ミレニアル世代調査2020(注21)」では、ミレニアル世代とZ世代の行動がより「資本主義のコンシャスブランド」の方向に変化していると述べている。回答者の74%が、自分たちのコミュニティによい影響を及ぼす行動をとる意思があることが示された。その半数が、気候変動によって引き起こされた損害は、回復するにはもう遅いと考えている(注22)。そして過半数が、彼らの価値に反する企業に罰を与えてもよいとしている。

IFCの研究に参加した1人のMBA学生の言葉を借りれば、「私たちの世代は、現在やっていることを変えねばならないのを知っています。その理由は、私たちの親世代の資本主義が私たちを現在のところまで導いてくれたわけですが、それは持続可能ではないからです(注23)」。

2020年には、世界インパクト投資ネットワーク(Global Impact Investing Network)の調査で、回答者の83%が当初想定を超える金融リターンを実現したことが明らかになっており、うち99%がインパクト面での期待が、予想通りかそれを上回ったと感じていた(注24)。したがって、投資が社会にとってよいことと投資家にとってよいことを同時に実現可能なことは、現実に証明されている。

そして、社会的成果を雇用と投資にリンクさせるという考え方への変化が、社会の最上層で起こりつつある。2020年4月には、世界最大の資産管理会社であるブラックロックが、グローバルインパクトファンドを発売した。気候変動に関して米国大統領ジョー・バイデンは、議会での最初の演説で次のように述べている。

「私たちは気候危機への対応について、あまりに長い間、最も重要な単語を使わないできました。それはジョブです。……私が気候変動について考えるときには、職のことを考えます。……アメリカ雇用計画は、エンジニアと建設労働者たちを、よりエネルギー効率の高いビルや住宅の建設に従事させるものです……電気技術者には高速道路に沿った50万ヶ所の充電ステーションを設置してもらいます」

——バイデン大統領、米国のインフラストラクチャーと気候変動対応(注25)

COLUMN

グローバル・ガバナンス

現在、地球という惑星の全市民に対するグローバルな行政権、軍事権、法的権限を有する組織は存在しない。しかし気候変動によって、ガバナンスと対応をはるかに広範に合体させる必要が生じるかもしれない。

キム・スタンリー・ロビンソンは最近、「未来省（The Ministry for the Future）」の創設に関するSF小説を著した。国際連合、世界銀行、OECD、WHOが主導する架空の省で、政策実行と活動の遂行に関して幅広い権限を有し、気候変動現象の最悪の要素を防止するものだ。その時点でもう、世界中で何億もの人々が亡くなり始めている。

超国家連合は、オルダス・ハクスリーの著作にも登場する。想像上の「世界国家（World State）」が、ディストピアとなった社会を統治し、その社会では知性に基づいて社会階級が決定されるのだ（注26）。これは、現在私たちが持っているよりも整っていて安定した世界秩序を描いた架空の試みとして、よく知られているものの1つだ（注27）。フィクションとしてその大部分は素晴らしいが、私たちはこれが現実化しないようにする程度には賢明だろう。

現実世界でも同様の試みはあった。近代に戻れば、セオドア・ルーズベルト大統領が「超大国」がお互いの対決を避け、同時に他国が平和を破るのを防止するための「平和連盟（League of Peace）」設立について話している（注28）。

国際連盟は、国際連合に先立つものとして1920年に設立され、世界平和維持のミッションを掲げて最大58ヶ国が加盟したが、1946年に解散した。それは戦争防止というミッションの失敗が明白となったためだった。

1930年代と1940年代の世界連邦運動（World Federalist Movement）は、その支援者に、マーティン・ルーサー・キングJr.、アルバート・アインシュタイン、ウィンストン・チャーチル、マハトマ・ガンジーがいた。運動は連帯と権限移譲の原則に基づくもので、将来の戦争発生防止を求めながらも、国際連盟をそのための正しい組織として信頼が置けないとする人々の支持を受けた。

何らかの形態の世界政府を持とうというアイデアは、ずっと以前から存在していたのだ。

現在、グローバル・ヘゲモニーを備えた組織に最も近いものが国際連合で、世界195ヶ国のうち193ヶ国が加盟している（注29）。特定目的のために設立された多国間組織は数多くある。国際通貨基金（IMF）、世界貿易機関（WTO）、経済協力開発機構（OECD）等があるが、加盟国数と世界からの参加という点で、国際連合に比肩するものはない。

国際連合は、第二次世界大戦の直後に誕生し、その目的は、次の世界大戦の防止（注30）、平和の増進、人権保護、そして国際法の擁護である。最近国連は、2030年に向けた持続的開発目標（Sustainable Development Goals：SDGs）という形式で、人類のための道徳的戦略をとりまとめた。国連の全加盟国が2015年に合意したもので、不公平性、気候変動、貧困、そして環境悪化に対応する（注31）。SDGsはまた、地球温暖化に制限をかける行動を求めている。

国連は、人類にとって最も重要な問題について国際協力が可能であることを力強く証明している。このため国連は、一般参加型で平等主義的なガバナンスを伴った新形態のグローバル・リーダーシップを構築するための論理的な基礎となっている。私たちが共有する目的は、気候変動と環境上の脅威、貧困、そして不公平性である。そのいずれも全ての人類に対する脅威であり、国連がすでに解決に取り組んでいる課題である。

国連憲章の25条は、「国際連合加盟国は、安全保障理事会（UNSC）の決定をこの憲章に従って受諾し且つ履行することに同意する（注32）」と述べている。この条項が、国連の権限を現行憲章の範囲内に制限している。おそらく、国連憲章を改定して、世界的な活動や人類全般に関わるイシューに対する執行に関するより広く拡張的な権限を持つようにすることが正解だろう。あるいはおそらくそれでも不十分で、さらなる対応が必要かもしれない。しかし、ここが出発点となる。それはまた、国連が何か意味のある活動を行うためには、安全保障理事会の理事国がまず同意しなければならないことを思い起こさせる。

現在では、安全保障理事会の理事国は15ヶ国である。常任理事国は、ロシア、米国、フランス、中国、そして英国で、これらの国々は拒否権を有している。

国連憲章の27条は、安全保障理事会が決議事項を通すためには、全ての常任理事国がそれに賛成しなければならないと述べている。したがって、賛成票を投じないことによって、1つの国が一方的な力を行使して決議事項を通すのを妨げることができる。拒否権があるために妥協を通じたコンセンサス形成が生じ、それによって国際協力という進歩的な理想を満たすことになる。

しかしながら、拒否権の効力は、世界秩序の不安定さによって減じられる。安全保障理事会の常任理事国はその拒否権の力を、自国の対外主権を守るために行使することができる。拒否権は彼らに結果をコントロールする余地を与えており、それを他国とのやり取りにおける交渉材料として利用可能なのだ。拒否権は彼らが自国利益を推進し、国内の統治力を増進するのに役立つ。これは国連が創設された自由主義的価値に反するものだ。国連は、グローバリゼーションの結果としての超国家的な課題に対処すべきだ。そのためには、国家主権の一元管理と、世界全体の利益に向けた参加国間の相互依存が必要になる。

第二次世界大戦以降、グローバルパワーの動態は変化してきているが、5ヶ国の常任理事国は、対戦に勝ったという理由で拒否権を付与されている。この観点からすれば、拒否権はアナクロニズムだ。拒否権が熱狂的なコンセンサスと、強要された合意のどちらを生み出すのかが争われている。拒否権が持つ還元主義的な性質は、意思決定の単純化に資するが、同時にそれは、拒否権を持つ国家間の緊張を招きかねず、それは未来の意思決定に対して拒否権が非生産的であるのを示すことになるだろう。

国連に関する1つの問題は、国際連盟と、ある種のグローバル・ヘゲモニーを支持するアイデアのほとんどと同じく、それが戦争、戦争の恐怖、そして戦争を防ごうとする欲望に基づいて生まれたということだ。争いこそがそれらが誕生した震源地であり、その苦難の中でそれらが形となった。国連が未来のグローバル政府を設計するモデルであるとすれば、その前提は更新の必要がある。

国連を批判する批評家は、それが肥大化し、非効率で、官僚的で、扱いにくく、鈍重で、非民主的で、主要参加国に過度に影響されているため、目標設定は得意でもその実現は不得手だと言う（注33）。こうした問題は対処の必要があり、国連やそこから生まれる組織にさらに強い力を付与するには、克服すべき課題が存在する。

変革が可能だという慰めとなるのは、G4のメンバー国（ブラジル、インド、日本、ドイツ）による取り組みの形で示されている。それは、常任理事国として認められた場合には、当面の間は拒否権行使を控えることを申し出ることで、安全保障理事会の改革を促すものだ。これは強力な国家の側がある領域では妥協するという意欲の表示である。

おそらくこの改革の試みは、拒否権が持っている欠点の克服が可能であり、新しい形の国際協力につながる他の変革も可能になる兆候である。

この望みが理にかなったものであれば、私たちは国連に対して、更新された憲章の下で、新しい力とより幅広い権限を与えることを提案する。国連安全保障理事会の常任理事国が持つ拒否権の力は除去されるべきものであり、特に現在目の前にある脅威に照らせば、理事国に関する過去の固定化した考え方は変えられるべきだ。

新たな力は第一に、気候変動と伝染病への対処に向けて行使されるものになるだろう。論理的にはその次のステップは、国連が核兵器を管理して、現存兵器のモニタリングと核拡散の防止を行うことだ。それによって、核兵器に現在使われている巨額の資金の方向を変えて、気候変動との戦いに向けるのだ。

世界政府という考えは非現実的な理想であり、実現不可能だと考え続ける向きもあるだろう。だからこそ私たちは、国連がすでに築いたものの上に漸進的に歩みを進めていくことを提案する。実証実験、次のステップ、そしてその実証、と続けていくのだ。

私たちは、必要な知識が少数の手に集中して握られ、全ての武力がその手に左右されるというフーコー思想的な世界からは距離を置く必要がある。そうでなければ、不公平性は悪化し、環境は崩壊を続け、持てる者と持たざる者の溝は広がるだろう。その結果として持てる者は、不満に満ちた居住不可能な惑星を支配することになる。

現在頭をもたげつつある世界の問題を解決するために世界政府が必要なのではない。必要なのは、対立的ではなく協力的な世界統治力だ。このことは、他の国々が支配する組織に自国の利害を委ねよと求めるものではない。これが意味するのは、戦略面で人類が種全体にわたる協力を行うということだ。その戦略は、人類に課された変革に世界全体で対応するために、巨額の資金投入を必要とする。

幸い、この統治と規制の機能の多くの部分を自動化すれば、これらのメカニズムに要するコストを劇的に単純化し、削減できる。

未来省の創設はあまりに現実離れしている、というものでもないかもしれない。

21世紀はアジアの世紀

アジア太平洋経済諸国の興隆は、ここ数十年の世界経済を形作る最も顕著な力の1つだ。世界のGDPに占めるアジアのシェアが上昇して人口のシェアに追い付けば、そのGDP金額はほぼ2倍となり、それがあらゆる財とサービスの生産者と消費者の両面から、アジアをさらに重要なものにする。そしてアジアの需要は急速に巨大なものとなっていくだろう。2050年には世界最大の経済国家の5ヶ国のうち3ヶ国はアジアに位置することになる。分野によっては、アジアはすでに世界の他の地域を追い越している。アジアの移民と投資が世界のつながりをより緊密なものにし、アジアの国々がより豊かになれば、アジア諸国は世界経済のあらゆる領域で競い合うことになるだろう。多くの人が21世紀を「アジアの世紀」であるとみていることには十分な理由がある。

これによって、地政学的なバランスの変化と人口学的なシフトが生じ、それは消費の面で重要な意味合いを持つ。つまり、アジア太平洋経済諸国のリーダーシップと支援なくしては、主要な世界経済のプロジェクトやアイデアは成功しないだろうということだ。よいこととしては、国々の間で協力や合意が成立すれば、これらの国々の市場は、世界の他の地域の企業にとって重要な新しい機会になるということだ。

アジア太平洋経済諸国が開かれ、交通とコミュニケーション、国際的な知識とテクノロジーの流れ、近代的な輸送システムが改善し、そして大手多国籍企業が進化して、その活動をより細分化して最適な場所に配置するようになれば、世界中の経済活動が分散して、各地の世界GDPに占めるシェアが人口シェアと同じになる。少なくとも十分に開かれて世界経済システムに参加可能な国々についてはそうだ。アジアの貿易と経済発展が今後数年にわたってより重要さを増すのは確実であるため、アジアとの関わり方について戦略を立てることが賢明である。

●アジア太平洋経済諸国との連携戦略

G20諸国のような国々は、経済的に進んでいるから、アジアの多くの国々より優位だという見方がしばしば提示される。そうであるなら、それら諸国は、アジアがその経済的繁栄を高め、中間層の成長が拡大するのに対して高付加価値の財とサービスを販売できるはずだ。しかし多くの経済国では、政治と文化面でのバイアスがアジアとのコラボレーションの可能性を大きく阻害することになるだろう。米国、英国、オーストラリアのような経済国には、アジアと連携する戦略が必要だ。

●アジア太平洋マインドセットの必要性

アジアに機会があると考えることと、それらの機会を見つけ出して活用することとは大きく異なる。企業がアジアにある好機を利用するつもりであれば、市場にいる顧客、パートナー、そして競争相手を積極的に理解し、それに対処する必要がある。マインドセットを変えて、多くの領域でアジアの経済国がすでに20世紀最大級の経済国を凌駕していることを理解する必要がある。中国に対するアメリカのメディアのステレオタイプな見方は、イノベーションに欠け米国のコピーをする国というものだが、こうした考えは時代遅れで経済協力の障壁となるマインドセットの例である。

●アジアに関する教育の必要性

アジアに関するリテラシー教育に焦点を置く必要がある。アジアの言語を学ぶ西洋人は比較的少数であり、アジアの政治、経済、社会システムに関する知識もひどく欠如している。「アジア対応」の労働力を手にするためには、アジアでうまくやっていくためのスキルを学ぶことが必要だ。

●アジアの理解が進む必要性

アジアとの統合をより緊密に進めるためには、文化、社会、ビジネス慣行についての理解が求められる。企業は、アジアの市場はそれ以外の場所とほぼあらゆる点で大きく異なることを理解する必要がある。

●アジア経験のあるタレントの雇用

アジア以外の国では、アジアでの直接の経験を持つ取締役や上級役員の数は非常に少ない(注34)。問題に輪をかけているのは、アジア外の企業の採用担当者がアジア勤務に関する詳細な知識をほとんど持っておらず、非アジア企業がアジアでビジネスを行う助けとなるタレントを見分けるのに適していないという事実である。

●中国とインドは重要だが、その他のアジアも重要

アジア太平洋地域に関する現在の議論の多くは中国とインドに関するものだ。両国はアジアで最大であり、多くの意味で最も価値あるプレーヤーであるが、アジアの他の地域にも非常に多くの機会が存在しており、それが見逃されるべきではない。ＡＳＥＡＮ経済諸国を合わせた比重、インドネシアの膨大な潜在性、日本と韓国の持続的な経済の強さ、そしてベトナムとタイの経済ブームはいずれも非常に重要なものだ。

●自由貿易協定（FTA）の理解と活用

アジアの国々と世界の他の地域との間にある現行の多くの自由貿易協定（FTA）はほとんど理解されていない。そのため企業はそれを十分活用できていない。FTAの取り決めは、通商関係の可能性についての考え方に前向きな影響を及ぼす以上のものであるべきだ。現実的で直接的な事業機会を可能にするものであるべきで、そうでなければ企業は注意を払わず、FTAの約束は現実化せずに終わってしまうだろう。アジアには、西欧企業がアジア市場に浸透するのを助けてくれる、利用可能な専門能力が幅広く存在している。

●相違点の調整

西洋の民主主義諸国の社会、政治、文化システムはアジアの多くの場所とは大きく異なっている。インターネットもまた異なる。そうした相違を理解するべきであり、西欧諸国がアジアでもっとビジネスを行おうとするならば、ある程度は許容するべきである。貿易を最適化し、関係者全員のために未来の世界経済を発展させるために、共通の地盤を見つける必要がある。その際には、世界と地域の政策変更とそれへの迅速な対応が求められる。

●対外投資の促進

対外投資の範囲は非常に幅広く、過去に多少はあった課題や問題の事例を引き合いに出して目の前の機会をつぶすべきではない。ほとんどの国々は海外からの投資が、自国の発展にとって恩恵があることを理解するだろう。また、政治的権益や既得権益が誤った理由でプログラムを頓挫させてしまうのは恥ずべきことだ。例えば、最近の米国のファーウェイに対する攻撃は、国家のサイバーセキュリティの論争に根ざしたものとはいえ、5Gとエッジコンピューティングの領域におけるファーウェイの大きな技術的優位性に対するものであったことは明らかだ。

世界的な規制改革

規制は必要なものだが、重要なのは、分別のあるもので、不要にビジネスを束縛しないものであることだ。現代の世界を統治する法律のほとんどは何世紀か前のものであり、今とは大きく異なる時代に作られた。世界の規制を改革するためには、政府間協力と、実業界や地域社会との協議が求められる。併せて、経済、環境、ビジネス、人々のニーズがどうなるかについての洞察も必要だ。規制は、可能性を実現へと導くものであるべきで、それを制限するものとなるべきではない。

現在の規制は色々な意味で、経済に内在するシステムリスクを低減するように設計されている。しかしそれは、産業の機能のしかたに関する固定的で歴史的な見方を押し付けることによってである。例えば米国では、金融包摂を統括する法律の中でカギとなるのは、地域社会再投資法（Community Reinvestment Act：ＣＲＡ、１９７７年）である。この10年間に私たちは、現在ではＣ

RAが金融排除を際立たせており、携帯電話の方が、米国のような国々が50年も前に制定したどんな法律よりも金融サービスへのアクセスを拡大していることを学んだ。

グローバリゼーションの拡大は、グローバルな規制が必要であることを意味しているが、もっと重要なのは、私たちが国内的にもグローバルにも統治の自動化を進めることだ。AI上に規制をコード化することは、書物に書かれている法律を、熟慮の上で明確な目的の下に改革するということだ。そのためには、大幅に異なるスキルが必要となる。倫理学、機械言語バイアスフィルター、中核的な規制とコンプライアンスのテクノロジーインフラストラクチャーといったものだ。

世界的な規制の必要性を推進する他の力としては、職業とその管理運営組織のグローバル化、そして世界銀行、IMF、WTO、EUや様々な国連機関などのような多国間組織がある。超国家的規制に向けた変革への推進力の多くは、2008年の世界的リセッションの前から存在していたが、過去100年間で最大級の2つの経済危機を受けて、その同じ推進力がさらに強力な変革の触媒となりつつある。世界金融危機以降に加わった新たな超国家的規制への推進力としては、クロスボーダーのテクノロジー貿易発展、市場間のモビリティの増進、ソーシャルメディア・プラットフォームやスーパーアプリのようなテクノロジーを活用してグローバルに拡大する企業、複数の取引所に上場している企業、そして企業と政府のリスク評価の変化などがある。

ＡＩは、前述のようにとらえられる未来の規制において、明らかな焦点となる際立った存在である。国際協力は、規制システムに組み込まれることで不要なコストの発生を回避することが可能になり、いずれにしてもＡＩを中心としたよりよく、より有効な規制へとつながる可能性が高い。金融犯罪とマネーロンダリングとの戦いのような領域では、超国家的な規制だけが有効であり、入国管理、パスポートや国境管理、宇宙探索、気候変動緩和、自動化輸送・サプライチェーンシステムのような分野でも同様であるべきだ。

これからの取り組みのために私たちが提案するのは、新しい規制はその有効性を測るためのインパクト評価の面から評価可能であることと、ＯＥＣＤの規制インパクトアセスメント（Regulatory Impact Assessment：ＲＩＡ）がその潜在的なモデルを提供してくれることだ（注35）。現時点で最もうまく均衡点を見出して政府規制の負荷を軽減している国々から教訓を学ぶことも可能だ。本書執筆時での世界銀行の政府規制の負荷（Burden of Government Regulation）に関する最新データは、データが入手可能な１３６ヶ国中で、シンガポールが最も負荷が軽く、一方ベネズエラが最も重いとしている（注36）。シンガポールはまた、スマート国家に向けた統合計画を有しており、デジタル経済国家への転換に向けて、デジタル政府ブループリントを作成していて、デジタル包摂社会の創出に向けて、他の多くの国々から大きく抜きんでていることも述べておく。シンガポールと規制面での他のリーダー国をベンチマーキングすることは、他の国々が前進するための１つの方法である。

他の多くの問題でそうであるように、私たちは変曲点にいる。世界レベルで規制に関してコンセンサスを実現するというチャレンジを過小評価するわけではないが、これを、人類全体を守るための基礎をなす取り組みとしなければならない。私たちが漂流を続けて、分断世界の象徴として、規制の分裂と散在という巨大なコストを垂れ流したままでいれば、混沌として排他的な分裂状態へと陥ってしまう恐れがある。最大級の経済国家が団結して規制への道をリードすれば、そしてそれが進歩的で効果的なものであれば、他の国々も追随するだろう。それどころか、他の国々は私たちが作り出すグローバルな規制インフラストラクチャーに進んで参加するだろう。

COLUMN

グローバル法人税の提案

ジョー・バイデン大統領は、多国籍企業に対して少なくとも15%の新しいグローバルな最低法人税率を課すことを提案した。ただし望ましいとしたのは21%というより高い税率である。それは、米国法人税率を28％に（21％から）引き上げるという彼の提案が認められた場合に、米国内の企業が払う税金と米国外の多国籍企業が払うものとの間に生じるギャップを縮めるためだ（注37）。

グローバル法人税が提案されたのは、これが初めてではない。ＯＥＣＤと他の国々がそれを求める動きがしばらく続いた（注38）が、これが大統領の視野に入ったことでそのバーが上がった。つまり、これまでよりも真剣に議論され、考えられるということだ。金融用語で言うなら、この税金問題は「税源浸食と利益移転（Base Erosion and Profit Shifting：ＢＥＰＳ）」とされるものだ。これは世界的な問題であり、その修正には国際協力が必要となる。おそらく今がその時だろう。

低税率環境に利益を移して課税義務を減らそうとする企業への糾弾圧力は、デジタル経済の発展とともに強まってきた。デジタル経済では、工場や他の形態のリスクを伴う資本投資を特定の低税率の場所に置いて、税率の高い課税管轄地域ではない場所で売上を計上して税金を払う、というような必要性がないからだ。その代わりに、知的所有権を低税率の場所に置いて、ライセンスか経営上の合意の下に課税対象資金を低税率環境へと移して、高税率地域からの売上を低税率地域で管理することが可能なのだ。

この種の移転価格からくる税制上の恩恵は、企業とその株主にとってはよいものかもしれない。そして合法で賢いものでもあるかもしれない。しかし課税対象資金を高税率地域から低税率地域に移行することは、企業活動のほとんどが行われ、社員のほとんどが生活し、働いている国々における税源を減らしてしまうことになる。教育、医療、インフラストラクチャー支出、環境保護等に関する社会的利益――その全ては国庫によって賄われる――が損なわれてしまう。というのは、これら項目に充てられる資金が本来よりも少額になってしまうからだ。OECDは、BEPSの存在が政府に年間1000億~2400億ドルの法人税喪失をもたらしていると推計している(注39)。KIC経済が発展し、ビジネスのデジタル化が世界のGDPのより多くの比率を占めるようになるにつれて、この金額は増加していくだろう。

税金を取り損なっているこうした国々にとって、こういった状況は明らかに不満だ。そしてこのような活動に携わっている企業は、世界でも最大級で最も富んだ企業の一部であり、多くの人が本来払うべき金額の税金を納めていないと感じる企業である。それはつまり、より高い課税管轄地域で税金を払っている他者から補助金を受けていることになる。

公平を期すなら、これら現行法の利点を活用している企業の中には、自分たちはただ法に沿ってやっているだけだと指摘するものもある。具体的には、アマゾンの創設者でＣＥＯのジェフ・ベゾスは、米国法人税率について話す中で、アマゾンは「法人税率引き上げを支援している」と公に述べている（注40）。そしてアマゾン・ニュースは、エリザベス・ウォーレン上院議員のアマゾンの納税に対する批判に応えて、「あなた方が税法を制定するのであり、私たちはそれに従うのみです。自身で作り出された法律がお好みでなければ、ぜひともそれを変えてください」と述べている（注41）。

多国籍企業に対するグローバル最低税率の支持者の中には、公共政策研究所の経済的正義センター、米国財務長官ジャネット・イエレン、そしてフランスとドイツの財務大臣がおり、２人はどちらも税率21％を喜んで支持すると表明している（注42）。しかし、提言には反対者もおり、その中には米国商工会議所のＣＥＯ（注43）、アイルランドを含む様々な低法人税率の国々がある。それらの国々の法人税率は12・５％という拒食症寸前の水準であり、それが理由で多くの多国籍企業、特にデジタルスペースの企業の所在地となっている。

議論を支持する側は、グローバル最低法人税率は、多国籍企業の利益が低税率の課税管轄地域に吸い込まれてしまうことを防止し、そうすることができない企業に対するアンフェアな優位性をストップするものだと主張する。イデオロギー的な視点を支持する者もいて、資金は政府に多く、大企業には少なく、そして強力なエリートがそれを差配するのがよいのであり、それが経済的不平等性に対する「（ウォール街を）占拠せよ」運動の目的と合致するものだと考えている。

また、グローバル税率が全ての多国籍企業に一貫して課されれば、労働力と企業活動に安定をもたらすと主張する向きもある。その理由は、企業がより低い税率に対応しようと拠点を移さなくてもよくなるからだ。イエレン財務長官は、グローバル税率がなければ、その行き着く先は「最低税率への競争」であるが、グローバル税率が導入されれば、それは「多国籍企業への課税に関する競争条件が平等となることで国際経済が活発化し、そのことがイノベーション、成長、そして繁栄を加速する」と考えている（注44）。

グローバル法人税への反対論者の主張

グローバル課税の考えに反対する人々は、グローバル課税は国家主権を揺るがすものだと主張するが、これへの反論は、利益をオフショアのタックスヘイブンに移すことは、主権をさらにより大きなところまで揺るがす可能性があるということだ。

反対者はまた、そうした提言は失敗する運命にあり、中国とロシアを含む、自由主義国家の秩序を揺るがしたい国々に力をつけてしまうことで、米国とその同盟諸国に対して逆に作用する可能性があると主張する（注45）。また、グローバル課税の仕組みへの参加を選ばない国々が出る可能性もある。参加しなければその国は、多国籍企業に対して自国の魅力を増すことができ、より大きな恩恵を得られることになるからだ。

反対論者たちはまた、多国籍企業向けにグローバル税率を設定することは、発展途上国に害を及ぼすと主張する。そうした国々は、課税格差を作り出すことで海外からの直接投資を惹きつけようとすることがよくある。そうすれば、多国籍企業がそれを活用してくれて、その過程で自国に職が生み出されるということだ。税率が低くなければ、多国籍企業は、法人税率が12％のモルドバや、さらに低い7・5％のウズベキスタンのような場所に投資する興味を失うであろうし、その結果、そうした国々の経済や同様の他者たちは損害を被るだろう。さらに彼らが提示するのは、多国籍企業自身はこうした税金の要支払い追加分を、単に消費者やサプライヤーに転嫁してしまうだけで、その商品やサービスの価格はさらに高くなるか、余裕のない中小企業が搾り取られることになるということだ。

大手先進国のうち数ヶ国では、国連を通じて、これに匹敵するようなデジタルサービス企業に焦点を当てた課税提案を後押ししている。この動きは、最大手米国企業（FAANGの連中を含む）の中に、大きな利益を上げている多くの国々で納税額があまりに少ない企業があることに気分を害したことに由来するようだ。そのプランでは、デジタル企業はその本社が置かれる場所ではなく、収益が生まれた場所で課税されることになるだろう。

新たな税率

現在、世界全体で177の課税管轄地域における法人所得税率は、平均で23・85％であり、G7諸国の平均は24％で、アフリカ諸国の平均は28・50％となっている（注46）。それを考慮した上で、私たちが提案するのは、グローバル最低税率を少なくとも23％として、規模や場所にかかわらず全ての企業に課すことだ。これは現在の世界平均よりも低く、米国で現行の21％よりも高く、G7諸国平均よりもわずかに低く、アフリカの税率よりはかなり低い。もし一律23％の税率とすれば、企業が課税場所を選んでサヤ取りをするインセンティブはなくなる。

大きく利益を出している企業、例えばトップ100の多国籍企業は、明らかにもっと税金を支払う余裕があり、そしてそうすべきだ。こうした企業により高い26％の税率を課せば、それで彼らの貢献度は上がるので、彼らに向けられた非難を幾分かはなくすことにつながるだろう。

この新たな課税協定の下で私たちが提案するのは、トップ100の多国籍企業が支払った税額の2％、そして他の全ての企業が支払った税額の1％を、国際連合が管理するファンドに入れて低開発国に分配し、発展途上国をインフラストラクチャー改善と労働力の訓練・開発に具体的に向かわせることで、それらの国々が地位を向上させ、さらに十分にKIC経済に参加できるようにすることだ。より開発の遅れた国々にオペレーションの一部を置く企業に対して追加的なインセンティブを提供して、それらの場所に職を作り出すこともあるかもしれない(注47)。

このスキーム下にある低開発国に配分された税金は、生み出される税金総額に対して比較的小さな比率であるが、支援先の国々が経済の階段を上るのに手を貸すことで、時間経過とともに税金総額には巨大な違いが生まれることになる。そしてそれが世界の平和、安定そして繁栄に貢献することで、皆に恩恵を及ぼすことになるだろう。

「今行動しない限り、世界は、富める国々と貧しい国々との間にある世界的な相違の拡大を生み出しやすい状態にある……そうなれば、危機はより深く、長く続くものとなり、債務問題は積み上がり、貧困はより固定化され、不平等性は拡大することになる」(注48)

――米国財務長官、ジャネット・イエレン、世界問題に関するシカゴ協議、2021年4月このスキームを批判する者の中には、その背後にある経済理論は誤っており、現実世界に適用しても機能しないと主張する向きもある。もし試みられないならば、それは確実に本当になるだろう。私たちの立場は、否定論者は常にいて、欠点の可能性と問題は常に存在するが、グローバルな合意が実現されれば、全ての問題が制御可能になるというものだ。これが過去に起こったことがないという事実は、それが今後も起こりえないことを意味してはいない。そして、それを試みるのを止めるべきだということも意味していないのは確実だ。

COLUMN

AIとロボットへの課税

デジタルKIC経済という、多くの作業で人的労働力がロボットやAIに置き換えられる場においては、課税基盤が失われて、基本的なサービスが十分に資金供給を受けられない状態になるだろうか？　これは興味深い質問であり、多くの前提や可能性がその中に入っている。問題を解きほぐして、分別のある解答を出していく必要がある。

第1に、人々がAIとロボットに置き換えられるかどうかは選択可能だと考えよう。長期的な移行計画が立てられれば、労働者を維持または新しい職業に移行させることが可能だ。人々は働き続けるだろうと私たちは考えている。ただ違うタイプの働き方をするだけだ。もちろん、システム全体として訓練と教育を受けやすい状況へとシフトすることは、秩序ある移行の基本的な要件である。

第2に、企業の社会的責任が拡大するにつれて、職を破壊するAIを採用しているビッグテック企業は、それがもたらす被害を緩和することを、政策立案者、株主そして顧客等から求められるだろう。私たちが目にしているのは、最大級のテクノロジープレーヤーが、産業や旧式の仕事をディスラプトしているのと同時に、大量の職の創出と再訓練プログラムに積極的に取り組んでいることだ。そうでなければこうした企業は、結果としてその商品やサービスが人々から拒絶され、社会ののけ者となってしまうだろう。最終的には、FANGやBATXのような大手プレーヤーにとって、こうした企業文化にシフトすることが、社会的なつながりが増す世界の仕事の場でブランドの健全性を維持していくための唯一の方策となるだろう。

第3に、これら企業が、彼ら自らが加速させている世界の雇用変革に能動的に対応しなければ、政府は、彼らが使用するロボット、アルゴリズム、AIに対して課税しなければならなくなるだろう。企業は自らが行っている職の破壊の緩和に乗り出すか、さもなければ巨大な富の蓄積を彼らの顧客であるコミュニティと人々の恩恵のために差し出すことになる。

もう1つ別に心にとどめておくべきなのは、ロボットを所有し、AIを使う企業は、AIと自動化を有しない企業に比べてはるかに大きな利益を上げることになるだろうということだ。この富は、上記で提案したグローバル課税を通じて公衆の財布を潤すことになる。私たちは、地域ベースの気候変動緩和やスマートインフラストラクチャーをも作り出すことが可能になるだろう。それはAIが生み出した膨大な想定外の利益に支えられた複数の経済国家の上に置かれるものだ。

疑問は再び、富の公平な配分へと戻ってくる。もし世界の最大手企業がテクノロジー巨人企業として、プロセス指向労働者としてのヒトを絶滅させてしまい、一方で同時に何兆ドルもの利益を株主と企業向けに貯め込んでいるなら、そうした不公平性をシステムから排除するように、社会が法律を作ることが予想できる。

したがってAIの活用は、全体としての課税基盤が成長することを意味する。

しかし、経済が進歩してよりデジタル化し、より自動化に依存するようになると、自動化の結果行われた作業による利益成長は、人的労働が生み出した利益成長に比べて不釣り合いなほど大きくなる。こうなると、いくつかの課税上の考慮事項が発生する。

生み出された税金が、十分に社会財の充実に向けられねばならないことには議論の余地はない。現在の経済でこれが意味するのは、教育、医療、年金、インフラストラクチャー、防衛、貿易支援、コミュニティプロジェクト等に対して資金供給することだ。加えて私たちには、気候変動、未来のパンデミック、そして他の予測不能だが起こりそうな課題に対して資金供給することも必要となるだろう。未来のニーズや期待を満たすためには現在よりもはるかに多くの税金が必要となる。自動化によってより大きな利益が生み出されるため、私たちは、自動化によって恩恵を得られた企業が払った税金が妥当であるか、それともロボットとＡＩ自体に課税することで税負担を労働から資本へと移動させる必要があるのかを明確にする必要がある。

現存企業が新たなテクノロジー投資を行う場合のシンプルな方法は、単年度か複数年度平均の投資前の利益をベースラインとして使うことだろう。ロボットとテクノロジーへの投資は、これらの利益から全額控除可能であり、資本コストが回収されるまでは税金を支払う必要がない。これによって、企業は投資を行うインセンティブを得られ、テクノロジーがビジネスに組み込まれるまでの移行期間にも収益活動を続けることができる。

これがうまくいって、投資コストが全て回収できれば、企業は、ロボットとAIが労働を代替している価値転嫁分に対する税金を払い始めることになる。これを算出する方法の1つは、各社が支払う税金を、以前に人間の労働者に支払われていた賃金の比率で案分することだ。

例えば、ある企業の税率が、私たちがグローバル法人税として推奨した23%であり、その企業は100ドルの利益を得たとする。利益は、総売上の200ドルから全労働コスト70ドルを差し引いた後のものだ。その場合の係数は70／200となり、売上の35%が課税対象となって、企業が雇用した労働者が支払ったであろう平均所得税率が適用される。もしこの平均税率が例えば20%であれば、税額は70ドルの20%なので、14ドルとなる。

この14ドルは税の追加分として企業が支払う。企業が使用するロボットとAIによる貢献分に対する概念的税金である。企業はそれでも56ドル（＝70ドル－14ドル）を得られる。それは人間の労働者に対して払われる給料に含まれたはずのものだ。ロボットは給与支払いを受けないので、そのコストは全部企業に還元されるため、それが第一の投資誘因となる。企業が納める税金は14ドルで、「ロボット税」に帰属し、それに100ドルの利益に課される23％の法人税が加わり、合計での法人税は37ドルとなる。

企業は単に旧式経済の職を破壊して、そこから得られる経済的付加価値を株主だけに渡すべきではないと、私たちは考えている。

COLUMN

2層課税と気候活動免除の提案

科学者、政治リーダー、経済学者、そして一般大衆から、気候変動との戦いのさらなる推進を求める声が高まっている。米国財務長官のジャネット・イエレンは、気候変動が「世界が直面する最大の長期的脅威」であると述べた（注49）。では、どのような仕組みがあれば、各国政府がさらに対策を進められるだろうか？

2016年のパリ協定で、気候変動に関する法的拘束力のある国際協定が初めて生まれた。そのゴールは、21世紀半ばには気候中立な世界を実現することを目的として、地球温暖化にブレーキをかけることだ（注50）。パリ協定は、気候変動との戦いにおいて、発展途上国に対して先進国が財政支援を提供することを明記している。合意を機能させるために、各国は拘束力を持たない国家計画（Nationally Determined Contributions：ＮＤＣｓ）の提出を求められており、その中で、パリ協定で設定された世界目標の達成に貢献する活動を具体的に定めることになっている。

パリ協定下のＮＤＣｓには財政的裏付けが必要だ。多くの国々ではこれが大きな課題となっている。例えばインドでは、２０１５年〜２０３０年の気候変動への取り組みを行うためには少なくとも２・５兆ドルが必要となる。インドでは現在まで、主に国内資金で気候変動対策を賄ってきているが、対策を拡大していくためには、より大きな財源が必要になる（注51）。気候変動への戦いに向けた取り組みに外部資金が必要となりそうな国は、インドだけではない。ほとんどの発展途上国は支援を必要としている。

ＩＭＦの定義によれば、現在１５２ヶ国の発展途上国が存在する。これらの国々は、世界人口の約85％を占める（注52）。これらの国々が保有する負債は過去10年間に倍以上に増大し、50ヶ国を超える国々がその負債の返済が極端に困難な状況にある。そしてCOVID－19が問題をさらに悪化させている（注53）。

新興市場が抱える外部負債の総額は、2020年で約11兆ドルだった（注54）。2020年4月、G20諸国は最貧国支援のため、2020年末までの「債務返済据え置き」に合意した（注55）。これは小さく一時的な救済である（注56）。この負債は世界の開発に緊急事態を招くと言われており、COVID－19が世界の健康に緊急事態を招いたのと非常によく似ている（注57）。

多くの発展途上国は、多くの先進国よりも成長率が高い。どこかの時点で、これら発展途上国が追い付いて先進国として分類され、そのように扱われるようになる。しかしながら、最貧で最も低開発の国々の中には、大きな助けを必要とするところもある。

先進国、途上国、低開発国の間の経済の格差、返済能力、目の前にある世界の脅威に対する戦いへの資金供給に貢献する力を考慮に入れて、私たちは、気候変動対策基金の制度化にあたって、先進国からはGDPの2％、発展途上国からは1％、そして低開発国からは拠出なしという貢献度計算を提案する。これは実質的には気候変動税であり、各国の適格性によって2層に分けて課される。

IMFによって先進国に分類し直された発展途上国は、その時点からGDPの

２％を基金に払い込む。義務を果たさない国々は、例えば貿易禁止措置等による制裁を受ける可能性がある。科された制裁が違反国のＧＤＰに与えるマイナス影響が気候変動対策基金への拠出額よりも大きければ、合理的な行動は、義務に応じて１％または２％を基金に払い込むことだ。

加えて、基準を満たす国々は他国に対して「よき世界市民」としての評価を維持することになる。このことは将来、全ての国の人々が、気候変動は世界的な問題であり、あらゆる人がその解決に関わるべきものとしてみるようになることによって、より意味を持つようになる。フリーライダーの国は国内よりも国外の人々から冷たい目でみられるだろう。

低開発国に対しては、Ｇ20諸国による債務返済据え置きイニシアティブ（Debt Service Suspension Initiative：ＤＳＳＩ）を発展させて、低開発国がＧ20諸国に対して負う公的部門債務を全額返済免除とすることを提案する。返済免除とされた債権金額は、Ｇ20諸国が拠出を求められる気候変動対策基金に対する加算貢献分（注58）と見なされ、その金額だけＧＤＰ比２％の課税をオフセットできる。債権のオフセットが全額終了すれば、２％課税がフルに適用される。

Ｇ20以外の国々も参画を促されるだろう。おそらくこれらの国々は、例えば低開発国に対して保有する債権の半分を免除する等の形で参画するかもしれない。

こうすることで、気候変動との戦いに関して、私たち皆が共に立ち向かうという感覚が生まれるだろう。

私たちは気候変動と戦い、予見できる未来に発生する悲劇を防止することが可能だ。しかしそれを実現するためには一定の犠牲を払わなければならない。確かに、GDPの2％は税金として大きい。しかし、気候変動は大問題だ。末期疾患だが生きたいと望む人に、治癒のためなら何を手放すかと尋ねれば、普通に返ってくる答えは「何でもいい」というものだ。危機に直面すれば、その回復のためにはどんな犠牲でも払うものだ。

地球は危機に直面している。私たちは、その回復のために必要なことをしなければならない。

先進国はベーシック・インカム導入が必要

ベーシック・インカムは長きにわたって論争や議論の対象であり、試行もされてきた。ここまでの章で、私たちは成功した試行例のいくつかについて論じてきた。それらの証拠が圧倒的に示しているのは、ベーシック・インカムは意図した通りに機能し、保守的な政治家が主張するような「カウチポテト」族を生み出しはしないことだ。実際、その逆が真実であるようだ。ベーシック・インカムは、意味があって、人々がそれに熱心になれる仕事や活動を励起する。今こそベーシック・インカムの計画化が必要だ。ＡＩと自動化の到来で起きる変化は非常に急速であり、即時に緩和することはできないからだ。ある種の業界の生産性が急上昇する一方で、別の業界が崩壊するといったことが起こる。

私たちは、先進国はその市民のためにベーシック・インカム導入に向けて動くべきだと提案する。ベーシック・インカムが存在することで、より全体的な経済的包摂への大きな一歩を踏み出すことができ、デジタルＫＩＣ経済への移行に向けてよりよい準備が可能になる。いったん導入されたベーシック・インカムは、必要に応じてギャップを縮小させたり、効果を高めたり、あらゆる想定外の結果にも対応できるよう調整が可能である。どこかの時点で、経済はベーシック・インカムがもはや必要でなくなるところまで発展するかもしれない。ベーシック・インカムは現在と将来予見できる課題を乗り越えるための一時的なものかもしれない。それは時間がたてば分かることだ。

ベーシック・インカムに対する反論の理由は、ほとんどの人々にとって大事なのは、現在持っているものと、それを失うことへの恐れであり、可能性論やべき論、あるいは人類全体にとって最善のことなどは大事ではないとするものだ。私たちに必要なのは、長期的な経済についての考え方と計画だ。それは、政府レベルでも人々のレベルでも必要となる。人々には考えて計画し、熟考して新しいスキルを修得するための時間を与える必要がある。ベーシック・インカムはその時間を与えてくれる。ベーシック・インカムは所得の公平性を生み出すものではないが、より平等な活動の場を作り出すため、そこから得られる成果の公平性は高まる。ベーシック・インカムは機会に対するアクセスの平等性を高めるのに役立つ。それでも個人は自分が行う選択に責任を負うことになる。そして、より賢いかより才能があり、ハードワークする者が、他の者より高いレベルの成功とその報酬を享受することになる。しかし、貧困は排除され、不公平性はなくなり、自分が社会の爪弾き者だと感じる人はいなくなるだろう。

サバティカル（長期有給休暇）の取得

労働者が人生のより後期まで働くよう促すために、そして未来の経済では多くの人々が人生のうちに2つか3つ（あるいはより多く）の職業を持つことになるのを認識した上で、私たちは、ベーシック・インカムに支えられたサバティカル（長期有給休暇）を並行して導入することを提案する。これには、15年間のフルタイム、フルペイでの仕事の後に1年の休暇という形式等が可能だろう。それによって学校に戻って新しいスキルを学び、新しいアイデアを探求するなどの恩恵が得られる。再訓練、能力形成、（新しいアイデアによる）生産性強化が1つにまとまったものだ。

1年間のサバティカルは柔軟に取得でき、それによって人々は、仕事以外の興味分野や探求分野を開発する時間を持ち、家族や友人と時間を過ごし、コミュニティの中で関係を深めることができる。より高年齢者の再訓練では、他の人々に対するメンタリングや重要なソフトスキル教育の方法論を人々に教えることが重視されるかもしれない。それは、彼らがキャリアを通じて開発してきたものであったり、晩年になってコミュニティに貢献できる方法であったりする。

ところで、医学、ヘルスサイエンス、ライフスタイル変化が現在の速度で進化を続ければ、2040年には、77歳は引退して何もしなくなる年齢としては若すぎるとみられるようになるだろうと私たちは予想している。「高齢者」であることは、役に立てる度合いが減って他に依存する度合いが増すことと同義であるという考え方は過去のものとなるだろう。健康性、可動性、認知力は、ヘルステクノロジーと遺伝子治療の進歩を通じて改善するからだ。

ゼロサムは機能しない

未来の経済が社会的にうまく調和して機能するためには、ゼロサムはあり得ない。人類に必要なのは勝利だ。あらゆる人が同じように勝利する必要はないが、排除され、脇に追いやられ、無視されて不利な立場に置かれていると、人々が感じるようなことがあってはならない。AIと気候変動が地球に与える影響が大きな規模で激しさを増すにつれて、それがより多くの人々に起こる可能性が高まる。私たちの道は、協働するかバラバラになるかのいずれかだ。世界の大多数が、自分たちが負けていて他の誰かが勝っていると感じるようではいけない。実際、誰1人としてそう感じるべきではないが、公正感と公平感を取り戻して保証するに至るには、長い道のりがある。そうすることが、人類が部族主義（トライバリズム）を超えて繁栄の共有へと成長できる道なのだ。

機会の平等は絶対必要条件である。同じ労力と同じ成果は、報酬と価値認識の両面から平等に報いられなければならない。近い未来でなくても、長期的には、住む場所にかかわらずこれが成立している必要がある。そうあらねばならないというのが、グローバリゼーションの意味することだ。グローバルなインターネット衛星コンステレーションのような新しいコミュニケーションテクノロジー、国際的な医療研究、自動配送ネットワークといったものは、その方向性を加速する力である。21世紀のデジタル経済は、ＡＩ、ロボティクス、アルゴリズム、新しい分散型金融システム、飛躍的な長命化、未来のスマートシティのデザイン、新しい人口動態、新たな教育モデルその他を伴うものとなる。その経済では、複数市場や国家群がより協調して機能しなければならないということだ。

アジア経済の興隆は、長い年月の間不可侵であった西欧社会の価値観が変わらざるを得ないことを意味している。これは現実であり、どこかの時点で受け入れることになる。この新たな現実が自分たちの権威を揺るがすと考える「先進」経済国による抵抗は、世界的な経済対立を生み出しかねない。それはあらゆる者を傷つける。米国でさえも、中国のGDPと貿易が米国の優位性を消し去ってしまうとなれば、その軍事力を使って中国の台頭と戦うことが唯一残された選択肢であると感じるかもしれない。米国が従来型の産業、インフラストラクチャー、政策に掛け金を注ぎ込むほど、中国と米国の差はより明白なものになっていく。そしてここが、KICプラットフォームに向けて米国経済をボトムアップ型で再浮揚すべきとする議論が最も強調する点だ。

米国、中国、インドそして他の先進国のような21世紀の最大の経済国家は、他の国家を招き入れるだけでなく、平等性が重要視される環境を作り出すことにも責任がある。人類の未来が安全で、持続可能な繁栄が確実で、環境保護が保証されていることが、私たち皆が受け入れて賛同する基本原則でなければならない。

私たちに集団として必要なのは、未来に耐えうる経済だ。変化と不確実性は、互いに意思疎通せず、理解し合おうとせず、違いがお互いを分かち、「彼ら」対「自分たち」と考える人々の間に、競争、嫉妬、恐れを生み出しがちだ。これが過去になく露わになったのが、COVID－19パンデミックの時期であり、それは市民1人ひとりの経済的なやりくりや健康増進には何の役にも立たなかった。私たちがこのゲームを続ける限り、幸せでユートピア的な未来はなく、そうした目標自体が非現実的で到達不可能なものとなる。計画された豊かな未来など不可能だと思い込んでしまうかもしれない。そうではないことを私たちは祈る。

それでも私たちは、協働しようと努力し、競争と嫉妬と恐れを捨て、違いを人類の前進を支える強みの源泉と見なすことで、はるかに大きな可能性を持って、経済的不確実性と、迫りくる混沌とした変化を生き抜くことができる。

注1：これは確実に世界金融危機にも当てはまることだ。

注2：ただし、以前の章で言及したベーシック・インカムの試行では、この逆も正しいかもしれないことが示されている。

注3：通常は中央銀行を通じてである。

注4：https://www.bennettinstitute.cam.ac.uk/research/research-projects/wealth-economy-social-and-natural-capital/

注5：勉強する必要のある重要なテストがあるにもかかわらず、クローゼットの掃除に時間を使ってしまったことはないだろうか？　緊急でなくやさしい仕事を、もう1つのより緊急で重要な仕事と置き換えてしまうということだ。生産的に感じられ、怠慢という罪の意識を薄められるが、的外れである。私たちは建設的な無関心をこのように定義している。

注6：大きなアイデアはリスクを伴うものであり、先見的な考えとハードワークが、仮に達成できなくても成功に近づくことにつながるという信条に私たちは同意する。お気に入りの先生がそれをこう表現している：「星を目指せば、月に衝突するかもしれない。目指すのがバックフェンスなら、靴でドリブルするだけに終わるだろう。月に衝突するよりも、靴をダメにする方が失望は大きいものだ」。

注7：国連開発計画、モハメド・ビン・ラシド・アル・マクトゥム知識基金、Global Knowledge Index 2020、

8ページ

注8：出典＝国連開発計画、モハメド・ビン・ラシド・アル・マクトゥム知識基金、Global Knowledge Index 2020：国際連合、統計ディビジョン：統計局および各国の公式人口推計

注9：2021インターネット・アクセシビリティ・インデックス（Internet Accessibility Index）、BroadbandChoices

注10：シンガポールは2021年のインターネット・アクセシビリティ・インデックスに含まれていないが、先進的デジタル経済国家となるための計画を公開しており、現時点でもその目標に向けて進化を続けるリーダー国の1つである。

注11：https://www.investindia.gov.in/sector/it-bpm

注12：人的資本逃避または「頭脳流出（brain drain）」現象はオーストラリア、インドそして中国のような国でも長年にわたってみられており、最高の人々が海外の機会を求めて国を出る。それは給料が自国よりも飛躍的に高くなるためだ。https://en.wikipedia.org/wiki/Human_capital_flight

注13：ピーター・ヴァーナム、「グローバリゼーションの略史」、世界経済フォーラム、2019年1月17日

注14：2017年1月のダボスにおける習主席の発言は注目に値する。中国は「世界経済との統合が歴史的潮流であるとの結論に達した……それは逃れることのできない大海だ」として、さらなる包摂的なグローバリゼーションを求めた。

注15：フィリップ・マイスナーとクリスチャン・ポエンスゲン、「デジタル競争力でどの国が最も進歩しているか？」、世界経済フォーラム、2020年9月7日

注16：スマートシティとその進化のしかたと展開されるサービスの詳細な説明については、『Augmented：Life in the Smart Lane（邦題：拡張の世紀）』第11章「拡張都市とスマート市民」を参照のこと。

注17：『フィナンシャル・タイムズ』、「スタンダード・チャータード、気候変動に関する偽善行為で告発」、アトラクタ・ムーニーとステファン・モリス、2021年5月

注18：ＣＮＢＣ、「大手石油企業が『壊滅』する日が気候変動の戦いにおいて重大な分岐点となる理由」、サム・メレディス、２０２１年5月27日

注19：http://documents1.worldbank.org/curated/en/258321468327925026/pdf/339460trn126120EENote2.pdf

注20：https://pressroom.ifc.org/all/pages/PressDetail.aspx?ID=18568

注21：https://www2.deloitte.com/content/dam/Deloitte/global/Documents/About-Deloitte/deloitte-2020-millennial-survey.pdf

注22：彼らが間違っていればよいのだが。

注23：ダニエル・ディロン、ＭＢＡ学生、ハース・ビジネススクール、カリフォルニア大学バークレー校、以下で引用：https://www.ifc.org/wps/wcm/connect/news_ext_content/ifc_external_corporate_site/news+and+events/news/insights/impact-investing-for-growth

注24：https://thegiin.org/impact-investing/need-to-know/#how-do-impact-investments-perform-financially

注25：ジョー・バイデン大統領、米国議会における最初の演説の中での発言、２０２１年４月28日

注26：オルダス・ハクスリー、『すばらしい新世界 (Brave New World)』、ニューヨーク、Perennial Library、１９４６

注27：ハクスリーの「世界国家 (World State)」のモットーは「コミュニティ、アイデンティティ、スタビリティ」である。

注28：Ｊ・リー・トンプソン、「Theodore Roosevelt Abroad：Nature, Empire, and the Journey of an American President」、Palgrave Macmillan、２０１０年

注29：国際連合に参加していない独立国は、バチカン市国とパレスチナだけである。パレスチナについては、２０１２年に非参加国オブザーバーとしての立場を認められた。

注30：Almost too awful to contemplate, another world war is a sure-fire way to retard humanity. The destructi on of war will surely fast forward us to THE END. Destruction in any future war would not be limited to death and loss of buildings but we'd also suffer forever the environmental catastrophe that modern weaponry would cause. There would be no winners.

注31：https://www.un.org/sustainabledevelopment/sustainable-development-goals/

注32：https://www.un.org/en/about-us/un-charter/chapter-5

注33：https://www.theguardian.com/world/2015/sep/07/what-has-the-un-achieved-united-nations

注34：注目すべき例外はいる。

注35：「規制影響分析：インパクトアセスメント一貫性のためのツール」、ＯＥＣＤ、２００９年9月11日

注36：世界経済フォーラム、グローバル競争力指数、政府規制の負荷、２０１７年

注37：異なる税率が提案されている。米国財務省は15％を最低水準とみており、最終税率はそれより高くなることを望んでいる。

注38：ＯＥＣＤは２００９年以来、多国籍企業による課税回避を強調しており、国際課税構造を変革して現代的にするよう推奨している。

注39：https://www.oecd.org/g20/topics/international-taxation/

注40：https://www.aboutamazon.com/news/policy-news-views/a-message-from-jeff-bezos

注41：エリザベス・ウォーレン上院議員の２０２１年3月26日のツイッター発言に対するアマゾン・ニュースの反応

注42：https://www.nytimes.com/2021/05/20/business/economy/global-minimum-tax-corporations.html

注43：https://www.nytimes.com/2021/05/20/business/economy/global-minimum-tax-corporations.html

注44：https://home.treasury.gov/news/press-releases/jy0101

注45：https://foreignpolicy.com/2021/04/12/global-minimum-corporate-tax-janet-yellen-bad-idea/

注46：エルケ・アンセン、「世界の法人税率、２０２０」、The Tax Foundation、２０２０年12月９日

注47：または同様の権限を持つ特定目的組織を作って、生活を向上させ、コミュニティを変革する。

注48：https://home.treasury.gov/news/press-releases/jy0101

注49：https://home.treasury.gov/news/press-releases/jy0101

注50：https://unfccc.int/process-and-meetings/the-paris-agreement/the-paris-agreement

注51：２０１４〜２０１５年価格での概算見積もり：以下を参照のこと。「インドにおける各国が自主的に決定する約束草案：公平な温暖化対策に向けての取り組み」、ＵＮＦＣＣＣ（UN Framework Convention on Climate Change：国連気候変動枠組条約）に提出されたもの、２０１５年10月１日

注52：https://www.worlddata.info/developing-countries.php

注53：https://jubileedebt.org.uk/press-release/poor-country-debt-payments-soar-to-highest-level-since-2001

注54：https://www.brookings.edu/blog/future-development/2020/04/13/what-to-do-about-the-coming-debt-crisis-in-developing-countries/

注55：この債務返済据え置きイニシアティブ（Debt Service Suspension Initiative：ＤＳＳＩ）は２０２１年12月末まで延長されている。

注56：https://www.oecd.org/coronavirus/policy-responses/a-debt-standstill-for-the-poorest-countrieshow-much-is-at-stake-462eabd8/

注57：https://www.brookings.edu/blog/future-development/2020/04/13/what-to-do-about-the-coming-debt-crisis-in-developing-countries/

注58：ただし気候変動対策基金に対する基本拠出金に反するものではない。それはいずれにせよ払い込まれなければならないものだ。

CHAPTER 10

テクノソーシャリズムの台頭

The Rise of Technosocialism

人類は転換点にいる。私たちに与えられた機会は1回きりだ。本書で取り扱う問題は、種としての私たちを根本的に変えるもの、そして変えるに違いないものだ。

こうした変化を推進するのは、私たちがおそらく今後ずっと取り組んでいくことになる、最も根本的な疑問である。組織化の原則として、利益の追求を最優先とするシステムをさらに追求するのか、あるいは種の繁栄、生存性、健康と幸福を優先するかのいずれかだ。このような枠組みでみれば、これはあまり難しい決断ではない。しかしこの惑星全体が、経済競争、意図的な希少性の創出、そして個人の権利または国の権利が他の同胞人類の権利に勝るという思い込みへと向かっている中で、この考え方を広めるのは、おそろしく骨の折れることだ。これは現代の部族主義（トライバリズム）**であり、それが昔ながらの富と優位性の恣意的な仕分けに基づいて、私たちを他の全ての人たちと対立させている。**

人類が最も強く、賢明で、成果を生み出すのはいつも、手を携えて働くときだ。しかし、資本主義、ナショナリズム、宗教、そしてその他の人為的な仕組みは、人々を分割してきた。それらは、種としての人類のより大きな目的に対して反生産的であり続けるものだ。

ここまで読み進めてこられた読者は、気候変動への全面的な反対者ではない可能性が高い。

しかしそれでも、私たちが目にしている気候の変化が人類の責任であるかどうかには疑念が残っているかもしれない。それはそれでよい。気候変動が起こる原因は、私たちの未来にとってさして重要なことではない。原因のいかんにかかわらず、私たちは適応しなければならないのだ。

世界的な気温上昇は簡単に測定可能だ。過去150年にわたってそれが加速してきたことを、私たちは知っている。そして、今世紀の終わりには気温が1・5℃〜3℃上昇することも予測可能だ。氷河が融けつつあり、それが過去数百年間で最大の速度であることを、私たちは知っている。これは、グラスに浮いた氷のようなものだという古典的な反論とは異なる。これは陸塊の上に載った氷であり、それが毎年数兆トンも融けて海になだれ込むという話なのだ。北極圏の氷の融解だけでも、毎秒1万4000トンの水が海面上昇を加速させている。だから、海面上昇の速度は一定の範囲内で予測可能であり、それによってどの都市が最初に水に浸されて没するか示せるのを、私たちは知っている。

異常気象の事象が加速している。100年に1度の洪水、100年に1度の台風、100年に1度の干ばつから、100年に1度の山火事や森林火災などは、今や年中行事だ。こうした事象によって犠牲となる人命の数や経済的な影響は、毎年増加している。私たちはこの問題を先送りし続けている。それはこれが、その潮流を逆転させようにも、理解するにはほとんど想像不可能なくらい大きな問題であり、加えてこれが単なる通常の気象サイクルだと言い張る人々もいるからだ。どこまで行けば、こうした「不可抗力（act of God）」の毎年のコストが長期的な復元力や緩和活動を上回ってしまうことを、私たちは受け入れられるのだろうか？　世界の保険産業が崩壊する時だろうか？　その理由は、こうした年間コストを保険産業がこれ以上引き受けられなくなるからだ。そうなってからではもはや遅すぎる。私たちは気候変動に立ち向かう戦いのときを迎えつつある。そしておそらく、私たちはお互いに対してもそうだ。

「2019年には気象関係の危険が生じたことで、1400ヶ国の約2490万の人々がその住まいを追われた」

——UNHCR（国連難民高等弁務官事務所）統計、2020年11月30日（注1）

中国では、人口の20〜30％が住まいを追われるだろう。バングラデシュとインドが受ける被害は大きく、現在から2050年の間に2億を上回る人々が住まいを失う。ベトナム、インドネシア、タイ、フィリピン、日本もまた影響を受ける。トンガやモルディブのような国々では、今後30年の海面上昇はまさに壊滅的で、国土の80％超に及ぶものになる。マイアミとニューヨークは永遠にその姿を変えてしまい、都市の大部分は居住不能になって常時水に浸かるだろう。欧州では、オランダ、イタリア、ギリシャ、ロンドンが最も劇的に影響を受ける場所となる。

アフリカでは、少なくとも20の都市が特に海面上昇に無防備である。その中には、カイロ、ケープタウン、ラゴス、キンシャサが含まれる。リストの最上部に来るのはナイジェリアのラゴスで、2050年には3300万人の住民の半数が影響を受けると予想される。

こうした出来事の道筋はすでに織り込み済みである。私たちが歴史的にみて、現在起こりつつあるこれらの出来事の予防を十分やってこなかっただけだ。その代わりに、私たちは適応しなければならない。しかもそれを急いで行う必要がある。わずか30年の間にである。

これは「気候変動」ではない。世界的な気候大災害であり、地球上のあらゆる人々と国々を巻き込むものだ。

こうした状況のさなかにありながら、私たちは同時に、地球上で競合となる知性インフラストラクチャーの登場に向き合っている。人工知能（AI）の台頭である。AIの当初の影響はシンプルなものだ。しかし、社会の大規模な自動化が起こるため、大規模な失業が生み出され、仕事、リソース活用、通商そして資本主義そのものと私たちの関わりが再定義される。政府の効率性の向上、資源利用の効率性の向上、そして長寿化と巨大な富の創出という推進力が市場を促して、人類史上かつてない好景気をもたらすだろう。

AIの台頭と気候大災害が地球にもたらす影響は、これまで人類が全く遭遇したことがない壮大な変化であり、私たちはこのことが同時に起こる中を生きることになる。双方が私たちに対して、協働して社会を作り直すための途方もなく強いインセンティブをもたらす。それによって私たちは社会を、現在の経済的インセンティブからくる受動的で短期志向のものから、地球と人類に対する長期的なコミットメントへと変えていくのだ。そうでなければ私たちは、G

DP成長率や、どの国の経済がより強いか、どの政治・経済形態がよりよいか、そして人種差別、ナショナリズム、その他の差別が正当かどうかを議論し続け、その結果必然的に社会を崩壊させてしまうことになる。

私たちはよりよい結果を選ぶことができる

しかしながら、信じられないような無限の楽観的側面も存在している。

現在の地球を再生する力を人類が手にしたことは、これまで一度もなかった。次の世紀をかけて、私たちはジオ・エンジニアリングのスキルに磨きをかけてアートのレベルに高め、都市と住む場所を復元力があってサステナブルなものにしていくことになるだろう。今世紀の終わりには、20億近い人々を新しいスマートシティに移住させる。海面上昇の影響を被った沿岸を離れて、維持可能な生活を支えてくれる都市へと移動するのだ。

私たちは、空気中からCO_2を抽出するテクノロジーを使って、まずは炭素を隔離し、次いでそれをカーボンナノチューブのような新材料へと変換する。海防壁を築き、インフラストラクチャーを時代に合わせて更新する。海から汚染物質を系統的に抽出し、水産業という巨大な産業に別れを告げて、魚類個体数を維持しながら代替的な培養食品へと転換する。

農業は自動化され、食料のサプライチェーンは再構築されて、自律的なシステムを使って都市と農業地域の間で食料生産が配分される。現在の家畜や家禽農業はなくなり、培養タンパク質に置き換わる。

都市内では垂直水耕農場を使うことになる。そこで使用する水は旧式農法のごく一部にすぎない。食はより健康なものとなり、カーボンフットプリントは、前世紀の農法で排出されていたよりもはるかに低減される。

現在、世界の商品貿易の50％はエネルギーベースのものだが、次の10年のうちにははるかに低コストの再生可能エネルギーに基づいた、クリーンで、非常に低コストのエネルギー・インフラストラクチャーが世界的に進化するだろう。交通は自動化される。医療、交通、ガバナンス、救急サービス、リサイクル、そしてそれよりはるかに多くのものがインテリジェント化される。

人工知能は私たちを日常的な経済奴隷状態から解放し、生活の中での労働の役割を変えてくれるだろう。私たちの多くにとって労働は、生きるために必要なものではなく、熱中して行うものとなる。週に70時間も最低賃金で働いて、それでも飢える人々はいなくなる。

ＡＩは私たちに、より長く健康な人生を生きるツールを与えてくれるだろう。そして、私たちが宇宙の最大の謎のいくつかに答えるのを助けてくれるだろう。信じられないようなコンピューティングパワーを解き放ち、かつてＳＦの世界だと考えていたことを日々の現実へと変えてくれるだろう。

政府の自動化が、大きな政府をスモール化する

しかし、社会における最大の変化は、ＡＩを政府の自動化に用いることで望外の結果がもたらされることかもしれない。ＣＨＡＰＴＥＲ　１で本書の旅路を始めた際に述べたことを思い出してみよう。ＡＩが大きな政府を劇的に改革してしまう見込みが得られれば、それを証しとして社会主義に対する否定的な見方の一部が見直されるという話だ。自動化によって大きな政府を小さくすることが可能ならば、税収のうち使える資金が大きく増えるだけでなく、それを市民の医療や教育とともに、幅広いサービスやインフラストラクチャーに再投資することが可能となる。

２０３０年代の半ばには、規制はコード化されて、個人や企業が法律に抵触しているかどうかはＡＩが判断できるようになるだろう。その先にあるのは、政治、人種、ジェンダーや宗教面でのバイアスを排除するように設計されたＡＩベースで裁判を行うことだ。ＡＩベースの契約法は、同法に基づく判断、判例そして契約そのものに基づく解釈と判断を行う。私たちの周りの世界に組み込まれた画像認識、カメラ、センサー群で、犯罪者をより迅速に見つけ出すことが可能になる。犯罪は、取り締まりの進化の結果だけでなく、ベーシック・インカムが犯罪

意欲を削ぐことの双方の理由から減少するだろう。法律順守と法律執行のコストは激減し、刑務所は空となり、市民は法律違反で警察を恐れる必要はなくなる（ただし、全く同じテクノロジーが、現存するバイアスを強化し、反対意見を圧殺することに使われる可能性もあることは、ここで述べておくべきだ）。

すでに政府と都市サービスの自動化をうまく使いこなしている経済国家もいくつかあり、それらが人工知能の優位性と課題を示している。ここでは3つの事例を共有することで、何が可能で、なぜ早期の明確な政策決定が重要なのかを示していこう。

中国における顔認証

中国は顔認証テクノロジーを非常に幅広く採用しており、それは主に金融サービスで使われ

図10－1 ● 顔認証は中国で支払決済に幅広く使われており、不正比率を劇的に低下させている

画像：アントグループ

ているが、現在は他の分野にも拡大しつつある。中国全土の就学児童は顔認証を使って校庭に入る。それは広く有益なセキュリティ方策と見なされる。店舗では、現金やプラスチックカードの代わりに顔認証を使って商品やサービスへの支払いをすることができる。パンデミック期間中は、このシステムが完全な非接触取引機能を生み出すのに使用された。ここに示す写真はそうしたアップデート前のものだ。

アントグループのアニュアルレポート（注2）は、アリペイが生体認証を使っていることを述べている。そこには手の平サイズの組み込み型指紋・顔認証機器と、店頭での顔認証機器が含まれており、それによって中国全土で、なりすましや不正の比率が劇的に低下している。2020年の「独身の日（ブラックフライデーやサイバーマンデーと同様のものだが、中国では全ての「独身」の人々を祝う日として始まった）」には、アリババとJD.comが1150億ドルの売上を記録し、それは生体認証テクノロジーを使って実現された。

その一方で2018年に、人民日報は、中国の顔認証システムは14億の市民の顔をわずか1秒で認識可能だとツイッターで述べた。2017年12月、BBCテレビのレポーターのジョン・サドワースは中国に赴き、そこで中国の国家としての顔認証機能を目にする機会を与えられた。中国の当局者は、サドワースが中国の田舎の村に身を隠していたことを、わずか7分間で特定できたことを示してみせた（注3）。彼が、中国住民が行うようなシステムに登録をしていなかったにもかかわらずである。西欧では、顔認証は政府に濫用される可能性があることが繰り返し議論されているが、現在の中国は、幅広いデジタルサービスへのアクセスという観点から、デジタル認証インフラストラクチャーの草分けとなっている。ＡＩと顔認証のようなテクノロジーに関しては、誤用を避けるために、さらなる議論、規制そして政策決定が長期的に行われることが重要な点には同意する。

デジタル認証インフラストラクチャーに関しては、中国のシステムが他の世界諸国にとってテンプレートとなるに違いないというのが事実だ。21世紀はほとんどの日常的なサービスがデジタルレイヤーを通じて提供される。署名、生年月日、住所（急速に陳腐化しうる）、母親の旧姓等々の認証手段はセキュアではなくなるため、私たちはそれらよりもはるかにうまく認証を行う必要がある。ほとんどの先進サービスには、そのサービスが子供の教育、アパートの賃借、医療サービス、電子マネーを使った取引の何であれ、アクセス可能な中核的な認証インフラストラクチャーが必要だ。認証改革はＫＩＣ経済に対応する21世紀の必要前提条件である。

中国深圳が示すスマートシティのあり方

深圳はおそらく地球上で最も自動化されたスマートシティだ。アムステルダム、東京、あるいはニューヨークのような他の都市でも、ある程度の自動化（ＡＩベースの登録タグ、ナンバープレート認識による通行料金徴収、自律的な交通アルゴリズム等）が使用されているが、深圳はこれを丸ごと新しいレベルに引き上げた。それは「インテリジェント・ツイン」という都市全体にわたるＡＩシステムによるものであり、電子政府からスマート政府への移行である。

ニューヨーク市にある自動車が約２００万台であるのと比べて、深圳には約３５０万台の自動車がある。このため深圳は、中国で最も自動車が過密な都市となっている。この自動車台数の増加状況をうまく運営するために、深圳交通警察はＡＩと5Ｇ／エッジコンピューティングを導入して交通流量、法執行措置、渋滞減少、および基本的な管理と指令への対応に取り組んだ。これによって交差点での待ち時間が約20％減少し、交通容量は10％増加した。

深圳の高速道路で事故が発生した場合、画像認識によって、パトカーの配備の必要性や、救急車や消防その他の緊急サービス車両の出動の必要性が自動的に判断される。つまり、警察が現場に到着するよりもはるか前にこれらの車両が動いているということだ。救急車や消防車には自律的システムを介して、事故現場に向かうまでの全行程が青信号になる。米国国立衛生研究所の研究では、深圳には１１１の救急車ステーションに５００台を超える救急車が配備されており、その実績は米国の９１１通報（訳注：日本の１１９番に当たる）への対応時間と、救急サービスのコスト効率性を大幅に上回っていることが見出されている（注４）。

現在の深圳では、速度違反やシートベルト未装着、テールランプ切れで警察に止められることはない。手持ちの携帯電話に向けて反則金が通知される。最初の違反では多くの場合は警告を受けるだけだが、それは交通法違反を繰り返した場合にどうなるか、システムがその能力を示してみせているということだ。これが基本的な市民権の侵害であると主張する向きもあるかもしれないが、米国に住むアフリカ系アメリカ人にとってみれば、このシステムは、パトカーに止められて差別的な扱いを受ける可能性があるよりもはるかに優れたものだろう。現在の画像認識技術の能力を前提とすれば、違法取り締まりのために物理的な車両停止が必要な理由など、明らかに存在しない。それは、警察活動のコストを圧倒的に引き下げ、精度と公正さが増すだろう。いずれにせよ最終的には、自動運転が現在の交通違反の取り締まりとそれによる反則金収入を完全にディスラプトすることになるだろう。

図10−2 ● スマートシティの構成要素

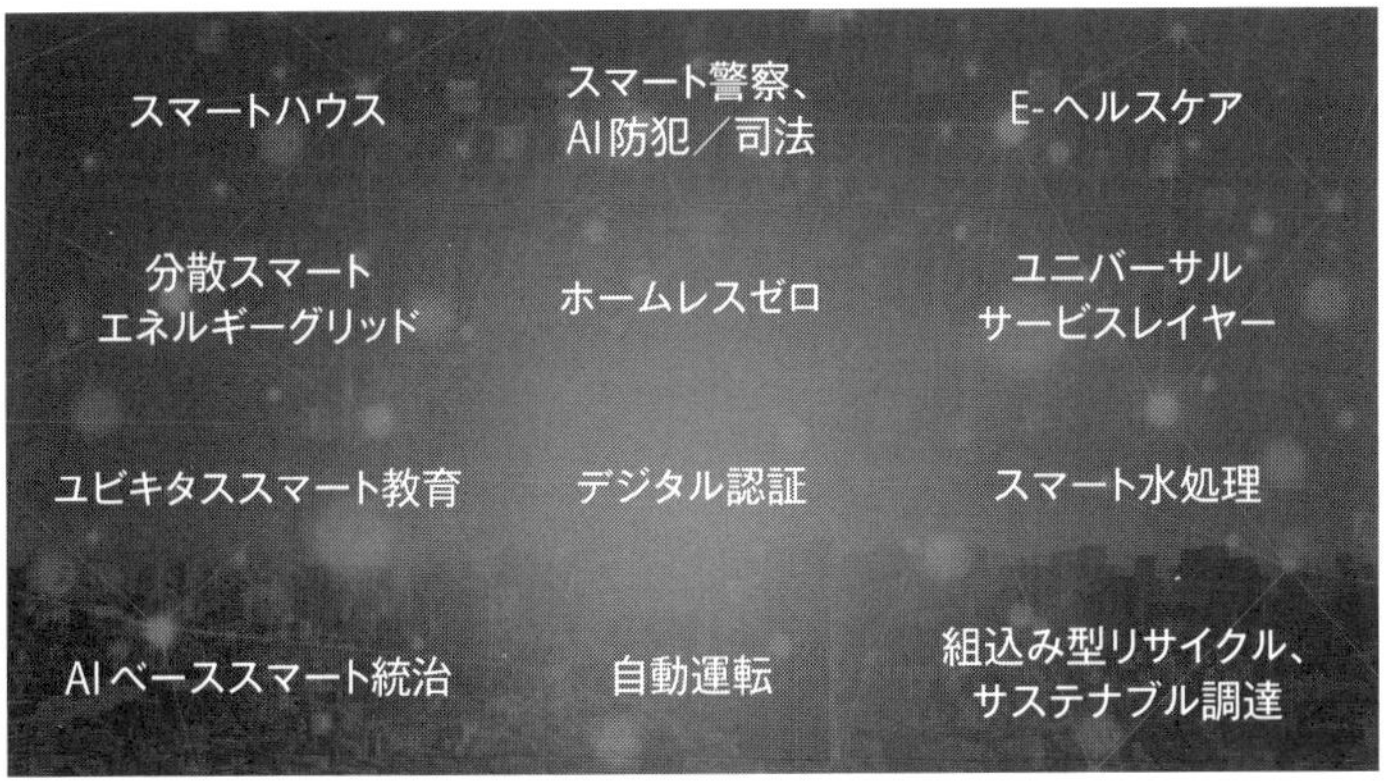

スマートハウス	スマート警察、AI防犯／司法	E-ヘルスケア
分散スマートエネルギーグリッド	ホームレスゼロ	ユニバーサルサービスレイヤー
ユビキタススマート教育	デジタル認証	スマート水処理
AIベーススマート統治	自動運転	組込み型リサイクル、サステナブル調達

台湾のAI政策テクノロジー

台湾には30歳ほどのずば抜けた才能を持つ若者がいて、現行行政のデジタルプラットフォームを運営している。オードリー・タンは台湾人のフリーのソフトウェアプログラマーで、台湾における10人のコンピューター業界の偉人の1人とされており、蔡英文内閣に参加したノンバイナリージェンダーの役人の最初の人物である。

タンの最初の取り組みは、g0vプロジェクト（gov＝政府の真ん中の「o」を意図的にゼロに置き換えてある）の導入であった。次に彼らは国のハッカソンをクラウドソーシングして、COVID－19パンデミックに対応してグーグルマップのようなテクノロジーを使い、マスク配布の問題を具体的に解決した。3つめに、タンは政策議論プラットフォームを作り出した。それはg0vプラットフォームの一部であり、AIとソーシャルメディアを使って、これまで台湾の有権者を分断してきたイシューについて合意を得ようとするものだ。

「敵対勢力が仕組む偽情報キャンペーンか、荒れ狂うウイルスの暴走という目の前の脅威か、それとも単にウーバーの規制方法の考案か、どんな課題であれ台湾は、市民社会のエネルギーと才能を、

「政府官僚組織の運営力と融合させるために、テクノロジーを最良に活用しうる方法を示している」

――台湾の稀有なデジタル大臣がパンデミックをハックした方法、ワイアード、2020年7月23日

このプラットフォームは、vTaiwanあるいは「バーチャル台湾」として現在知られているものの一部である。システムが現在までに成し遂げた成果の中には、クラウドソーシングで作成した非公開企業法に関する法案の議会での承認の成功、インターネットでのアルコール販売問題に関する複数の社会的市民活動間の意見相違の解決、ライドシェア(ウーバー)の規制に関する数件の条項の承認等がある。

これらの世の中の仕組みの中での政治的意味あいはかなり小さいものだが、プラットフォームは有権者への情報提供を成功裡に行い、良識ある議論を行って、幅広い合意形成に持ち込むことに成功している。イシューへの対応にあたっては、ディープラーニング、データマイニング、行動マッピングを使用してコンセンサスが可能な領域を見出している。これによってvTaiwanでは、政治家が踏み込もうとしなかったような領域であっても、人々を1つに結びつけるような立場や議論が存在する場をAIが見出して深堀りすることが可能になった。

vTaiwanは、将来有望な参加型政府の実験である。プロセスは、多様な意見を持つグループの間で建設的な対話とコンセンサス形成を円滑に行うようにデザインされている。それ

が成功するために、複数のステージが作られており、その中には、事実やエビデンスをクラウドソーシングする「客観」ステージ、そして、衆人討議ツールであるPol.isを使った「熟考」ステージがあって「大まかなコンセンサス」の形成を促す。最後に、重要なステークホルダーが招かれてライブストリームの対面ミーティングを行って具体的な提案を練り、それがその後に立法へと形を変える。

vTaiwanが示しているのは、主要な課題に対して、テクノロジーを活用してリアルタイムの統治を生み出し、その課題について市民を教育し、同時にコンセンサスに到達する方法があるということだ。これによって、単に自分が支援する側に投票するよりもはるかに参加型の政府を実現できる。政治的展望からすれば論理的な進化であるが、個人の国会議員による代議政治から脱却することになり、残った骨格部

図10－3 ● Pol.isからのスクリーンショット

Pol.isはvTaiwanの
プラットフォームの1つで、
ライドシェアリングサービスの
議論に使われている
Opinion Group: 1 2
Majority Opinion
Anonymous
我覺得應該審核人員，乘客保障，駕駛權益都要兼顧，最重要還是安全第一
92% Agreed

出典：vTaiwan

分だけの政権と閣僚が人々の総意を実行することが可能になる。

21世紀中に解決すべき政策課題

政策は、法律の変更と政府予算の変更の双方を推進するものだが、将来は、世界全体でマクロレベルの変化、課題、展開が起こるため、何らかの政治的意思決定を行わざるを得なくなることが予想できる。これらは私たち皆が同意できるものばかりではないため、活発な議論とそれへの私たちの集団的対応が、人類がどの具体的な道筋を進むかを決めることになる。その中には次のようなものが含まれる。

●不公平性、不当な扱い、人種差別

これらは、経済的不確実性の影響と、主流から外れても続く資本主義の影響との間の戦いという形で続くだろう。それには人類の優越性や至高性という未啓発なものの見方が同居し、宗教、人種、ジェンダーあるいは階級といったものが関係している。今世紀の後半には、私たちは次のいずれかになっているだろう。すなわち、世界経済の必須の要件として全ての市民が最低限の生活品質を得られることが合意されているか、あるいは階級闘争の永続に膝を屈するかである。しかし、人間存在の倫理とは、私たちが直面しようとしている究極の試練だ。もし性

同一性が複雑な問題だと考えるなら、超人間主義的サイバネティクスによる人類の拡張、遺伝子治療、遺伝子組み換え技術等の発展を待つことだ。

●気候変動

穀物の不作、食料、農業のアジリティ：気温上昇の影響を受けて、農業の方法、作物の適合性、土地利用には大幅な変革が起こるだろう。すでにフランスのワイン生産地域のような一定の場所では、気温上昇への強い反応がみられており、収穫減につながっている。私たちはこれに適応する必要がある。培養タンパク質、垂直都市農法や他の戦略が必要となるだろう。

サステナビリティ、再利用、リサイクル：環境への影響を可能な限り最小限とするような、大きな社会的圧力が生じるだろう。プラスチックの使い捨てや毎年のスマートフォン買い替え行為などは、世の流れに合わず、社会的に嫌悪されるものとなるだろう。

気候修復：海からのプラスチック採取や大気からの炭素抽出、絶滅危惧種の棲息地域へのアクセス制限、幅広い漁業の禁止、畜産の削減、惑星のリエンジニアリング（1兆本植樹運動）、等々が行われるだろう。

大量移住と気候難民：何億人もの気候難民への対応のしかたを誤ると、気候変動がもたらす唯一最大の直接的な結末をもたらす可能性がある。この問題を無視するなら、人命の観点で、事態は大幅に悪化することになるだろう。

●人工知能とロボティクス

汎用人工知能の知覚力：今後20年間のどこかの時点で、AIアルゴリズムが、人間の知覚力と自己認識に等しいものを獲得するようになるだろう。汎用人工知能（Artificial General Intelligence：AGI）である。このため私たちは、知的で知覚力を持つ人間でないモノが、私たちの社会の中でうまくフィットする場所を明確にする必要がある。こうしたインテリジェンスを切り離して管理しようとする試みはあるだろうが、それはどれもうまくはいかないとみられる。21世紀に私たちが人間同胞として仲良く暮らすかが、AGIの登場にどう対応するかのひな型を提供することになるだろう。不平等性が大きく残っているほど、台頭するAGIの取り扱いは難しいものとなるだろう。

ロボットとの共生：2035年には、ロボットの数が人間の数を上回るだろう。人間存在のあらゆる局面を通じて、私たちは物理的なロボットとソフトウェアロボット（アルゴリズム）と共に生活することになる。ロボットと共に働くことを学び、ロボットを生活に組み込むことは、電話、テレビ、インターネットが社会に及ぼした影響と似たものとなるだろう。

知性の拡張と神経インターフェイス：AIの台頭に対抗するために、人類は知性を拡張しようと模索するだろう。しかしそれより前に私たちは、ニューラリンク（Neuralink）のような脳コンピューター・インターフェイス（Brain-Computer Interface：BCI）を使うことになるだろう。それは脳を直接エッジコンピューティング・クラウドに接続するだけでなく、ロボットや人工頭脳との統合を通じて、身体障害を克服し、人間の活動を拡張する。

超人間主義とサイバネティクスによる拡張：知性の拡張と非常に関係が深いものとして、バイオエンハンスメント（訳注：バイオテクノロジーによる人間改造）と人工頭脳工学を使った私たち人間の形態の拡張がある。これが始まるのは、生身の人間の肢体を上回る能力を発揮するロボット装具、遺伝性疾患を取り除くための体外遺伝子治療、そして糖尿病罹患者に対するインシュリンレベル調整用のインプラントのようなものからだ。それは全く新たな拡張領域へと進化していくだろう。例えば、視力と聴力の拡張、遺伝子組み換え臓器、身体改造などだ。

人工知能規制：ＡＩが社会で果たす役割が増大するため、ＡＩの活用に関して、全く新しい法律や規制の体系が登場してくることが期待される。

●スマートシティとインフラストラクチャー

スマートインフラストラクチャー：エネルギー、水道、廃棄物管理から幅広い交通の自動化、救急サービスと治安維持まで、社会のリソース管理はＡＩによって大幅に最適化されることが期待される。

安価でクリーンな再生可能エネルギー源：化石燃料に依存しないスマートエネルギーマネジメント、分散エネルギー供給網と、供給網と連携したエネルギー蓄積設備の存在は、エネルギーコストとカーボンフットプリントを20世紀終盤の数分の1に削減するだけでなく、21世紀後半の気候変動影響がはるかに悪化するのを防止するために重要である。

対気候変動耐性：気候変動がインフラストラクチャーと都市に影響を及ぼすため、道路、鉄

道、電気そして水道のインフラストラクチャーを、水害、火災そして熱波の全てに耐性があるものとする必要がある。

食料サプライチェーン管理：気候変動によって引き起こされる農業と食料サプライチェーンへの影響問題、そして持続可能性と低影響農法への推進のために必要となる。

自動運転：何百万人ものトラック運転手、タクシー運転手、配達ドライバーを失業させる。自動運転は百万人の命を救うが、何百万もの人が職を追われる。

●デジタル王国

バーチャル世界：バーチャル世界に現れるもう1つの現実が、私たちが住む世界の現実と競合するようになる。SF小説の『スノウ・クラッシュ』や映画『レディ・プレイヤー1』のメタバース世界は近いうちに現実となる。それは、現実世界と肩を並べて競合する逃避世界とバーチャルな職業を人々に提供する。

デジタルコピー：AIとアバターを組み合わせることで、自分のために代理でビデオ通話に出てくれるバーチャルな自分の分身を持つことができるようになる。代理アバターは、適切な訓練を施せば、本人の行動をかなりうまく真似できるようになるだろう。

デジタル再生：私たちはすでに、亡くなった俳優がCGで再生されて映画の役柄を演じるのを目にしている。テクノロジーの力で近いうちに、仮想の役者が現実の役者と区別がつかなくなるだろう。

デジタル意識のアップロード：神経スキャン、ニューラルネットワーク、そして意識についての私たちの理解が進歩することで、21世紀のどこかの時点で私たちは、人間の意識をデジタル世界にアップロードする試みを目にすることになるだろう。これは別の形での長寿化であり、生物としての私たちの寿命を延ばすよりも安価であるかもしれない。

●宇宙探索と植民地化

宇宙ツーリズム：宇宙ツーリズムのコストは現在の何百万ドルという価格から急速に低下して、1フライト当り20万～25万ドルとなり、ファーストクラスでの世界一周チケットと同等か、それより安価となるだろう。

宇宙製造と宇宙鉱業：宇宙鉱業が実現可能となるのは2030年代後半か2040年代まで待つことになるだろうが、そうなれば地球の経済の仕組みを著しく変えてしまうだろう。地球の資源の使用を止めることも必要になる。地上の鉱業は急速に弱まっていくだろう。

月面での定住：国際宇宙ステーションで実施しているのと同じように、次の10年間には月面での定住開始を目にすることだろう。そしてそれは、中国、ロシア、米国の間での新たな宇宙競争の始まりとなる。気候変動と大規模失業という課題を抱える中でのこうした探求の取り組みは、歴史的にもそうであったように、役立たずの公共投資だとして厳しい非難に晒されるだろう。

火星の植民地化：火星での都市建設とその未来は人類の運命を左右するものであり、それは、

イーロン・マスクが好んで指摘するように、恐竜を絶滅させたような彗星か、私たち自身の自滅行為による絶滅の可能性なのか、いずれにせよ人類が生き抜くための重要な保険である。

●医療と長寿

ヘルステック改革：医療産業の改革には、ゲノム科学、遺伝子医療、3Dバイオプリンティング、マイクロ流体工学、ラボチップ（Lab on a Chip）、AI診断、ロボット装具、パーソナライズド医薬などが含まれる。それとともに、行政、サプライチェーン、規制システムを大幅に単純化することが、独占的な保険と薬務の排除につながる。こうした改革は、最終的には全ての人々にとって、飛躍的に安価でより効果的な医療の実現につながっていくだろう。

繰り返すパンデミック：コロナウイルスは、今世紀に私たちが経験する最後の世界的パンデミックではない。氷河や北極とシベリアの永久凍土層の融解によって、凍結されていた古代のウイルスが解放されることで、長期間潜伏していた、私たちが免疫を持たない古代の疾病がもたらされることになる。

長寿化治療：人間の寿命を延ばすことができるようになれば、私たちの成長期間、人口増加と安定、宇宙の中での私たちの位置といったものから、家庭、仕事、守るべきレガシーのあり方まで、全てのものの見方を変えることになる。この発展が直面する最大の課題は、アクセシビリティである。それが最も富裕な人だけに限られるものであれば、階級闘争を劇的に際立たせることになり、人類の発展を取り返しがつかないほど歪めてしまうだろう。

●経済

労働力開発：幼児期から55歳以上の労働者までの全年齢層にわたる教育と訓練への投資が必要となる。また企業が労働時間中に職員の能力開発に時間を割くことを奨励することも必要だ。

保育の無償化と女性の労働参加の強化：より多くの女性が労働力に加わるようなインセンティブの提供は、それがパートタイムの役割であっても重要である。人口が減少するにつれて、女性を雇用し、労働力により広く参加させることが重要になる。2017年にS&Pグローバルが実施した研究では、米国の女性がノルウェーと同等の比率で労働力に加わり、そのまま残った場合、米国経済は1・6兆ドル拡大することが示された。これはGDPで8%を超える増加となる（注5）。他の場所での他の研究でも、女性の労働参加の増加はGDPに飛躍的な押し上げ効果を持つことが見出されている（注6）。しかしそれを可能とするためには、保育と税制優遇措置の変革が必要となる。

熟年労働力：老人差別と偏見が、高齢労働力から得られる利益の利用を妨げている。GDP成長の実現は、年金支給年齢の引き上げによって、そして労働者がより高齢の年金支給年齢になるまで年金基金利用を制限することによって実現される。パートタイム労働でも同様だ。2040年代には長寿化が明確になるため、私たちは移行措置として、現在45歳より下の年齢の人は皆10年ほど、45～50歳は7年、50～55歳は5年、55歳超えは2年ほど義務的な労働年齢を延長することを提案する。これは、現在45歳未満の人はフルタイムで77歳まで働くよ

うになることを意味する。これらの変革が導入され、いったん移行措置が行き渡れば、GDPは少なくとも20％増加すると私たちは推計している。現在の米国ならば、これは年間４兆ドルかそれ以上ということになる。現時点で両方のアイデアが実行されていれば、予想されるGDPの変化は５・６兆ドルかそれ以上の増加となり、現在約５・３兆ドルとなっている米国のパンデミック対応はカバー可能だ。

研究開発：本書で私たちは、21世紀の産業や能力を生み出すために研究開発が必要な領域を数多くリストアップした。しかし、それらの領域には現在、ほとんどR&D資金がついておらず、多くは民間投資に任されており、ほとんどの市場には先進的なベンチャーキャピタルやプライベートエクイティ市場が存在していない。

長期プログラムとインフラストラクチャー開発：現在の私たちは短期志向だ。長期的なプランニングとプロジェクトが経済の中核的な機能要素であること、未来世代のための長期的な投資が必要であることについて、市民に学んでもらう必要がある。同時に、銀行口座に積み上がっている死んだ億万長者の富と企業の準備金は全て、より上手に活用されることも必要だ。

●政治改革と政策討論

国民皆保険：国連によれば、医療、住宅、教育、衣服そしてインターネットへのアクセスは基本的人権であるが、基本的レベルのこれらのサービスへのアクセスは、いわゆる発展途上国の多くで存在しておらず、先進国の中には論争の的となっているところがある。中国はわずか8年前に、最貧層にあった1億人の市民の貧困を排除することに成功した。したがって、これは実現可能である。

米国vs.中国の経済競争：米国が、今後10年で中国経済の優位性が高まることを快く受け入れることはないと予想できる。その反応としては、経済指標の虚偽報告への不信と糾弾から、埋め立てられ、中国の軍事施設が置かれた東シナ海の島嶼に関する紛争の可能性等まである。米国は自らのグローバルリーダーとしての役割をうまく修正できず、経済的に優勢な中国に弱体化させられていく。

倫理と正義の改革：警察と司法に存在する偏見を排除するため、量刑と反則金をＡＩに任せることが考えられる。ＡＩによる量刑を常に覆す判事は席を追われるだろう。量刑は次第に懲役期間を短くする方へと進み、精神的健康支援と、気候変動緩和とインフラストラクチャー向上に向けたコミュニティ奉仕時間が増えるだろう。

移民政策：気候変動難民の大量移動、出生率の低下、そして経済成長速度の低下によって、高スキルの労働資源を求める競争と、低スキルの移民への経済支援を求める世界的圧力が増すことが予想される。

失業とベーシック・インカム：ベーシック・インカムは広く普及するだろう。それは、テクノロジーによって自動化が進む結果として失業が増加するためだ。

社会的な騒乱と抗議活動の広がりへの対応：失業は犯罪率に影響し、抗議活動を増加させ、幅広い政府に対する不満へとつながっていく。それは失業の増加・高止まりと、襲ってくる気候変動の影響に対する政府の歴史的な拙い対応によって引き起こされる（例えば、保険システムの崩壊、住居からの立ち退き、季節的な公共サービスの停止、洪水、大気汚染問題等だ）。抗議活動の数が群衆管理能力を上回りそうになると、騒乱鎮圧の動きが大幅に強まるが、そのことが革命か本格的な改革へとつながるだろう。

表10では、こうした政策課題が社会の進化に分岐点を生み出す可能性がある部分について、私たちの考えをみていただけるだろう。それらは私たちを何らかの結果へと押しやるものだ。

具体的な政策課題（イベント）への対応を、結果によって分類した。分岐点における意思決定の違いが、私たちを他ではないある結果へと導いていく。私たちが戦略やイベントに対して拒

表 9 ◉ 4つの可能性

ラッダイト世界	資本主義は大きく失敗したが、新たなシステムは登場していない。ＡＩ、科学、テクノロジーは大部分が拒絶されている。人類の雇用と存在意義を維持するために、テクノロジー利用の制限が法制化される
テクノソーシャリズム	世界は高度に自動化されている。公平性と繁栄が幅広く行き渡っている。医療、教育、輸送、食料、住宅に関するインフラストラクチャーがどこでも利用可能になっている
新封建主義	富裕層の居留地は壁を巡らせた都市内にある。テクノロジーの所在と富の集中が、巨大な不公平性をさらに強めている
失敗世界	私たちの対応が遅れたために気候崩壊が生じて、世界的な不況を引き起こしている。何億もの人々が住まいを追われ、移民と資源を巡る戦争が起こる。全面的な独裁統治となる

表10 ● 分岐点となるイベントと対応の違いがもたらす結果

イベント	年	領域	拒絶	受け入れ	対応なし
火星に初の人類	2028	宇宙	ラッダイト：地上は問題過多	テクノ：複数惑星に住む人類	
中国経済が世界最大に	2030	経済	新封建：そんな馬鹿な/なぜ可能?	テクノ：インフラストラクチャー/AI標準	
			失敗:これは戦争だ!		
大きなAI規制	2030	AI	ラッダイト：AI禁止、人間第一	テクノ：公平のためのAI倫理	
不老化への抗議活動	2030	政治	失敗：何もするな、革命だ	テクノ：全員参加!	新封建：企業も人なり
世界一律税率	2035	世界	新封建：既得権者が拒否	テクノ：利益より市民優先	失敗：それでも市場成長か?
人類の拡張	2035	医療	ラッダイト：自然秩序ではない	テクノ：AIとの競争	新封建：富者だけのもの
大規模なテクノロジー失業	2035	AI	ラッダイト：人間の職を奪うAI/ロボット禁止	テクノ：全世界ベーシック・インカム	失敗：ベーシック・インカム反対 誰が負担するものか!
				新封建：職のためにもっと働け	
寿命脱出速度	2040	医療	ラッダイト：自然秩序ではない	テクノ：長寿と繁栄!	新封建：富者だけのもの
ベーシック・インカムがクリティカルマスに普及	2040	経済	失敗：何もするな、革命だ	テクノ：全世界ベーシック・インカム	新封建：ベーシック・インカム反対 誰が負担するものか!
再生可能エネルギー 100%	2045	エネルギー	ラッダイト：石炭がよい	テクノ：低炭素、エネルギー無料	新封建：大手石油会社の意見は?
汎用人工知能	2045	AI	ラッダイト：AIが世界を支配する!	テクノ：全ての権利の変更	新封建：最高の結果を出した私のAIに支払いを
気候難民ブーム	2045	気候	失敗：資源戦争、国境閉鎖	テクノ：計画が必要だ!	新封建：誰がカネを出す?
海面上昇で都市水没開始	2045	世界	失敗：水中でも息ができるか?	テクノ：抵抗力を強化しよう	ラッダイト：気候変動は現実ではない
世界的なサステナビリティ原理	2045	世界	新封建：それでも成長と市場だ!	テクノ：地球と調和して生活する	失敗：いつも通り
国家負債免除	2045	気候	失敗：誰が何を払う?	新封建：気候にカネを払う必要が?	失敗：いつも通り
				テクノ：気候変動緩和第一	
広範な穀物不作	2045	気候	失敗：資源戦争、飢饉	テクノ：都市農業、ラボ培養	新封建：金持ちは食料の権利を得られる?
西洋の出生率低下	2055	経済	新封建：移民が仕事を奪う!	ラッダイト：もっと子供が必要だ!	
				テクノ：消費する人々を輸入	

絶を示す場合、通常は最悪ケースのシナリオが想定される。

例えばＡＩ規制をみれば、１つの可能性として、ＡＩが人間の仕事を代替するようになると、私たちにできるのは、ベーシック・インカムを機能させるためにＡＩに課税するか、あるいは人間の仕事を奪うからという理由でＡＩを完全に禁止してしまうことだ。職を守ることは称賛されるべきものだが、ＡＩなくして政府をダウンサイズすることは不可能だ。したがってその場合、ベーシック・インカムのような仕組みを通じてより広範な包摂と公平性を獲得するという結末には至らない。

火星植民地化が経済について教えてくれること

ここで最後の思考実験をして、人類、資本主義、ＡＩ、この惑星と私たちの未来の総合関係をどのような形にとらえ直すことができるのかを示してみよう。

イーロン・マスクは、人類を複数惑星に居住する種にしようと熱心に取り組んでいる。もし彼とＮＡＳＡ（あるいは国際協力を通じて）が、１００万人が居住する火星植民地の設立に成功したなら、火星の経済はどのようなものになるだろうか？

火星に降り立つと最初に気づくのは、資本主義はさほど重要ではなく、役にも立たず、建設的でもないということだ。火星から地球に資源を送り返すこともないので、火星経済全体はただ1つのことに注力することになる。それは持続可能性と自立だ。マスクが繰り返し述べているのは、火星植民地の最初の目的は、火星宇宙船による経済への補給がストップした場合の植民地の生存の確保だということだ。

受賞歴を持つSF作家のキム・スタンリー・ロビンソンは、火星の植民地化に関して素晴らしい3部作を書いている。『レッド・マーズ』『グリーン・マーズ』『ブルー・マーズ』である。その中で彼は、大幅に異なるタイプの経済を提言している。それは資源の最適配分に基づくもので、人々は富を蓄積せず、創造し、生活し、生存するために競争する。レッド－グリーン－ブルーマーズ経済における資産とは、豊富なエネルギーと持続可能な資源利用であり、入植者たちは、自分たちが使うよりも多くのエネルギー、食料、空気、水そして資源を生み出すことを自らの誇りとする。植民地全体が、できるだけ早い機会に地球から独立することに重点を置く。ロビンソンはこれを3部作のエコ叙事詩と呼んでおり、それは火星に生きる人々のモチベーションが、多国籍企業、長命の富裕なエリート、そして崩壊を続ける地上経済の市場とは大きく異なることを示唆している（注7）。

もし私たちが火星に行き、火星植民地に独立の持続可能性をもたらそうとするなら、私たちには新しい原理が必要となるだろう。利益とリターンではなく、持続可能な繁栄である。

資本主義者は、マスクが火星に人類を送ろうと考えることができる唯一の理由は、資本主義自体が成功したことに尽きると主張するだろう。起業家として抜きんでた実績を築いて何十億もの富を生み出したことだけが理由で、マスクがこれを実現することさえできるというのだ。しかし、資本主義がなければ、そして政治的分断がなければ、私たちはすでに火星上に人類を送れていたかもしれないという議論も成立する。現行システムで可能なものよりも大きなテクノロジー進歩を実現できた可能性があることは十分考えられる。

同じことは未来の火星植民地にも言える。利益を上げ、火星の天然資源環境を破壊し、地球の株主と戦利品を分かち合うことは、いかなる形であれ優先事項ではない。それは火星の入植者にとって完全に反生産的なものだ。

このように考えるなら、私たちは実際に、これらの価値を具現化する火星の「中央銀行」通貨を生み出すことになるかもしれない。植民地の独立した持続可能性に基づく価値を交換する通貨である。保有している通貨の価値の増減は、どのように経済と関わり合うかに基づいて決まる。もし、取り出したよりも多くの資源を経済に戻すのであれば、富を積み上げることになる。設備の交換分を地球から発送するのでなく修理で済ませれば、富を積み上げることになる。持続可能な生活を送り、他者を助けるなら、惑星の繁栄とコミュニティ全体の生存能力に貢献していることになる。

これは、テクノソーシャリズムの究極形だ。システムがよき行いをするように促し、それが経済を後押しして、市場と株主だけのためでなく、種全体の向上のために前進させる。

競争は許容されるが、それは資源利用を最適化し、自らの事業や周囲全体が得られる恩恵を最適化するための競争である。これはマルキシストの社会主義ではない。このエコシステムでは所有権は重要ではないからだ。この惑星で私たちは生命を共有しているのであり、皆が健康で幸福な生活が送れて、ここに住まう他の種とも調和して生きるべきなのだ。

要は、これが火星で行えるなら、同じことを地球でも行えるはずだということだ。しかしそれは、社会経済ピラミッドのトップに座す人々の力を削ぐことになるだろう。ピラミッドは資本と富をその頂点に吸い上げるようにデザインされているのだから。システムは、最も富める1%の人々に複数世代にわたる富を生み出し、その家族と一族の利益を推進するように作られており、彼らの同胞である人類のためのものではない。

究極的には、資本主義はその本質からして、成功すれば経済的分断を生み出すものであり、

図10－4 ●イーロン・マスクが構想する「火星基地アルファ」のイメージ図

画像：スペースXメディアリレーション

幸福で、健康で、持続可能な生活を生み出すものではない。それは過去100年間で最悪のパンデミックの中で、世界で最も豊かな億万長者に何兆ドルもの富を生み出すことができたが、一方で他の人々をホームレス、ジョブレスのまま、もっとひどければ死亡するがままに放置した。これが資本主義の最大の欠陥である。なぜならそれは、私たちに互いに相手のノド元を狙うような競争を生み出し、皆の利益のために協働しようという動機づけを行わないからだ。このシステムから恩恵を受ける人々は公益などに興味はない。興味があるのは勝利することだ。

最終結論

私たち全員の問題は、国レベルでの気候変動政策のようなものでは解決しない。気候変動は地球上のあらゆる人に何らかの形で影響するものだ。私たちに必要となるのは、協調のとれた世界的な行動であり、それによって人類を気候変動の最悪の局面から守ることだ。国レベルでの張り合いや競争は、全ての人が活用できるような生産的な研究へと向けられる必要がある。知的所有権から利益を得る人々のためだけであってはならない。

私たちは国を超えて協力し合うことが、さらに必要になるだろう。コロナウイルス・パンデミックと気候変動のような問題が示しているのは、私たちがこれまでよりもはるかにうまく国境を越えて協働し、最大級の課題を解決することが必要だということだ。

私たちは、いくつかのシンプルだが急進的なポジションを提案して、これらの問題を解決するイノベーションのエンジンに燃料を注ごうとしてきた。大きな政府を20世紀の数分の1の費用で動くアルゴリズムと自動化に転換して、はるかに効率的な政府とし、統治コストを劇的に削減することはその1つだ。私たちは国家負債の免除を提案したが、それはその負債が世界の気候変動緩和に転嫁される場合に限ってのものだ。また私たちはグローバルで均一の法人税率を設定し、それによって企業が株主に配当を返すだけでなく、そのリソースを全てのステークホルダーにとっての価値を生み出すことに向けるよう動機づけることを提案した。

これら全てによって、過去に世界がみたことのない巨大な資金と人的資源のプールが生み出されるだろう。しかしそれは、2つのシンプルな結果を生み出すことを意図したものだ。AIによる雇用のディスラプションに対して秩序ある効果的な対応をすることと、気候変動に関係した問題に取り組むために巨大なインセンティブを創出することである。これによって資本主義は、富者と貧者の分断を際立たせるのではなく、種の進歩に向けたより調和的なプラットフォームを持つことが可能になる。当然、これが、協力でなく競争がカギである資本主義の最も根幹の部分に反すると主張する者もいるだろう。

現在の私たちは、新しい気候変動緩和テクノロジーを、国境を越えて共有せず、企業の利益生成に向けている。利ざやと配当は経済的に人命と同等のものではないが、現在私たちが暗黙のうちにやっているのはそういうことだ。私たちは過去の世界になかったほど大きな経済的、技術的能力を有しており、それは世界の何兆ドル価値の企業、ドージコイン、NFTそして億万長者を大量に生み出すことに向けられている。10億の人々が気候難民化に直面しており、少なくとも1億5000万の人々が、コロナウイルス・パンデミックのために極貧でホームレス状態に陥っており、今後20年間に世界中の労働者の半分が自動化に置き換えられるという未来に直面している。今こそ、ものごとの優先順位を正さなければならない。GDP成長と株式市場の上昇は、私たち市民の未来の健康と幸福、そして地球上に生きる全ての種の生存と同等のものではないのだ。

コロナウイルスや将来のパンデミックを止める最善の方法は何だろうか？　できるだけ早く世界中でワクチン接種を行い、全ての人に適切な治療リソースを確保することだ。

ホームレス状態を止める最善の方法は何だろうか？　人々に住宅を与えることだ。貧困を終わりにする最善の方法は何だろうか？　中国が10年のうちに実現にこぎつけたように、全ての人に生活賃金を保障することだ。職を通じてそれを実現できなければ、ベーシック・インカムを創出することだ。

気候変動の影響が最悪になるのを止める最善の方法は何だろうか？　世界経済を動かして、気候変動影響を緩和することだ。テクノロジーによる失業の影響を緩和する最善の方法は何だろうか？　AI、テクノロジー、ロボットを禁止することか、別の方法としてベーシック・インカムを提供することだろうか？　どちらの選択をすべきだとあなたは考えるだろうか？

人類は、次の20~30年のうちに、いくつかの非常に根源的、哲学的、そして実際的な質問に答えを出す責務を負っている。新しい世代は、資本主義、民主主義、階級、人種、経済学といった親の世代が大事にしてきた価値に疑問を呈しているようだ。

現在から2040年までのどこかで、私たちは初めて、経済の中心的目的に関する大きな政治的転換を目にすることになりそうだ。そこでの経済の第一の主要な役割は、富を生み出してGDPを成長させることではなく、市民を幸福で、健康で、長寿にすることである。歴史上初めて、私たちの経済の目的が、人類の未来に向けた最適の道筋と一致するということだ。

資本主義は世界で最も偉大な経済諸国を作り上げた。しかしそれにもかかわらず、その基本構造には大きな欠陥がある。資本主義はまた、歴史上最大の不公平性を許容してきた。パンデミックの期間は私たちの役に立たなかった。化石燃料を燃やし、汚染物質を大気中に排出して環境を汚染し、プラスチックを海に排出することで、この地球と絶滅させられた多数の種に背いてきた。50年前にはカーボンニュートラルなテクノロジーが存在していたが、私たちは地球の健康と引き換えに、短期的利益とリターンを選択した。資本主義は反人間的である。それはごく一部の人のためのものであり、全ての人のためのものではない。

こうした誤りを正す力を資本主義が持っていると、ほとんど宗教的に信じている人々も存在する。しかし、これらの同じ問題を資本主義が生み出したという事実は、その他の人々にとって動かし難いものだ。資本主義は人類が生み出したこれまでで最も偉大な経済システムであるという考えは、1万年後には不合理なものとなっているだろう。したがって私たちは、よりよいやり方が可能なこと、資本主義の改革が必要なことを受け入れなければならない。どこに住んでいるか、どんな経済階級で生活しているか、どんな肌の色やジェンダーかによってものごとの結果を分かつことのない、理想郷的で安定した未来を実現する方法は1つだけある。長期的な数十年にわたる計画とプログラムを作り、全く異なる未来に向かって幅広く長期に及ぶ取り組みを行い、世界と国家の経済開発計画として、それに資金供給を行うことだ。それは、地球と種の未来に向けた複数世代にわたる取り組みであり、過去に例のないものだ。それは、市場原理や国家の境界を越える哲学に基づくものでなければならない。そしてそれは、私たちをグローバルに結び付け、これ以上政治システムや経済理論に基づいて私たちを分かつことのない取り組みである必要がある。

21世紀にやってくるのは、次の100世代のために人類を再形成する出来事であり、途方もないことを行うビジョン形成を可能にするテクノロジーと進歩である。それは種の歴史の変曲点となる。

テクノソーシャリズムは政治的運動でも、経済理論でもない。テクノソーシャリズムは2つの旧世界の衝突が生み出す必然である。それは気候変動が起こす驚天動地の影響であり、人工知能とテクノロジーの信じられないほどの進化であり、それが人類の未来を左右する。

人類にとって今が、最適状態に向けて、何十億の他の生物と共生しつつ地球上で持続可能な存在であることに向けて、そして私たちの子孫とその住処の最適な未来に向けて取り組む時だ。克服不能な負債、失業、飢餓、気候難民危機、パンデミックの繰り返しと医療問題、そして私たちを分断し続ける混沌としたシステムとイデオロギーではない未来である。

それは私たちが選び取れる未来だ。しかしそれは、私たちを現在に導いた考え方や哲学に別れを告げることでのみ可能となるものなのだ。

注1：「気候変動は現代における決定的な危機であり、特に難民に影響を及ぼす」、UNHCR気候変動対策特別アドバイザー、アンドリュー・ハーパー（ティム・ゲイナーの報告による）、2020年11月30日

注2：アントグループ2020財務年度アニュアルレポート、https://www.sec.gov/Archives/edgar/data/1577552/000110465920082881/a20-6321_46k.pdf

注3：BBC News、「In Your Face: China's All Seeing State」、2017年12月10日、https://www.bbc.com/news/av/world-asia-china-42248056

注4：国立衛生研究所（National Institute of Health）、上海における緊急医療サービスコールパターンの概観、Shuk ほか

注5：https://www.spglobal.com/_Media/Documents/03651.00_Women_at_Work_Doc

注6：ダレイ、ジョン、カッシー・マクギャノン、リア・ジニヴァン、ゲーム・チェンジャーズ、「オースト

ラリアの経済改革プライオリティ」、グラタン研究所、メルボルン、2012年

注7：「理論的整理：キム・スタンリー・ロビンソンの『火星三部作』にみるシミュレーション、テラフォーメーション、エコ経済学」、ジョン・ホプキンス大学出版、43巻3号、1997年秋、773〜799ページ

APPENDIX

4つの可能性

THE FOUR POSSIBLE TIMELINES

人類の進む先には４つの結末の可能性があり、それぞれのケースは主要なタイムラインとして示される。

私たちは、次の世紀にかけて私たちが辿るこれらの道程に、可能性のある変曲点を織り込んだ。他の結末に至る可能性もある。例えば、特にいくつかの国家経済がテクノソーシャリズムの集団主義となる一方、他の国が並行してスーパー資本主義で不平等が高じた社会となる場合などだ。

ラッダイト世界のタイムライン

重要な変曲点は次の通り。

全般的な反科学のコンセンサス：政府がＣＯ

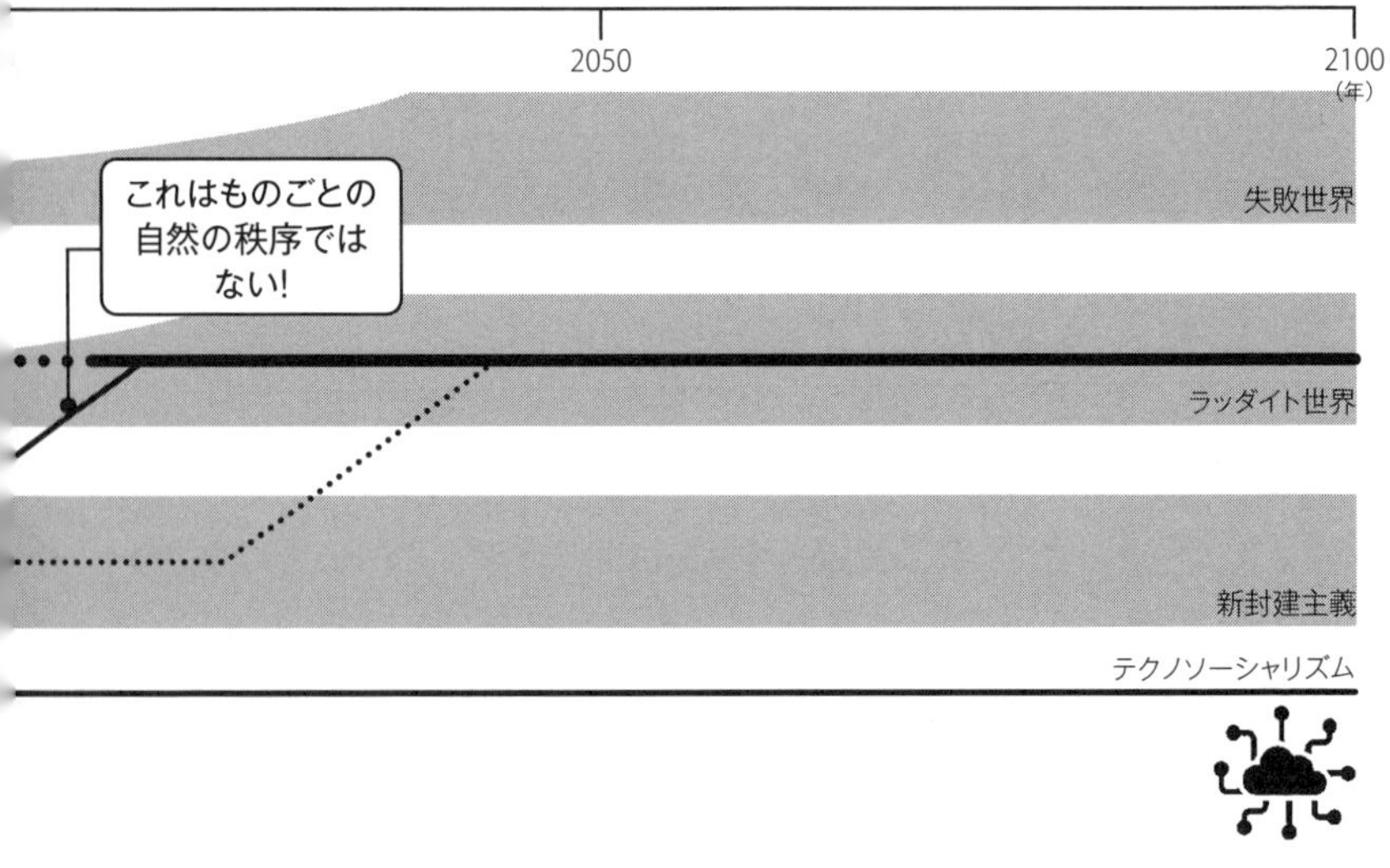

ＶＩＤ－19パンデミックを適切にコントロールできず、気候変動を止められないままに時間が過ぎると、そのことで科学とテクノロジー全般に対する不信の声が勢いを増す。事実とその見解との間に食い違いが生じて、政策上のコンセンサスを得ることはほとんど不可能になる。

新たな宇宙商用化競争と月／火星植民地化の拒否：気候変動、食料不足、失業等の人類が抱える問題から、それらは関わるべきでないテーマと見なされる。

人間の雇用への影響からＡＩを禁止：マシンより人間を優先する法律が施行され、自動化の影響波及は全般的に遅くなり、世界の成長は止まって低迷に向かう。

中国の標的化：ＥＵと米国は世論に大きく影響を受けるために、経済的、テクノロジー的に中国に後れをとり始める。中国がＡＩと自

図 A－1 ● ラッダイト世界

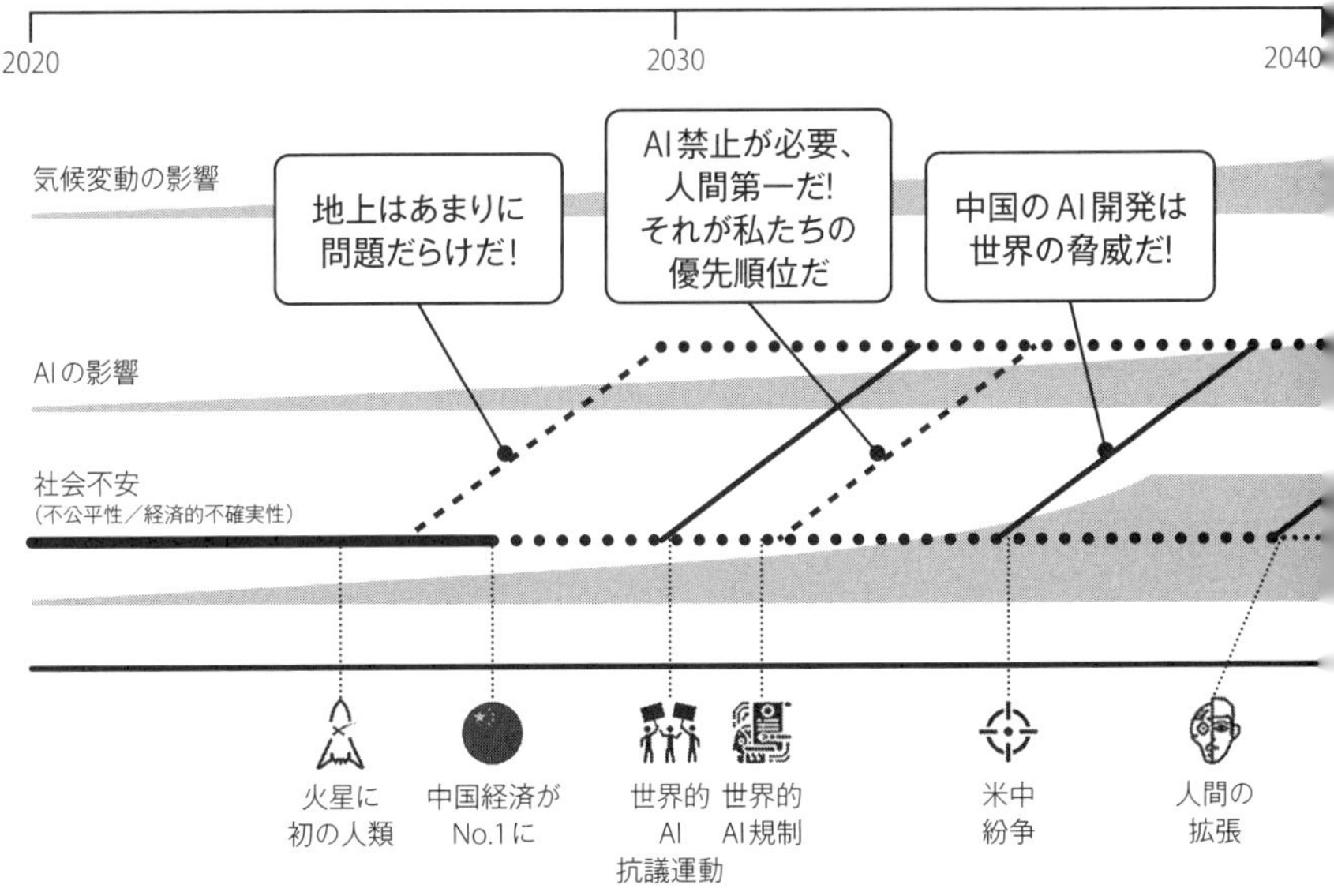

動化テクノロジーを活用することがその理由である。このことは偶発的な軍事的衝突の発生と、中国のテクノロジーを採用する経済国家に対する経済制裁につながる。

人間拡張の禁止：タンパク質のスイッチのオン／オフによって疾病除去や人間の能力拡張を行う遺伝子療法であれ、サイバネティクスと神経インターフェイスであれ、そうしたテクノロジーはいずれも、ものごとの自然の秩序を改変するか、人類を拡張種と自然種に分断するものだという理由で、非倫理的だと糾弾される。

失敗世界のタイムライン

重要な変曲点は次の通り。

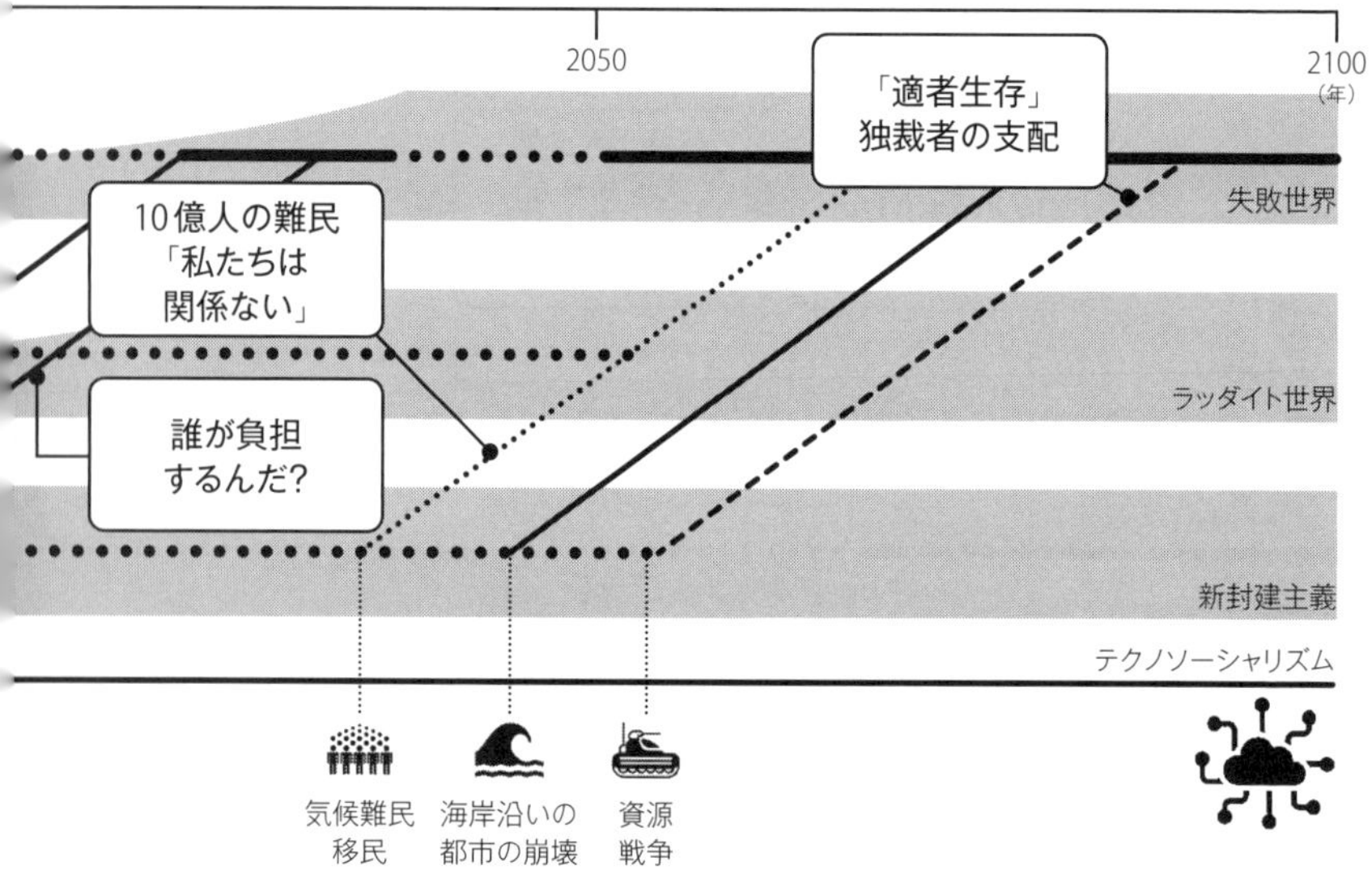

全般的な反科学のコンセンサス：政府がCOVIDパンデミックを適切にコントロールできず、気候変動を止められないままに時間が過ぎると、そのことで科学とテクノロジー全般に対する不信の声が力を増す。事実とその見解との間に食い違いが生じて、政策上のコンセンサスを得ることはほとんど不可能になる。

新たな宇宙商用化競争と月／火星植民地化の拒否：気候変動、食料不足、失業等の人類が抱える問題から、それらは関わるべきでないテーマと見なされる。

世界的な大衆の抗議運動、政府の転覆：抗議運動は世界中に広がり、様々なテーマを巡りながら持続する。民主主義は多数派が短期的に入れ替わる状況に陥って、政策を十分機能させる時間が持てず、政府の機能は次第に低下する。

図 A－2 ● 失敗世界

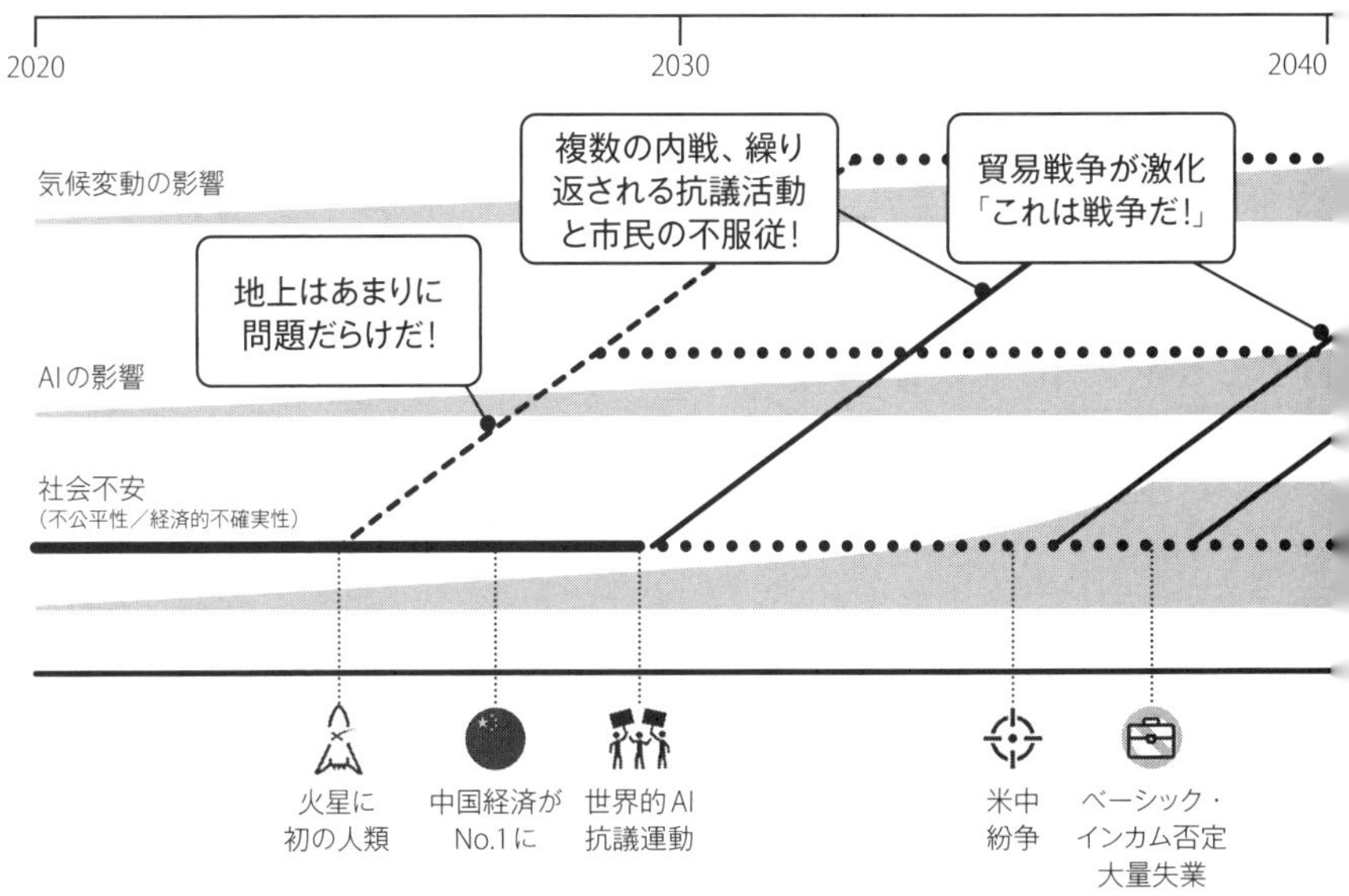

中国の標的化：米国経済が減速して中国経済が活況となる結果、経済制裁が失敗した後に可能と判断される唯一の措置は、中国の貿易ルートに対する軍事行動である。船舶と鉄道の封鎖の結果、特に南シナ海において軍事的な小競り合いが生じる。

ベーシック・インカムの拒絶：人口の大きな部分が失業に陥る中、ベーシック・インカムに反対のコンセンサスが形成される。ベーシック・インカムの財源を誰が負担するかと、どのように供給されるかで議論が紛糾するためである。企業は米国議会に対するロビイングに成功し、法人税増税への反対決議を勝ち取る。それが実質的にベーシック・インカムを葬り去る。

世界的な気候難民危機：沿岸都市が浸水し、100年に1度の洪水が年中行事となり、干ばつ、山火事、ハリケーンが都市を襲い、大規模な穀物不作と政府の無策が伴って、10億人の気候難民が発生する。彼らは住処を探すがあらゆる場所で背を向けられて、ペスト流行以来最大の人道主義的大災害が発生する。

適者生存：各国政府が次第に機能しなくなり、独裁者がその空隙を埋めると約束するが、個人のセキュリティと安全は次第になくなっていく。富裕者はその支持を受けた政府によって守られるが、人口のほとんどについては、世界的なコンセンサスが得られず、貧困、ホームレス、健康状態の低下、犯罪率の上昇が進む。

新封建主義のタイムライン

重要な変曲点は次の通り。

東対西の戦線：中国が世界最大の経済国となると、西欧はそうした前提を受け入れず、中国の経済活動を別物に分類する方法を見出して、中国への制裁と封鎖が増加する。一帯一路政策は地政学的影響を受けて厳しい運用上の困難に直面する。中国の成長速度は鈍化するが、それでも米国を上回る。

企業もまた国民：世界的な抗議運動が発生し、企業は大量の資金を投入して政策に影響を及ぼし、株主と社員に恩恵を与え続ける。抗議運動は企業の支配と権力に標的を定めるが、ほとんどの民主主義国家で真の変革につながるほどの効果を生まない。

世界的な租税条約の拒否：ここでも企業は、資金を世界中で移動させて課税を最小化する自らの権利を維持しようと抵抗する。つまり、世界的な租税条約が失敗に終わり、本拠地課税が大企業の本社を誘致するための経済国家の競争道具となる。法人税収は減少が続き、低所得層〜中間層の税率区分にさらなる圧力が加わって、不公平性を加速する。

中国の標的化：米国経済が減速して中国経済が活況となる結果、経済制裁が失敗した後に可能と判断される唯一の措置は、中国の貿易ルートに対する軍事行動である。船舶と鉄道の封鎖の結果、特に南シナ海において軍事的な小競り合いが生じる。

ベーシック・インカムの拒絶：こいつは社会主義だ!! 人口の大部分が失業に陥る中、ベーシック・インカムに反対のコンセンサスが形成される。ベーシック・インカムの財源を誰が負担するかと、どのように供給されるかで議論が紛糾するためである。企業は米国議会に対するロビイングに成功し、法人税増税への反対決議を勝ち取る。それが実質的にベーシック・インカムを葬り去る。

長寿化治療：最富裕層の1%だけがこのテクノロジーを利用可能となる。高コストのため小さな市場が作られ、規模の恩恵が得られないためにコストが実質的に低下しないからだ。したがって、治療は最富裕層だけが利用可能

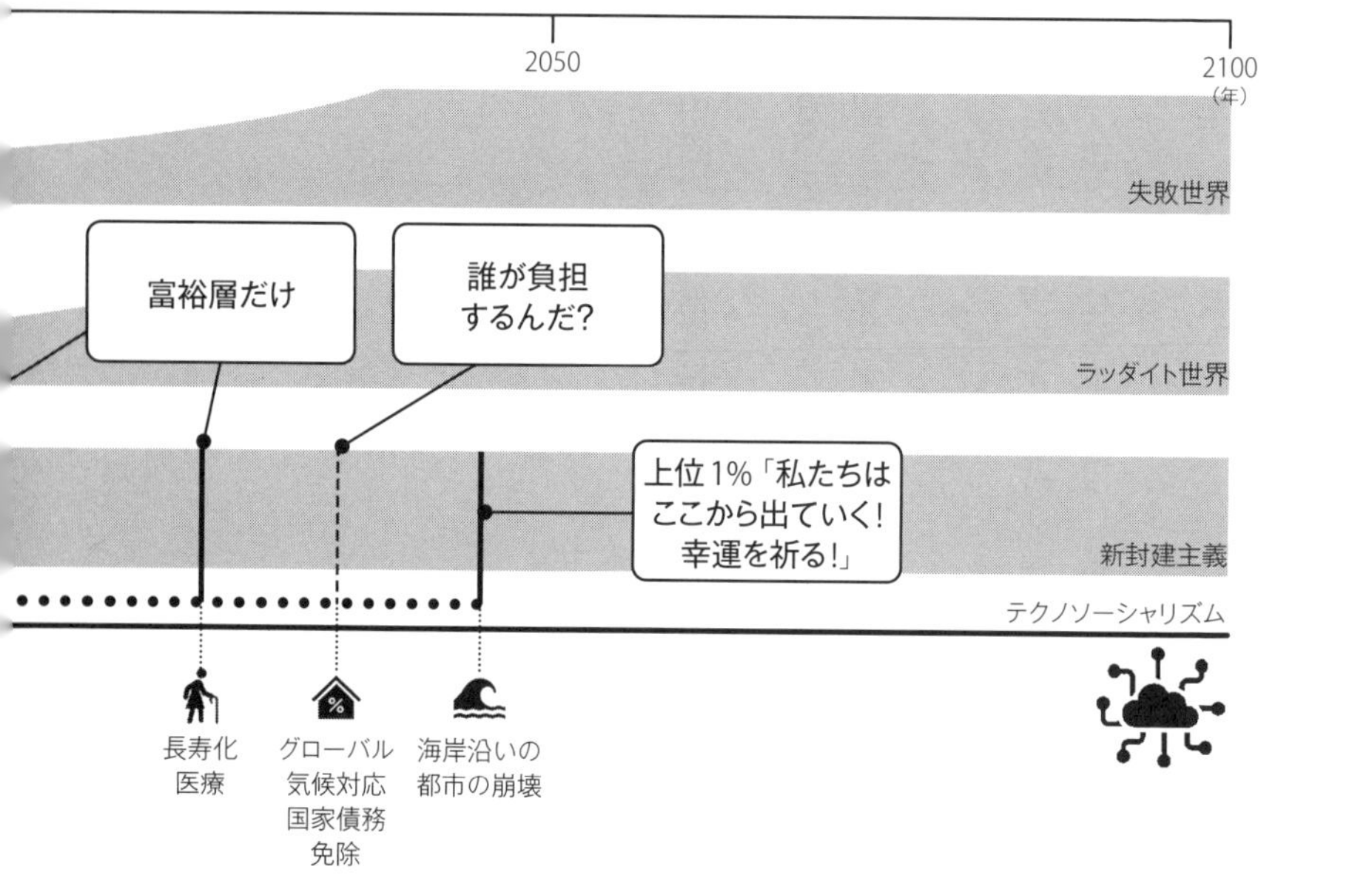

なままとなる。

国家債務免除の拒否：気候変動緩和、テクノロジー失業等に向けた国家債務の免除は、競争条件の平準化に反するものとして拒否される。ただし一部の国家は他よりも恩恵を受ける。これが、気候変動対応、自動化とＡＩ標準への適応、科学とテクノロジーのより広い向上を減速させることになる。

ここから出ていこう：最富裕層である１％の人々は、松明や熊手を手にする暴力的な群衆を恐れて、彼らを進んで守り、経済倫理学から外れた利益をもたらしてくれる場所へと移住する。

新封建主義：テクノ封建主義の王たちが何百年にもわたって人類を統べる。少数のグローバル企業が政府や国家と同等の権力と、より多くの富も有する。彼らはカネの力でコンセンサスを買い、世界のルールのパラメーター

図 A－3 ● 新封建主義

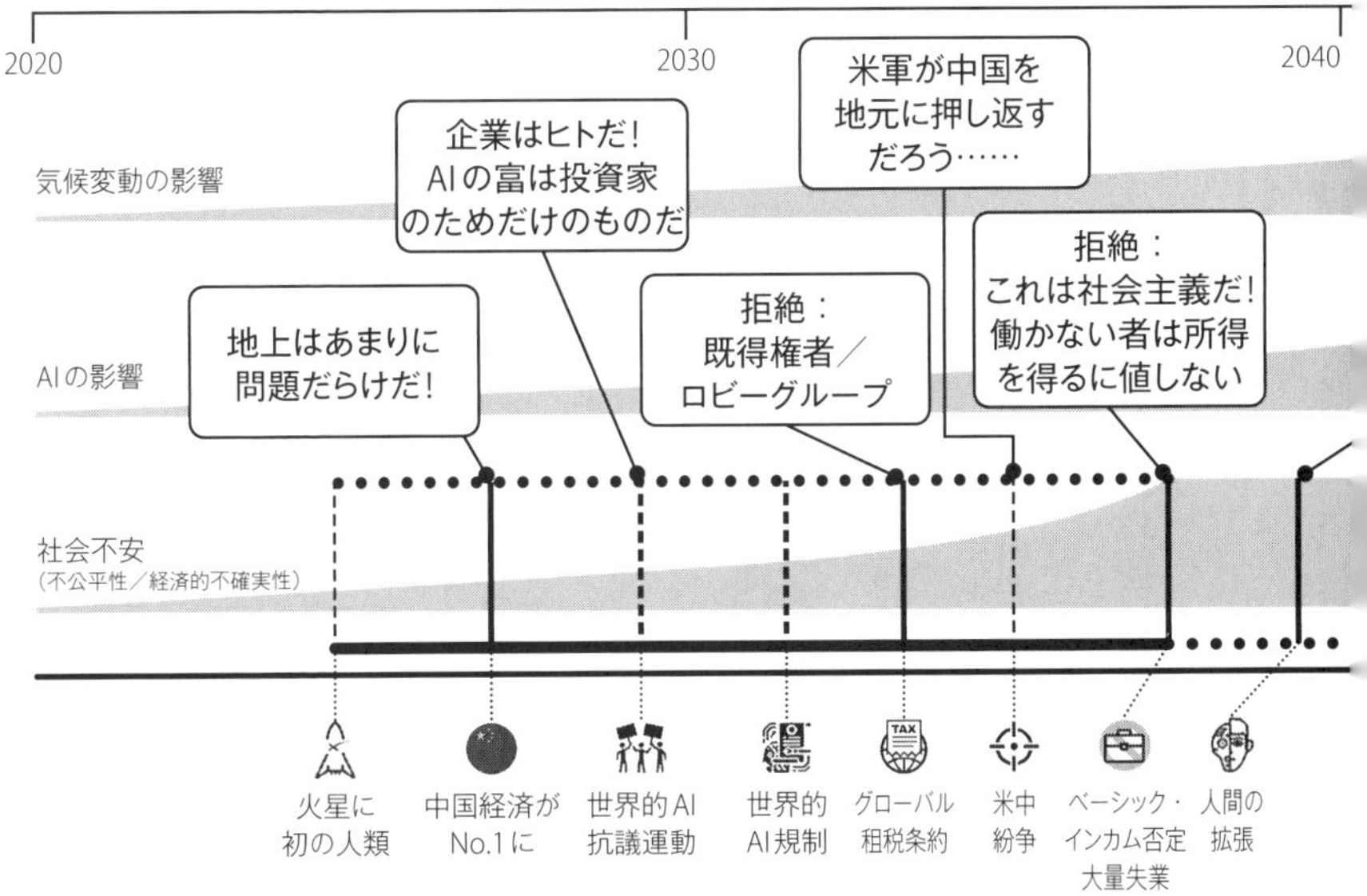

を自ら決める。

テクノソーシャリズムのタイムライン

重要な変曲点は次の通り。

複数惑星居住：人類は複数惑星居住を実現する。これは人類を鼓舞し勇気づける巨大なテクノロジーの前進と受け止められ、同時に気候変動と将来的に絶滅レベルの事象が起こる可能性に直面した人類の未来を保証するものとなる。

世界的な改革の動き：ポピュリスト運動を起点として、人類は何十年もかかる改革運動に乗り出す。それは、不公平性、世界的な国民皆保険、医療や気候変動緩和へのテクノロジ

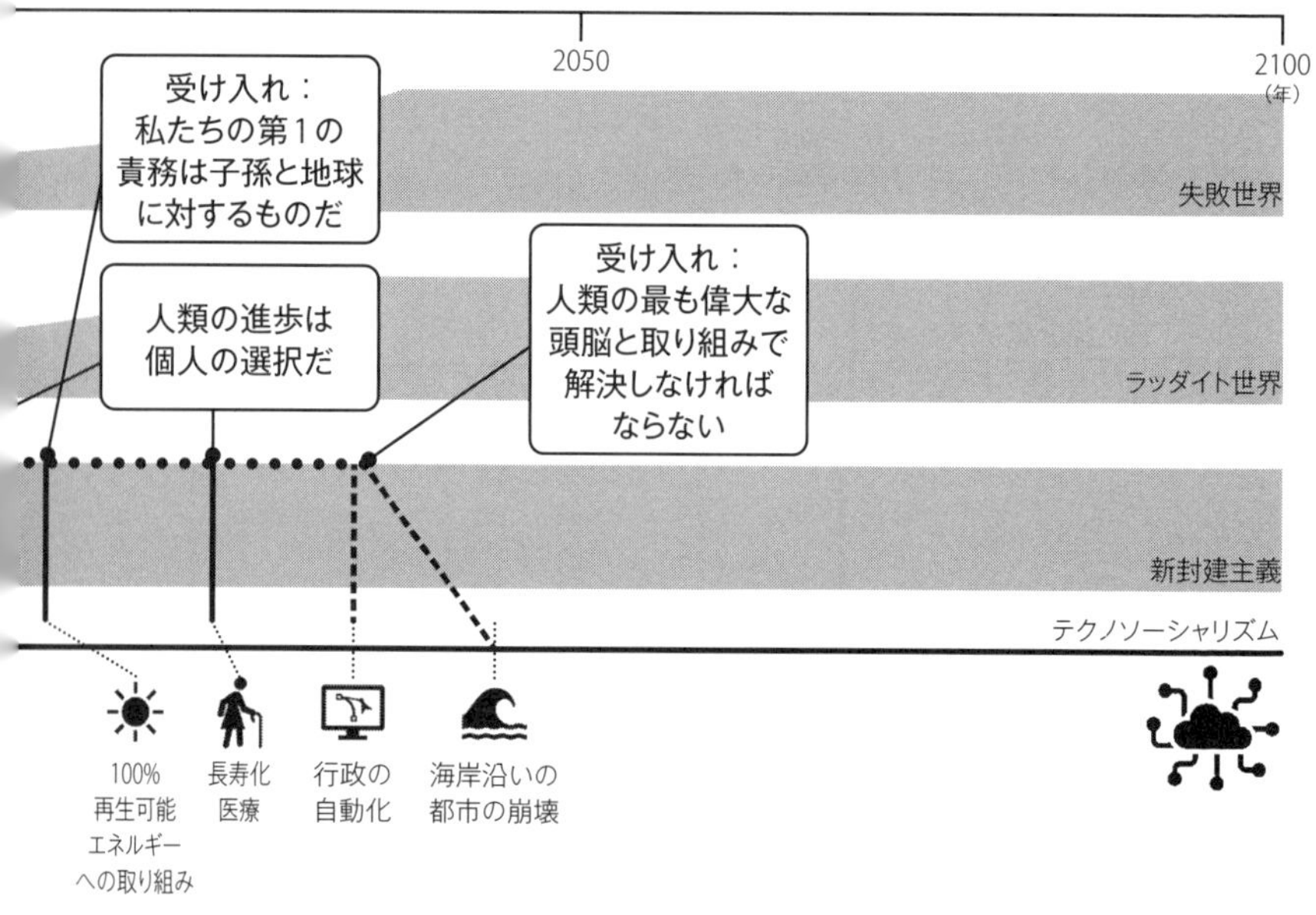

ー活用等にわたるものだ。

倫理的AIと規制：ＡＩの影響が強まるにつれて、ＡＩ構築者はＡＩ訓練モデルと母型に関するグローバルな規制と標準の拘束を受けるようになる。人間の倫理がグローバルレベルでコード化されてＡＩに組み込まれ、それが政府や幅広いサービスの自動化に使われる。

利益よりも市民優先：テクノロジー失業が国の形を変え続けるために、企業は何百万もの人間の労働者を排除することの責任を問われて、新しいベーシック・インカム施策と人間の再訓練および再雇用プログラムが組み込まれる。それには、気候変動緩和・耐性、工場食料生産、そして教育、医療、住宅などのユニバーサルサービスを具体的な対象とする職が含まれる。

ベーシック・インカム：ベーシック・インカムは、テクノロジーと気候変動の影響で30％

図A－4 ● テクノソーシャリズム

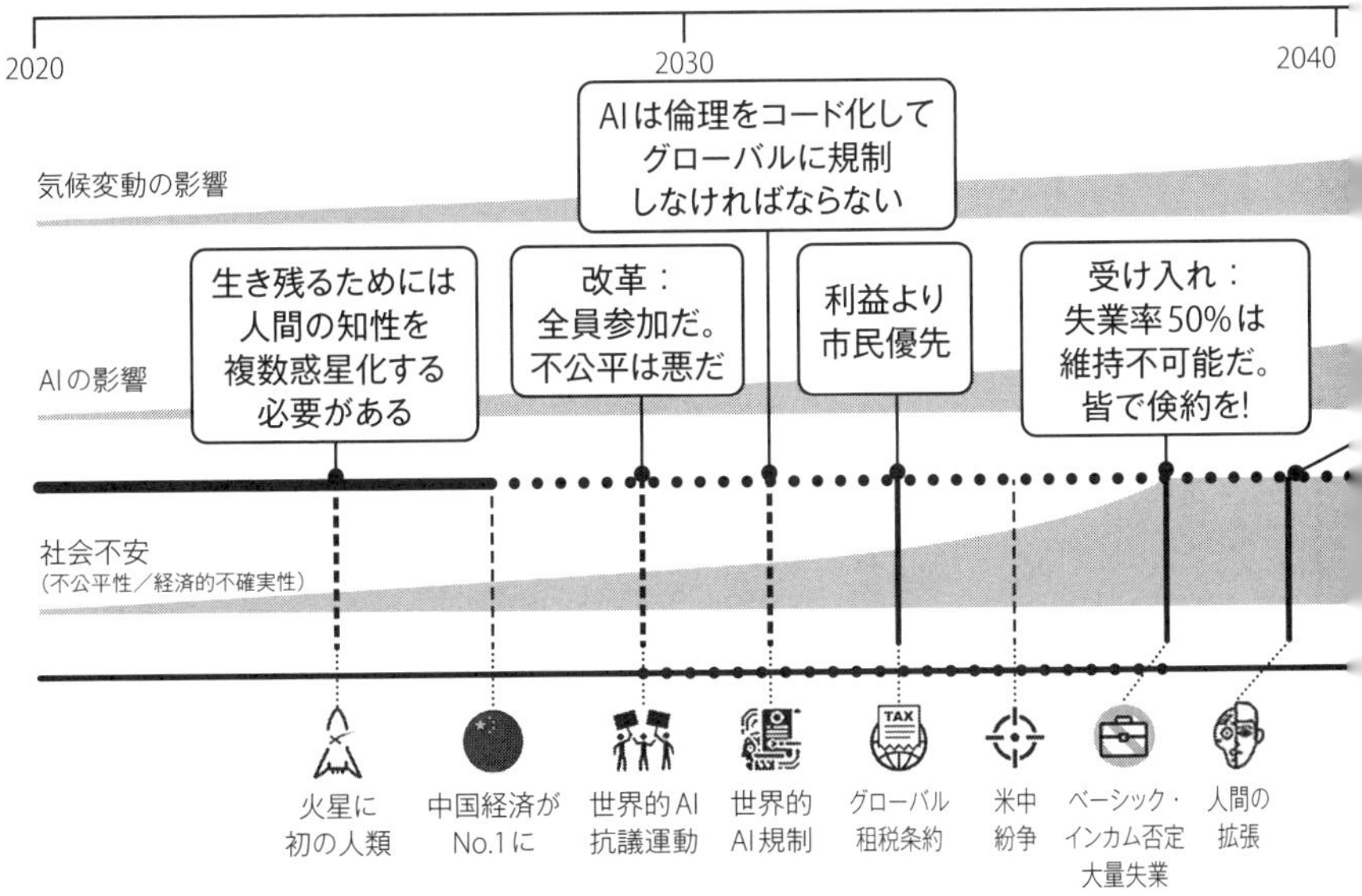

かそれ以上の失業率に直面する国々に世界標準として受け入れられる。

メタ人類：人間拡張と加速的進化の時代が始まる。個人の選択としてみられるものの、基本的な拡張の優位性が明確となる。これによって時間経過とともに2種類の人類が生まれることになるが、拡張していない生身の人間は法律で守られ、遺伝子的な人類のベースラインとして貴重なものとみなされる。

100%再生可能エネルギー：2050年時点で化石燃料ゼロ使用が世界的にコミットされることが予想される。それより早いかもしれない。その方が大幅に安価なためだけでなく、その方がCO_2排出を減らし、汚染による死亡等を減らすことになるからだ。エネルギーは実質的に全ての人にとって無料となる。

偉大な知性：科学者、テクノロジスト、企業、経済学者、政治家たちは皆集団として、国境を越えて1つになり、気候変動という世界問題に立ち向かう。これは過去に例のないテクノロジー的、組織的な面での素晴らしい世界的協力につながる。人類は、その住処である地球を最優先として次の50～100年を使い、6回目の大絶滅を遅らせるか、さらに回復させようとする。持続可能性と再利用性は人類が拠りどころとする神聖なルールとなる。これが後押しとなって、私たちは資源を求めて小惑星や他の天体の採鉱に乗り出し、地上の天然資源を守ることになる。

テクノソーシャリズム：テクノロジーが個人そして集団としての私たちを、種が持つ可能性の最適状態に到達させてくれることで、人類は繁栄する。私たちは地球と協調し、そしてお

◉監訳者紹介

鈴木 正範（すずき まさのり）

株式会社ＮＴＴデータ 取締役常務執行役員 金融分野担当、バンキング統括本部長

１９８８年東北大学法学部卒業とともに日本電信電話株式会社入社後、分社に伴いＮＴＴデータ通信株式会社へ。バンキングを中心とした金融分野事業に一貫して携わり、執行役員 第二金融事業本部長（２０１６年）、執行役員 事業戦略室長（２０１９年）、取締役常務執行役員 戦略統括本部長（２０２０年）を歴任後、２０２１年６月より現職。

◉訳者紹介

上野 博（うえの ひろし）

ＮＴＴデータ経営研究所 金融政策コンサルティングユニット エグゼクティブスペシャリスト

住友銀行、日本総合研究所、フューチャーシステムコンサルティング、マーケティング・エクセレンス、日本ＩＢＭを経て現職。

金融サービス業界を中心に、経営・事業戦略／新規事業開発／業務改革／マーケティング／テクノロジー活用等に関するコンサルティング／発信／提言活動を実施。

ブレット・キングのBank3.0（邦題『脱・店舗化するリテール金融戦略』）、Augmented（邦題『拡張の世紀』）、Bank4.0（邦題『BANK 4.0～未来の銀行』、いずれも東洋経済新報社）を翻訳。

◉著者紹介

ブレット・キング

世界的な起業家、未来学者、講演者、ベストセラー作家、メディア・パーソナリティ

これまで、ＴＥＤ、Wired、Singularity University、The Economistなど、50カ国以上で講演を行っている。またＣＮＢＣ、ＢＢＣ、ＡＢＣ、Ｆｏｘ、Bloombergにコメンテーターとして出演。オンラインライブ講演の聴衆は４２００万人を超える。２つのポッドキャストBreaking BanksとThe Futuristsは１８０カ国に配信され、９００万人が視聴している。

２０１１年に世界初のモバイルバンキングのスタートアップＭｏｖｅｎを設立、これまでに４７００万ドルを調達している。また、オバマ政権のフィンテック戦略アドバイザーを務め、現在も世界中の規制当局、議員、取締役会に対し、デジタルトランスフォーメーションや未来技術に関する助言を行っている。

これまでの著書は十数カ国語で発売され、２０１６年刊行の『Augmented』（邦題『拡張の世紀』東洋経済新報社）は北米のノンフィクション部門でトップ10に選ばれ、中国の習近平国家主席が２０１８年の国家演説で引用したことでも知られている。２０１８年刊行の『Bank 4.0』（邦題『BANK 4.0 未来の銀行』東洋経済新報社）は、同年のロシアにおける外国人作家のトップブックに選ばれた。Banking Exchange誌からは「ディスラプターのキング」、The Australian紙からは「フィンテックの名付け親」と称されている。

リチャード・ペティ

政府政策アドバイザー、起業家、受賞歴のある学術関係者

１９９０年代から中華圏に居住し、香港を拠点に活動。香港・マカオ商工会議所およびＣＰＡオーストラリアの元会長であり、香港ＡＳＥＡＮ経済協力財団の創立副会長でもある。米国とオーストラリアの上場企業の役員を務め、数千億ドルの経済効果を持つプロジェクトに助言し、複数の国の経済の見直しや経済競争力に関する調査を主導している。

国際会計士連盟（ＩＦＡＣ）の元理事であり、Ｇ20の公式対話フォーラムＢ20の成長・インフラ資金タスクフォースのメンバーを長年務めている。また、いくつかのビジネススクールの教授や客員教授を務め、スタンフォード大学ビジネススクール、マッコーリー大学経営大学院、ケンブリッジ大学、ニューサウスウェールズ大学、シドニー大学、エモリー大学、香港大学など多くの大学で講義や講演を行う。

ＯＥＣＤ、Pacific Basin Economic Council、香港産業連盟などの招待講演者として20カ国以上で講演し、ＣＮＢＣ、Bloomberg、ＢＢＣ、ＡＢＣ、The Wall Street Journal、South China Morning Postなどで解説も行う。著書・共著は１００冊以上。また、数多くの学術雑誌の編集委員を務め、博士号を含む複数の学位を取得。

オーストラリア・ニュージーランド会計士協会、ＣＰＡオーストラリア、オーストラリア会社役員協会フェロー。

て、うねりを起こし、「同じ考え」への動きが生み出されることを願って、訳者の言葉を結びたい。

２０２２年１月

株式会社ＮＴＴデータ経営研究所　金融政策コンサルティングユニット
エグゼクティブスペシャリスト　上野　博

テクノソーシャリズムの世紀
格差、AI、気候変動がもたらす新世界の秩序

2022年6月9日発行

著　者——ブレット・キング／リチャード・ペティ
監訳者——鈴木正範
訳　者——上野　博
発行者——駒橋憲一
発行所——東洋経済新報社
〒103-8345　東京都中央区日本橋本石町 1-2-1
電話＝東洋経済コールセンター　03(6386)1040
https://toyokeizai.net/

カバーデザイン……吉住郷司
本文デザイン……村上顕一
印　刷…………東港出版印刷
製　本…………積信堂
編集協力………小川由希子
編集担当………齋藤宏軌
Printed in Japan　　ISBN 978-4-492-76260-8